新编办公室主任写作全书

张　浩◎编著

中国文史出版社

图书在版编目（CIP）数据

新编办公室主任写作全书／张浩编著．—北京：中国文史出版社，2017．1

ISBN 978－7－5034－8684－5

Ⅰ．①新…　Ⅱ．①张…　Ⅲ．①公文—写作　Ⅳ．①H152．3

中国版本图书馆CIP数据核字(2016)第278506号

责任编辑：詹红旗　戴小璇

出版发行：**中国文史出版社**
网　　址：www．chinawenshi．net
社　　址：北京市西城区太平桥大街23号　邮编：100811
电　　话：010－66173572　66168268　66192736（发行部）
传　　真：010－66192703
印　　装：廊坊市海涛印刷有限公司
经　　销：全国新华书店
开　　本：1/16
印　　张：28
字　　数：530千字
版　　次：2017年3月北京第1版
印　　次：2019年1月第2次印刷
定　　价：49．80元

目　　录

第一编　办公室公文类文书写作

第二编　办公室事务类文书写作

第三编 办公室会议类文书写作

第四编 办公室礼仪类文书写作

第一编

办公室公文类文书写作

第一章　通用公文写作

第一节　决　议

一、决议概述

1. 决议的概念

决议作为机关、社会团体、企事业单位的领导机关用于重要决策事项的公文，是在高级领导机构的会议上研究、讨论后形成的，代表着发文机关的意志，一经发布，其下属必须严格遵守，认真落实，不得违背，具有很强的权威性。

决议必须经会议讨论，并经表决通过之后才能形成。与“决定”相比，“决议”的使用范围要稍微狭窄一些，“决议”的对象比决定更具原则性，但没有决定那样具体。“决议”必须经过会议讨论表决后方可发布。

2. 决议的分类

根据决议内容大致可分为如下几类。

（1）公布性决议。是指为公布某项法规、提案而使用的“决议”。

公布性决议非常接近“决定”的作用，但也有不同之处。这就是它的内容还有进一步提请更高级会议与机关审议的必要，不像“决定”的内容那样已成定论，必须要下属机关贯彻执行。

（2）纪要性决议。是指会议对某一重要事项或对某一系列事项作出的决议。

（3）批准性决议。是指国家或机关会议对议案表示肯定或否定意见的文件，目的是要公布议案审议的进程、结果。有人又将这种类型的决议称为“认可性决议”。

批准性决议的内容，可以是批准负责人在某次会议上所做的工作报告，批准会议上审议讨论的文件，也可以是会议上讨论处理的工作事项等。

（4）阐述性决议。是指将某些重大结论的具体内容加以展开阐述时常用的一种公文，属于针对某一专题性的问题作充分说明的大型公文，具有极大的权威性和指导性。

3. 决议的格式

决议的结构同决定的结构大同小异，也可采用单一法、条例法、板块结构法。一般由标题、正文、制发机关和制发时间构成。

①标题。由制发机关或会议名称、事由和文种构成。

②制发时间。一般写在标题下方，用括号括起。

③正文。一般包括三个方面的内容：A. 作出决议的根据和缘由；B. 决议的事项；C. 对决议事项的评价及执行希望。一些结构单一的决议，只有前两个内容。结构较复杂的一些决议，一般都要包含这三个方面的内容。

4. 决议的写作要求

①要吃透会议文件的要旨，了解决议事项的内容，认真听取参加会议人员的意见。

②语言要精练，通俗易懂，观点明确，便于理解掌握，利于贯彻执行。

③要有一定的理论准备，特别是以拟写论述性决议这类理论色彩较强的决议，必须要有充分的理论准备，写作时注意叙述结合，既要把事实叙述清楚，又要把道理讲透。

二、决议的写作范文

◇阐述性决议

【范文】

××市第×届党代会关于批准第×届市委报告的决议

中国共产党××市第×次代表大会批准×××同志代表×届市委所作的报告。大会认为，报告通篇贯穿邓小平理论和“三个代表”重要思想，充分体现科学发展观和构建社会主义和谐社会战略思想，实事求是地总结过去四年的工作，深刻分析当前面临的形势，全面部署今后五年的任务，是指导今后一个时期我市改革发展和现代化建设的纲领性文件。

大会充分肯定×届市委的工作。市第×次党代会以来，市委坚持以邓小平理论和“三个代表”重要思想为指导，全面贯彻科学发展观和构建社会主义和谐社会战略思想，认真贯彻落实省委“八八战略”等“四位一体”的战略部署，团结和带领全市各级党组织、全体共产党员和广大干部群众，围绕“一港三城”战略目标，把握“四个坚持”战略方针，推进建设“三个××”战略任务，突出“破三难、打三仗”战略重点，实施“四大工程”等有效载体，经济建设、政治建设、文化建设、社会建设和党的建设都取得了新的成就。大会强调，必须坚持把发展作为第一要务，把为民作为第一要求，把稳定作为第一责任，把创新作为第一动力，把实干作为第一本领，这是过去的经验总结，也是指导今后发展的重要原则。

大会同意报告确定的我市第三次跨越的奋斗目标和战略重点。强调要以科学发展、和谐发展、率先发展为要求，以城市化、工业化、信息化、市场化、国际化为路径，以改革创新为动力，努力实现由经济大市向经济强市跨越、创业城市向创新城市跨越、平安城市向和谐城市跨越。要始终坚持以科学发展观为统领，坚定地推进新型城市化、新型工业化、协调发展和创新发展“四大战略”，不断开创“发展活力××、提升实力××、构建和谐××”新局面，努力实现由总体小康到全面小康的第三次跨越。

大会同意报告对今后五年我市改革发展基本任务的部署。提出要重点实施“××”，努力建设现代化中心城市；深化拓展“××”，努力建设现代经济强市；以发展农村经济为重点，努力建设富裕、文明、民主、和谐的社会主义新农村；推进模式创新、机制创新、科技创新和环境创新，努力建设创新型城市；大力实施民生工程，扎实推进“平安××”、文化大市、“法治××”和生态市建设，努力建设和谐城市。

大会强调，建设“三个××”、实现“三次跨越”，关键在党，关键在人。要围绕为民抓党建、围绕发展抓党建、围绕和谐抓党建，进一步加强思想政治建设、领导班子和干部队伍建设、基层组织建设、党的作风建设、廉政建设和反腐败斗争，为经济社会发展提供坚强政治和组织保证。

大会号召，全市各级党组织和全体共产党员要更加紧密地团结在党中央周围，在中共××省委领导下，振奋精神，励精图治，团结拼搏，扎实工作，为全面开创××市建设新局面，为我市实现第三次跨越而努力奋斗！

××××年××月××日

◇部署性决议

【范文】

××师范学院第×届教代会第×次工代会决议（草案）

（××××年××月××日）

××师范学院第×届教职工代表大会、第×次工会会员代表大会于××××

年××月××日至××日在学院报告厅召开。会上全体代表以对学院改革和发展高度负责的精神，对院长工作报告和其他文件进行了认真的讨论和审议，并通过了这些决议，圆满完成了大会的各项议程。

大会审议并原则同意了院长××代表学院所作的题为《××××××发展》的工作报告（以下简称报告），会议认为，报告以邓小平理论和“三个代表”重要思想为指导，实事求是地回顾总结了学院八年来，尤其是近一个时期以来学院工作取得的主要成绩、基本经验；客观地分析了学院发展所面临的形势，提出了今后一个时期实现学院跨越式发展的办学工作思路和今后三年的主要工作，符合学院实际。在讨论中，代表们对学院工作给予了高度评价，对报告提出了许多建设性的意见，一致认为报告对实现学院的跨越式发展，必将起到重要作用。

会议认为，学院向大会提交的，根据××师范学院第×次代表大会《关于修订××师范学院“××”计划和××××发展规划的建议》的决议，修订《××师范学院“××”计划和××××发展规划》，学院定位比较明确，发展目标清晰，措施切实可行，鼓舞士气，催人奋进。

会议认为，会议讨论和审议的工会××代表上届工会所作的工会工作报告，客观、全面地总结了过去八年的工作，对今后工作提出了切实可行的建议。八年来，工会在学院党委和上级工会的领导下，围绕学院中心工作，充分发挥了工会的桥梁纽带作用，履行了工会的四项职责，推动了学院的精神文明建设；对今后工会工作的建议，方向比较明确，思路清晰，符合实际，对进一步做好新一届工会委员会的工作具有借鉴和指导意义。

会议还讨论、审议了学院工会财务工作报告。会议认为，八年来，工会财务管理符合上级工会有关财务管理制度，经费收支清楚，经费支出合理。会议希望工会进一步建立健全财务管理制度，勤俭节约，提高会费使用效益，管好、用好工会经费。

会议讨论并通过了《××师范学院教职工代表大会工作暂行条例》和《××师范学院校务公开实施意见》（修订稿），选举产生了新一届工会委员会和工会经费审查委员会。会议期间，全体代表以高度的责任感和使命感，就学院发展和建设中教职工普遍关心的问题提出了许多很好的提案、意见和建议。会议责成教代会提案工作小组进行认真的梳理和研究，尽快提交提案建议，并组织相关部门代表监督相关职能部门在今后工作中加以改进或落实。

大会号召，全院教职员工要以饱满的精神状态，自觉担负起时代赋予我们的历史使命，开拓创新，扎实工作，为实现我院跨越式发展而努力奋斗。

◇批准性决议

【范文】

支部大会通过预备党员转为正式党员的决议

支部大会于××××年××月××日讨论了×××同志的转正申请，认为×××同志自××××年××月××日被吸收为中共预备党员以来，能按照党员标准严格要求自己，重视政治理论学习，注意改进工作作风，工作勤奋，勇于创新，成绩显著，发挥了一个共产党员应有的作用，但也还存在处理问题不够沉着冷静的不足。大会认为×××同志已具备党员条件，同意按期转为正式党员。

支部大会有表决权的应到会党员11人，实到会10人（1人事假）。大会采取举手的方式进行表决。表决结果：一致同意×××同志按期转为正式党员（请事假的同志会前也以书面形式向支部表示同意×××同志按期转正）。

支部名称

支部书记签名（盖章）

××××年××月××日

第二节　命令（令）

一、命令（令）概述

1. 命令（令）的概念

命令（令）属于最为典型的下行文，是上级领导机关向下级机关发布的一种带有强制执行性质的指挥性公文。命令（令）一经发布，下级机关就要坚决服从和执行。

2. 命令（令）的适用范围

命令（令）“适用于依照有关法律公布行政法规和规章；宣布施行重大强制性措施；嘉奖有关单位及人员”。人民团体、企事业单位无权发布命令（令）。

3. 命令（令）的特点

（1）命令（令）具有高度的强制性和原则性

它主要表现在执行命令（令）的不可动摇性。它以国家法律和有关规定为依据，对重要的行政工作进行决策性指挥，强制性地统一人们的行为准则。它没有任何商洽的余地，不论在什么情况下，受文单位不得在行动上有反对的表示。否则，将会受到国家法律的制裁。

（2）具有特定的发布者

它主要表现在命令（令）是国家权力的集中体现，具有法定的权威性，受文单位和个人必须坚决执行，不得违反。

（3）命令（令）要庄重严肃，具有法规性

它主要表现在两个方面：一方面是不轻易使用命令（令），使用时要特别慎重；另一方面表现形式要有威严感，语言要高度准确，语气要坚决、果断。

4. 命令（令）的写作格式

命令（令）的结构分标题、发文字号、开头、主体、结尾和落款六部分。

（1）标题

命令（令）的标题写法，通常有四种形式，即“发文机关 + 事由 + 文种”、“发文机关 + 文种”、“事由 + 文种”，除以上三种形式外，还有一种就是只写文种。

（2）发文字号

命令（令）的发文字号的写法有两种：一是由“机关代字 + 年份 + 序号”组成；二是以令号（发文机关发布命令的顺序号）代替发文字号。

（3）开头

开头要写明命令（令）发布的缘由，即发布命令（令）的原因、目的、根据和意义。

（4）主体

主体即命令（令）的事项。要求准确地写出决断性、强制性的规定或措施。

（5）结尾

命令（令）的结尾，通常写明对命令（令）事项的补充说明或向受命者提出希望和要求。有些命令（令）也可根据内容要求不写执行要求。

（6）落款

落款包括署名和发文时间两项内容。在正文后右下方署名，写上发令机关的全称或发令人的领导职务和姓名，再在其下方注明时间。

5. 命令（令）的写作要求

（1）撰写或签发令文必须严肃、认真

命令（令）不得朝令夕改，使下级无所适从。

(2) 目的要明确

命令人们完成一项任务，应该使大家明确奋斗目标及重大意义，为完成任务或达到某一目的而努力。

(3) 要求要具体

如时间、地点、数量等，必须写得十分具体，以便于有关人员付诸行动和领导机关监督检查。

(4) 语气要严肃

命令（令）的语气要严肃坚决、肯定、有力。

(5) 辞章要严密

结构严谨，易读易记，便于执行。对先说什么，后说什么必须安排适当。

(6) 文字要简练

篇幅短小，便于熟记，以免把较长时间花费在阅读或理解命令上。

二、命令（令）的写作范文

◇公布令

【范文】

××市人民政府令

第××号

《××市酒类流通管理实施办法》已经××××年××月××日市人民政府第××次常务会议讨论通过，现予发布，自××××年××月××日起施行。

市长　×××

××××年××月××日

◇行政令

【范文】

××省人民政府关于清理道路检查站（卡）的命令

各市、县、自治县人民政府，省政府直属各单位：

为制止在公路上设卡查车、乱扣乱罚的现象，坚决纠正行业不正之风，促进经济、文化交流，保障人民群众和企业的合法权益，省人民政府决定清理在各地道路上设置的检查站（卡），特发布如下命令：

一、除我省与毗邻省（区）接壤的公路交通要道设立必要的检查站外，省内国道上的检查站（卡）从六月十六日起一律撤销。

二、公安、交通、工商、税务、林业、畜牧业等部门需要在省道、县道及毗邻省（区）接壤的交通要道上设置检查站（卡），必须经省人民政府批准。各地、各部门自行设置的检查站（卡）均为非法，群众和车辆驾驶人员可拒绝接受其检查。

三、除公安干警追捕刑事案犯、打击车匪路霸、维护交通秩序及处理交通事故外，其他任何人员不得上路检查，不得拦截在公路上正常行驶的车辆，不得对旅客实施人身检查。

四、经批准设立的检查站的执勤人员，在执行检查任务时，应出示省人民政府办公厅统一核发的《公路检查证》，佩戴行业标志。无上述证件、标志的为非法检查。

五、各类检查人员执行检查公务时不得超越本职检查范围，不得搞非法扣罚。被检查者应尊重执勤人员执行检查。省各主管部门对本系统的检查人员实行有效监督管理，发现问题必须及时处理。

六、本命令责成省人民政府法制局、省监察厅及各级法制、监察部门执行，并负责对各类检查站及执法人员进行监督。被检查单位、群众认为检查人员有违反本命令的，可以向监察部门反映、举报。监察部门应及时作出处理。

七、省人民政府过去有关规定与本命令有抵触的，一律以本命令为准。

××××年××月××日

◇嘉奖令

【范文】

关于对县政府信访局的嘉奖令

×政文〔××××〕××号

××××年，县政府信访局在县委、县政府的正确领导下，紧紧围绕全县稳定大局，认真落实科学发展观，创新理念、完善机制，推进信访工作规范化、制度化建设，热情接待信访群众，妥善处理人民群众反映的信访问题，认真排查化解矛盾纠纷，深入做好信访群众的教育和引导工作，切实理顺群众情绪，促进党和政府与人民群众的密切联系，为××经济发展、社会和谐作出了突出贡献。我县的信访工作领导干部一岗双责经验、重信重访治理经验、县委书记县长大接访长效机制建设经验在全市推广，我县被省委、省政府授予县委书记县长大接访工作先进县、全省信访工作先进县荣誉称号。为此，县政府决定对县政府信访局予以通令嘉奖。

希望县政府信访局戒骄戒躁，发扬成绩，再接再厉，在今后的工作中取得更大的成绩，为构建和谐××、振兴××经济作出新的更大贡献。

××县人民政府

××××年××月××日

◇惩处令

【范文】

行政处罚命令

字（××××）第××号

××学校工会：

你工会擅自多收取工会会员会费，在整改通知期限内没有及时改正错误，产生极其恶劣影响。经工会委员会讨论，总工会现作出如下命令：

1. 对工会主席记行政警告一次，工会×××副主席记过处分。
2. 尽快返还多收取的会费。
3. 书面道歉，消除影响。

××市总工会

××××年××月××日

◇撤销令

【范文】

××市人民政府
撤销××县《公路过往车辆收费暂行规定》的命令

经市人民政府××××年××月××日第9次常务委员会研究决定，撤销××县《公路过往车辆收费暂行规定》。经由××县高级公路过往的车辆的收费标准按市发××××号文件执行。

××市人民政府
××××年××月××日

第三节 决 定

一、决定概述

1. 决定的概念

决定是指党务部门对重大事项做出安排而制定的一种指挥性公文，属于下行文种。上自党和国家的重大决策和战略部署，下至基层单位的奖惩事宜均可使用。

2. 决定的写作格式

决定的写作分为首部和正文两个部分。

（1）首部。包括标题和成文时间两个部分。

①标题。标题一般有两种组成形式：一种是由发文机关、事由加文种组成；另一种是由事由和文种组成。

②成文时间。指发布决定的时间。在标题正上方注明成文的年、月、日，或者在标题下方用括号注明某年某月某日某会议通过字样。

（2）正文。正文的写作一般由三部分组成。一是开头部分，简要交代决定的缘由、目的、根据；二是主体部分，主要写决定的内容，落实决定的要求和措施，要求具体明白、层次清楚，便于有关单位执行；三是结尾部分，用于提出希望、要求或执行说明。

有的决定需要带附件。有附件的决定，应位于正文之后、发文机关署名之前注明附件的名称或依据，并将附件附在主件之后。

二、决定的写作范文

◇表彰性决定

【范文】

××路街道党工委关于对社区优秀党员表彰的决定

各社区所属党支部：

××××年，××街道党工委，办事处在区委、区政府的正确领导下，在全体机关干部和社区工作者的共同努力下，各项工作都在有条不紊地进行。同时，在全社会弘扬任长霞同志的先进事迹，掀起学习任长霞同志的热潮中，××路社区涌现出了许许多多优秀的共产党员，他们在平凡的工作中以一名共产党员的本色为居民树立了楷模。经街道党工委研究决定，评选出××名优秀党员，并给予表彰奖励。

希望受表彰的党员，再接再厉，为××路街道经济建设、社区建设再上新台阶作出更大的贡献。

××路街道党工委
××××年××月××日

◇公布性决定

【范文】

中共××省委关于追授×××同志为优秀共产党员的决定

（××××年××月××日）

在全省纪念建党80周年之际，我省××地区××县涌现出了全心全意为人民服务，用生命实践“三个代表”重要思想的先进典型×××。

×××，男，1992年起任××县××乡××村×××村民小组长（原合作社社长），××××年××月入党。今年4月2日在进行农村电路改造中不幸因公殉职，年仅××岁。×××同志在担任社长和村民小组长期间，带领社员因地制宜，调整产业结构，使该社人均占有粮食从150千克增至450千克，人均纯收入从320元增至1200元；发动和组织社员集资从4千米外的山谷引水入户，彻底改变了××社祖祖辈辈吃泥塘水的状况；带领全社群众用1年多的时间在山梁上开辟出一条乡村公路；组织和带领群众集资架设电线，结束了××社世代靠松明油灯照明的历史。×××同志把自己的全部热情、智慧和生命都献给了农村脱贫致富的事业，献给了党和人民。他平凡的一生，树立了一个共产党员实践“三个代表”重要思想的光辉形象，塑造了基层干部实践“三个代表”重要思想的先进典型。省委决定，追授×××同志为优秀共产党员，并号召全省党员和干部特别是广大农村基层干部广泛开展向×××同志学习的活动。

当前全省农村发展面临新的形势，发展农村经济、调整经济结构、增加农民收入的任务十分艰巨，需要大批×××式的基层干部带领广大农民群众脱贫致富。全省广大党员和干部要学习×××同志的先进事迹，发扬×××同志的精神，学习他在平凡的岗位上做出不平凡的成绩；学习他心系群众、倾力为民的崇高品格；学习他知难而进、艰苦创业的奋斗精神；学习他以身作则、率先垂范的优良作风；学习他无私奉献、厚德待人的高尚情操；学习他勤奋学习、不尽追求的优秀品质。各级领导干部要以×××同志为榜样，努力实践“三个代表”重要思想，进一步增强为人民服务的意识，切实转变工作作风、深入基层办实事、抓落实，用实际行动构筑“民心工程”，切实肩负起带领广大农民群众脱贫致富的责任。

全省各级党组织要采取切实有效的措施，广泛宣传×××同志的先进事迹并开展形式多样的学习活动。开展向×××同志学习的活动，要与农村“三个代表”重要思想学习教育活动紧密结合起来，与建设“民心工程”紧密结合起来，以“三个代表”重要思想统领农村的各项工作，大力加强党风廉政建设，加强党的基层组织建设，加强社会主义民主法制和精神文明建设，促进农村经济发展和社会全面进步。

◇部署性决定

【范文】

关于组建后勤集团党委
等三个院（处）党组织的决定

经××××年××月××日校党委会议研究决定：

一、按照校党委《关于校部机关机构调整（第一阶段）的决定》，撤销后勤单位党委，组建后勤集团党委，后勤管理处、基建处党的工作由机关党委负责。在后勤集团的原后勤单位党委委员，继续担任后勤集团党委委员，委员缺额按有关规定补充。

二、在职业技术学院直属党支部的基础上，组建职业技术学院党总支。

三、组建国际文化学院直属党支部。

中共××大学委员会
××××年××月××日

◇任免性决定

【范文】

关于×××等同志职务任免的决定

经学校党委研究决定：

由于工作的变动，现将中共××省××中学委员会第一、第二与第三支部委员会的组成人员调整如下：

第一支部委员会由×××、×××、×××三位同志组成，×××同志任书记。×××同志不再担任第一党支部书记；×××同志不再担任第一党支部委员。

第二支部委员会由×××、×××、×××三位同志组成，×××同志任书记。×××同志不再担任第二党支部书记；×××同志不再担任第二党支部委员。

第三支部委员会由×××、×××、×××、×××四位同志组成，×××同志任书记。

中共××省××中学委员会

××××年××月××日

第四节　报　告

一、报告概述

1. 报告的概念

报告，是下级机关或部门、企事业单位向上级机关或部门汇报工作，反映情况，答复上级机关的询问时使用的一种公文文种。它是党政机关和企事业单位、团体组织广泛采用的重要上行文。

根据《国家党政机关公文处理办法》规定：“报告适用于向上级机关汇报工作，反映情况，答复上级机关的询问。”报告是下级机关呈送上级机关的上行文种，中下级机关特别是基层单位和部门常会用到这一文种。

2. 报告的特点

（1）行文的单向性。报告是下级机关向上级机关行文，旨在为上级机关提供情况，一般不需要受文机关“批复”，属于单行文。

（2）表达的陈述性。报告是用于汇报工作、反映情况的，上级机关能否比较全面了解下级机关的情况，并综合各下属单位的情况对全局工作作出决策，在很大程度上取决于下级机关能否适时地汇报工作，真实、全面、具体地陈述本部门、本单位贯彻执行各项方针、政策的情况。

譬如，某一阶段做了哪些工作，每项工作是怎样开展的，取得了哪些成绩，存在什么问题等。即使是提出意见、建议，或者在大量陈述情况的基础上所作的适当分析，其基本表态手法仍是叙述说明。

3. 报告的写作格式（1）标题

报告的标题有两种写法：一是“事由＋文种”的形式；二是“发文机关＋事由＋文种”的形式，如“××分行关于××××××的报告”。有的报告内容紧急，则在标题中的“报告”前冠以“紧急”字样。

（2）主送机关

党政机关的报告，主送机关尽量要少，一般只送一个上级机关即可。但党政机关受双重领导的情况比较多见，只报送其中一个上级机关显然不妥，因此，有时主送机关可以不止一个。

（3）正文

报告的正文分引据、主体、结语三部分。

①引据。概括说明全文主旨，可用起句立意法。即一开始就简明扼要地将一定时间内工作的有关情况如依据、目的、总的行动及对整个工作的估计、评价等作一概述，以点明全文主旨。通常用“现将有关情况报告如下”承上启下，领起下文。

②主体。即报告事项部分，也是正文的核心，要叙述报告的具体内容。如果内容多、篇幅长，可采用分题式、分条式或两者相结合的方法进行叙述。对于工作报告，应将各方面工作的主要情况并列分段地一一加以表述，即阐明各方面工作的进展情况、主要做法、取得的效果等。再写明存在的主要问题和下一步工作意见，然后概括出基本经验。要以数字和事实说话，内容既翔实又概括。对于问题报告，侧重写明问题状况及其来龙去脉，分析问题产生的原因，说明其后果，并提出解决问题的方法和措施。对于答复报告，则应强调针对性，紧紧围绕上级的询问和要求，写清问题，表明态度，提出意见。

③结语。报告的结语应根据报告的不同内容采用与之相应的不同结语。常用的有“特此报告”、“专此报告”、“请审核”、“请审示”、“以上报告，如有不

妥，请指正”等。(4) 落款

即写上发文单位（加盖印章）和成文日期。

4. 报告的写作要求

(1) 要总结出有规律的东西

写报告要用正确的立场、观点、方法对事实进行分析，从中总结出一些带有规律性的东西。这些规律性的东西，无论是成功的经验，还是失败的教训，对今后的工作都具有重要的指导意义。

(2) 注意个体材料和整体材料的配合使用

报告的容量大，涉及的材料众多，因此，在写作时一定要注意个体材料和整体材料的配合使用。尤其是综合报告，涉及的方面多，内容复杂，更要注意个体材料和整体材料的配合使用。有个体材料没有整体材料，会使报告零碎，缺乏整体印象；反之，有整体材料没有个体材料，则会使报告内容空泛，缺乏力度和深度。

(3) 报告所反映的情况要真实、具体

报告的用途是帮助上级机关了解下情，从而作出正确的决策。因此，写报告要做到如实地反映情况。如果报告反映的情况失实，就有可能影响上级机关决策的准确性和科学性。真实性是对公文写作的普遍要求，但鉴于目前有些报告存在着弄虚作假的现象，所以特别需要引起重视。起草报告的人员，要深入调查研究，尽可能亲自调查了解，掌握第一手材料，然后进行分析归纳，去伪存真。材料要具体，要有概括性的材料，也要有典型的具体事例。

(4) 写作报告的立意要新

提炼主题，应该在占有大量材料的基础上进行分析研究，归纳出新颖的观点，从而形成主题。主题，即报告的主旨。在提炼主题和观点的过程中，要有敏锐的眼光，发现新的有价值的材料，从新的角度、新的立足点去分析取舍材料，这样才能提炼出立意新的主题，反映出本质的、带规律性的问题。

(5) 写作报告的重点要突出

报告的内容要根据主题的要求来安排，分清主次轻重，重点的、主要方面的内容，要安排在前面，详细写；非重点的、次要方面的内容，简略写；可写可不写的内容，就不写。同时，要注意处理好点和面的关系，比如有典型的事例，也要有面上的综合性的情况，做到点面结合、眉目清楚、说服力强。

(6) 报告中不得夹带请示事项

上级机关对报告不负答复责任，因此，报告中夹带请示事项会影响事项的处理。如有请示事项，宜另用请示文种行文。

（7）尽量把报告写短些

要想将报告写得简短，就要做到以下几点：

①应突出重点；

②要毫不犹豫地舍弃那些不能说明问题实质的一般材料；

③要善于综合归纳，从宏观着眼，总体上把握，把问题表述清楚；

④语言表达要做到简洁、凝练。

5. 写报告应注意的问题

（1）材料要真实。向上级机关汇报工作，应该本着实事求是的态度，如实汇报。无论是成绩还是失误，都应该全面、真实地反映，不能报喜不报忧，也不能夸大和虚构。上报的公文应该在调查研究，全面掌握本单位情况的基础上撰写。

（2）主旨鲜明。报告的内容，一般涉及面宽而且复杂，很容易写得篇幅较长而又重点不够突出，流于泛泛而谈。这就要求在撰写时，力求写得观点鲜明，简洁、深刻，一般应控制在3000字以内，否则，必须写出内容提要。

（3）严格使用文种，尤其应当注意不要与请示混用。报告内容不得夹带请示事项，否则会因“报告”不需批复而影响请求事项的处理和解决。

（4）要注明签发人。省政府办公厅《关于实行公文抄报制度等有关问题通知》中要求：请示、报告要注明签发人。各市地、各部门对省政府的请示、报告，今后一律实行注明签发人制度，以明确责任。对上级机关请示或报告工作，要坚持严肃认真的态度，实事求是的作风，勇于负责的精神，如实反映情况，不夸大不缩小，既报喜也报忧。

二、报告的写作范文

◇工作报告

【范文】

××××年××县政府工作报告

各位代表：

现在，我代表县政府向大会作政府工作报告，请予审议，并请县政协委员和其他列席会议的同志提出意见。

一、××××年工作回顾

过去一年，县政府在市委、市政府和县委的正确领导下，在县人大、县政协的监督支持下，团结依靠全县人民，深入贯彻落实科学发展观，大力实施“四大战略”，着力打造“八大产业”，坚定信心，扎实工作，克服各种困难，圆满完成了县十六届人大一次会议确定的各项任务。全年实现地方财政收入9.04亿元，增长26.1%。预计完成生产总值155亿元，增长15%；全社会固定资产投资95亿元，增长13%；城镇居民人均可支配收入、农民人均纯收入分别达到14500元和5900元。

（一）工业经济跃上新台阶。预计规模以上工业企业实现增加值71亿元、主营业务收入350亿元，分别增长13%、25%。实施投资千万元以上工业项目83个，其中过亿元项目23个，××石化公司100万吨延迟焦化等51个项目建成投产。全县主营业务收入过亿元企业达到35家，其中过10亿元8家，分别新增7家、3家。对原县酒厂、××科技公司、××焦化公司依法实施破产、重组。复评新创××名牌产品4个，续展认定××省著名商标7件。新增省级高新技术企业2家，申请国家专利110项；市级以上企业技术中心发展到16家，其中省级6家，总数居全市第一位。累计争取上级预算内专项资金1.26亿元，引进境外资金947万美元，进出口总额达到9.7亿美元，其中出口2.5亿美元，增幅列全市第一位。油地合作有新突破，涉油企业上缴税金1.7亿元。××控股公司首次进入“中国企业500强”，成功收购上市公司××国通管业实际控股权，挂牌成立博士后科研工作站。××粮油公司、××实业公司等4家企业被列为国家、省循环经济试点企业。我县荣获“中国县域产业集群竞争力百强县”称号。

（二）新农村建设迈出新步伐。（略）

（三）城市化发展实现新突破。（略）

（四）和谐××建设取得新进展。（略）

（五）政府自身建设取得新成效。（略）

各位代表，过去一年取得的成绩，是全县人民团结一致、辛勤劳动的结果。在此，我代表县政府向全县干部群众，向所有为××发展作出贡献的同志们、朋友们，表示衷心感谢，并致以崇高的敬意！

在肯定成绩的同时，我们也清醒地看到经济社会发展中的突出矛盾和问题。主要是：县域经济快速增长，但与先进县市仍有较大差距；受外部环境影响，经济运行不确定因素明显增多，企业经营和农民增收困难加大；社会保障体系还不够完善，部分职工群众生活比较困难，社会不稳定因素不容忽视；政府自身建设有待进一步加强，政府部门的工作效率、服务水平不高，服务越位、缺位、不到位现象还没有根本改变。对此，我们一定高度重视，切实解决。

二、××××年工作的总体要求和主要任务

今年是我县抢抓机遇、应对挑战、加快发展的关键一年，政府工作的总体要求是：全面贯彻党的十七大、十七届三中全会精神，以邓小平理论为指导，深入贯彻落实科学发展观，扎实开展“环境建设年”、“文化建设年”、“作风建设年”活动，继续大力实施“四大战略”，着力打造“八大产业”，突出改善民生，注重社会和谐，解放思想，迎难而上，开拓进取，赶超争先，全力建设生态优美、和谐文明的经济文化强县，力争尽早跨入全省“第一方阵”和全国“百强县”。主要预期目标：生产总值增长13%，其中第三产业增长18%；地方财政收入增长12%；全社会固定资产投资增长20%；规模以上工业增加值增长16%；外贸进出口总额达到10亿美元，其中出口3亿美元；社会消费品零售总额增长19%；城镇居民人均可支配收入、农民人均纯收入分别增长10%；万元GDP能耗、COD和二氧化硫排放量分别下降5.5%、4.5%和8%；人口自然增长率控制在6‰以内。

（一）以加大投入为重点，加快建设工业强县。面对国内外经济形势，抓住国家扩大内需的良好机遇，继续加大工业投入，加快规模膨胀，优化经济结构，转变发展方式。（略）

（二）以环境建设为重点，加快城市化进程。围绕创建“国家级园林城市”，深入开展“环境建设年”活动，全面提高城市规划、建设、管理水平。（略）

（三）以现代农业为重点，加快农村改革发展。坚持统筹城乡，扎实推进新农村建设，全面促进农民增收、农业增效、农村繁荣。（略）

（四）以文化建设为重点，加快发展现代服务业。扎实开展“文化建设年”活动，突破文化产业，繁荣文化事业，发展现代服务业，展示发展形象，凝聚发展人气，提升发展实力。（略）

（五）以招商引资为重点，加快扩大对外开放。拓宽视野，提升境界，大力招商引资，促进扩大投资，借助外力加快发展。（略）

（六）以改善民生为重点，加快构建和谐××。深入学习实践科学发展观，坚持以人为本，关注民生，着力办好事关群众切身利益的10件实事。（略）

三、突出改进作风，进一步加强政府自身建设

以开展“作风建设年”活动为契机，坚持为民、务实、清廉，全面提高执政能力，努力建设人民满意的政府。（略）

各位代表！新的一年，充满新的机遇，面临新的挑战，孕育新的希望。让我们在××县党委的坚强领导下，抓住赶超发展机遇期，奏响提速进位最强音，积极作为，科学务实，为推进我县经济社会又好又快发展，加快建设民富县强、文明和谐、生态优美的新××而努力奋斗！

◇情况报告

【范文】

××镇贯彻落实市全委会精神情况报告

××××年是实施“十五”计划的最后一年，也是承接“十一五”计划的关键一年。谋划好××××年工作，对今后五年的持续发展至关重要。展望今年形势，国家宏观调控的后续效应将进一步显现，要素制约的严峻形势将依然存在，如何有效地化解要素制约的影响，并充分利用宏观调控的倒逼机制，激发内在活力，化挑战为机遇，化困难为力量，促进××经济的新一轮发展，是摆在我们面前的一个新的课题。为此，镇党委、政府在全面科学地总结去年工作经验的基础上，针对当前形势，审时度势、因势利导、集思广益，提出了今年的工作思路：以党的十六届四中全会、中央经济工作会议和市十一届六次全委会精神为指导，树立全面、协调、可持续的科学发展观，围绕“创长三角强镇、建现代化××”这一战略目标，按照“东延、南联、西扩、北接，两点布局、互动发展”的战略布局，进一步深化“拉框架、打精品、造环境”三大策略，以提高执政能力为主线，以推进工业化和城镇化为抓手，以调整经济结构为支撑，以优化发展环境为保障，振奋精神，抢抓机遇，再铸高桥辉煌。

今年经济和社会发展的主要预期目标是：国内生产总值增长17%；工业总产值增长25%，农业总产值增长10%；粮食总产量稳定在9000吨；利税突破5亿元；工业性固定资产投入完成5亿元；自营出口达到3000万美元；财政总收入增长18%；农民人均收入增长10%；人口自然增长率控制在4‰以下，计生率达到97%以上。

为确保上述目标的顺利实现，我们将切实做好上级政策与本镇实际相结合的文章，倍加顾全大局，倍加珍视团结，倍加维护稳定，倍加珍惜来之不易的改革成果，统筹经济社会协调发展，努力引导、保护好各方面加快发展的积极性，走创新之路，造发展之势，鼓实干之劲，尽为民之责，以“拉框架、打精品、造环境”三大策略统揽全局，着力抓好以下工作：

一、拉框架，构筑协调发展新格局

全面巩固，完善基础保发展。进一步构筑“大××”格局，按照“东延、南联、西扩、北接”的城镇规划框架，全面巩固并大力加强集镇和功能区“两点”的基础设施与环境建设，努力形成互动发展、良性循环的局面。东“延”高新技术园区块的发展，使集镇与之形成一体；南“联”城区，接通“二路”，拉动集镇发展；西“扩”工业功能区二期，不断完善基础设施建设，为今后快速发展打下坚实基础；北“接”受降，搞好“二口、二桥、二路”建设。进一步完善全镇交通骨架，充分利用320国道改道、金桥北路开通、城市二环线建设的有利时机，加快实施高桦路扩建工程，继续不遗余力地进行村级道路改造，推进协调发展步伐。

深入挖潜，破解制约求发展。在当前形势下，要使“大框架”格局有效地实现，必须千方百计破解要素制约，切实提高土地利用水平。坚持管地、造地、节地三管齐下，充分挖掘一切可用之地。对全镇范围内可用未用的闲置土地，通过协调和依法办事的手段将其充分利用起来，从原来土地开发上的“用了算”转变为“算了用”。进一步加强用地管理，实行土地指标全镇统一调控，按轻重缓急，合理调配。进一步加大土地清查力度，对功能区一期四个企业的共180亩土地，督促尽快动工投产；对另两个企业的各50亩土地，通过收购、置换等市场化运作方式，使其物尽其用；对闲置两年以上仍未动工的土地，坚决依法予以收回。进一步加大土地整治力度，充分利用我镇山多的优势，采取向山坡要地措施，变废弃石宕、矿场和山坡地为可用土地，并积极向上争取土地指标，努力拓展用地空间。

二、打精品，推动城乡一体新发展

打造精品集镇。继续深入实施“一街、二路、八点”工程，以“稳、高、精”为目标，大力推进××西路商贸一条街建设步伐；着力推动××房产项目建设；启动“东海明珠”工程建设，建造全市一流的文化活动中心；重规划、重设计、重品位、重政策落实，加快360间商贸安置房建设，促使集镇尽快形成新貌。继续推进以集镇周边8个村为重点的新农村建设，以点带面，逐步形成“八星拱月”的布局。掀起集镇整治高潮，实施集镇“绿化、洁化、美化、亮化”工程，改造农产品交易市场，不断提升集镇形象和品位。

打造精品产业。针对生产要素不断趋紧的严峻形势，科学应对挑战，因地制宜地实现工作重心的转移，实施城乡统筹、协调发展战略，倾力培育“一大行业”、扶持“一大产业”、打造“五大基地”。大力培育机械制造行业，努力使我镇经济在原有橡胶、通讯、轻纺、化工四大支柱产业的基础上再形成一个新的以恒电、金火、三普、太戈图等企业为龙头的机械制造基地。全力扶持旅游产业，注重三产比重的提高，重点开发以××生态休闲观光区、××寺、××庄为一体的生态旅游。切实抓好“五大基地”建设：一是建立起一个××蚕种基地，带动四个村蚕桑业成倍发展；二是完善一个农业观光基地，加快××农业观光园建设；三是扶持一个毛笔基地，发挥传统文化产品优势，提高两个村劳动力就业，增大出口创汇；四是引导发展一个弹簧基地，以××村为主，引导企业向规模块状经济发展；五是培植一个锅炉配件基地，整合力量，壮大规模，提升产业竞争力。

三、造环境，争创区域竞争新优势

全面加强党的执政能力建设，大力弘扬“敢争一流、敢于负责、敢为人先”的“三敢”精神，努力创建“学习型、效能型、廉洁型、服务型”的“四型机关”，优化发展环境，实施“六个强化”，真正把精力集中到“想干事”上，能力体现在“会干事”上，目标落实到“干成事”上，开创政府工作新局面。

（一）优化自然环境

1. 强化生态镇建设，促进可持续发展。尽快打造全国环境优美镇，全面实施生态镇规划，不断提升城镇品位。积极发展循环高效的生态经济，大力倡导健康向上的生态文化，切实改善生态环境，促进人与自然的和谐发展。引导发展生态产业、生态农业、生态旅游业，积极实施环境综合治理，妥善处理好开发与保护，建设与管理，长远与眼前，整体与局部的关系。广泛开展生态村创建活动。

2. 强化“百千”工程，加快新农村建设。继续深入实施以“空心村”整治为重点的“百千”工程，推进全镇村容村貌的改观，努力完成×××、××和××、××等村的创建任务。进一步巩固“卫生村”创建成果，不断完善卫生保洁体系建设。加大对贫困村的接对扶持力度，缩小贫富差距，实现协调发展。分期分批对村级办公楼进行改造，改善村级办公条件。力争解决好×××、××等村的饮用水问题。不断加大“文明村”、“园林村”、“生态村”、“广播村”的创建覆盖面，以创建为载体，加快新农村建设的步伐。

（二）优化人文环境

1. 强化“保先”教育，提升干部队伍素质。进一步加强对党员干部的教育管理，以转变作风为突破口，以党员“保先”为重点，加大干部培训力度，切实增强干部素质，不断提升为民办事、办民服务的能力和水平。以“先锋工程”建设为载体，以“强核心、强素质、强服务、强管理、强实力”为目标，大力开展“五好村党支部”和“五好镇党委”创建活动，进一步完善决策议事规则，强化领导班子建设，进一步创新管理机制，实施多维方法抓党员队伍建设，不断增强党组织的创造力、凝聚力和战斗力。

2. 强化科教兴镇战略，创建标志性教育强镇。（略）

3. 强化效能建设，打造“四型”机关。（略）

4. 强化“平安××”创建，努力构建和谐社会。切实维护社会稳定，高度重视群众来信来访、市长电话和人民调解工作，认真解决人民群众的实际困难，及时化解影响社会稳定的各类矛盾。加强社会治安综合治理，严厉打击各种刑事和经济犯罪，扫除“黄赌毒”等社会丑恶现象。进一步强化法制教育，继续开展“四五普法”。切实加强生产、交通和消防安全管理，全面落实安全生产责任制，防止重大事故发生，努力构建和谐××。时代在进步，社会在发展，新的形势孕育着新的希望和机遇，尽管面临的挑战是严峻的，压力是巨大的，但只要我们继续保持敢于竞争、敢为人先的精神；保持谦虚谨慎、不骄不躁的作风；保持与时俱进、不断创新的状态；解放思想、抢抓机遇、同心同德、乘势前进，一心一意谋发展，全力以赴抓落实，今天的宏伟蓝图就一定能够成为明天的美好现实，××的将来一定会更加的辉煌灿烂！

◇建议报告

【范文】

经发局关于构建新经济平台的意见建议的报告

管委会：

我局在构建中国新经济平台大讨论活动中，积极学习和贯彻落实会议精神，保证日常工作正常运转前提下，积极组织全体工作人员学习、讨论，号召全局人员本着“知无不言、言无不尽”态度，结合××新区大发展和实际工作广开思路、大胆谏言。截至目前，共召开全体会议3次，专题会议5次，分组讨论会议8次，科室自行召开学习和讨论会议共12次，累计学习和讨论高达260人次，形成意见和建议近50多条，论文7篇。现归纳建议共18条，简述如下：

一、在工商局设立消保科

保护消费者的合法权益，是全社会的共同责任。各级政府及有关部门是市场监管的主体，应认真履行市场监管的职责，进一步加大市场的监管力度，完善有关消费者保护的法律法规和规章制度，切实保护消费者的合法权益。当前，各级工商行政管理部门先后设立了消费者权益保护局（处、科）及12315受理消费者申诉举报中心，致力于保护消费者的合法权益。这既是工商行政管理部门职责的要求，也是健全保护消费者权益机制的要求。到目前为止，开发区尚未设立具有行政管理职能的保护消费者权益的相关科室。为完善开发区消费者权益保护工作机制，特建议工商局设立消费者权益保护科。

二、完善开发区消费者协会机构设置

建议开发区消协变更名称为××开发区消费者委员会，常设办事机构隶属工商局领导和管理，为全额拨款事业单位，常设机构工作人员参照公务员管理。主要职责是加强构筑消费维权工作“三大体系”即消费教育和指导、商品和服务的社会监督、受理投诉并进行救助，认真履行《消法》赋予的七项职能。

三、在人口集聚地建立工商所

××开发区现在除了母区外，还有西区和微电子工业区、××科学工业园、化学工业区等三小区，这些地区除了保持高速的经济增长和招商引资外的势头外，生活与服务设施也在改善和加强。我们从近年的消费者投诉情况看，消协已经受理过来自西区、微电子、化学工业园的消费投诉，而且有的区域如西区的消费投诉还呈上升趋势。就母区而言，区内现已有××社区、××社区、××社区、××社区、××社区、×××社区及××社区共7个成熟居民社区；蓝领工业社区有天江、天海、国翔等3个以及一个大学城的学院社区；同时我们还有出口加工区、××宿舍区、××宿舍区等外来务工人口比较聚集的地区。每个社区和人口集聚地都有政府规划或自发形成的各种商业服务设施，这些形成的商业服务设施都应该纳入我们工商行政部门监管范围之内。而就目前我局现有的管理机制，难免不会在日常监管过程中形成监管上的死角，从而产生安全上的隐患以至产生恶性事故。

建议建立工商所，以加大管理力量并最大限度地避免和预防出现各类事故和问题。

四、注重区域法治建设工作

1. 进一步加强区域立法工作。

2. 建立规范文件执行监督机制。

3. 正确认识“服务型政府”的内涵，严肃执法，营造公平正义的法律环境。

五、对于开发区行政执法方面，建议在各部门网格化管理的基础上，整合资源，挖掘潜力，建立综合性的网格化管理格局

1. 合理划分网格，设置网点。根据开发区的区域现状，以任务量和区域特征为参照，划分一定数量的网格，设置网点。

2. 建立联合执法机制。在各网点实行联合执法办公机制，由实行网格化管理的有关部门进驻，由管委会统一派遣协调负责人，组织各部门联合执法检查。具体做法类似行政许可中心的模式。

3. 实行网格化管理责任制。各部门在各网点定人、定责任，落实网格管理职责。各网点量化工作指标和任务，确定综合执法检查的次数和地点以及不同阶段的监管重点。

4. 完善网格化管理制约机制。以制度明确定期网格责任人轮岗、行政许可现场审查和日常监管责任人不重叠、网格间人员交叉督查、定期组织对网点工作进行稽查等运行方式。

5. 严格执法责任制。建立起层层抓落实的责任体系，分工不分家，协调配

合，统一行动，互通信息。对不履行法定职责，滥用职权者，要严格追究；对在网格化管理工作中表现突出的部门和人员要予以表彰和奖励。

六、开发区目前行政效能有所降低，需要重新调整定义政府职能和调整机构

随着二十多年的发展，开发区已经由单纯的工业制造区向小型城区或现代化城市方向发展，以前定义的政府职能和设置的机构将逐渐满足不了城市化管理职能要求。因此，建议开发区重新考虑城市管理职能定位，重新以科学发展的思路进行机构改革和机构重组，以符合开发区未来发展要求。

七、建议各部门仔细学习和体会“十七大”报告，从中找到新的改革开放新思路

“十七大”报告涉及面广，但每个层面均有相对明确的指导思想和行动指南，其实我们在实际工作中完全可以从中找到提高工作效率的改革方向。目前，问题是我们并没有多少人能真正就其中的文字仔细阅读和体会，并将其融会贯通来指导我们的工作。建议大家静下心来，切实贯彻和学习好报告，并用报告来指导各项工作。

……

特此报告

经发局

××××年××月××日

第五节　通　告

一、通告概述

1. 通告的概念

通告，是社会各有关方面用来公布应当遵守或周知的事项时使用的一种公文文种。

通告是行政公文的主要文种之一。比如，《中国人民银行关于发行四种金属人民币的通告》所公布的是广大人民群众应该普遍了解的事项；《深圳市人民政府关于严格禁止擅自以股票债券等形式集资的通告》所公布的就是需要有关部门和人员遵照执行的事项。

2. 通告的特点

通告具有广泛性、法规性及说明性。

（1）广泛性。这是就通告的使用而言，一方面，通告的使用频率大大超过公告和布告，另一方面，通告的使用单位相当广泛，各级机关、社会团体和企事业单位都可以使用。

通告的内容可涉及国家的法令、政策，也可以用来公布社会生活中的一些具体事务，如更换自行车牌照、施工封锁交通等。

（2）法规性。通告一般是国家行政机关和企事业单位根据自己职权范围发布，具有一定的法规性和行政约束力。它所通告的事项，有关单位或人员必须严格遵守或者周知。如1993年12月16日发布的《民航总局、公安部关于民航安全问题的通告》，对民航安全问题的有关单位和人员，特别是旅客具有法规效力和行政约束力，违反者要受查处；构成犯罪的，要依法追究刑事责任。

（3）强制性。有些通告所公布的事项要求普遍遵守，比如法规政策的通告，这些通告就具有法规、法令的强制性、约束性。

3. 通告的写作格式

通告的写作格式如下：

（1）标题

通告的标题，样式较多，如：国家行政机关以及比较大的单位一般都冠以发布单位，并体现出内容，格式为“×××关于××××的通告”，如《国家教委关于维护中小学正常教学秩序的通告》、《水利电力部、公安部关于严禁在农村安装电网的通告》等，这样的标题使人一看便知通告的内容。有的标题只有发布单位，而不体现内容，如×××市通告、×××市公安局通告等。标题只写“通告”两字的情况也比较常见。

（2）正文

一般写明通告的缘由、通告事项、执行通告事项的要求等内容。

（3）落款

标题有发布单位的，后面则无落款；标题没有发布单位的，落款要注明发布单位。发布通告的时间，写在标题之后、内容之前，也可写在落款的后面。

4. 通告写作应注意的问题

通告的撰稿者，要有政策观念，确保其不与现行政策抵触，不搞违反法律程序的“土政策”。

因为通告可以用来处理带有一定行业的公务，所以写此内容的通告，难免使用一些术语，但要注意尽量选择大多数人熟悉的行业用语，同时也要求撰稿者有一定的行业知识。

通告内容一定要突出，给人以深刻的印象。通告的要求一定要具体，关键之处务必准确无疑，这样才能使受文者得要领。

通告一般可以张贴、见报，也可以以文件形式下达。

总之，写通告要“一文一事”，中心明确，符合党和国家的政策，不得与党纪国法相悖。“缘由”要有理有据，“事项”要能阐明中心。

全文结构要严密，层次要清楚，有逻辑性，文字要明白、确切，语气要肯定、庄重，尽量少用专门术语，以便受文者理解或遵守。

二、通告的写作范文

◇事项性通告

【范文】

关于发布环保车型推荐性目录有关事项的通告

各区人民政府，市直属各单位：

为减少我市机动车排气污染，进一步改善环境空气质量，根据《中华人民共和国大气污染防治法》及《××经济特区机动车排气污染防治条例》的规定，现就发布环保车型推荐性目录的有关事项通告如下：

一、禁止我市汽车销售企业销售或者进口污染物排放超过规定排放标准的机动车。对经依法抽检，污染物排放超过规定排放标准的，由相关部门责令其停止违法行为，并依法查处。

二、市环境保护部门应当根据国家环保总局《车型型式核准公告》的内容，制定《××市符合国家第二阶段排放标准的环保车型推荐性目录》（具体车型可登录 www. szvecc. org. cn 查询）。

三、鼓励汽车销售企业销售或进口《环保车型推荐性目录》上的机动车，鼓励市民选购《环保车型推荐性目录》上的机动车。对不属于《环保车型推荐性目录》上的机动车，有关部门应当依法加强监督检查。

四、本通告自××××年××月××日起施行。

××市人民政府

××××年××月××日

◇知照性通告

【范文】

××市总工会关于市区内工会经费由地税机关代征的通告

根据《工会法》、《××省实施〈工会法〉办法》和上级工会组织、税务机关的有关文件精神，为将了工会经费收缴工作纳入法制化轨道，从××××年××月××日起，市区内工会经费由地税机关代征。××市总工会、××市地方税务局联合制定的《××市（市区）工会经费代征管理办法》已由市政府批准（《××市人民政府办公室关于印发〈××市（市区）工会经费代征管理办法〉的通知》×政办〔××××〕12号）。现将我市地税代征工会经费工作的有关事项通告如下：

一、自××××年××月××日起，××市市区（××区、××区、××区）范围内，已建立工会组织的各级各类企业和实行企业化管理的事业单位（财政全额拨款的机关、事业单位除外），按照全部职工工资总额的百分之二由地方税务机关代征工会经费。

二、自××××年××月××日起，××市区（××区、××区、××区）范围内，开业满一年仍未依法建立工会组织的企业和实行企业化管理的事业单位，按照全部职工工资总额的百分之二由地方税务机关代征工会筹备金。

三、自××××年××月××日起，缴费人应于每月10日前（遇法定休假日按照《税收征管法实施细则》规定顺延）向其主管地方税务机关报送《企、事业单位拨缴工会经费申报表》。经主管税务机关审核签章后，将费款缴入××市地税代征工会经费征集专户，凭有效缴费凭证到××市总工会、××市地方税务局工会经费收缴服务大厅（地址：×××南路30号）开具《工会经费拨缴款专用收据》，凭《工会经费拨缴款专用收据》在税前列支。

××市总工会

××××年××月××日

◇周知性通告

【范文】

关于公开招考财务总监的通告

××县财务总监管理中心，为全额拨款事业单位。现因工作需要，面向全市公开招考财务总监×名，其中男性×名，女性×名。招考计划数和报名人数的比例不足1∶3的，按比例核减招考计划。

一、招考条件、范围、对象

（一）坚持四项基本原则，热爱本职工作，遵纪守法，廉洁奉公，原则性强，具有良好的职业道德和敬业精神，社会信誉和工作业绩良好；具有财会专业知识和现代企业管理知识，熟悉国家财经法律、法规和制度，有较高的政策水平和较强的组织协调能力。

（二）身体健康，年龄为××周岁以下，本市户籍人员。

（三）具有大专以上学历和会计或审计中级以上专业技术任职资格，并符合下述条件之一：

1. 担任过企业总会计师、财务会计机构负责人×年以上；

2. 具有财经类研究生毕业学历，并从事企业管理或财务会计管理工作×年以上；

3. 从事会计或审计工作×年以上。

（四）对于符合上述条件并具有注册会计师、高级会计师资格的可免笔试直接进入面试。

二、招考办法

按照公开、平等、竞争、择优的原则，采取公开报名、统一考试、严格考核、择优录用的方式进行。

（一）报名

1. 报名时间：××××年××月××日。

2. 报名地点：县财政局国资科。

3. 报名材料：本人身份证、户籍证明、职称证书、学历证书、注册会计师全科合格证书的原件及复印件、工作经历证明以及近期免冠一寸照片2张。

4. 经资格审查合格者发给准考证。

（二）考试

1. 笔试：笔试内容为专业知识（考试范围：财务会计、国有资产管理、基本建设、经济法规等相关知识)，满分100分。笔试成绩不计入总成绩，仅作为进入面试资格的依据。具体笔试时间、地点见准考证。

2. 面试：参加笔试人员按笔试成绩从高分到低分取男性前×名，女性前×名进入面试；具有注册会计师、高级会计师资格人员直接进入面试。面试成绩满分100分。面试时间、地点另定。

（三）体检、考核、录用。面试后，按面试成绩从高分到低分按1∶1.5比例确定体检对象。体检标准参照《××省国家公务员录用体检标准》，体检合格者组织全面考察后从高分到低分择优录用。

（四）本通告未尽事宜，由××县财政局负责解释（咨询电话：×××××××）。

××县人事劳动和社会保障局

××县财政局

××××年××月××日

◇强制性通告

【范文】

关于清理整顿无线电通信秩序的通告

为加强无线电管理，整顿和维护空中电波秩序，根据《中华人民共和国无线电管理条例》、《中华人民共和国刑法》、《无线电管理处罚规定》和国家有关法律、法规规定，决定对我省境内设置、使用无线电台（站）和研制、生产、进口、销售无线电设备情况进行清理整顿，现将有关事宜通告如下：

一、清理整顿范围：凡在我省境内除军事系统外，设置、使用的各类无线电台（站）以及研制、生产、进口、销售无线电设备的单位和个人。

二、设置、使用无线电台（站），必须事先提出书面申请，到相应的无线电管理机关办理设台审批手续，在规定时间内领取中华人民共和国无线电台执照。未取得无线电台执照或手续不全而使用的，均属违法，按擅自设置、使用进行处罚。

三、任何单位和个人未经国家、省、市无线电管理机关批准，不得擅自转让无线电频率。禁止出租或者变相出租以及擅自以频率作为投资同他人合作进行经营活动；不得擅自使用未经批准的无线电频率；无线电频率使用期满，需继续使用的，必须到原批准机关办理续用手续。

设置、使用各类无线电发射设备，必须按照国家规定按时、足额缴纳无线电频率占用费，逾期半年未缴纳的，将采取措施，收回频率，所造成的一切后果自负。

四、不得随意变更无线电管理机关核定的无线电频率、电台呼号、名称、台址、服务范围、通信对象、发射功率等设台资料申报项目和有关技术参数，确需变更的，必须在十五日内向原批准机关办理变更手续。

设台单位或个人由于转制、重组、破产等原因更换台站名称，现设台单位或个人必须在十五日内到原设台批准机关办理更名手续。

各类无线电台（站）发射设备因故停用、撤销、报废和设备老化、损坏、丢失，无法继续使用的，使用单位必须在三十日内到原批准机关办理相关手续。

五、企业研制、生产、销售无线电发射设备（含微功率短距离无线电设备），必须符合国家技术标准和有关规定。进行实效发射试验时，必须经无线电管理机关批准，办理临时设台手续。

进口无线电发射设备的频率、频段和有关技术指标必须符合国家规定，报国家或者无线电管理机关批准。

六、设置、使用无线电台（站），一经批准、注册，即为合法设台，任何单位和个人都无权擅自进行无线电台发射设备的买卖。

无线寻呼台的联系、兼并、转让、转卖，必须经原批准机关同意，办理相关手续，不得非法交易，造成严重后果者的，由非法交易双方承担全部责任。

七、任何单位和个人都不得销售和使用不符合国家技术标准的大功率无绳电话、无线话筒及其他无线电设备，对继续销售和使用，干扰其他正常无线电业务的，一经发现，要坚决予以取缔，没收一切设备。

八、加强对“三高”（高山、高楼、高塔）设台的管理。凡在“三高”地点设台必须经无线电管理机关批准，产权单位应予以监督。有关“三高”设台的管理规定，将另行通告。

凡违反上述通告精神的，在此通告公布之日起三十日内，必须到相应的无线电管理机关办理相关手续或说明情况。三十日内仍未办理，也不说明情况的，将依据国家的有关规定进行处理，情节严重的，予以查封或没收设备，并处以罚款或吊销其电台执照。干扰正常无线电通信，造成严重后果的，按《中华人民共和国刑法》第二百八十八条之规定，提请司法机关追究其刑事责任。

为了保证合法无线电台（站）的正当权益，省、市无线电管理机关将在全省开展长期的无线电稽查工作，望社会各界给予大力支持和协助，一旦发现违法行为，请及时向省无线电管理委员会办公室法规稽查部门举报。举报电话：××

×－××××××××转分机×××或×××或×××。

特此通告。

××省无线电管理委员会办公室

××××年××月××日

◇法规性通告

【范文】

关于加强奥运会期间受理公民和组织举报危害国家安全可疑情况的通告

《中华人民共和国国家安全法》及其实施细则明确规定：中华人民共和国公民有维护国家的安全、荣誉和利益的义务。公民发现危害国家安全的行为，应当直接或者通过所在组织及时向国家安全机关或者公安机关报告。

为了确保北京奥运会安全成功举办，公民和组织如发现干扰破坏北京奥运会、危害国家安全和社会政治稳定等可疑情况，请及时拨打举报电话：××××××××。

国家安全机关对作出重大贡献的公民和组织将给予奖励。

××市安全局

××××年××月××日

◇表彰性通告

【范文】

关于表彰优秀工会干部和工会积极分子的通告

××××年，资源与信息学院工会再次被评为××××大学优秀部门工会单位，工会主席×××同志按照校工会奖惩条例被评为××大学优秀工会干部，其中×××同志被评为校级优秀工会干部；××、×××、×××、×××、×××等同志被评为校级工会积极分子；××、×××、×××、××、×××被评为资源与信息学院工会积极分子；××教授被授予××××年度资源与信息学院工会工作特别贡献奖。

学院工会号召全体工会会员向上述同志学习，为学院工会工作、学院和谐发展及学院建设作出贡献。

××资源与信息学院工会

××××年××月

第六节　公　告

一、公告概述

1. 公告的概念

公告是上至国家最高权力机关、行政机关向国内外宣布重要事项或法定事项，下至各级机关部门、人民团体、企事业单位向有关方面或人民群众宣布重要事项的知照性公文。

公告的发布者一般是国家立法机关或行政领导机关，具有较强的权威性，有些还具有强制性。公告的受文者十分广泛而笼统，行文关系不十分明确，原则上可以称为下行公文。

2. 公告的特点

（1）发文机关级别较高

由于公告有向国内外宣布事项的功能，发文机关多为较高级的国家行政机关或权力机关及其授权机关。如新华社就经常被授权发布一些重大事项的公告。

（2）发布内容特别重要

公告多用于事关全局或在国内外能产生重大影响的重要或法定事项。例如，公布宪法，公布全国人大代表人数，公布选举结果等，并非事无大小都使用公告。

（3）发布内容公开

公告面向社会发布，告知对象包括国内和国外，影响极其广泛深远。公告一般在报纸上公布，也可通过电视台、电台广播的形式发布。

（4）发布范围广泛

公告的广泛性表现在如下两个方面：

①公告发布范围最为广泛，有的向全国或某一地区发布，有的向全世界发布，其内容产生广泛的影响。

②公告所告知的对象也很广泛，主要是面向社会公众，发布公告的机关和被

告知对象之间一般无直接的隶属关系。

3. 公告的写作格式

（1）标题

一是只写发文机关的名称加上文种，如“全国人民代表大会公告”；二是只写公文文种“公告”二字，而将发文机关的名称置于正文之后；三是“事由”加“文种”。

（2）正文

公告正文内容单一，篇幅不长，一般采取一段式写法，由公告的依据和公告事项两部分组成。先写公告事项的依据，再写公告事项的内容，最后以“现予公告”“特此公告”等惯用语结尾。

（3）签署

在正文之下的横宽二分之一处，写上发布公告机关的全名，若以个人名义发布，在姓名前要写上职务。

（4）日期

在签署下面排齐写上年月日并带上发布公告的地点。

（5）编号

公告在标题下往往要单独编出顺序号如“第一号”“第二号”等。

4. 公告的写作要求

①文字严谨，语气庄重。因为发布公告是代表国家党政机关和部门。对象又是国内外的人民群众和有关机构，所以行文要缜密严谨，做到庄重严肃。

②公告宣布的必须是重大事件，不能将通告的内容用公告的形式发布。

③公告的文风，一般是客观叙述，少加议论。要简明扼要，言简意赅。公告不必过多地陈述意义和细节，不要说一些俏皮话，更忌讳夸张、比喻等修辞手法。

二、公告的写作范文

◇发布性公告

【范文】

××市人民代表大会公告

（第×号）

第×届××市人民代表大会第×次会议，于××××年××月××日选出：

××市人民政府市长　×××。

现予公告。

××市第×届人民代表
大会第×次会议主席团
××××年××月××日

◇知照性公告

【范文】

关于举办首届×××生态旅游文化月的公告

我县将于××××年××月××日至××月××日在×××乡×××生态旅游区举办首届×××生态旅游文化月，并于×月××日举行开幕式，旅游月期间还将由××电视台进行专场演出，以及我县民俗、民情、民风展示，地方名吃、土特产、名品展销等活动。届时请广大干部群众参加。

××县人民政府
××××年××月××日

◇事项性公告

【范文】

××××年度全国职称外语等级考试公告

根据人事部办公厅人办发〔××××〕××号、人事部考试中心人考中心函〔××××〕××号文件通知，××××年度全国职称外语等级考试将于××××年××月进行，现将有关事项公告如下：

一、考试共分 A、B、C 三个级别，开设英语、日语、俄语、德语、法语、西班牙语六个语种和古汉语、医古文。英语的专业类别由综合与人文、理工、财经、卫生调整为综合、理工、卫生三个类别，原财经类的内容合并到综合类中。

英语、日语、俄语、德语、法语、西班牙语各级别、类别的试卷全部由客观题组成，全部在答题卡上作答。

二、考试时间为××××年 4 月 14 日上午 9：00～11：00。

三、报名时间和办法。

××地区报名时间为××××年 10 月 15 日至 11 月 10 日（周六、周日照常办理），报名地点为省人才交流服务中心培训部（××市××中路××商业步行街）、××市人才交流服务中心考试部（××市××路 60 号）。

其他地州市的报名工作由各地政府人事考试管理部门组织，报名起始时间由各地自行确定，截止时间为 11 月 18 日，具体事宜各地考生可向当地政府人事局考试管理部门咨询。

考生报名时需带身份证、学历证、职称证（原件）和两张一寸免冠照片。

考生在报名时即可预订教材，同时亦可报名参加培训。

××省人事厅

××××年××月××日

◇强制性公告

【范文】

关于对部分农机产品实施强制性产品认证的公告

根据《中华人民共和国产品质量法》、《中华人民共和国标准化法》、《中华人民共和国进出口商品检验法》、《中华人民共和国认证认可条例》和《强制性产品认证管理规定》，现决定对部分农机产品实施强制性产品认证（目录见附件）。

自××××年××月××日起，凡列入本强制性产品认证目录内的农机产品，未获得强制性产品认证证书和未加施中国强制性认证标志，不得出厂、销售、进口或在其他经营活动中使用。自××××年××月××日起，委托人可以向指定认证机构提出认证产品的认证委托。

特此公告。

附件：农机产品强制性认证目录及对应 HS 编码（略）

国家认证认可监督管理委员会

××××年××月××日

第七节　通　报

一、通报概述

1. 通报的概述

通报是指党政机关和社会团体把工作情况、经验教训、典型事例以及具有典范、指导、教育、警戒意义的事件通知所属下级单位的公文文种。

2. 通报的特点

①典型性。

②普发性和限制性。

③教育性和指导性。

3. 通报的作用

①互通情况，沟通信息，使有关单位或组织了解工作进程，安排好自己的工作。

②学习先进的典型经验，指导和推进工作。

③吸取他人教训，警惕类似问题发生。

4. 通报的写作格式

（1）标题

有规范完整的标题，也有不完整只有事由加文种的标题。如《关于纠正省政府机关建房分房中不正之风的情况通报》。有时也可以只写“通报”二字。

（2）主送单位

一般通报都有主送单位，少数普发性通报可以不写主送单位。

（3）正文

一般由四部分组成：

①引言。主要是概括通报的内容、性质、作用和要求。

②事实。表扬性通报写先进事迹；批评性通报写错误事实。写作时应注意的问题是：既要把主要事实写清楚，又要写得概括精练。

③分析及处理。对先进事迹的先进性或错误事实的本质进行恰如其分地分析，有的还写出先进事迹或所犯错误的原因，并提出处理意见；表扬性通报写出给予精神或物质奖励的决定；批评性通报写出给予处分的决定。

④号召或要求。根据通报的精神要求接到通报的单位或个人如何去做，或者号召接到通报的单位或个人为实现什么目标而奋斗。

（4）结尾

此处写发文单位和日期。如果发文单位在标题前已加上去，此处可以只写日期。

下发或张贴的通报要加盖公章。

5. 通报的写作形式

（1）情况通报

情况通报是一种常用的通报形式。情况通报多数由三个部分构成。

①标题

情况通报的标题包括发文机关、事由和文种类别（情况通报）。但有时仅写事由、文种类别或直接写“情况通报”。

②正文

情况通报的正文一般分三步来写：先介绍情况；然后分析原因，指出意义或者危害；最后提出要求。如果是成绩通报，则要进一步巩固和提高；如果是失误与不良情况通报，则要改正和纠偏。

③签署

签署部分要写清发文机关和日期。但很多时候发文机关见于标题，或与日期一同标示于标题之下。

情况通报的作用是及时通报工作中的重要情况，它在撰写过程中必须充分地叙述情况，把摆事实与分析问题结合起来，使受文机关和个人能通过通报认清形势或问题的利与弊、意义或严重性。情况通报有明确的指导思想和很强的针对性，善于摆事实讲道理。这是情况通报的写作要点。

（2）表彰通报

表彰性通报是指用于表扬先进人物、先进事迹，推广先进经验，树立学习榜样，激励人们的工作热情和积极性的一种下行公文。

（3）批评通报

批评通报是指党政机关为批评某种严重错误或带有普遍性的不良风气与行为而使用的一种公文。比如对某项重大责任事故作出处理、对违纪案件作出处分等，大多采用这一公文种类。

批评通报由标题、正文和落款三部分构成。

①标题

批评通报的标题多数由发文机关、事由和文种类别（通报）三要素组成，但有时也可省略发文机关。同时，批评通报标题中事由的写作，常使用“批评”“处分”等字样，以表明其性质与种类。

②正文

批评通报的正文写作，要看是“直述式通报”还是“转述式通报”。“直述式通报”一般先介绍错误事实，然后作出处理，最后分析原因、提出要求。“转述式通报”则将主要内容作为附件随文转发。

③落款

批评通报的落款应写明发出通报的单位及日期。

批评通报的目的是要对严重错误作出处理、找出原因，以儆效尤。因此，写作时要求叙述事实真实、准确、简要；处理内容明确、具体；分析原因实事求是，评断准确，能抓住问题的本质，提出的要求具有针对性。

二、通报的写作范文

◇情况通报

【范文】

××××年展会活动情况通报

为了进一步宣传我市名牌产品和优势企业，扩大其知名度和市场占有率，达到开拓市场、提升城市形象的目的，××××年我委将按照“走出去、请进来”的发展战略，结合全市工业经济和企业的实际情况及发展需要，拟重点组织开展以下展会活动：

一、举办××名特产品展销会

为促进××经济更好更快地发展，进一步实施××企业和产品走出去的发展战略，继成功举办“××展”、“××展”、“××展”、“××展”和“××展”后，我委将在××××年继续举办××名特产品展销会。结合企业愿望和前期考察情况，××××年××名特展拟在××××举办，会期初步定为6月23~25日，预计规模为×××个展位。展会期间，将组织举办××名特产品展示展销会，汽车、摩托车、轻纺、食品等生产企业与客商对接洽谈会、签约仪式、××造汽车巡游及文艺演出等活动。

二、举办中国××第×届国际服装节

第×届国际服装文化节拟于9月份举办。本届服装节将以“打造时尚之都·引领服饰潮流”为主题，拟在展会期间举办“服装嘉年华·时尚总动员”、亚洲服装流行趋势发布、服装设计大赛、“时尚××”开幕晚会、时装模特大赛、中国××产业发展高端论坛及对接洽谈等活动，力争将“××节”打造成为中国××地区服装行业的代表节会，以促进××服装企业的成长、增强××服装产业的整体实力、提升××服装业的整体形象。目前，我们正积极开展前期筹备工作。

三、举办××××中国××国际汽车工业展览会暨零部件专业采购会

该展会拟于5月20~24日在××国际会议展览中心举办，本次车展以“促进国际合作，推动产业进步”为主题，整车展出面积将达到近×万平方米的规模。展会期间，将举办××××中国××高峰论坛、××××中国××“汽车改变人们生活”影像艺术节、小排量汽车性能现场测试推荐活动、国际零部件采购商产品转包及贸易对接洽谈会、国际知名零部件采购企业采购信息专题发布会、知名零部件生产企业产品说明会（推介会）、“汽车与物流”高峰论坛、××××中国×部××洽谈会、××汽车零部件行业全新物流模式说明会等活动，以达到培育××

汽车市场、降低零部件采购成本、扩大零部件生产、促成西部物流资源优化配置、推动××汽车产业发展的目的。

四、举办××××中国国际工业转包展览会

该展会将于10月在××展览中心举行，同期还将举办第××届中国国际工业装备展览会，展会规模预计××个展位。××××中国国际工业转包展览会以工业转包订单发布为主旨，主要帮助××企业建立与国际国内先进工业企业长期协作配套关系；中国国际工业装备展览会以“技术与贸易并重”为原则，为工业装备生产企业提供切实的帮助。实现展示中国机械制造企业创新技术、创新产品的窗口作用和我国机械制造行业与海外重要国际机构及国际转包商加强合作与交流的桥梁作用，进一步促进我市工业企业参与国内、国际竞争的能力。

五、举办××××第×届××机械机床工模具新技术新设备展览会

该展会将于4月11~14日在××国际会议展览中心举行。展会以机床、机械基础零部件、工模具、自动化等作为重点主题，主要展出压力铸造设备、加工中心、数控车床、数控铣床、特种加工设备、刀具和测量设备仪等，预计规模约为××个展位。展会期间，将举办多场先进技术交流讲座。目前，该展会的招商工作已接近尾声，重点已转向专业买家的组织和后期展会服务工作。

六、根据市领导的指示和市政府的安排，组织举办和参加有关展会活动。

××市经济委员会

××××年××月××日

◇表彰性通报

【范文】

关于表彰××××年度依法纳税大户的通报

×政发〔××××〕××号

各县（市、区）人民政府，市政府直属各单位：

××××年，全市广大企业面对国际金融危机的严重冲击，面对国内宏观环境变化带来的种种压力，坚定信心，积极应对，锐意进取，取得了显著成绩，并涌现出一大批守法经营、主动纳税、对社会作出积极贡献的纳税大户和先进典型。为表彰纳税大户的突出贡献，鼓励诚信纳税，激发创业热情，市人民政府决定，授予××××电器股份有限公司等××家企业“××××年度××市纳税百强”称号，授予××××电器股份有限公司等××家企业“××××年度××市制造业纳税××强”称号，授予××集团股份有限公司等××家企业“×

×××年度××市企业集团纳税十强”称号（名单附后），并予以通报表彰。

希望受表彰的纳税大户珍惜荣誉，再接再厉，积极应对危机，奋力克难攻坚，努力创造更好的效益，取得更大的发展，为我市经济社会又好又快发展作出更大的贡献。

××市地税局

××××年××月××日

◇批评通报

【范文】

××县人民政府关于对××××年畜禽养殖小区建设落后乡镇进行批评的通报

×政文〔××××〕××号

各乡、镇人民政府，县政府各部门：

××××年，我县紧紧抓住国家和省、市出台一系列优惠政策，扶持畜牧业发展的历史机遇，强力推进畜禽养殖小区建设，县政府《关于进一步加快畜牧业发展的意见》（×政文〔××××〕××号）明确要求，各乡镇每年至少建成一个标准化养殖小区，重点乡镇建成2个以上，以此促进畜牧业发展上规模、上水平。一部分乡镇对此项工作高度重视，真抓实干，全县××××年新建各类畜禽养殖小区××个，实现了畜牧业发展的新突破。

但也有一部分乡镇对畜禽养殖小区建设认识不足，重视不够，措施不力，致使该项工作被动落后，没有完成既定的任务。特别是××、××、××、××、××、××等12个乡镇没有建成一个标准化养殖小区。为此，经县政府研究，特对上述乡镇提出批评。

希望受到批评的乡镇要认真反思，查找问题，汲取教训，在××××年的畜牧工作中，要以实施“双百工程”（建成标准化养殖小区总数达到100个，新建规模养殖场100个）为契机，狠抓标准化养殖小区建设，努力完成目标任务，为我县争创全省生猪调出大县和畜牧大县作出应有的贡献。同时希望其他乡镇和单位，要以受到批评的乡镇为戒，对县政府部署的各项工作任务，都要采取切实有效的措施，认真抓好落实，努力推动各项工作再上新台阶，确保实现县委提出的“二年跨入全市先进行列”的目标。

××县人民政府办公室

××××年××月××日

第八节　批　复

一、批复概述

1. 批复的概念

批复是答复性的下行公文，它是上级部门答复下级部门请示事项的指导性文件。批复必须以下级部门的请示或报告为存在的前提条件。没有请示，也就无所谓批复。由此可见，批复与请示，是正式党务公文中唯一具有相互关联性的一对文种。这一特点，决定了在批复的撰写中，应该充分体现出批复对于请示的针对性。因此，可以说批复是一种针对请示的批答公文。它是专门解决请示问题的专用公文，其行文受到请示机关和请示内容的制约，行文关系和行文内容都是特定的。

根据批复的性质和用途，可分为直接批复和转发性批复。

2. 批复的写作格式

（1）标题和主送机关

①标题。批复的标题一般采用发文机关 + 主要内容 + 文种的写法。不同的是，批复往往在标题的主要内容一项中，明确表示对请示事件的意见和态度，而一般公文标题中的主要内容部分一般只点明文件指向的中心事件或问题，多数不明确表示态度和意见。

②主送机关。批复的主送机关，一般只有一个，那就是发出请示的下级机关。

（2）正文

批复的正文一般由批复依据、批复事项、执行要求三部分组成。

①批复依据。批复依据主要涉及对方的请示和与请示事项有关的方针政策、上级规定。

对方的请示是批复最主要的论据，要完整引用请示的标题并加括号注明其请示的发文字号。

上级有关的文件和规定是答复请示的政策和理论依据。可表述为：根据 × × 关于 × × 的规定，现作如下答复。必要时，可标引文件名称、文件编号和条款序号。如果下级请示的事项在上级文件和规定中找不到依据，这样的文字便不需要出现了。

②批复事项。针对下级机关请示所发出的指示，作出的批准决定，以及补充

的有关内容，都属于批复事项。如果内容复杂，可分条表述，但必须坚持一文一批的原则，不得将若干个请示合在一起用列条的方式分别给以答复。

③执行要求。对下级执行批复的要求可写在结尾处，文字要简约。

批复写作要注意及时、明确、庄重严谨、言简意赅。

二、批复的写作范文

◇表态性批复

【范文】

关于同意共青团××县委第十二次团代会选举结果的批复

共青团××县委：

你委报来《共青团××县委关于上报共青团××县委第十二次代表大会选举结果的报告》收悉。经研究，同意共青团××县委第十二届委员会由××等××名同志组成；常务委员会由×××、×××、×××、××、×××、×××、××（按姓氏笔画排序）七人组成；同意×××同志任团县委书记。

此复。

共青团××州委

××××年××月××日

◇事项性批复

【范文】

关于成立党委的批复

市×办机关党总支：

你们报来《关于成立市×办机关党委的请示》收悉。

经研究，同意你们成立中共××市机构××委员会办公室机关委员会。请按《党章》和《中国共产党基层组织选举工作暂行条例》进行组建。

中共××市直属机关工作委员

××××年××月××日

第九节　通　知

一、通知概述

1. 通知的概念

通知，是上级机关传达要求下级机关办理和需要有关单位周知或者执行的事项时，使用的一种公文文种。

2. 通知的特点

通知具有下列三个特点：

（1）适用范围的广泛性。在所有的公文中，通知的适用范围最为广泛，上至高层机关，下至基层单位；大到全国范围内的重大安排，小到一个单位内部告知一般事项，都可以用通知行文。

（2）文体功用的晓谕性。通知总是有所告晓，有所要求，即包括“晓”和“谕”两重功用，或告诉人们有关事项，或要求办理，遵守执行。

（3）知照事项的时间性。在所有的公文中，通知的时间性最强，通知事项或要求办理的事情，往往都有很强的时间要求，即使是规定性通知，也不像其他规范性文件具有较长期的时效。

通知是一种使用范围较广的公文。从内容性质上看，可分为批示性通知、指示性通知、一般事务性通知和会议通知四种。

3. 通知的分类

一是发布性通知。是指上级对所属机关、部队发布行政法规和提出要求，但其内容又不适于下发指示时使用的通知，如《关于训练考核的几项规定》。发布性通知的内容，包括发布通知的根据，要做的具体事项、达到的目的及其要求等。

二是批语性通知。此类通知是在转发上级或同级机关的文件、批转下级机关文书时使用。如《印发中国人民武装警察部队公文种类、格式和处理问题规定的通知》。批语性通知的内容，通常包括批转或转发文件的标题，对受文者的要求，并附上所转发的文件。

三是事务性通知。是指向所属机关和部队通知召开会议、领发物品、收缴物资、列改时间等项事务所使用的通知。如《关于下发师机关夏季作息时间表的通知》。事务性通知的内容，通常包括通知的具体事项、执行通知的要求等。

4. 通知的写作格式

通知一般由标题、主送机关、正文三部分组成。

（1）标题

通知的标题有两种写法，一是“发文机关＋主要内容＋文种”的形式，二是“主要内容＋文种”的形式。

发布规章的通知，所发布的规章名称要出现在标题的主要内容部分，并使用书名号；批转和转发文件的公文，所转发的文件内容要出现在标题中，但不一定使用书名号。

（2）主送机关

通知的主送机关较多，要注意主送机关排列的规范性。

（3）正文

通知的正文由通知的缘由、通知的事项和执行要求三部分组成。

①通知的缘由

发布指示、安排工作的通知，主要用来表述有关背景、根据、目的、意义等。

批转、转发文件的通知，根据情况，可以在开头表述通知缘由，但多数以直接表述转发对象和转发决定为开头，无需说明缘由。

发布规章的通知，多数情况下“篇段合一”，无明显的开头部分，一般也不交代缘由。

②通知的事项

这部分内容是通知的主体部分，所发布的指示、安排的工作、提出的方法、措施和步骤等，都在这一部分中有条理地叙述。内容复杂的需要分条列款。

③执行要求

发布指示、安排工作的通知，可以在结尾处提出贯彻执行的有关要求。如无必要，可以没有这一部分。其他篇幅短小的通知，一般不需有专门的结尾部分。

5. 通知的写作要求

（1）熟悉通知内容

不同种类的通知，所要表述的内容是不同的，因此，要根据所发通知的类别，记述不同的情况。例如，拟写会议通知，必须熟悉和掌握会议的性质、类别、时间、地点、人数、范围、材料、事项、情况和要求等内容。拟写规定性通知，必须熟悉和掌握有关规定的基本内容、目的、范围、界限、方法与要求等方面的情况。拟写批语性通知，必须掌握有关的政策、法律，有关材料（文件）及其理论和实际等方面的内容。

（2）运用适当的表达方式

通知的标题、目的、要求，应按说明式方法来表述，按照事物本身所固有的顺序说明，或依照事物性质、类别分条逐一说明，要体现出明白、清晰、顺序严整的特点。批语性通知的正文部分，应进行必要的论证，用高度概括和抽象的语言，指出批语性通知的意义与贯彻的关键所在。

（3）注意通知的语体色彩

通知所使用的语言属事务语体，这种语体有两个特点：一是文书习惯用语较多，如通知的起首语，常常习惯用“根（依）据”、“按照”、“由于”等词，说明依据和缘由。二是注意语言的准确性，不能产生歧义。如通知中常用“遵照”，需要学习其经验或借鉴其文件精神的用“比照”、“参照”等词，这些词在词义的轻重、范围和程度上不完全相同，要严格区别。非常重要的文件执行时用“遵照”，较为重要的文件执行时用“按照”或“参照”。通知的宗旨在于务实和行动，拟写时要详略得当，简明扼要。

二、通知的写作范文

◇发布性通知

【范文】

关于印发×县职工生育保险实施意见的通知

各乡、镇人民政府，×××管理区，县人民政府各部门：

《×县职工生育保险实施意见》已经县人民政府研究同意，现印发给你们，请结合实际，认真贯彻落实。

××县人民政府办公室

××××年××月××日

◇知照性通知

【范文】

关于做好元旦春节期间全区食品安全工作的通知

各镇人民政府、街道办事处，××新区、工业园区，区食药安委各成员单位：

为保证元旦、春节两节期间全区人民的饮食安全，维护我区社会和谐稳定的良好局面，根据省、市品食安全委办的要求和区委、区政府的指示精神，现就做好我区两节期间全区食品安全工作有关事项通知如下：

一、加强领导，落实责任

各地、各部门要切实加强元旦春节期间食品安全工作的领导，进一步强化“地方政府负总责、监管部门各负其责、企业是第一责任人”的责任体系，认真落实监管责任制和责任追究制，确保公众饮食安全。各有关部门要切实履行职责，加强协调，密切配合，形成食品安全工作合力。要严格按照要求，加大检查和查处力度，落实各项食品安全工作措施，进一步规范食品生产经营秩序，提高食品安全水平，确保全区节日期间的食品安全。

二、抓住重点，加强检查

各地、各部门要结合各自实际，重点检查粮、油、肉、蔬菜、水果、奶制品、豆制品、水产品、饮料、酒、儿童食品、熟食品、保健食品、地方特色食品等品种，以及农贸市场、商场超市、食品批发市场、中小食品生产加工企业、酒店（饭店）、食堂等。尤其要加大对城郊结合部食品小作坊、小食品店、小餐馆等食品生产经营单位的检查，要强化农村聚餐管理，确保聚餐安全。各级有关部门要结合当前开展的打击违法添加非食用物质和滥用食品添加剂专项整治行动，加强对食品生产加工企业、节日消费量大的食品的监督抽查，严防三无食品、过期变质食品和不合格食品流向市场，及时消除食品安全隐患。

三、加强宣传，做好应急

各地、各部门要采取多种形式，向广大人民群众宣传食品安全知识，增强自我保护意识和保护能力。新闻媒体通过开设专题、专栏等，集中开展食品安全宣传，及时向公众发布食品安全监管信息和消费警示，提醒广大市民注意食品安全。各地、各部门要做好食品安全事故的预防预警和应对突发事件的准备工作，防控重大食品安全事故的发生，做到防患于未然。对突发事件要保持高度敏感性，做到快速反应、果断处置、有效应对，力争在第一时间和第一现场予以控制和处理。一旦发生重大食品安全事故，要按照重大食品安全事故应急预案及操作手册的规定及时报告和处置。要建立值班制度，落实值班人员，确保群众举报渠道畅通。

××市××区食品药品安全委员会办公室

××××年××月××日

◇告知性通知

【范文】

国务院关于更改新华通讯社香港分社、澳门分社名称问题的通知

国函〔××××〕×号

香港、澳门特别行政区政府：

鉴于中央人民政府已经对香港、澳门恢复行使主权，为更好地贯彻“一国

两制”、“港人治港”、“澳人治澳”、高度自治的方针和《中华人民共和国香港特别行政区基本法》、《中华人民共和国澳门特别行政区基本法》（以下均简称基本法），支持特别行政区政府依照基本法施政，保障中央人民政府驻香港、澳门的工作机构按照授权履行职责，××××年××月××日，国务院第24次常务会议决定：自××××年××月××日起，新华通讯社香港分社、新华通讯社澳门分社，分别更名为中央人民政府驻香港特别行政区联络办公室和中央人民政府驻澳门特别行政区联络办公室。其职责为：

一、联系外交部驻香港特别行政区特派员公署、外交部驻澳门特别行政区特派员公署和中国人民解放军驻香港部队、中国人民解放军驻澳门部队。

二、联系并协助内地有关部门管理在香港、澳门的中资机构。

三、促进香港、澳门与内地之间的经济、教育、科学、文化、体育等领域的交流与合作。联系香港、澳门社会各界人士，增进内地与香港、澳门之间交往。反映香港、澳门居民对内地的意见。

四、处理有关涉台事务。

五、承办中央人民政府交办的其他事项。

中央人民政府驻香港、澳门特别行政区联络办公室及其人员，将严格遵守基本法和当地的法律，依法履行职责。特别行政区政府在处理与联络办公室职责有关的事务时，可与其联系。

新华通讯社香港分社和新华通讯社澳门分社更名后，中央人民政府驻香港特别行政区的机构有：中央人民政府驻香港特别行政区联络办公室，外交部驻香港特别行政区特派员公署，中国人民解放军驻香港部队；中央人民政府驻澳门特别行政区的机构有：中央人民政府驻澳门特别行政区联络办公室，外交部驻澳门特别行政区特派员公署，中国人民解放军驻澳门部队。请特别行政区政府为上述机构提供履行职责所必需的工作便利和豁免。原新华通讯社香港分社和新华通讯社澳门分社承担的新闻业务，将分别由新华通讯社提请特别行政区政府注册的新华通讯社香港特别行政区分社、新华通讯社澳门特别行政区分社承担，请特别行政区政府为其注册和开展工作提供便利。

特此通知

国　务　院

××××年××月××日

◇事项性通知

【范文】

国务院办公厅关于向地方各级人民政府发送国务院公报及有关事项的通知

各省、自治区、直辖市人民政府，国务院各部委、各直属机构：

为适应我国建立社会主义市场经济体制的需要，特别是适应我国加入世贸组织新形势的需要，使地方各级人民政府及时、准确地了解、掌握并贯彻落实国务院的行政法规、政策和工作部署，更好地发挥《中华人民共和国国务院公报》（以下简称《国务院公报》）在推动政府系统政务公开和依法行政工作中的作用，自觉接受人民群众的监督，经国务院领导同志批准，自××××年元月份开始，国务院办公厅向地方各级人民政府及城市街道办事处免费发送《国务院公报》。同时，继续向各省、自治区、直辖市县以上党委、人大、政协（新增加）、法院、检察院及各民主党派中央赠送《国务院公报》。为了做好这项工作，现将有关事项通知如下：

一、请各省、自治区、直辖市人民政府将本地区各级政府及城市街道办事处，省、市（地）、县（市）三级党委和人大、政协、法院、检察院的邮政编码、具体通信地址、单位名称以书面和计算机软盘两种形式，一并于××××年××月××日前报送国务院办公厅秘书局《国务院公报》编辑室。

二、根据《中华人民共和国立法法》的有关规定，在《国务院公报》上刊登的行政法规和行政规章文本为标准文本。凡在《国务院公报》上刊登的各类公文，与正式文件具有同等效力。

三、各级邮政部门要认真做好《国务院公报》的发行工作，确保及时、准确地发送到位。

四、对免费发送范围以外的各级政府工作部门、社会各行各业、企事业单位，各地区、各部门要继续贯彻执行《国务院办公厅关于做好〈国务院公报〉宣传和订阅工作的通知》（国办发〔××××〕××号）和《国务院办公厅关于做好××××年度国务院公报发行工作的通知》（国办函〔××××〕××号）的精神，积极组织他们通过全国各地邮局订阅《国务院公报》。

国务院办公厅

××××年××月××日

◇转发性通知

【范文】

转发关于贯彻落实全总、省总指示精神
全力做好抗震救灾工作的紧急通知

各区教育工会，城职院、各直学校（幼儿园）工会：

现将市总工会《关于贯彻落实全总、省总指示精神全力做好抗震救灾工作的紧急通知》（×总工〔××××〕××号）转发给你们，请认真组织本单位所属基层工会切实贯彻落实紧急通知精神，并将震灾捐款、职工受灾情况统计表于×月××日前报市教育工会。

联系人：×××，联系电话：××××××，传真：××××××。

××××年××月××日

××市××区教育局文件

×教发〔××××〕×××号

××市××区教育局、卫生局
转发有关做好学校卫生保健工作文件的通知

区教育学院，各中、小学，卫校：

现将××市教育局、卫生局《关于做好学校卫生保健工作的通知》转发给你们，请遵照执行。当前，对学校卫生保健工作要引起高度重视，尤其是对保护学生视力、预防近视的工作，各校必须切实加强领导，下大决心采取各种有效措施，使学生的患近视率有所控制和下降。

××××年××月××日（盖章）

◇批转性通知

【范文】

××市人民政府批转市科委关于加快我市软件产业发展实施意见的通知

各区、县人民政府，各委、局，各直属单位：

市人民政府同意市科委《关于加快我市软件产业发展的实施意见》，现转发给你们，望遵照执行。

××市人民政府（盖章）
××××年××月××日

◇任免性通知

【范文】

××县人民政府关于×××等同志职务任免的通知

各乡镇人民政府，县政府各部门：

经研究，决定：

×××任××县××局副局长；

×××任××县××局副局长；

×××任××县人民政府××××××办公室主任（兼）；

×××任××县××××办公室副主任。

免去：

×××的××县××初级中学副校长职务；

××的××县××初级中学校长职务；

×××的××县××乡初级中学校长职务；

×××的××县××镇初级中学校长职务。

特此通知

××县人民政府办公室
××××年××月××日

◇紧急通知

【范文】

关于贯彻落实全总、省总指示精神全力做好抗震救灾工作的紧急通知

各区总工会，经济功能区工委会，市直工委会、基层工会：

5月12日下午，四川省汶川县发生8.0级强烈地震，造成了巨大的人员伤亡和财产损失。截至5月15日，遇难人数已上升到1.9万人，并有大量人员受伤，部分人员失踪。灾情惨烈，举世震惊。灾情发生后，党中央、国务院高度重视，胡锦涛总书记立即做出重要指示，要求尽快抢救伤员，保证灾区人民生命安全，温家宝总理赶赴灾区现场指挥抗震救灾工作。5月13日，全国人大常委会副委员长、全国总工会主席王兆国同志指示，全总及各省（区、市）总工会要发扬一方有难，八方支援的精神，大力支援四川省总工会；各级工会要组织广大职工为抗震救灾、救死扶伤、维护稳定、恢复正常生活生产秩序而努力奋斗。12日晚，省人大常委会副主任、省总工会主席×××同志指示，××各级工会要高度关注地震灾区情况，发动全省广大职工向灾区捐款，全力帮助灾区广大职工做好抗震救灾工作。市总工会举行捐款仪式，并通过省总工会向灾区捐款××万元，各级工会组织目前已发动广大职工捐款×××万元。为贯彻落实全总、省总的通知精神，全力帮助地震灾区做好抗震救灾工作，特作如下通知：

一、要把思想和行动统一到党中央、全总、省总和市委市政府的部署上来，全力帮助地震灾区做好抗震救灾工作。

全市各级工会组织和广大职工要把思想和行动统一起来，切实贯彻落实全总领导的指示精神和紧急通知要求，坚持人民的利益高于一切。坚决响应党的号召，以高度的政治责任感和对职工群众高度负责的精神，充分发挥工会组织优势，急灾区职工群众之所急，解灾区职工群众之所难，发扬一方有难、八方支援的精神，积极帮助灾区职工群众做好抗震救灾工作，为确保社会大局稳定作出积极贡献。

二、积极动员组织全市广大职工和工会干部为灾区群众捐款献爱心。根据全总《关于全力做好抗震救灾工作的紧急通知》和《关于做好向灾区工会和职工捐款工作的紧急通知》要求以及各级领导同志的指示精神，全市各级工会要迅速行动起来，积极动员组织全市广大职工群众和工会干部为地震灾区职工群众捐款献爱心，捐款可交市慈善总会（户名：××市慈善总会，账号：××，开户行：中国××银行××××支行）或市红十字会（户名：××市财政国库支付

中心，账号：××，开户行：××银行××市××支行）。如需要市总工会协助，市总工会帮扶中心将全力提供帮助，联系电话：×××××××，×××××××。

为全面了解各级工会开展抗震救灾情况，请各区总工会、经济功能区工委会、市直工委会从5月16日起，每周二、四分两次将捐款情况上报市总工会办公室。

三、迅速行动起来，积极开展对受灾地区在××工作的职工群众的关怀慰问活动。这次地震灾情严重，波及面广，损失重大。在我市职工队伍中，也有不少人的家乡在受灾地区。全市各级工会要迅速行动起来，调查了解本单位职工家乡受灾情况，对于家乡受灾导致亲人生命财产损失的，各单位工会要及时派人上门做好安抚慰问工作，帮助他们解决实际困难，共同维护社会大局的稳定。对因灾导致特别困难的职工，要拿出切实有效的措施帮助他们解决生活上的困难。

请各区总工会、经济功能区工委会、市直工委会和中央、省驻×单位工会于5月26日前将贯彻落实情况以书面或电子邮件形式上报市总工会办公室。

联系电话：×××××××，×××××××，传真：×××××××

电子邮箱：××@yahoo. com. cn

××××年××月××日

第十节　意　见

一、意见概述

1. 意见的概念

意见是指上级党务部门针对当前即将进行的主要工作和亟待解决的重大问题，提出原则性的要求和具体的处理办法，并直接发至下级有关部门遵照执行的一种具有指示作用的公文。

2. 意见的写作格式

（1）标题。通常有两种形式组成：

①发文机关＋事由＋文种。

②事由＋文种。

（2）主送机关。主送机关如果已标注在批转通知中，就不再标注主送机关。如果属于直接下发的意见，要标注主送机关。

(3) 开头。讲明针对的问题，布置工作的意义和重要性，提出意见的目的和依据。

(4) 主体。包括明确工作任务，提出原则性要求或措施、处理办法等。

(5) 结尾。篇幅较长的意见通常以提出号召、希望、督察要求为结尾。局部性意见大多没有专设的结尾，而是自然结束的正文。

(6) 落款。直发性意见，一般都在文后署名和标注成文日期。转发性意见，通常不在文后落款，而将发文机关名置于标题之下。

二、意见的写作范文

◇直发性意见

【范文】

中共中央国务院关于促进农民增加收入若干政策的意见

(××××年××月××日)

中发〔××××〕1号

在党的十六大精神指引下，××××年各地区各部门按照中央的要求，加大了解决“三农”问题的力度，抵御住了突如其来的“非典”疫情的严重冲击，克服了多种自然灾害频繁发生的严重影响，实现了农业结构稳步调整，农村经济稳步发展，农村改革稳步推进，农民收入稳步增加，农村社会继续保持稳定。

同时，应当清醒地看到，当前农业和农村发展中还存在着许多矛盾和问题，突出的是农民增收困难。全国农民人均纯收入连续多年增长缓慢，粮食主产区农民收入增长幅度低于全国平均水平，许多纯农户的收入持续徘徊甚至下降，城乡居民收入差距仍在不断扩大。农民收入长期上不去，不仅影响农民生活水平提高，而且影响粮食生产和农产品供给；不仅制约农村经济发展，而且制约整个国民经济增长；不仅关系农村社会进步，而且关系全面建设小康社会目标的实现；不仅是重大的经济问题，而且是重大的政治问题。全党必须从贯彻“三个代表”重要思想，实现好、维护好、发展好广大农民群众根本利益的高度，进一步增强做好农民增收工作的紧迫感和主动性。

现阶段农民增收困难，是农业和农村内外部环境发生深刻变化的现实反映，也是城乡二元结构长期积累的各种深层次矛盾的集中反映。在农产品市场约束日益增强、农民收入来源日趋多元化的背景下，促进农民增收必须有新思路，采取综合性措施，在发展战略、经济体制、政策措施和工作机制上有一个大的转变。

当前和今后一个时期做好农民增收工作的总体要求是：各级党委和政府要认真贯彻“十六大”和十六届三中全会精神，牢固树立科学发展观，按照统筹城乡经济社会发展的要求，坚持“多予、少取、放活”的方针，调整农业结构，扩大农民就业，加快科技进步，深化农村改革，增加农业投入，强化对农业的支持保护，力争实现农民收入较快增长，尽快扭转城乡居民收入差距不断扩大的趋势。

一、集中力量支持粮食主产区发展粮食产业，促进种粮农民增加收入

（一）加强主产区粮食生产能力建设。当前种粮效益低、主产区农民增收困难的问题尤为突出，必须采取切实有力的措施，尽快加以解决。抓住了种粮农民的增收问题，就抓住了农民增收的重点；调动了农民的种粮积极性，就抓住了粮食生产的根本；保护和提高了主产区的粮食生产能力，就稳住了全国粮食的大局。从××××年起，国家将实施优质粮食产业工程，选择一部分有基础、有潜力、有粮食大县和国有农场，集中力量建设一批国家优质专用粮食基地。要着力支持主产区特别是中部粮食产区重点建设旱涝保收、稳产高产基本农田。扩大沃土工程实施规模，不断提高耕地质量。加强大宗粮食作物良种繁育、病虫害防治工程建设，强化技术集成能力，优先支持主产区推广一批有重大影响的优良品种和先进适用技术。围绕农田基本建设，加快中小型水利设施建设，扩大农田有效灌溉面积，提高排涝和抗旱能力。提高农业机械化水平，对农民个人、农场职工、农机专业户和直接从事农业生产的农机服务组织的购置和更新大型农机具给予一定补贴。

（二）支持主产区进行粮食转化和加工。（略）

（三）增加对粮食主产区的投入。（略）

二、继续推进农业结构调整，挖掘农业内部增收潜力

（四）全面提高农产品质量安全水平。（略）

（五）加快发展农业产业化经营。（略）

（六）加强农业科研和技术推广。（略）

三、发展农村二、三产业，拓宽农民增收渠道

（七）推进乡镇企业改革和调整。（略）

（八）大力发展农村个体私营等非公有制经济。（略）

（九）繁荣小城镇经济。（略）

四、改善农民进城就业环境，增加外出务工收入

（十）保障进城就业农民的合法权益。（略）

（十一）加强对农村劳动力的职业技能培训。（略）

五、发挥市场机制作用，搞活农产品流通

（十二）培育农产品营销主体。（略）

（十三）扩大优势农产品出口。（略）

六、加强农村基础设施建设，为农民增收创造条件

（十四）继续增加财政对农业和农村发展的投入。（略）

（十五）进一步加强农业和农村基础设施建设。（略）

七、深化农村改革，为农民增收减负提供体制保障

（十六）加快土地征用制度改革。（略）

（十七）深化粮食流通体制改革。（略）

（十八）继续推进农村税费改革。（略）

（十九）改革和创新农村金融体制。（略）

八、继续做好扶贫开发工作，解决农村贫困人口和受灾群众的生产生活困难

（二十）完善扶贫开发机制。（略）

（二十一）认真安排好灾区和困难农户的生产生活。（略）

九、加强党对促进农民增收工作的领导，确保各项增收政策落到实处

（二十二）要把解决好农业、农村、农民问题作为全党工作的重中之重。（略）

做好新阶段的农业和农村工作，努力增加农民收入，意义重大，任重道远。我们要紧密团结在以胡锦涛同志为总书记的党中央周围，高举邓小平理论伟大旗帜，认真实践“三个代表”重要思想，坚定信心，奋力开拓，扎实工作，为全面建设小康社会作出新的贡献。

◇指示性意见

【范文】

中共中央办公厅　国务院办公厅
关于进一步精简会议和文件的意见

（××××年××月××日）

党的十五届六中全会作出的《关于加强和改进党的作风建设的决定》明确提出：“改进领导方式和工作方法。下决心精简会议和文件，改进会风和文风。”近年来，党中央、国务院多次强调要改进作风，深入实际，切实精简会议和文件，并采取了一些实际措施，取得了一定成效。但是，会议过多，请领导同志出席事务性活动过多，各类文件简报过多的情况仍然没有根本改变，影响了领导机关和领导干部同人民群众的密切联系，不利于各级党委和政府集中精力抓工作。

为此，要把进一步精简会议和文件，作为全面实践“三个代表”要求，认真落实十五届六中全会精神的一个突出问题来抓。经党中央、国务院同意，现重申并提出以下规定和要求：

一、采取有力措施，坚决精简各类会议活动

1. 减少会议活动数量。从中央和国家机关做起，各地区、各部门安排会议活动一律要从严掌握。能不开的会议坚决不开，可以合并开的会议合并召开；要尽可能利用现代通信和技术手段召开电视电话会议，条件具备的可以直接开到基层，避免层层开会。一律不准巧立名目召开各种属联谊性、轮流做东的“片会”。以党中央、国务院名义召开的全国性会议要统筹安排，从严控制；中央和国家机关各部门每年召开的本系统全国性工作会议原则上只开1次，特殊情况不得超过2次。各地区、各部门首先是省部级以上的党政机关要严格控制举行各类纪念会、研讨会、表彰会、剪彩、奠基、首发首映式以及各种检查、评比等活动。元旦、春节期间，党政机关之间不搞相互走访拜年活动。对必须举办的会议和活动，要明确主题，充分准备，注重实效。

2. 压缩会议活动规模。各类会议活动要尽量压缩规模，减少参加人员。以党中央、国务院名义召开的会议和举办的活动，应按照批准的方案组织实施。中央和国家机关各部门召开的全国性会议，会期不得超过3天，与会人员最多不得超过300人，未经党中央、国务院批准不得邀请各省区市党委、政府主要负责同志和分管负责同志出席。中央和国家机关各部门不能以地方领导同志是否出席本系统的会议活动作为衡量地方是否重视某项工作的依据。省区市召开的会议，未经批准，也不要邀请中央和国家机关有关部门负责同志出席。各地区、各部门要从严控制举办大规模的群众性活动，少数确需举办的活动经批准后方可举行，并要加强领导，精心组织，周密安排，确保安全。

3. 严格控制会议活动经费。各地区、各部门举办会议活动要认真执行有关财务规定，厉行节约，反对铺张浪费。不得超标准使用经费和摊派、转嫁经费负担；不得借召开会议、举办活动名义发放纪念品；不得组织高消费娱乐、健身活动；不得到中央明令禁止的风景名胜区召开会议和举办活动。需要安排住宿的，要在定点接待的宾馆、招待所，不得安排豪华宾馆、涉外旅游饭店。领导干部下基层要轻车简从，不搞层层陪同，不得超标准安排用餐。财政、审计等部门要严格按照有关规定加强对会议活动经费的控制、管理和审核。未经批准召开的会议，会议经费一律不予报销。各级纪检、监察机关对违反有关规定和纪律的行为要坚决查处。

4. 严格会议活动报批程序。以党中央、国务院名义召开的全国性会议和举行的重大活动，由承办部门提出具体方案，经中共中央办公厅、国务院办公厅审核后报党中央、国务院审批。中央和国家机关各部门召开的全国性会议和举行的重要活动，应事先明确名称、主题、时间、地点、人员范围，经中共中央办公厅、国务院办公厅审核后报批。

二、严格把关，减少请领导同志参加事务性活动

5. 安排领导同志出席会议活动要坚持突出重点、精简务实的原则。为了减少请领导同志出席事务性活动，除因特殊需要外，原则上不邀请领导同志参加剪彩、奠基、首发首映式、颁奖等活动。中央党政军群各部门召开的表彰会、座谈会、研讨会、报告会、周年纪念活动，一般不邀请中央领导同志出席、发贺信和接见会议代表，各种商业性节庆活动不得邀请领导同志参加。省部一级和省以下部门批准兴建的纪念物、建筑物和创办的出版物以及周年纪念等，原则上不请中央领导同志题词、题字。不得请中央领导同志为商业性活动和单位题词、题字。确需领导同志参加的会议活动，要精心组织，讲求实效。

6. 严格请领导同志出席会议活动的报批程序。各地区、各部门举行的会议活动，确需邀请党中央、国务院领导同志出席的，要严格按照规定，经各地区、各部门主要负责同志把关后送中共中央办公厅、国务院办公厅审核报批，不得通过其他渠道直接邀请。

7. 改进领导同志出席会议活动的新闻报道。中央领导同志出席部门举办的会议活动，原则上不作新闻报道；需要报道的，须报经参加该会议活动的领导同志同意。中央领导同志观看一般性的文艺演出，不作新闻报道。由中央组织或经中央批准举行的有重大影响的会议活动，中央领导同志下基层考察工作、调查研究等活动，新闻报道应从实际工作需要出发，内容要准确、鲜明、生动，播报时间、篇幅要尽量简短，力戒空泛和一般化。不要把中央领导同志是否出席作为是否报道或报道规格的标准。

8. 地方领导同志出席会议活动要从实际出发，不搞层层仿效。中央举办或中央领导同志出席一些必要的会议活动，地方和部门要从实际出发，不要一概仿效举行相应的会议活动。地方领导同志出席会议活动的新闻报道，也要参照中央领导同志出席会议活动的新闻报道原则严格掌握。

三、加强管理，切实精简各类文件简报

9. 大力压缩发文数量。发文应当注重实效，切实解决实际问题，坚持少而精的原则，可发可不发的公文坚决不发，可长可短的公文一定要短。凡是法律法规已有明确规定的一律不再发文，已全文公开播发见报的不再印发文件。对党中央、国务院文件，各地区、各部门要结合实际提出具体贯彻落实意见，不得照抄照搬，层层转发。对现有的简报要清理压缩，该停的停，能并的并。对确定印发的文件简报，要从内容、形式、发送范围、印数等方面拟定具体改进措施。

10. 进一步压缩文件简报报送范围。各地区、各部门的文件简报可以报送党中央、国务院，省部级内设机构和下属单位的文件简报一律不得直接报送党中央、国务院。各地区、各部门需要报送党中央、国务院或中共中央办公厅、国务院办公厅的文件简报，应向中共中央办公厅、国务院办公厅备案，今后凡不在备案之列的文件简报一律不予受理。

11. 严格按照隶属关系和职权范围行文。各地区、各部门向党中央、国务院报文，属于党委职权范围以内的工作以党委（党组）名义报党中央，属于政府职权范围以内的工作以政府或部门名义报国务院。凡本部门发文或几个部门联合发文能够解决的，不得要求党中央、国务院批转或由中共中央办公厅、国务院办公厅转发；未经党中央、国务院批准，中央和国家机关各部门不得向地方党委、政府发文，也不能要求地方党委、政府向本部门报文；部门的内设机构除办公厅（室）根据授权可以对外正式行文外，其他内设机构不得对外正式行文。

12. 下大力气提高文件简报质量。各地区、各部门印发的文件简报既要加强对全局工作的指导性，又要注重在具体工作中的可操作性，切实提高针对性和时效性。要注意改进文风，文件简报要简明扼要，分析问题要切中要害，所提建议要切实可行。

四、加强督促检查，确保收到实效

13. 各地区、各部门要按照党的十五届六中全会《决定》精神和本《意见》的要求，对本地区、本部门的各类会议活动和现有的文件简报进行全面清理，该精简的精简，该取消的取消。各级领导机关和领导干部要切实负起责任，带头转变作风，带头精简会议和文件，带头深入基层调查研究，注重解决实际问题，在狠抓各项工作的落实上下功夫。要充分利用现代化办公手段，推动党政机关信息化建设，切实改进领导方式和工作方法，真正从源头上解决文山会海问题。中共中央办公厅、国务院办公厅将对本《意见》的贯彻落实情况进行督促检查。

◇建议性意见

【范文】

中共中央　国务院
关于加强青少年体育、增强青少年体质的意见

（××××年××月××日）

增强青少年体质、促进青少年健康成长，是关系国家和民族未来的大事。以迎接2008年北京奥运会为契机，进一步加强青少年体育、增强青少年体质，对于全面落实科学发展观，深入贯彻党的教育方针，大力推进素质教育，培养中国特色社会主义事业的合格建设者和接班人，具有重要意义。

为此，提出如下意见。

一、高度重视青少年体育工作

1. 广大青少年身心健康、体魄强健、意志坚强、充满活力，是一个民族旺盛生命力的体现，是社会文明进步的标志，是国家综合实力的重要方面。党中央、国务院历来高度重视青少年的健康成长。改革开放以来，我国青少年体育事业蓬勃发展，学校体育工作取得很大成绩，青少年营养水平和形态发育水平不断提高，极大地提升了全民健康素质。但是，必须清醒地看到，一方面由于片面追求升学率的影响，社会和学校存在重智育、轻体育的倾向，学生课业负担过重，休息和锻炼时间严重不足；另一方面由于体育设施和条件不足，学生体育课和体育活动难以保证。近期体质健康监测表明，青少年耐力、力量、速度等体能指标持续下降，视力不良率居高不下，城市超重和肥胖青少年的比例明显增加，部分农村青少年营养状况亟待改善。这些问题如不切实加以解决，将严重影响青少年的健康成长，乃至影响国家和民族的未来。

2. 青少年时期是身心健康和各项身体素质发展的关键时期。青少年的体质健康水平不仅关系个人健康成长和幸福生活，而且关系整个民族健康素质，关系我国人才培养的质量。体育锻炼和体育运动，是加强爱国主义和集体主义教育、磨炼坚强意志、培养良好品德的重要途径，是促进青少年全面发展的重要方式，对青少年思想品德、智力发育、审美素养的形成都有不可替代的重要作用。各地和各级各类学校必须全面贯彻党的教育方针，高度重视青少年体育工作，使广大青少年在增长知识、培养品德的同时，锻炼和发展身体的各项素质和能力，成长为中国特色社会主义事业的合格建设者和接班人。

3. 当前和今后一个时期，加强青少年体育工作的总体要求是：认真落实健康第一的指导思想，把增强学生体质作为学校教育的基本目标之一，建立健全学校体育工作机制，充分保证学校体育课和学生体育活动，广泛开展群众性青少年体育活动和竞赛，加强体育卫生设施和师资队伍建设，全面完善学校、社区、家庭相结合的青少年体育网络，培养青少年良好的体育锻炼习惯和健康的生活方式，形成青少年热爱体育、崇尚运动、健康向上的良好风气和全社会珍视健康、重视体育的浓厚氛围。通过5年左右的时间，使我国青少年普遍达到国家体质健康的基本要求，耐力、力量、速度等体能素质明显提高，营养不良、肥胖和近视的发生率明显下降。通过全党全社会的共同努力，坚持不懈地推动青少年体育运动的发展，不断提高青少年乃至全民族的健康素质。

二、认真落实加强青少年体育、增强青少年体质的各项措施

4. 全面实施《国家学生体质健康标准》，把健康素质作为评价学生全面健

康发展的重要指标。加快建立符合素质教育要求的考试评价制度，发挥其对增强青少年体质的积极导向作用。全面组织实施初中毕业升学体育考试，并逐步加大体育成绩在学生综合素质评价和中考成绩中的分量；积极推行在高中阶段学校毕业学业考试中增加体育考试的做法。普遍推行《国家学生体质健康标准》测试报告书制度、公告制度和新生入学体质健康测试制度。认真贯彻《学校体育工作条例》，建立和完善学校体育工作规章制度。

5. 广泛开展“全国亿万学生阳光体育运动”。鼓励学生走向操场、走进大自然、走到阳光下，形成青少年体育锻炼的热潮。要根据学生的年龄、性别和体质状况，积极探索适应青少年特点的体育教学与活动形式，指导学生开展有计划、有目的、有规律的体育锻炼，努力改善学生的身体形态和机能，提高运动能力，达到体质健康标准。对达到合格等级的学生颁发“阳光体育证章”，优秀等级的颁发“阳光体育奖章”，增强学生参加体育锻炼的荣誉感和自觉性。

6. 切实减轻学生过重的课业负担。各级各类学校要进一步端正办学思想，加强素质教育，努力促进青少年学生生动活泼、积极主动地发展。中小学要切实纠正片面追求升学率的倾向，减轻学生过重的课业负担。深入推进基础教育课程改革，提高课堂教学的质量和效率，使学生有更多的时间参加体育锻炼。

7. 确保学生每天锻炼一小时。中小学要认真执行国家课程标准，保质保量上好体育课，其中小学1～2年级每周4课时，小学3～6年级和初中每周3课时，高中每周2课时；没有体育课的当天，学校必须在下午课后组织学生进行一小时集体体育锻炼并将其列入教学计划；全面实行大课间体育活动制度，每天上午统一安排25～30分钟的大课间体育活动，认真组织学生做好广播体操、开展集体体育活动；寄宿制学校要坚持每天出早操。高等学校要加强体育课程管理，把课外体育活动纳入学校日常教学计划，使每个学生每周至少参加三次课外体育锻炼。各级教育行政部门要提出每天锻炼一小时的具体要求并抓好落实。因地制宜地组织广大农村学生开展体育锻炼。有针对性地指导和支持残疾青少年的体育锻炼活动。要切实加强体育教师队伍建设，按照开设体育课和开展课外体育活动的需要，配齐配强体育教师。

8. 举办多层次多形式的学生体育运动会，积极开展竞技性和群众性体育活动。各级政府要定期组织综合性或专项性的学生体育运动会。学校每年要召开春、秋季运动会，因地制宜地经常开展以班级为单位的学生体育活动和竞赛，做到人人有体育项目、班班有体育活动、校校有体育特色。进一步办好体育传统项目学校和高等学校高水平运动队，充分发挥其对群众性体育的示范带动作用。完善高等学校和高中阶段学生军训制度，丰富军训内容，开展“少年军校”活动，发挥学生军训在增强体质、磨炼意志等方面的作用。注重发展学生的体育运动兴趣和特长，使每个学生都能掌握两项以上体育运动技能。

9. 帮助青少年掌握科学用眼知识和方法，降低青少年近视率。中小学教师和家长都要关注学生的用眼状况，坚持每天上下午组织学生做眼保健操，及时纠正不正确的阅读、写字姿势，控制近距离用眼时间。学校每学期要对学生视力状况进行两次监测。各级政府要进一步改善农村学校的办学条件，确保照明、课桌椅达到基本标准，改善学生用眼卫生条件。

10. 确保青少年休息睡眠时间，加强对卫生、保健、营养等方面的指导和保障。制定并落实科学规范的学生作息制度，保证小学生每天睡眠10小时，初中学生9小时，高中学生8小时。积极开展疾病预防、科学营养、卫生安全、禁毒控烟等青少年健康教育，并保证必要的健康教育时间。建立和完善学生健康体检制度，使青少年学生每年都能进行一次健康检查。建立和完善青少年营养干预机制，对城乡青少年及其家庭加强营养指导；通过财政资助、勤工俭学、社会捐助等方式提高农村寄宿制学校家庭经济困难学生伙食补贴标准，保证必要的营养需要。建立青少年营养状况监测机制，加强青少年食品卫生专项监督检查。根据新时期青少年青春期特征和成长过程中的心理特点，有针对性地加强心理健康教育，逐步建立健全青少年心理健康教育、指导和服务网络。（略）

三、加强领导，齐抓共管，形成全社会支持青少年体育工作的合力（略）

◇政策性意见

【范文】

中共中央国务院关于做好××××年农业和农村工作的意见（节选）

（××××年××月××日）

去年各地和有关部门适应农业和农村经济发展新阶段的要求，围绕农民增收，农村稳定，做了大量工作，农村总的形势是好的。农业和农村经济在结构调整中稳定增长，农业基础设施建设和生态环境建设取得新进展。农业生产连续5年获得好收成，农民收入有所增加，农村社会保持稳定。实践证明，中央关于我国农业和农村经济发展进入新阶段的判断和采取的措施是正确的，对于当前和今后一个时期的农业和农村工作具有重大的指导意义。

农业和农村经济发展的新阶段实际上就是对农业和农村经济结构进行战略性调整的阶段。……积极推进农业和农村经济结构战略性调整，是新阶段农业和农村工作的中心任务。

一、大力调整农业生产力结构。（略）

二、促进农产品加工转化增值。（略）

三、积极发展城镇和乡镇企业。(略)

四、加快农业科技进步。(略)

五、加强农产品市场建设。(略)

六、加强农村基础设施和生态环境建设。(略)

七、强化农村土地承包、集体财务和农民负担管理。(略)

八、加强农村基层组织、民主法制和精神文明建设。(略)

我国农业和农村经济进入新的发展阶段,是党的农村政策的巨大成功,是改革开放的伟大成就,也是农业和农村迈向现代化的新起点。……我们要坚持以邓小平理论和党的××大精神为指导,在以江泽民同志为核心的党中央领导下,坚定信心,埋头苦干,抓住机遇,开拓进取,努力开创农业和农村工作的新局面。

◇指导性意见

【范文】

中共中央国务院关于促进残疾人事业发展的意见

(××××年××月××日)

关心残疾人,是社会文明进步的重要标志。残疾人事业是中国特色社会主义事业的重要组成部分。为贯彻落实党的十七大精神,进一步促进残疾人事业发展,现提出以下意见。

一、增强促进残疾人事业发展的责任感和使命感

(一)认清残疾人事业发展的形势。残疾人是一个数量众多、特性突出、特别需要帮助的社会群体。我国有8300多万残疾人,涉及2.6亿家庭人口。党和政府历来十分关心残疾人,高度重视发展残疾人事业,特别是改革开放以来,采取了一系列重大举措,推动残疾人事业不断发展壮大,残疾人参与社会生活的环境和条件明显改善,生活水平和质量不断提高,我国残疾人事业发展在国际上赢得广泛赞誉。但是,必须清醒地看到,我国残疾人事业基础还比较薄弱,残疾人社会保障政策措施还不够完善,残疾人在基本生活、医疗卫生、康复、教育、就业、社会参与等方面还存在许多困难,总体生活状况与社会平均水平存在较大差距。一些地方和部门对发展残疾人事业重视不够,一些人扶残助残意识不强,歧视残疾人、侵害残疾人权益的现象时有发生。促进残疾人事业发展,改善残疾人状况,已成为全面建设小康社会和构建社会主义和谐社会一项重要而紧迫的任务。

(二)认识促进残疾人事业发展的重要意义。促进残疾人事业发展,有利于维护残疾人合法权益,促进社会公平正义,实现全体人民共享改革发展成果;有利于调动残疾人的积极性、主动性和创造性,发挥残疾人在促进改革发展稳定中

的重要作用，实现经济社会又好又快发展；有利于促进我国人权事业全面发展，体现社会主义制度的优越性，树立我国良好的国际形象。各级党委和政府要从坚持立党为公、执政为民的高度，从全面建设小康社会、构建社会主义和谐社会的高度，充分认识发展残疾人事业的重要意义，进一步增强责任感和使命感，切实采取有力措施，促进残疾人事业在新的起点上加快发展。

（三）明确促进残疾人事业发展的总体要求。促进残疾人事业发展，必须高举中国特色社会主义伟大旗帜，以邓小平理论和“三个代表”重要思想为指导，深入贯彻落实科学发展观，紧紧围绕全面建设小康社会奋斗目标，着眼于解决残疾人最关心、最直接、最现实的利益问题，坚持政府主导、社会参与，国家扶持、市场推动，统筹兼顾、分类指导，立足基层、面向群众，完善促进残疾人事业发展的法律法规和政策措施，健全残疾人社会保障制度，加强残疾人服务体系建设，营造残疾人平等参与的社会环境，缩小残疾人生活状况与社会平均水平的差距，实现残疾人事业与经济社会协调发展，努力使残疾人同全国人民一道向着更高水平的小康社会迈进。

二、加强残疾人医疗康复和残疾预防工作

（四）保障残疾人享有基本医疗卫生服务。覆盖城乡居民的基本医疗卫生服务体系要为残疾人提供安全、有效、方便、价廉的服务。将残疾人纳入城镇职工基本医疗保险、城镇居民基本医疗保险和新型农村合作医疗制度，落实和完善残疾人医疗保障有关政府补贴政策。逐步将符合规定的残疾人医疗康复项目纳入城镇职工基本医疗保险、城镇居民基本医疗保险和新型农村合作医疗范围，保障残疾人的医疗康复需求。城乡医疗救助制度要将贫困残疾人作为重点救助对象。做好残疾人参加社会医疗保险和医疗救助的衔接工作。

（五）健全残疾人康复服务保障措施。将残疾人康复纳入国家基本医疗卫生制度和基层医疗卫生服务内容，逐步实现残疾人人人享有康复服务。大力开展社区康复，推进康复进社区、服务到家庭。继续实施国家重点康复工程，着力解决农村及边远地区贫困残疾人康复难的突出问题。制订和完善残疾人康复救助办法，对贫困残疾人康复训练、辅助器具适配等基本康复需求给予补贴。优先开展残疾儿童抢救性治疗和康复，对贫困残疾儿童康复给予补助，研究建立残疾儿童康复救助制度。支持开展残疾人康复科学技术研究和应用，提高康复质量和水平。

（六）建立健全残疾预防体系。制定和实施国家残疾预防行动计划，建立综合性、社会化预防和控制网络，形成信息准确、方法科学、管理完善、监控有效的残疾预防机制。广泛开展以社区为基础、以一级预防为重点的三级预防工作。提高出生人口素质，开展心理健康教育和保健，注重精神残疾预防，做好补碘、改水等工作，强化安全生产、劳动保护和交通安全等措施，有效控制残疾的发生和发展。制定国家残疾标准，建立残疾报告制度，加强信息收集、监测和研究。普及残疾预防知识，提高公众残疾预防意识。

三、保障残疾人基本生活（略）

四、促进残疾人全面发展（略）

五、改善对残疾人的服务（略）

六、优化残疾人事业发展的社会环境（略）

七、加强对残疾人工作的领导（略）

◇规划性意见

【范文】

中共中央国务院关于促进农业发展农民增收若干意见

（××××年××月××日）

党的十七届三中全会从中国特色社会主义事业总体布局和全面建设小康社会战略全局出发，描绘了我国农村全面小康建设的宏伟蓝图，制定了新形势下推进农村改革发展的行动纲领。各地区各部门要认真学习、深刻领会全会精神，坚定不移推进社会主义新农村建设，坚定不移走中国特色农业现代化道路，坚定不移加快形成城乡经济社会发展一体化新格局，切实把《中共中央关于推进农村改革发展若干重大问题的决定》提出的大政方针落到实处。

××××年，各地区各部门认真贯彻中央决策部署，战胜了重大自然灾害，克服了多种困难风险，农业农村继续保持良好发展局面。农业生产再获丰收，粮食总产再创新高，农民收入较快增长，农村公共事业加速发展，农村党群干群关系继续改善。农业农村的好形势，为党和国家成功办好大事、妥善应对难事奠定了坚实基础，为保持经济平稳较快发展、维护社会和谐稳定作出了重大贡献。

当前，国际金融危机持续蔓延、世界经济增长明显减速，对我国经济的负面影响日益加深，对农业农村发展的冲击不断显现。××××年可能是21世纪以来我国经济发展最为困难的一年，也是巩固发展农业农村好形势极为艰巨的一年。在农业连续5年增产的高基数上，保持粮食稳定发展的任务更加繁重；在国内外资源性产品价格普遍下行的态势中，保持农产品价格合理水平的难度更加凸显；在全社会高度关注食品质量安全的氛围里，保持农产品质量进一步提升和规避经营风险的要求更加迫切；在当前农民工就业形势严峻的情况下，保持农民收入较快增长的制约更加突出。必须切实增强危机意识，充分估计困难，紧紧抓住机遇，果断采取措施，坚决防止粮食生产滑坡，坚决防止农民收入徘徊，确保农业稳定发展，确保农村社会安定。

做好××××年农业农村工作，具有特殊重要的意义。扩大国内需求，最大潜力在农村；实现经济平稳较快发展，基础支撑在农业；保障和改善民生，重点难点在农民。××××年农业农村工作的总体要求是：全面贯彻党的“十七大”、十七届三中全会和中央经济工作会议精神，高举中国特色社会主义伟大旗帜，以邓小平理论和“三个代表”重要思想为指导，深入贯彻落实科学发展观，把保持农业农村经济平稳较快发展作为首要任务，围绕稳粮、增收、强基础、重民生，进一步强化惠农政策，增强科技支撑，加大投入力度，优化产业结构，推进改革创新，千方百计保证国家粮食安全和主要农产品有效供给，千方百计促进农民收入持续增长，为经济社会又好又快发展继续提供有力保障。

一、加大对农业的支持保护力度（略）

二、稳定发展农业生产（略）

三、强化现代农业物质支撑和服务体系（略）

四、稳定完善农村基本经营制度（略）

五、推进城乡经济社会发展一体化（略）

各级党委和政府要坚持把解决好农业、农村、农民问题作为全党工作和政府全部工作的重中之重，切实加强和改善党对农村工作的领导，确保把党的各项农村政策落到实处。扎实开展农村基层深入学习实践科学发展观活动，按照科学发展观和正确政绩观要求，把粮食生产、农民增收、耕地保护、环境治理、和谐稳定作为考核地方特别是县（市）领导班子绩效的重要内容，尽快制定指标，严格监督检查。抓好以村党组织为核心的村级组织配套建设，深化农村党的建设三级联创活动，创新农村党组织设置方式，扩大党在农村的组织覆盖和工作覆盖。建立健全城乡一体党员动态管理机制，加强农民工党员教育管理。广泛开展创先争优活动。完善党员设岗定责、依岗承诺等活动载体。加强农村党风廉政建设，抓好党的农村政策贯彻落实情况的监督检查，认真解决损害农民利益的突出问题。完善村党组织两推一选、村委会直选的制度和办法，着力拓宽农村干部来源，稳步推进高校毕业生到村任职工作，实施一村一名大学生计划，完善长效机制和政策措施。创新培养选拔机制，选优配强村党组织书记。按照定职责目标和工作有合理待遇、干好有发展前途、退岗有一定保障的要求，以不低于当地农村劳动力平均收入水平确定村干部基本报酬，并根据实际情况建立业绩考核奖励制度，逐步解决好村干部养老保障问题，加大从优秀村干部中选任乡镇领导干部、考录乡镇公务员、招聘乡镇事业编制人员的力度。积极推进农村党员干部现代远程教育和村级组织活动场所建设。加强农村民主法制建设和精神文明建设，深入推进政务公开、村务公开和党务公开。高度重视农村社会稳定工作，妥善解决农村征地、环境污染、移民搬迁、集体资产处置等引发的突出矛盾和问题，做好农村信访工作，搞好农村社会治安综合治理，推进农村警务建设，反对和制止利用宗教、宗族势力干预农村公共事务，严密防范境外敌对势力对农村的渗透，保持农村社会和谐稳定。

做好××××年农业农村工作意义十分重大。我们要紧密团结在以胡锦涛同志为总书记的党中央周围，开拓进取，扎实工作，迎难而上，奋力开创农村改革发展新局面！

第十一节　请　示

一、请示概述

1. 请示的概念

请示是指下级机关向上级机关或业务主管机关请示某项工作中的问题，明确某项政策界限，审核批准某事项时使用的请求性的上行公文。

2. 请示的适用范围

①急需办理某件事，需经上级批准后才可以办理，要写请示。

②工作中发生了比较重大的问题，本机关无权解决，先提出处理意见，请求批示。

③对上级颁发的法律、法令、方针、政策、规定和上级指示精神中有不了解、有疑问或不同理解的问题，需要上级机关解释和进一步明确时，要用请示。

④上级有文件规定不经请示不允许办的事情而本单位又不能不办，此时要写请示。

⑤上级虽有统一规定，由于本单位情况特殊难以执行，需要灵活掌握或变通处理，此时需要请示。

3. 请示的种类

①请求上级领导解决本单位、本部门的某些困难和某个问题的请示。这种请示，一般不涉及本单位本地区的平行机关和下级机关。

②对上级制定的方针、政策、法律、条例、规章制度或对上级的某个指示有不同理解，希望上级明确解释。

③某一部门在实际工作中遇到一些新情况、新问题，经过认真研究，提出了解决的措施和办法，希望上级审核肯定，并批转有关单位照办。

4. 请示的写作格式

（1）标题

请示标题大致有两种：一是写明请示事项和文种；二是写明请示机关、请示事项和文种。如《林业部关于审定国家级森林和野生动物类型自然保护区的请示》。标题制作尤其注意事由（请示事项）要写得简要明了，文种不能写成“请示报告”。

（2）正文

正文通常包括三个部分：

①请示缘由。请示开头首先写明请示的原因或理由。有的请示还需要用稍多一点的篇幅来陈述理由，把原因说清楚，特别是请求具体帮助的请示，有些请求核准、审批的请示，缘由可以写得很简单甚至不写。

②请示事项。请示事项内容有时篇幅不长，但必须注意写得明确、具体。有时请示事项只有一句话，如一份请求拨给会议经费的“请示”：“请拨给会议经费3000元。”

③结束语，通常用套语结束，如例文的“当否，请批示”。常用的请示结束语有“妥否，请批复”，“以上请示，请予审批”，“以上请示，请予批准”等。结束语要写得谦和得体，不宜用“请即从速批复”、“请尽快拨款，以救燃眉之急”这类的结束语。

5. 请示的写作要求

写请示应该把主要精力集中到“怎么说”上面，而不应仅仅注意“说什么”，也就是说要强调陈述的技巧。同一个请示内容，用这种方式讲未必能得到预期的回复，换另外一种陈述方式就有可能得到批准。除了陈述条理是否清楚之外，这里面还存在着一个陈述技巧的问题。

这种技巧最集中地体现在对请示原因的陈述中。同样道理，拟写请示的原因也不能只从本单位的立场出发去考虑问题，还要从上级的立场出发，争取用上级的道理说服上级，以求得帮助。不论本单位所隶属的系统规模如何小、分支机构如何少，上级主管部门在处理问题时，都要胸怀全局，通盘考虑。所谓上级的立场，也就是指全局的立场。因此在陈述请示的原因时，应该在这方面多下功夫，尽可能联系全局来说明请示事项的迫切性、重要性和必要性。

总之，如何挑选请示理由，如何陈述理由，这是一份请示的关键所在。一份请示能否得到预期的回复，在很大程度上取决于请示理由是否具备优势。

6. 请示的写作形式

（1）请求性请示

请求解决问题的请示是请示单位呈报因工作中遇到无力解决的困难，要求上级提供具体帮助的一种上行公文。

（2）申述性请示

申述性请示是指就某些需要解决的事项向上级领导机关申诉具体解决缘由的请示公文。

（3）安排性请示

安排性请求是指一些机关、单位就某项工作作出具体安排，请求上级领导机关予以批准的上行公文。

（4）解答性请示

解答性请示又可称“求示性请示”。解答性请示是下级机关在工作中遇到不好解决的问题，或对上级机关的某个文件的理解存在疑点，或对某一问题因本机关意见分歧、无法统一执行时使用的一种公文。

解答性请示由标题、正文和落款三部分组成。

①标题

解答性请示的标题，通常由发文机关、事由和文种类别（请示）组成。但有时可省去发文机关名称，留在后面落款时签署。

②正文

解答性请示的正文也要包括送达机关、请示理由、请示事项和具体要求四部分内容。送达机关，一般只应写一个机关，但有时因送达机关是自己的直接上级主管机关，也有省写送达机关名称的。理由和事项的写作要根据请求内容多少来定，以简明为好。最后一般以“以上认识当否，请予指示”等语作结。

③落款

签署发文机关、日期，如标题和题下标示已标明，有时也可省略。

解答性请示的内容一般比较简单，写作时应明确指导思想，突出要点或疑虑点，语言要表达准确。

（5）批转性请示

批转性请示是请求上级对自己单位给下属机关或其他不相隶属的同级机关的指示、文件予以批准，并转发的一种公文文种。

批转性请示多由标题和正文两部分组成。

①标题（及题下标示）

批转性请示的标题通常包括发文机关、事由和文种类别。发文机关如属几个机关联合发文的，应同时标明；一般写各机关的习惯简称。题下用括号标明发文日期。

②正文

批转性请示的正文由请示缘由、事项和要求组成，有时在请示缘由之前写上受文单位。批转性请示的请示缘由要交代请示的目的以及对有关转送单位的意义；请示事项应涉及对有关单位的指示、意见等，但由于这些内容需先经上级机关批准才能下达，因此语气要婉转。正文结束时，应写明“以上意见，如无不妥，请批转××部门遵照执行”等语，以表达自己的要求。

撰写批转性请示，要对实际工作中遇到的新情况、新问题经过认真调查研究之后开始动笔。请示的事项要有解决问题的具体措施和办法。因这类请示一旦上级批准转发，便具有法定的权威性和约束力，要有关部门遵照执行，所以，措辞的分寸感特别重要。

二、请示的写作范文

◇请求性请示

【范文】

××市农业局关于参照公务员法管理的请示

××市人事局：

根据《××省参照〈中华人民共和国公务员法〉管理的单位审批办法》（×发〔××××〕××号）和《××省事业单位参照公务员法管理和人员登记工作细则》精神，结合我局实际，经研究，确定我局下属事业单位植保植检站、园艺工作站、种子管理站、农村合作经济经营管理站、农村能源环境保护管理站、农业技术推广中心、××省农业广播电视学校××市分校，申请参照公务员法管理。特此请示。

妥否，请批示。

××市农业局人事处

××××年××月××日

◇申述性请示

【范文】

关于要求建立××市××区外国语实验学校的请示

×教〔××××〕×号　签发人：×××

区编委：

地处××市××区××××小区内的配套学校已竣工，为保证今年秋季如期开学，要求在小区内建立××市××区外国语实验学校。新建的××区外国语实验学校是一所集学前教育和小学教育于一体的公立学校，其中小学教育部××个班，学前教育部×个班，按规定可配教职工××人。

当否，请批复。

××市××区教委

××××年××月××日

◇安排性请示

【范文】

关于组织部分人员到××市进行培训的请示

市粮食局：

自××××年开展仓储管理年以来，在经历了标准化、规范化等几个阶段以后，我库仓储管理水平明显提高，仓储面貌发生了根本性的变化。但在硬件建设达到一流的同时，存在着软件与硬件建设发展不相配套的问题。为切实提高我库仓储职工的业务技术素质，全面解决软硬件建设不相配套的问题，经库党委研究，我库拟组织选派部分人员到××市粮食管理学院进行培训。现将有关事宜请示如下：

一、培训人员及费用

拟从库全体职工中选拔仓储业务骨干××人参加培训学习。培训费用为×××元/人。

二、时间安排

培训时间初步定于××××年××月×~××日。

三、拟培训内容

(一) 国内外储粮新技术的应用；

(二) 储粮害虫防治；

(三) 储粮四项新技术的应用；

(四) 粮食物流方面的业务知识；

(五) 储粮生态系统知识。

四、其他相关问题

为切实组织好此次培训，我库准备安排库副主任×××同志带队参加培训，全面负责解决培训过程的问题。

当否，请批复。

××粮食储备库

××××年××月××日

◇解答性请示

【范文】

关于《会计人员职权条例》中“总会计师”是行政职务还是技术职称的请示

财政部：

国务院颁发的《会计人员职权条例》规定，会计人员技术职称分为总会计师、会计师、助理会计师、会计员四种；其中“总会计师”既是行政职务，又作为技术职称。在执行中，工厂总会计师按《条例》规定，负责全工厂的财务会计事宜；可是每个工厂，尤其大工厂，授予总会计师职称的人员有四五人，究竟由哪一位负责全厂的财务会计事宜，执行总会计师的职责与权限呢？我们认为应将行政职务与技术职称分开。总会计师为行政职务，不再作为技术职称。比照最近国务院颁发的《工程技术干部技术职称暂行规定》，应将《条例》第五章规定的会计人员职称中的“总会计师”改为“高级会计师”。

以上认识是否妥当，请迅速指示。

××省财政厅

××××年××月××日

◇批转性请示

【范文】

关于要求批转《服务创业推进创新的若干意见》的请示

×工商综〔××××〕××号

市政府：

为了贯彻落实市委、市政府“创业服务年”和“创新推进年”工作要求，推动“三个××”战略的深入实施，现就发挥工商行政管理职能，服务创业推进创新提出如下意见：

一、放宽注册登记限制，降低创业门槛

1. 放宽准入领域限制。按照“非禁即入”的原则，凡可以进入的行业和领域，一律向各类创业主体平等开放。进一步放宽服务领域市场准入，凡法律、行政法规及国务院决定未明确作为企业登记前置审批项目的，可直接向工商行政管理机关申办营业执照。

2. 放宽经营范围限制。对一般经营许可的经营项目，可根据创业者申请，按照国民经济行业分类，自主选择经营项目，开展经营活动。

3. 放宽注册资金限制。除法律、行政法规和依法设立的行政许可另有规定的外，一律降低到×万元人民币；允许用货币、实物、工业产权、著作权、非专利技术、土地使用权、股权等财产及其他可用货币估价的资产依法向公司出资；允许公司非货币出资比例最高达注册资本的70%；允许通过股权出资形式，组建企业集团、股份有限公司；除一人有限责任公司外，公司制企业均可实行注册资本分期到位；对设立个人独资企业、合伙企业、农民专业合作社的，无须再提交验资报告。

4. 放宽经营场所限制。企业、个体户将住宅改变为经营性用房的，在符合国家法律法规的前提下，除从事餐饮、歌舞娱乐、互联网上网服务、生产加工和制造、经营危险化学品等涉及国家安全、存在严重安全隐患、影响人体健康安全、污染环境的生产经营项目外，在征得利害关系邻里的同意，并经社区居（村、业主）委会或相关部门确认后，允许予以登记注册。

二、实施创业优惠政策，减轻创业负担（略）

三、优化政务环境，强化创业服务（略）

四、深化品牌建设，提高企业自主创新能力（略）

五、挖掘市场潜力，推动商品市场持续繁荣（略）

七、加强执法监管，维护创业创新市场秩序（略）

以上意见如无不妥，请批转下发。

××市工商行政管理局

××××年××月××日

第十二节　议　案

一、议案概述

1. 议案的概念

议案是各级人民政府依照法律程序，向同级人民代表大会或人民代表大会常务委员会提请审议事项的一种例行公文。

2. 议案的特点

（1）权威性

凡规定重大行政措施的议案，或发布行政法规的议案，或采取重大强制性行政措施的议案，都具有类似法规的权威性。凡经人代会审议通过的议案，任何组织和个人都不能推翻，有异议也只能在下次人代会上提出并通过会议有关法定程序进行修改。

（2）特定性

议案内容的特定性，是指不能超越本级人代会的法定监督权、任免权和重要事项的决定权。

（3）指导性

议案所定的事项或所涉及的要求往往比较明确，措施具体，因而能有效地指导下级机关开展工作。

（4）公开性

每个公文议案的形成、颁发都必须经由人代会或人大常委会的法定程序——确定、审议、质询、表决和通过等，因此说议案具有公开性。

3. 议案的制作方法

①制作的法定性。提议案者必须由立法提案的各级人民政府或个人按照法律程序向同级人民代表大会或人民代表大会常务委员会提出审议事项。

②人民政府所提议案的内容，必须是属于人民代表大会或人民代表大会常务委员会职权范围内的事项。

③议案必须在同级人民代表大会或人民代表大会常务委员会举行会议期间提出，否则不能列为议案。

④议案属于建议性质，建议的可行性，将是人民代表大会或人民代表大会常务委员会审议议案的主要依据。

4. 议案的写作格式

议案一般由标题、开头、主体、结语、落款五部分组成。

（1）标题

标题通常有两种形式：

①发文机关 + 案由 + 文种。

②案由 + 文种。

（2）开头

写出案据。主要写明议案的事实根据、阐明理由和阐述提出这一议案的原因。

（3）主体

写清方案。对提请审议的问题、解决途径和办法要符合实际、切实可行。

（4）结语

指正文部分结束时所要求的程式化用语。议案常用语为：“现提请审议”、

"请审议决定"、"请审议"、"请审议批准" 等。

（5）落款

有签署和时间两项内容。议案通常由政府行政领导签署并盖公章。时间用汉字写明年月日。

5. 议案的写作要求

①一定要深入调研，在广泛调研的基础上形成符合实际需要的切实可行的科学规范的议案。

②认真研读党和国家的路线、方针、政策，决不违反法规。

③正文应简洁明快，一般只交代所提事宜，而不发表议论，其余的则由附加材料详细说明。

④语气恳切妥帖，庄严凝练。

⑤符合文种所要求的行文规范。

二、议案的写作范文

◇立法性议案

【范文】

关于加快《住房保障法》立法的议案

××××年××月××日

××××年××月，全国人大常委会立法规划会议确定，《住房保障法》列为研究起草、条件成熟时安排审议的法律之一。××××年××月，住房和城乡建设部召集中央有关部委和地方的代表，启动了《住房保障法》起草工作。为促进加快立法进度，特起草了《住房保障法草案建议稿》，共六章二十九条。提请在全国展开大讨论，公开征求意见，以全国人民的大智慧，破解现行住房制度的弊端。

住房保障法草案建议稿（草稿）

第一章　总　则

第一条　为确保我国居民住房权，提高居住水平和住房负担能力，改善住房环境品质，实现住有所居，特制定本法。

第二条　国家实行住房是准公共产品的基本国策和具有中国特色社会主义的

住房建设模式与消费模式，在全国城乡普遍建立一户一宅的住房保障制度。

第三条　国务院和各级地方人民政府负责制定城乡居民住房保障的中长期规划，经本级人民代表大会讨论通过后予以实施。

第四条　住房保障决策协调机构，为国家住房委员会和各级地方人民政府住房委员会，负责制定国家和各地发展城乡居民住房保障的目标、方针、政策和年度规划，协调解决工作实施中的重大问题。住房委员会委员中人大代表和专家学者须各占15%以上，重大决议决定均须2/3以上委员通过方才有效。

第五条　住房保障管理机构，为中华人民共和国住房和城乡建设部与各级地方人民政府住房主管机关，分别负责国家和地方的住房保障建设和管理工作。

第二章　城镇住房保障

第六条　国家建立保障性住房制度，以廉租住房、经济适用住房和经济租赁住房，保障城镇低收入家庭的基本居住条件。保障性住房的分配对象不受户籍限制，对已经在该城镇连续工作和居住一定年限的所有无房和住房困难的低收入家庭实行应保尽保。申请保障性住房的资格条件、住房标准及保障方式，在各省、自治区、直辖市人民政府指导下，由市、县人民政府根据本地实际情况具体规定，分类实施，并实行动态管理，由市、县人民政府每年向社会公布一次。

保障性住房须在城镇各类地区与其他住房搭配建设，其基本设施和环境品质要符合城镇发展规划，满足单户独居的基本居住条件。保障性住房可以实行实物配租与货币补贴相结合两种形式，其中廉租住房户型建设面积不得超过50平方米，经济适用住房和经济租赁住房户型建筑面积不得超过60平方米。

保障性住房采取政府划拨方式供地，由政府的和民间的非营利公益性建房机构及建筑开发商共同参与开发建设。开发建设费用和房价包括以下五项：地价、通电通水通气等相关配套设施费用、建安费用、管理费用与微利，其中开发建设单位利润不得超过房价的3%。

保障性住房须建立准入退出机制，且只能用于申请家庭及其成员自住，不得转租、转借以及从事居住以外的任何活动。其中经济适用住房不得作为商品住房上市交易，若出售须由地方人民政府回购或在指定的经济适用住房交易平台进行交易，购买对象仅限于符合购买经济适用住房条件的低收入住房困难家庭。经济适用房出售后5年内不得再申请。

第七条　国家建立公共住房制度，以准市场化的平价公共住房和公共租赁住房，保障城镇中等收入家庭的基本居住条件。公共住房和公共租赁住房的供应对象不受户籍限制，为符合当地政府规定的已经在该城镇连续工作和居住一定年限、有正当稳定经济收入的所有不具备居住保障性住房条件的无房和住房困难家庭。

公共住房和公共租赁住房采取定地价、定建房标准、定税费率、定5%利润率，竞房价、竞建设方案，综合打分高者得的方式招标供地，由民间的非营利公益性建房机构和建筑开发商共同参与开发建设。开发建设费用和房价包括以下六项：地价、通电通水通气等相关配套设施费用、建安费用、管理费用、税费与利润，其中开发建设单位利润不得超过销售房价的5%。户型建筑面积不得超过90平方米。

国家将房价收入比作为城镇中等收入家庭住房状况考核的重要依据，各级地方政府都要制定中心城区有正常收入的中等收入双职工家庭购买公共住房的房价收入比指标。以户型建设面积90平方米为参照，一线城市须控制在8倍以下，二线城市须控制在7倍以下，三线城市须控制在6倍以下，小城市和建制镇须控制在5倍以下。

购买公共住房后若出售，买方须符合准入条件，并在当地政府指定的公共住房交易平台进行交易，售价不得高于当地政府确定的该楼盘公共住房最高限价；出租须按公共租赁住房的租金限价收租。公共租赁住房只能用于申请家庭及其成员自住，不得转租、转借以及从事居住以外的任何活动。

第八条　国家建立商品住房制度，以商品住房保障较高收入家庭的住房需求。

商品住房采取招拍挂的方式供地，由建筑开发商开发建设，户型、面积和房价由建筑开发商自主确定。

商品住房依法买卖不受限制。

第三章　农村住房保障（略）

第四章　政策支持与调控（略）

第五章　法律责任（略）

第六章　附　则

第二十八条　本法没有规定的，适用其他法律、法规。

第二十九条　本法自××××年××月××日起生效。

◇机构设立议案

【范文】

关于在镇街一级设立安全生产监管专职机构的议案

（市人大宣传处　××××年××月××日）

一、案由

安全生产关系人民群众的生命财产安全，关系改革发展和社会稳定大局。××市认真贯彻《安全生产法》，始终坚持“安全第一，预防为主，综合治理”的工作方针，把安全生产工作纳入经济社会发展总体规划，采取各种有效措施，依法强化监管，切实维护和保障人民群众的生命财产安全，做到经济和安全生产协调发展，确保了我市安全生产状况的稳步好转。但是，目前我市大部分镇（街）一级安全生产监管专职机构仍未建立健全，安全生产基础监管力量显得较为薄弱，难以适应经济社会快速发展的实际需要。在镇街一级设立安全生产监管专职机构迫在眉睫，主要体现为镇（街）在安全生产监管上无权力、无编制、无经费等问题。

一是无权力。按照现行的法律、法规规定，镇（街）安全生产监管人员没有执法权，因此很难完成安全生产监管任务，同时亦制约着基层安全生产监管水平的提高。尽管政府实行层层签订责任状、任务书等方式，促进安全生产工作，但真正落到基层实处的成效仍不够理想。

二是无编制。虽然目前全市各镇（街）基本上已成立了安全生产委员会办公室（安委办），但由于没有专职的人员编制，使镇（街）安委办承担着交通安全、消防安全、食品安全、市场整顿打假等多种管理职能，日常的工作任务就十分繁重，故安全生产监管力度显得不足。

三是无经费。《安全生产法》明确规定，安全生产实行属地管理。因此，近年来我市安全生产监管工作实行“关口前移、重心下移”工作方法，强化了镇（街）一级对辖区内安全生产的监管力度。但是，在职能转移、事权下移的同时，人员工资、办公经费的强化力度却明显滞后，很多安监人员的工资都靠镇（街）自筹解决，日常运作经费较为紧张，使安全生产监管工作未能很好地“纵向到底”。

二、案据

（一）法律、法规有关规定

1.《安全生产法》第八条规定：国务院和地方各级政府应当加强对安全生产工作的领导、支持、督促各有关部门依法履行安全生产监督管理职责。

2.《××省安全生产条例》第五条规定："各级人民政府安全生产监督管理部门综合管理本行政区域内的安全生产工作，依法行使安全生产监管职能……"

3.《国务院关于进一步加强安全生产工作的决定》（国发〔××××〕×号）规定："加强地方各级安全生产监管机构的执法队伍建设……"

4.《××省人民政府关于进一步加强安全生产工作的决定》规定：各级政府要认真按照《安全生产法》和机构改革有关规定，健全和完善安全生产监督管理机构，充实人员力量。

（二）试点单位成功经验

1. 我市一些镇（街）有益探索。近年来，我市在××区××镇、××区××街等镇（街）组建了安全生产监察执法中队，使试点镇（街）安全生产工作基础得到不断夯实，成效明显。

2. 其他省（市）成功经验。浙江省以编制委员会名义下发文件，要求各市、区（县）、乡镇成立安全生产监管机构，安全监管机构设置可突破现有机构限额，并根据各地实际配备相应的编制、人员和经费。××市以市政府名义下发文件，要求乡镇建立安全监督管理站，配备安全生产监管人员2~5名，并确保了安监人员的编制、工资、办公经费、通信工具、交通工具的"五落实"。

三、方案

1. 将镇（街）安全生产监管专职机构（暂定名为安监科）列为镇（街）直属机构，并在镇（街）"三定"方案中予以明确。

2. 明确镇（街）安全生产专职人员的编制。由于镇（街）一级安全生产监管人员要履行部分执法职责，故建议将镇（街）安监专职人员列为公务员或依照公务员编制，个别地区因公务员职数所限可使用事业编制。

3. 将镇（街）安监科人员工资、办公经费、装备支出纳入财政预算，由政府财政统一拨款解决，确保安监科的正常运作。

4. 在镇（街）安监科内设安全生产执法监察中队，行政隶属镇（街）安监科管理，业务接受区（县级市）安全生产监督管理局执法监察大队指导，进一步加强基层安全生产执法力度。

通过在我市镇（街）设立安全生产监管专职机构，落实安全生产监管人员编制、工资、办公经费、装备，进一步夯实安全生产基础工作，不断促进我市安全生产进一步的好转。

◇建议性议案

【范文】

关于加强我市人民调解工作的议案

（第××号）

××××年以来，我市各级人民调解组织积极开展各项矛盾纠纷排查和专项治理活动，共调处各类民间纠纷×××多宗，制止群体事件×××多件，为解决社会矛盾纠纷、维护社会稳定和保障我市经济发展做出了应有的贡献。随着改革开放的不断深入和社会主义市场经济的快速发展，社会经济成分、利益关系和分配方式等日益多样化，社会矛盾纠纷呈多发性、多样性、复杂性等特点，有些矛盾纠纷甚至激化为刑事案件和群体性事件，影响了社会稳定。为此，我们建议：

一、各级党委、政府要把人民调解工作纳入重要议事日程，要按照国务院颁布的《人民调解委员会组织条例》和司法部颁布的《人民调解工作若干规定》，切实加强对人民调解工作的领导和支持，全力维护基层社会稳定。

二、各级人民法院和司法行政机关要齐抓共管，加强对人民调解工作的指导，将法院委派人民调解指导员形成制度，提高人民调解组织的社会公信力和调解纠纷的质量。

三、坚持“调防结合、以防为主”的工作方针，构建矛盾纠纷防范控制体系，坚持“抓早、抓小、抓苗头”，严防民间纠纷激化，将纠纷解决在萌芽状态。

四、进一步加强人民调解规范化建设。社区人民调解委员会要有相对固定的工作场所、有衔牌印章、有统计台账、调解文书制作要规范；人民调解要做到组织落实、制度落实、工作落实、报酬落实；社区人民调解委员会规范化建设应当列入社区建设统一规划，房地产开发商、物业管理部门应当为社区人民调解庭的建设预置办公用房。

五、进一步加强政府职能部门参与调解社会矛盾纠纷的责任，将人民调解列入社会治安综合治理工作考核目标，实行“一票否决权”制，积极探索建立人民调解解决社会矛盾纠纷的更为有效的运行机制。

六、将各级人民法院和司法行政机关及街道、社区人民调解工作经费按照司法部、财政部《关于司法业务费开支范围的规定》（司发计字〔1985〕第384号）、《人民调解委员会组织条例》（国务院37号令）、《人民调解工作若干规定》（司法部第75号令）列入财政预算，尽可能解决人民调解员工作补助，努力为人民调解工作创造良好的工作条件和环境。

××市司法局、民政局
××××年××月××日

关于加快建设城市公共交通枢纽场站的议案

城市公交是城市重要的公益性基础设施，随着我市经济的繁荣和城镇化进程的加快，与人民群众生活息息相关的公交发展却跟不上城市建设的步伐，满足不了市民的基本出行需求。

一、主要表现：一是乘车拥挤。人民群众出行对公交的依赖越来越大。据了解，每天平均乘坐公交车出行的人次达 25 万人左右，雨雪天气、节假日最高达 34 万人次，有时公交车非常拥挤。二是乘车不便。新区（××小区）、开发区（××花园、××花园、××花园及未来的××花园）、××工业园区、大学园区和西部区域及周边村镇人民群众要求开通多方向公交车的呼声越来越高。三是速度不快。公交车运行速度平均 10 千米/小时，低于规定的 20 千米/小时。

二、主要原因：一是我市至今没有一座功能齐全的公交枢纽场站（火车站仅为临时枢纽），远远落后于我省其他城市（如××、××、××），在新区、开发区整体规划建设中，没有科学地设置公共交通枢纽场站，使公交发展出现“瓶颈”。二是线网布局不合理。由于缺乏枢纽场站作为基点，公交公司无法科学编制各区域间的公交线路，致使我市公交线路呈火车站向外辐射状，无法形成网络，如新区至开发区，××工业园区、××区、西部及大学园区、开发区等多方向线路均难以开发。

三、建议：一是加大对公交枢纽场站建设的力度，尽快在新区政府办公大楼（机专新校区西侧）附近、开发区××附近、西干道××立交桥（原税校）附近、××路西段西环路口附近、××路××果品批发市场附近、××路××花园附近、××路××生态园附近、××工业园（北环与环宇路口）附近等地科学地筛选出枢纽站的位置，合理确定用地规模，抓紧建设，尽快投入使用。二是公交公司要在枢纽场站建设的基础上，调整完善线网布局，形成科学、合理、规范的线网结构，最大限度地满足市民的出行需求，降低公交运营成本，有效地利用交通资源。三是按照国务院有关规定，切实实施优先发展公交战略，保证公益设施建议资金，使公交枢纽场站早日提高社会效益和经济效益。

××市××交通局
××××年××月××日

◇任免性议案

【范文】

×县人民政府关于提请×××等四位同志职务任免的议案

（×政文〔××××〕×号）

县人大常委会：

根据《中华人民共和国地方各级人民代表大会和地方各级人民政府组织法》之规定和中共×县县委×文〔××××〕××号、××号、××号文件，现提请：

×××同志任县民族宗教局局长；

×××同志任县司法局局长；

×××同志任县教育体育局局长；

免去×××同志县教育体育局局长职务。

以上事宜，请审议。

附件：1. ×××同志工作简历及主要表现

2. ×××同志工作简历及主要表现

3. ×××同志工作简历及主要表现

4. ×××同志工作简历

县长　×××

××××年××月××日

◇决策性议案

【范文】

关于加快建设城市公共交通枢纽场站的议案

建设社会主义新农村是一项长期而繁重的历史任务。“××”期间是为新农村建设打下坚实基础的关键时期。社会主义新农村建设要按照“生产发展、生活宽裕、乡风文明、村容整洁、管理民主”的要求，根据我区实际，既要统筹兼顾、全面推进，又要突出重点、有所突破。为扎实推进我区社会主义新农村建设，提出议案，该议案具体内容如下：

一、统筹城乡就业和社会保障，增加农民收入

1. 进一步推进农业产业结构调整，大力发展都市生态农业

要制定和落实有关政策措施，提高农业科技创新能力，发展品牌农业基地，

解决农产品的加工和销售出路，延伸农业产业链。要研究全区已预付补偿款的土地发展规模种植、集中经营的措施和办法，提高土地利用率和产出率，增加农民收入。在扶持发展规模农业的同时，要对分散经营、调整产业结构的农户予以帮扶。要采取措施，加快无公害蔬菜和生态林休闲观光基地建设，扶持“农家乐”等休闲旅游业的发展。要采取措施，增加山区农民收入。要适应发展都市生态农业的要求，加大对农业专业大户、专业合作社社长、农业龙头企业经营者的培训力度。

2. 加快农村劳动力转移就业

要把农村劳动力转移作为农民增收的重要工作来抓，改进管理和服务工作，形成统一领导、分工协作、部门联动、齐抓共管的工作格局，尽快建立符合我区实际的劳动力转移机制。要加大“农村劳动力素质培训工程”的实施力度，根据不同年龄、不同层次的农村劳动力特点，提高培训的针对性和实效性。要引导企业切实加强对已在岗农民工的岗位技能培训，建立企业自主培训的长效机制。要加大公益性岗位开发力度，鼓励各社区（村）开发公益性岗位，帮助被征地人员和农村劳动力就业。鼓励农民自主创业，增加财产性收入。

3. 提高农村社会保障水平

围绕人人享有社会保障的目标，建立与农村经济发展水平相适应，与其他保障措施相配套的新型农村社会养老保障制度，力争用三年时间实现农民养老保障全覆盖。要完善有关政策措施，把土地被征（租）用60%以上的人员纳入保障范围。要逐步提高农村最低生活保障标准，完善有关操作办法，扩大保障覆盖面，做到应保尽保。要加大大病医疗保障力度，完善新型农村合作医疗制度。

二、切实采取措施，推进农村新社区建设

1. 统一思想，明确农村新社区建设的目标

农村新社区建设是一项长期的工作，不可能一蹴而就。要对农村新社区建设进行深入研究，实事求是地提出目标任务，制订实施方案，有步骤、有重点地推进。按照“规划先导、分类建设、有序推进、政策保障”的原则，既要根据工业化、城市化进程的推进，明确近期需要整体拆迁的村，加快安置房建设，并对住房有困难的农户落实提前拆迁政策；又要对面上的大多数村，按照“整治、改造、集聚”的要求，有序推进，切实改善农民群众的居住环境和居住条件。

2. 科学编制规划，指导新社区建设

要深入调研，因村制宜，科学编制各村的建设规划。既要编制新住宅小区规划，又要因村制宜，编制旧村改造规划。在规划编制过程中，要专题研究流动人口的居住问题，制定集中居住点建设规划。

3. 要把农民建房作为新社区建设的重要工作来抓

要在详细规划的指导下，根据不同类型的村，采取各种措施，解决农民

“建房难”。要充分调动和发挥村级组织的积极性，有关部门要统一思想，加强服务。要坚持“一户一宅”和建新拆旧政策，落实有关监督管理措施。要解决住宅小区建设的土地及配套资金。要理顺村镇管理体制，明确有关部门和镇（街道）的职责。要扎实推进农村违法建筑的整治工作，积极探索建立农民建房管理的长效机制。

4. 加强农村公共设施建设，努力改善生产生活条件

要抓好村民服务中心建设和农村菜市场整治等工作，按照城乡一体化的要求，促进城区的基础设施向农村延伸。要把城市管理的理念延伸到农村社区，逐步形成治安、卫生、文化、生活等管理服务网络，营造方便优质的农村社区服务环境。

5. 做好农村环境卫生整治工作

要加强宣传，培养农民群众科学、健康的生活方式。要加大投入，因地制宜，分类指导，确保整治任务的完成。要积极探索，从体制、机制等方面建立长效管理机制，建立各镇（街道）“保洁中心”体制，巩固整治成果。

三、加强农村教育和卫生工作，促进公共服务向农村覆盖

1. 整合教育资源，促进均衡发展

要把农村义务教育摆在重要位置，实施政策倾斜，加大对农村学校教育经费的投入，努力改善办学条件。通过调整学校布局、实行城区学校与农村学校结对、利用政策引导等办法，促进城乡教育均衡发展。

要重视发展农村幼儿教育，按照“高标准普及十五年教育”的目标，对幼儿教育提出明确的目标要求，纳入政府的议事日程，作为考核各镇（街道）教育工作的重要内容。要制定政策措施，加强幼教队伍建设，加强对幼儿园的管理，促进农村幼儿教育事业健康发展。

2. 进一步重视农村卫生工作

要进一步完善农村医疗卫生投入机制，健全公共卫生服务体系与医疗救助体系，加大对农村公共卫生服务经费的投入。要进一步完善农村公共卫生网络，加强公共卫生队伍建设，落实责任，提高对突发公共卫生事件的应变与控制能力。要努力拓展公共卫生服务领域，做好流动人口的公共卫生管理工作。要进一步提升农村社区卫生服务站的医疗卫生服务能力，落实“六个统一”，加强对医疗卫生人员的培训，提高服务水平。

四、加强村级建设管理，夯实新农村建设的基础

1. 壮大村级集体经济，增加村级可用收入

要抓紧编制与我区新农村建设规划相衔接的土地利用总体规划，解决村集体经济发展空间。要采取各种措施，加大对村级经济的帮扶力度。对经济薄弱村除按政策补助外，要在增强造血功能上下功夫，鼓励和扶持发展第三产业，增加村

级可用收入。在符合规划的前提下，拿出一部分园区建设用地，通过镇村联办、村村联办等形式，发展集体经济。要探索农村集体非农建设用地折价入股参与基础设施及工商项目建设，允许以村集体土地使用权为合作条件参与城镇基础设施开发建设。要出台有关政策，做好企业和村的结对工作，加快村集体经济发展。

2. 进一步加强农村基层民主政治建设

要以“四民主、两公开”为主要内容，完善村民代表会议制度和重大事项村民听证制度，完善村务公开的形式和内容，并加强督促指导，健全村党组织领导下的充满活力的村民自治机制。要针对农村工作的特点和新农村建设的新形势、新任务，加强对村干部的教育培训，提高带领群众发展经济的本领，增强政策水平和民主法制观念。要通过多种渠道，加强村后备干部的培养和选拔工作，积极探索符合新农村建设要求的村干部管理机制，提高村干部队伍的整体素质。

3. 推进农村平安建设

要推进农村综治室建设，整合治安资源，加强农村治安防控网络建设。要切实将辖区流动人口纳入服务和管理的范围，对影响农民群众安居乐业的突出问题进行整治，改善农村治安环境。

4. 发挥农民群众在社会主义新农村建设中的主体作用

在发展农业生产、增加农民收入、建设农村新社区、发展社会事业、村级事务管理等新农村建设的各项工作中，都要尊重农民意愿，让农民参与讨论和决策，把农民的积极性保护好、调动好、发挥好，避免损害农民利益。要扎实推进农村文化建设，创新农村文化生活的载体和手段，繁荣农村文化事业，满足农民群众的精神文化需求，增强爱国爱乡意识，提高文明素质。扎实启动、深入推进“五五普法”工作，提高农村基层干部依法办事的能力，增强农民群众的民主法制观念，培养推进社会主义新农村建设的新型农民。

五、加大公共财政的投入力度，加快社会主义新农村建设

要坚持“多予少取放活”的方针，着眼于建立以工促农、以城带乡的长效机制，按照存量适度调整、增量重点倾斜的原则，不断增加对农业农村的投入。要按照中央提出的“三个高于”的要求，逐步建立财政支农资金逐年增长机制，保证新农村建设稳定的资金来源。要认真落实中央关于土地出让金一部分收入用于农业农村的政策规定和每年新增教育、卫生、文化等事业经费主要用于农村的政策规定。要引入社会资本，积极鼓励社会各界参与社会主义新农村建设。区政府每年向区人大及其常委会报告财政预决算及执行情况时，要一并报告新农村建设资金预决算及执行情况。

××××年××月××日

第十三节　函

一、概述

1. 函的概念

函适用于不相隶属机关之间商洽工作，询问和答复问题，请求批准和答复审批事项。函的答复功能仅仅适用于不相隶属的机关之间。

在公文的应用中，函的用途是比较广泛的。不相隶属机关之间商谈公务、接洽工作，询问事情、征求意见，答复问题、请求帮助及告知情况、催办事务等，都可以使用函；向归口管理部门请求对某一事项予以批准，也可以使用函。函既可以在平行机关及不相隶属的机关之间使用，也可以在上下级机关之间使用。

2. 函的分类

"函"大体可分为商洽函、问答函、批答函三种。

（1）商洽函。用于不相隶属机关之间联系、商洽、协调某一问题或某项工作，如洽谈业务，要求协作，请求支援，商调干部，联系参观学习等。这一类既有致函也有复函；致函提出商洽的事宜和要求，复函则给予答复。如，《关于××××××××大卡车存在严重质量问题要求赔偿损失的函》是商洽函中的致函；××××年××月××日××市人民政府办公厅《关于要求将××市经济技术协作办公室驻××办事处更名的函》，也是商洽函，是回复对方同时又要求对方回复的函。

（2）问答函。用于机关间询问政策性和业务性的问题以及其他需要搞清楚的事宜，如了解情况，征求意见，核查问题，催办事宜等。提出询问的是致函，给予解答的为复函。这类函既可以用于不相隶属的机关之间，也可用于有隶属关系的上下级之间。如××××年××月××日教育部电化教育局《关于调查电教教材编制情况及今后设想的函》是询问性的致函，××××年××月××日《国务院办公厅关于悬挂国徽等问题给湖北省人民政府办公厅的复函》则是复函。

（3）批答函。用于不相隶属机关间请求批准和答复审批事项。求批及审批也是对应关系。如"××行政学院《关于解决住宅生活区配电改造工程资金的函》"是求批的致函，××××年××月××日《××省教委省人事厅关于同意省轻工厅委托××行政学院举办财会专业成人高等教育专业证书教学班的复函》和《××市职称改革工作领导小组办公室关于××××学院申请教授资格授予权的复函》则是审批的复函。

3. 函的写作格式

（1）标题。函的标题，通常为“发文机关＋事由＋文种”的形式，如“××××关于联系临时借房问题的函”。如属回复问题的函，则多在“函”字前加“复”字。如“关于建设单位为动迁户建房问题的复函”。

（2）发文字号。函要有正规的发文字号，其写法与一般公文相同，由“机关代字＋年号＋顺序号”组成。大机关的函，可以在发文字号中显示“函”字。

（3）主送机关。一般来说，由于函的行文对象是明确、单一的，所以多数函的主送机关只有一个。但有时内容涉及部门多，也有排列多个主送机关的情况。

（4）正文。需写明下述三部分内容。

①制发函的根据与理由。如：“根据国务院国发〔××××〕××号文件关于凡新建（包括统建和自建）、扩建宿舍，都应把必需的生活服务设施包括进去，商业服务网点应占新建扩建面积的7%左右的规定，请你局……”

②商洽或询问（答复）以及请求批准的具体事项。要求中心明确内容具体，方便对方办理或答复。

③结尾。通常适宜使用致意性的词语，如“致以敬礼”、“谨致谢忱”，或以“特此函告”、“特此申请”、“为盼”、“为荷”等专用语结束上文。

4. 函的写作要求

函的写作，除了要注意格式的规范化外，还要注意以下几点：

（1）行文要直陈事项、言简意赅；

（2）用语谦和，讲究分寸；

（3）函主要用于说明有关事项与提出要求；

（4）函，是正式公文的文种，必须行文郑重。

二、函的写作范文

◇答复性函

【范文】

关于同意成立××市劳动力市场工会分市场的复函

××市总工会：

你会《关于申请成立××市劳动力市场工会分市场的函》（×工函〔××××〕××号）已收悉。经研究，现就有关问题答复如下：

一、同意你会成立××市劳动力市场工会分市场。请根据《××市劳动力市场管理条例》有关规定，办理申领《公益性劳动力中介服务许可证》的相关手续，为社会提供公共就业服务。

二、××市劳动力市场工会分市场须按照《××市劳动力市场建设指引》设计布局。

三、成立××市劳动力市场工会分市场所需经费请自行解决。

××市劳动和社会保障局

××××年××月××日

◇商洽性函

【范文】

关于商洽代培统计人员的函

××金融管理干部学院：

得悉贵院将于3月份举办统计人员讲习班，系统培训统计工作人员。国务院《关于加强统计工作的决定》下达后，我厂曾打算集训现职统计工作人员，但由于力量不足，未能实现。现在贵院决定办讲习班，我厂拟派15名统计人员随班学习，请你们代培。如同意，将是对我厂统计工作的有力支持。代培所需费用由我厂如数拨付。盼予复函。

此致

敬礼

×××机床厂（盖章）

××××年××月××日

◇询问性函

【范文】

××市××区人民法院关于×××
遗产纠纷一案托查的函

×法发字〔××××〕第××号

××市中级人民法院：

我院受理×××诉其妹×××遗产纠纷一案，她们的父亲×××生前有英商

×××汽水厂股票1414号户名×记计一百股。现股票遍寻无着。经本市××汽水厂查询，据称：×××汽水厂已迁××市，由××市食品总厂所属人民食品厂接管，为此特函请你院代为查明下列情况：

一、该厂接收的×××汽水厂股东中有无×××或×户名1414号股票一百股？

二、该厂对原×××汽水厂股票如何处理？×××所持股票是否有人登记或支付定息？

三、如已有人登记或领取定息，请查明领息情况，包括领息人、领息金额，何年何月开始，领至何年何月？

以上三项希大力协助查清，并请尽快见复。

××市××区人民法院（盖章）
××××年××月××日

◇告知性函

【范文】

××省新闻出版局
关于××出版社驻××市发行站更名的函

××省新闻出版局：

为便于图书发行工作的开展，拓宽市场，疏通发行渠道，我局决定将××出版社驻××市发行站更名为××出版社驻××发行站。请予协助办理有关更名手续。

特此函告

××省新闻出版局
××××年××月××日

◇委托性函

【范文】

危险化学品经营单位委托审查函

×安监危化字〔××××〕××号

各有关市安监局：

你市危险化学品经营企业已向我局提出办理危险化学品经营许可证申请，我局已受理了申请，现委托你局对该单位的安全条件和评价报告的真实性进行严格审查，审查意见要翔实、具体。于××××年××月××日前将审查意见报至省局危化处。××××—××××××××（传真）

××局
××××年××月××日

第十四节　会议纪要

一、会议纪要的写作概述

1. 会议纪要概念

会议纪要是指记载和传达会议情况与议定事项的公文。会议纪要对上级党务机关可作情况汇报；对下属党务机关可作指导工作文件；对与会党务机关可作为开展工作的依据，要求有关党务机关共同遵守、执行；对友邻常务机关可起到互通情报的作用。

2. 会议纪要类型

（1）办公会议纪要。又称日常工作会议纪要。主要用来摘要记录党务部门开会研究问题、部署工作的情况，其作用是为工作的开展提供实在的指导和具体的依据。

（2）专项会议纪要。各种各样的交流会、座谈会、研讨会的会议纪要，多属于这一类。这类会议纪要通过对涉及有关工作的重要方针、政策和理论原则问题的交流、讨论情况的纪实，给人们以深刻地启发，给工作以宏观地指导。如果未经领导机关批转，这种会议纪要就不具有像办公会议纪要那样的约束力。

3. 会议纪要写作格式

会议纪要一般由标题、开头、正文、结尾四部分组成。

（1）标题。标题是会议纪要的一个不可缺少的组成部分。会议纪要的标题有以下几种写法：

①会议名称＋文种。如“××公司党委扩大会议纪要”。

②会议名称＋纪要内容＋文种。如“××公司党委会关于改进工会工作研讨会会议纪要”。

③发文单位名称＋会议名称＋文种。如“××科技公司××年度政治思想工作座谈会会议纪要”。

④正题＋副题。正题阐述会议的主旨、意义，副题交代会议名称、文种。如：

维护党的威信　抓好反腐倡廉工作
——在党委召开的反腐倡廉座谈会上的发言纪要

作为一种正式的公文，会议纪要的标题必须写得明确，绝不能仅以“会议纪要”四字作为标题。

（2）开头。简要介绍会议的基本情况，叙述召开会议的根据、目的、会议的起止时间、地点、参加会议的人员、会议的基本议程、主要活动和会议的结果。

（3）正文。会议纪要的正文主要有三种写法。

①条项式写法。即把讨论的问题和决定的事项，分条列项写出。会议讨论了几个问题，纪要就以几个问题各自为一点写出。工作会议纪要大多都用这种写法。这种写法，条条项项井然有序，便于理解、记忆、执行。

②综合式写法。即把会议内容，按性质划分为若干部分，然后逐一写出。工作经验交流会纪要、学术问题研讨会纪要，一般都用这种写法。这种写法有一定的难度，但有利于概括丰富的内容，有利于从原则高度上把问题说深讲透。

③摘录式写法。即摘要记录会上发言内容，按发言顺序或按内容性质归类写出。这种写法，通过摘录发言人的讲话，反映发言人的观点，使人觉得客观、真实。先写发言人的姓名，然后再记其发言。记发言人的第一次发言时，在姓名后可注明单位、职务。要注意不要全文、原话尽录，要摘其要点。

（4）结尾。一些会议纪要不单独写结尾，主体部分的最后一个问题写完即结束全文。有些会议纪要要单独写一段结尾，或是写会议主持人或其他领导人的总结讲话；或是对会议作出一些基本估价，发出号召，提出希望。

二、会议纪要的写作范文

◇市委常委会会议纪要

【范文】

中共××市委常委会会议纪要

时间：××××年××月××日下午至××月××日上午
地点：市委主楼××会议室

主持人：×××
出席：×××、×××、×××、×××
列席：×××、×××、×××、×××

议定事项

一、会议认真学习了省委××××年××月××日《关于进一步统一认识，坚决搞好治理整顿》的通知，对我市前段治理整顿的情况和一季度形势逐项进行了分析和深入讨论，进一步统一了思想，明确了当前和今后治理整顿的任务和工作重点。

会议认为，半年来我市在贯彻中央治理整顿方针的过程中，态度坚决，工作扎实，初见成效，但对成绩不能估计过高，要看到思想认识的差距和治理整顿任务的艰巨，要按照中央精神，进一步统一思想，认真抓好治理整顿的各项工作。

会议决定：

在省委传达中央工作会议精神后，召开市委工作会议，通过传达中央工作会议精神，分析我市治理整顿形势和任务，提高认识，统一思想，动员广大党员一心一意搞好治理整顿。会议定于4月底召开，由市委办公室做好会议筹备工作。

二、听取了××同志关于××××年庆祝振兴××立功竞赛表彰大会准备工作的汇报，原则同意“立功办”提出的大会方案及召开时间，原则同意市级劳模及文明单位的名单，责成“立功办”根据市委常委意见进行调整，并做好大会准备工作。对有些需要进一步研究的问题由“立功办”再作准备，向书记办公会汇报。

××××年××月××日

◇党委办公会会议纪要

【范文】

党委办公会会议纪要

××××年××月××日，镇党委书记、镇长×××同志主持召开了4月份党政月度工作例会。会议听取了各线前段时间所做工作情况汇报，突出强调了4月份工作重点，并对各线4月份具体工作进行了安排部署。×××书记着重对当前学习实践科学发展观活动和计划生育工作进行了专题部署，现纪要如下：

一、4月份工作重点

（1）认真组织开展好学习实践科学发展观活动。要做到“三点”，即打好基点，突出亮点，解决难点。要通过这次活动，真正达到党员干部受教育、科学发展上水平、人民群众得实惠的目的，以学习实践活动为契机，推动我镇经济社会又好又快发展。

（2）全力以赴做好省、地、市半年计划生育考核迎检准备工作。一是进一步认清形势，统一思想，深刻认识当前计生工作的严峻形势；二是强化班子成员包保责任，严肃纪律，落实奖惩；三是突出工作重点，当前主要是“三查四术”要及时到位、搞好“六清理”。

（3）加大安全生产管理力度。要开展一次安全生产大检查，特别是对矿山、石灰窑，加大隐患排查力度，该整改的坚决整改，确保全年无安全生产事故。

二、各办4月份工作安排

1. 工业招商办公室

（1）深入开展学习实践科学发展观活动第一阶段的工作，对各村、镇直单位、企业进行督办指导；

（2）开展党委班子成员对所联系企业进行上门调研活动，对所挂企业进行走访，了解企业生产运营情况，帮助解决企业生产经营中存在的困难和问题；

（3）狠抓安全生产。加强安全生产日常管理，完善矿山管理方案，坚持对矿山进行定期或不定期的检查，加大隐患排查力度，尤其是加大对石灰窑的检查管理力度；

（4）搞好招商引资工作。做好新引进的恒通钙品、纺器厂竹炭项目和楚清矿粉厂等项目的跟踪协调服务工作。

2. 农业农村办公室

（1）做好××村农村能源沼气建设工作，确保有序推进，跟上进度；

（2）继续做好全镇自来水引水改造工作，争取月底完工；

（3）做好土地整理项目建设协调工作；

（4）做好××、××水库整险工程煞尾工作；

（5）继续做好森林防火工作，严格控制火源，加大打击处理力度，确保不发生火灾；

（6）加大农村山林纠纷的调处力度。

3. 党政综合办公室

（1）加强机关日常管理，加强机关院内环境管理，坚持社会稳定和护林防火24小时值班制度，确保政令畅通、机关正常运转；

（2）继续搞好农村低保扩面核查工作，确保公开、公正、公平；

（3）做好市综治委第一季度迎检准备工作。

4. 城建社会事务办公室

（1）认真做好××采石厂重新发包工作；

（2）加强沟通协调，尽快启动中心客运站的建设；

（3）开展文明卫生城镇创建活动，在全镇范围组织开展一次卫生大扫除；

（4）做好××居委会的筹备成立工作；

（5）继续做好街道日常管理工作，重点搞好街道卫生的清运工作。

5. 计划生育办公室

（1）做好省、地、市计划生育半年考核的迎检准备工作；

（2）做好第二季度“三查四术”的煞尾工作；

（3）加大孕情包保力度；

（4）加大社会抚养费征收力度；

（5）搞好计生服务中心申报验收工作。

中共××镇委员会

××××年××月××日

◇座谈会会议纪要

【范文】

弘扬“兴川”精神　落实“兴川”战略

——省委党校××班学习×中全会精神座谈会纪要

“弘扬省委提出的××精神，关键是要扎扎实实地抓好落实。”这是××月×日省委党校第××期××班学员讨论“贯彻×中全会精神，落实富民兴×战略”时形成的共识。

××市委常委、市委秘书长×××在发言中说，省委×届×次全会根据党的××届×中全会精神，总结我省改革开放和现代化建设丰富实践，借鉴沿海发展经验，提出了“负重自强，团结登攀，求实创新，富民兴×”的“兴×”精神。这一精神主要有四个特点：一是具有针对性和务实性；二是具有开创性和开放性；三是具有振奋感和向上性；四是具有战略性和指导性。这一精神体现了××人民蓬勃进取，团结向上的精神风貌，反映了××人民加快发展，自强不息的迫切要求，是凝聚和激励全省人民不断解放思想，开拓进取的强大精神的动力，对于加快我省改革开放和现代化建设步伐，具有重要的现实意义。

×××说，一切改革和创新，首先是观念上的创新。贯彻五中全会精神，落实富民兴×战略，首先还是要进一步解放思想、转变观念，克服“××意识”。省委党校教育科研部主任×××认为，为了加快××经济发展，必须进一步扩大对外开放，吸引更多的外商直接投资。鉴于跨国公司在资金、技术、管理及规模上的优势，抓住机遇、大量吸引跨国公司在我省投资，不失为一个重要的战略选择。为此，他建议：一是建立“××跨国公司企业研究所”。主要从理论和对策上研究如何吸引跨国公司直接投资以及如何对跨国公司实施有效的管理，为政府决策提供咨询和参谋。二是成立对外商投资咨询服务公司。其职能主要为跨国公司投资提供信息、资料、订货、市场考察、投资咨询、后勤保障及翻译、秘书等服务。形式上可官商合办、中外合资。三是制定符合××实际和有利于跨国公司投资的产业政策。四是积极开展对外宣传和政府公共关系活动。×××还建议建立××—××—××高科技产业带。实现高新技术的产业化，把一个个单独、分散的开发区连接成片，发挥整体规模优势，符合国际国内高新技术产业发展趋势。同时，根据该产业带上以及全省来看所具有的产业、人才和资源优势，确立以光机电一体化和生物医药为主的支柱产业。

×××在讨论中认为，“稳粮增收控人口”，对实现“富民兴×”有着十分重要的意义。他说，必须始终如一地高度重视农业、农村和农民问题。各级政府应当把加强农业放到经济工作的首位。要正确估计农业发展形势，增强紧迫感和责任感。深化改革，落实保护农业的政策，调动农民的生产积极性。加大科技兴农力度，确保粮食稳定增长，努力增加农业投入。要建立相对稳定的农业投入政策，明确农业投入的近、中、长期目标、规定农业投入的比重基数和逐年加大投入的最低比重。千方百计增加农民的收入，狠抓农业基础设施建设，进一步改善农业生产条件，牢固树立“人均”观念，切实搞好计划生育，做到人口与经济、社会协调发展。

讨论会上，省工商局副局长×××，××地区行署副专员×××、××地区行署副专员×××分别就“加强监督管理、维护公平竞争，为××经济发展创造良好环境”、“建设富裕民主文明新××”等问题作了发言。

××××年××月××日

第十五节　公　报

一、公报写作概述

1. 公报的概念

公报是党的机关公文中的一个主要文种，用于公开发布重要决定或者重大事件。与公告相比，公报的内容通常更为详细具体。

2. 公报的写作格式

（1）标题。公报的标题由会议名称 + 文种组成。

（2）正文。开头部分，包括写作公报的时间、地点、人物、事件等叙述要素，要写得简明扼要、清楚明白。

主体部分，介绍公报中的议定情况和主要精神。

结尾部分，提出号召、希望和要求等。

3. 公报的写作要求

（1）反映全貌。公报所涉及的都是重大事件、重要会议和重要决定，因此，在写作和文字阐述上一定要周密、完整、准确、严肃，照顾到方方面面。

（2）突出重点。把写作重点放在对事件的陈述和观点的阐述上。要紧扣全文的核心内容来写，突出主旨，内容概要，切忌杂芜并陈。

（3）文字简明，层次清楚，使人一目了然。公报作为党和国家高级管理机关使用的公文，用以公布重大事件或重要决策。因此，它十分讲究用语的准确性和概括性。是什么，不是什么，应当怎么做，不应怎么做，必须确切无误地传输给读者，而且要最大限度地使用概括性语言，用较少的文字涵盖丰富的内容，做到言简意丰，尽量压缩公报的篇幅。当然，公报篇幅的长短也要根据内容的需要来决定，但总的要求是简明扼要。

（4）慎用文种。一般来说，公报内容应是重大的、严肃的，具有权威性。一般的事情不能用公报，即当报则报，不能滥用。

二、公报的写作范文

◇新闻公报

【范文】

中法新闻公报

（2009年4月1日）

经过多次磋商，中华人民共和国外交部与法兰西共和国外交部达成以下共识：

双方重申高度重视中法关系，愿以战略和长远眼光、在相互尊重和重视彼此根本利益的基础上，以纪念中法建交45周年为契机，加强全面战略伙伴关系。中法两国重申坚持《联合国宪章》规定的不干涉内政的原则，同意本着相互信任的精神就涉及双方根本利益的事宜加强协商。

法国充分认识到西藏问题的重要性和敏感性，重申坚持一个中国政策，坚持西藏是中国领土不可分割的一部分。这一由戴高乐将军做出的决定没有也不会改变。本着这一精神，并根据不干涉内政的原则，法国拒绝支持任何形式的“西藏独立”。

双方认为，在当前国际政治、经济形势发生深刻变化的背景下，中法作为联合国安理会常任理事国，在维护世界和平和促进发展方面负有重要责任。双方愿加强沟通与协调，共同应对国际金融危机等全球性挑战。

本着这一精神，双方决定适时举行高层接触与战略对话，促进双边各领域合作，推动中法关系和谐稳定发展。

◇会议公报

【范文】

××市第十届委员会第十二次全体会议公报

（××××年××月××日中共××市十届
十二次全委会议审议通过）

中国共产党××市第十届委员会第十二次全体会议，于××××年××月××日举行。出席这次全委会的有市委委员××人、候补委员××人。不是市委委员、候补委员的市人大常委会、市政府、市政协在职市级领导干部，市人武部部长，驻×预备役某团政委，市法院院长，市检察院检察长，市经济开发区管委会副主任，市人大、市政府、市政协秘书长，市纪委常委，市委副秘书长，市委办公室、市政府办公室副主任，各镇（街道）党委书记、镇长（办事处主任），市直各部门、各人民团体主要负责人列席了会议。市委常委主持了会议，市委书记作了重要讲话。

全委会认真学习了××届×中全会和省、××市全委会议和全省领导干部会议精神，听取和讨论了×××同志受××市委常委委托作的工作报告，审议通过了《中共××市委××市人民政府关于站在新起点加快新发展的意见》、《中共××市委××市人民政府关于推进社会主义新农村建设的意见》、《中共××市委关于认真贯彻落实××届×中全会精神加快“和谐××”建设的决定》。

全委会一致认为，党的××届×中全会是在我国改革发展进入关键时期召开的一次十分重要的会议。省八届十三次全委会议、××市八届十次全委会议认真学习贯彻党的××届×中全会精神，紧密结合省、市实际，对构建和谐社会工作作出了全面安排部署。我们一定要按照中央和省、市委要求，准确把握、深刻领会，切实把思想高度统一到中央和省、市委的决策部署上来。

全委会充分肯定了今年以来市委常委会的工作。一致认为，在省委和××市委的正确领导下，市委常委会团结带领广大干部群众，坚持以邓小平理论和“三个代表”重要思想为指导，以科学发展观统领全局，认真执行国家宏观调控政策，紧扣发展第一要务，抢抓重要战略机遇期，解放思想，真抓实干，使全市经济社会保持了持续快速健康发展的良好势头。

全委会深入分析了当前我市经济社会发展面临的形势和任务，对站在新起点加快新发展、推进新农村建设、加快“和谐××”建设进行了全面安排部署。强调指出，全市上下要按照市委、市政府确定的下一步经济社会发展的基本思路、目标和重点，抓好落实，既要保持工作的连续性，又要与时俱进，不断创新。要认真落实科学发展观，严格执行国家宏观调控政策，正确认识和处理“好”与“快”、“保”与“压”的关系，突出重点，区别对待，有保有压，重点加大向新型工业化、农村基础设施与社会事业、新型服务业、高新技术产业、城市公用基础设施等方面的投入，加快推进经济结构调整和增长方式转变，努力实现速度和结构、质量、效益、后劲相统一。要突出发展第一要务，推动经济持续快速协调健康发展，重点抓好招商引资、重点项目、“亮点”培植，进一步抓好节能降耗、自主创新、环境保护，大力发展循环经济，加快推进新型工业化；搞好城市规划建设管理，提升城市化水平；突出商贸流通、现代物流、旅游休闲、餐饮娱乐、文化产业等发展重点，力争实现服务业的更大突破。要用足用好政策，努力破解土地、资金、人才等方面的制约因素，为加快新型工业化进程、促进经济持续快速健康发展提供有力支撑。要全面推进新农村建设，加快推进农业专业化、标准化和产业化，积极发展农村合作经济组织，大力发展第二、第三产业和劳务经济，促进农村劳动力转移；搞好镇村统筹规划，加强农村基础设施建设，解决好农村“路、水、气、电、医、学”等难题，尤其是把沼气建设作为新农村建设的突破口来抓，切实改善农村卫生条件，促进农民生活质量提高；抓好农民的学习培训，提高农民素质；落实各项支农惠农政策，深化农村改革，增强农村发展活力；大力发展农村公共事业，逐步建立健全农村社会保障制度，促进城乡统筹协调发展。要加快“和谐××”建设，坚持从实际出发，着眼长远，立足当前，确定重点，扎实推进。按照民主法制、公平正义、诚信友爱、充满活力、安定有序、人与自然和谐相处的要求，以解决人民群众最关心、最直接、最现实的利益问题为重点，着力发展社会事业，促进经济建设、社会建设、政治建设和文化建设协调发展；实施积极的就业政策和“科教兴市”、“人才强市”战略，加快发展医疗卫生事业，繁荣文化事业和文化产业，加强思想道德工作，健全社会保障体系，深化社会管理改革，搞好平安建设，促进全市经济社会全面进步、和谐发展。

全委会强调，环境是经济社会发展的生命线，是一个地区综合竞争力的第一要素。全市各级各部门要进一步强化“投资者是上帝加朋友”、“外商只管投资建设，其他一切由我们来办”、“发展成果人人受益，发展环境人人有责”的理念，继续营造诚实守信、遵纪守法的法治环境，文明高效的服务环境，积极向上的舆论环境，各方支持的政务环境，努力以环境的新改善来促进经济的大发展。

全委会强调，实现经济又好又快发展、建设社会主义新农村、构建社会主义和谐社会，关键在党，关键在人。要加强党的先进性和执政能力建设，为构建和谐社会、推动经济社会又好又快发展提供强有力的政治保证；要扎实做好换届工作，努力营造风清气正的换届环境；要坚持勤政廉政，转变工作作风，千方百计为群众解难题、办实事；要按照党的先进性要求，加强基层组织建设；要集中精力做好当前的各项工作，认真总结分析今年的工作，超前谋划明年的工作，在确保完成或超额完成今年各项任务目标的基础上，争取明年各项工作再上新台阶。

全委会号召，全市各级党组织和广大党员干部一定要全面贯彻落实党的××届×中全会精神，以更加昂扬的斗志，更加务实的作风，解放思想，干事创业，为促进全市经济社会在新的起点上实现又好又快发展，加快建设富裕××、文明××、生态××、和谐××作出新的更大贡献！

第二章 规章公文写作

第一节 条 例

一、条例的写作概述

1. 条例的概念

条例是一种常用的规范性公文。主要适用于规范党和国家的中央组织制度，规范党组织和政府机关的工作活动和党员、公务员行为的规章制度。条例用于规范某个机关的组织和职权的，叫组织条例；用于制定预计长期实行的调整国家生活某个方面规则的，叫做单行条例。

2. 条例的写作格式

条例的写作应包括标题和正文两个组成部分。

（1）标题

条例的标题由制发机关、事由和文种类别组成，有的可省去发文机关，或在文种类别前加“暂行”等表示性质的限定词。如果标题中不标明发文机关，必须在正文之后增加落款，署上发文机关和日期。

（2）正文

条例的正文，可分为总则、分则和附则来组织结构。总则或相当于总则的部分，多有一段导入语，简要说明条例制发的目的、意义、法律依据、适用范围等。分则是分章节或条目分列条例的具体内容。附则部分是对分则的补充说明，多用以说明条例的生效日期、适用对象、解释权限，以及与相关的法令政策的关系等。

国家的法律制定颁布之后，在执行时往往还会有许多不够具体明确的地方，有时需要用条例进行补充说明或作出辅助规定，以保证法律得到准确的执行。法律实施条例可以对法律中的概念进行解释说明，也可以把某些条文细节化、具体化，还可以对法律进行补充。

内容比较简单的条例，直接分条目列述即可。

3. 条例的写作要求

条例是国家法令政策的具体阐释和补充，本身也具有法令的权威性和严肃性。它的写作，首先要正确把握其法律依据和界限；其次是要严密准确，不能有含糊和漏洞；再次是“条”“例”结合，“条文”是政策和法令，“例设”是补充与具体解释。前者要概括，后者必须具体明确；最后，条文的结构要条理井然，语言鲜明准确。

二、条例的写作范文

◇法律规章性条例

【范文】

中华人民共和国人民币管理条例

第一章　总　则

第一条　为了加强对人民币的管理，维护人民币的信誉，稳定金融秩序，根据《中华人民共和国中国人民银行法》，制定本条例。

第二条　本条例所称人民币，是指中国人民银行依法发行的货币，包括纸币和硬币。

从事人民币的设计、印制、发行、流通和回收等活动，应当遵守本条例。

第三条　中华人民共和国的法定货币是人民币。以人民币支付中华人民共和国境内的一切公共的和私人的债务，任何单位和个人不得拒收。

第四条　人民币的单位为元，人民币的辅币单位为角、分。1元等于10角，1角等于10分。人民币依其面额支付。

第五条　中国人民银行是国家管理人民币的主管机关，负责本条例的组织实施。

第六条　任何单位和个人都应当爱护人民币。禁止损害人民币和妨碍人民币流通。

第二章　设计和印制

第七条　新版人民币由中国人民银行组织设计，报国务院批准。

第八条　人民币由中国人民银行指定的专门企业印制。

第九条　印制人民币的企业应当按照中国人民银行制定的人民币质量标准和印制计划印制人民币。

第十条　印制人民币的企业应当将合格的人民币产品全部解缴中国人民银行人民币发行库，将不合格的人民币产品按照中国人民银行的规定全部销毁。

第十一条　印制人民币的原版、原模使用完毕后，由中国人民银行封存。

第十二条　印制人民币的特殊材料、技术、工艺、专用设备等重要事项属于国家秘密。印制人民币的企业和有关人员应当保守国家秘密；未经中国人民银行批准，任何单位和个人不得对外提供。

第十三条　未经中国人民银行批准，任何单位和个人不得研制、仿制、引进、销售、购买和使用印制人民币所特有的防伪材料、防伪技术、防伪工艺和专用设备。

第十四条　人民币样币是检验人民币印制质量和鉴别人民币真伪的标准样本，由印制人民币的企业按照中国人民银行的规定印制。人民币样币上应当加印“样币”字样。

第三章　发行和回收（略）

第四章　流通和保护（略）

第五章　罚　　则（略）

第六章　附　　则

第四十八条　本条例自××××年××月××日起施行。

国务院

××××年××月××日

◇奖励惩罚性条例

【范文】

国家科学技术奖励条例

（××××年××月××日国务院第16次常委
会议通过，××月××日发布）

第一章　总　则

第一条　为了奖励在科学技术进步活动中作出突出贡献的公民、组织，调动科学技术工作者的积极性和创造性，加速科学技术事业的发展，提高综合国力，制定本条例。

第二条　国务院设立下列国家科学技术奖：

（一）国家最高科学技术奖；

（二）国家自然科学奖；

（三）国家技术发明奖；

（四）国家科学技术进步奖；

（五）中华人民共和国国际科学技术合作奖。

第三条　国家科学技术奖励贯彻尊重知识、尊重人才的方针。

第四条　国家维护国家科学技术奖的严肃性。

国家科学技术奖的评审、授予，不受任何组织或者个人的非法干涉。

第五条　（略）

第六条　（略）

第七条　（略）

第二章　国家科学技术奖的设置

第八条　国家最高科学技术奖授予下列科学技术工作者：

（一）在当代科学技术前沿取得重大突破或者在科学技术发展中有卓越建树的；

（二）在科学技术创新、科学技术成果转化和高技术产业化中，创造巨大经济效益或者社会效益的。

国家最高科学技术奖每年授予人数不超过2名。

第九条　国家自然科学奖授予在基础研究和应用基础研究中阐明自然现象、

特征和规律，作出重大科学发现的公民。

前款所称重大科学发现，应当具备下列条件：

（一）前人尚未发现或者尚未阐明；

（二）具有重大科学价值；

（三）得到国内外自然科学界公认。

第十条　国家技术发明奖授予对于科学技术知识做出产品、工艺、材料及其系统等重大技术发明的公民。

前款所称重大技术发明，应当具备下列条件：

（一）前人尚未发明或者尚未公开；

（二）具有先进性和创造性；

（三）经实施，创造显著经济效益或者社会效益。

第十一条　（略）

第十二条　（略）

第十三条　（略）

第三章　国家科学技术奖的评审和授予（略）

第四章　罚　则（略）

第五章　附　则

第二十五条　国务院有关部门根据国防、国家安全的特殊情况，可以设立部级科学技术奖。具体办法由国务院有关部门规定，报国务院科学技术行政部门备案。

省、自治区、直辖市人民政府可以设立一项省级科学技术奖。具体办法由省、自治区、直辖市人民政府规定，报国务院科学技术行政部门备案。

第二十六条　本条例自公布之日起施行。××××年××月××日国务院修订发布的《中华人民共和国自然科学奖励条例》和《中华人民共和国科学技术进步奖励条例》同时废止。

◇法律实施性条例

【范文】

女职工劳动保护条例

第一条　为维护女职工的合法权益，减少和解决女职工在劳动和工作（以下统称劳动）中因生理特点造成的特殊困难，保护其健康，以利于社会主义现代化建设，制定本规定。

第二条　本规定适用于中华人民共和国境内一切国家机关、人民团体、企业、事业单位（以下统称单位）的女职工。

第三条　凡适合妇女从事劳动的单位，不得拒绝招收女职工。

第四条　不得在女职工怀孕期、产期、哺乳期降低其基本工资，或者解除劳动合同。

第五条　禁止安排女职工从事矿山井下、国家规定的第四级体力劳动强度的劳动和其他女职工禁忌从事的劳动。

第六条　女职工在月经期间，所在单位不得安排其从事高空、低温、冷水和国家规定的第三级体力劳动强度的劳动。

第七条　女职工在怀孕期间，所在单位不得安排其从事国家规定的第三级体力劳动强度的劳动和孕期禁忌从事的劳动，不得在正常劳动日以外延长劳动时间；对不能胜任原劳动的，应当根据医务部门的证明予以减轻劳动量或者安排其他劳动。

怀孕7个月以上（含7个月）的女职工，一般不得安排其从事夜班劳动；在劳动时间内应当安排一定的休息时间。

怀孕的女职工，在劳动时间内进行产前检查，应当算作劳动时间。

第八条　女职工产假为90天，其中产前休假15天。难产的，增加产假15天。多胞胎生育的，每多生育一个婴儿，增加产假15天。

女职工怀孕流产的，其所在单位应当根据医务部门的证明，给予一定时间的产假。

第九条　有不满1周岁婴儿的女职工，其所在单位应当在每班劳动时间内给予其两次哺乳（含人工喂养）时间，每次30分钟。多胞胎生育的，每多哺乳一个婴儿，每次哺乳时间增加30分钟。女职工每班劳动时间内的两次哺乳时间，可以合并使用。哺乳时间和在本单位内哺乳往返途中的时间，算作劳动时间。

第十条　女职工在哺乳期内，所在单位不得安排其从事国家规定第三级体力劳动强度的劳动和哺乳期禁忌从事的劳动，不得延长其劳动时间，一般不得安排其从事夜班劳动。

第十一条　女职工较多的单位应当按照国家有关规定，以自办或者联办的形式，逐步建立女职工卫生室、孕妇休息室、哺乳室、托儿所、幼儿园等设施，并妥善解决女职工在生理卫生、哺乳、照料婴儿方面的困难。

第十二条　女职工劳动保护的权益受到侵害时，有权向所在单位的主管部门或者当地劳动部门提出申诉。受理申诉的部门应当自收到申诉书之日起30日内作出处理决定；女职工对处理决定不服的，可以在收到处理决定书之日起15日内向人民法院起诉。

第十三条　对违反本规定侵害女职工劳动保护权益的单位负责人及其直接责任人员，其所在单位的主管部门，应当根据情节轻重，给予行政处分，并责令该单位给予被侵害女职工合理的经济补偿；构成犯罪的，由司法机关依法追究刑事责任。

第十四条　各级劳动部门负责对本规定的执行进行检查。各级卫生部门和工会、妇联组织有权对本规定的执行进行监督。

第十五条　女职工违反国家有关计划生育规定的，其劳动保护应当按照国家有关计划生育规定办理，不适用本规定。

第十六条　女职工因生理特点禁忌从事劳动的范围由劳动部规定。

第十七条　省、自治区、直辖市人民政府可以根据本规定，制定具体办法。

第十八条　本规定由劳动部负责解释。

第十九条　本规定自××××年××月××日起施行，××××年××月××日政务院修正发布的《中华人民共和国劳动保险条例》中有关女工人、女职工生育待遇的规定和××××年××月××日《国务院关于女工作人员生产假期的通知》同时废止。

国务院

××××年××月××日

◇措施性条例

【范文】

突发公共卫生事件应急条例

第一章　总　则

第一条　为了有效预防、及时控制和消除突发公共卫生事件的危害，保障公众身体健康与生命安全，维护正常的社会秩序，制定本条例。

第二条　本条例所称突发公共卫生事件（以下简称突发事件），是指突然发生，造成或者可能造成社会公众健康严重损害的重大传染病疫情、群体性不明原因疾病、重大食物和职业中毒以及其他严重影响公众健康的事件。

第三条 突发事件发生后，国务院设立全国突发事件应急处理指挥部，由国务院有关部门和军队有关部门组成，国务院主管领导人担任总指挥，负责对全国突发事件应急处理的统一领导、统一指挥。

国务院卫生行政主管部门和其他有关部门，在各自的职责范围内做好突发事件的应急处理的有关工作。

第四条 突发事件发生后，省、自治区、直辖市人民政府成立地方突发事件应急处理指挥部，省、自治区、直辖市人民政府主要领导人担任总指挥，负责领导、指挥本行政区域内突发事件应急处理工作。

县级以上地方人民政府卫生行政主管部门，具体负责组织突发事件的调查、控制和医疗救治工作。

县级以上地方人民政府有关部门，在各自的职责范围内做好突发事件应急处理的有关工作。

第五条 突发事件应急工作，应当遵循预防为主、常备不懈的方针，贯彻统一领导、分级负责、反应及时、措施果断、依靠科学、加强合作的原则。

第六条 县级以上各级人民政府应当组织开展防治突发事件相关科学研究，建立突发事件应急流行病学调查、传染源隔离、医疗救护、现场处置、监督检查、监测检验、卫生防护等有关物资、设备、设施、技术与人才资源储备，所需经费列入本级政府财政预算。

国家对边远贫困地区突发事件应急工作给予财政支持。

第七条 国家鼓励、支持开展突发事件监测、预警、反应处理有关技术的国际交流与合作。

第八条 国务院有关部门和县级以上地方人民政府及其有关部门，应当建立严格的突发事件防范和应急处理责任制，切实履行各自的职能，保证突发事件应急处理工作的正常进行。

第九条 县级以上各级人民政府及其卫生行政主管部门，应当对参加突发事件应急处理的医疗卫生人员，给予适当补助和保健津贴；对参加突发事件应急处理作出贡献的人员，给予表彰和奖励；对因参与应急处理工作致病、致残、死亡的人员，按照国家有关规定，给予相应的补助和抚恤。

（第二章至第四章略）

第五章 法律责任

第四十五条 县级以上地方人民政府及其卫生行政主管部门未依照本条例的

规定履行报告职责，对突发事件隐瞒、缓报、谎报或者授意他人隐瞒、缓报、谎报的，对政府主要领导人及其卫生行政主管部门主要负责人，依法给予降级或者撤职的行政处理；造成传染病传播、流行或者对社会公众健康造成其他严重危害后果的，依法给予开除的行政处分；构成犯罪的，依法追究刑事责任。

第四十六条　国务院有关部门、县级以上地方人民政府及其有关部门未依照本条例的规定，完成突发事件应急处理所需要的设施、设备、药品和医疗器械等物资的生产、供应、运输和储备的，对政府主要领导人和政府部门主要负责人依法给予降级或者撤职的行政处分；造成传染病传播、流行或者对社会公众健康造成其他严重危害后果的，依法给予开除的行政处分；构成犯罪的，依法追究刑事责任。

第四十七条　突发事件发生后，县级以上地方人民政府及其有关部门对上级人民政府有关部门的调查不予配合，或者采取其他方式阻碍、干涉调查的，对政府主要领导人和政府部门主要负责人依法给予降级或者撤职的行政处分；构成犯罪的，依法追究刑事责任。

第四十八条　县级以上各级人民政府卫生行政主管部门和其他有关部门在突发事件调查、控制、医疗救治工作中玩忽职守、失职、渎职的，由本级人民政府或者上级人民政府有关部门责令改正、通报批评、给予警告；对主要负责人、负有责任的主管人员和其他责任人员依法给予降级、撤职的行政处分；造成传染病传播、流行或者对社会公众健康造成其他严重危害后果的，依法给予开除的行政处分；构成犯罪的，依法追究刑事责任。

第四十九条　县级以上各级人民政府有关部门拒不履行应急处理职责的，由同级人民政府或者上级人民政府有关部门责令改正、通报批评、给予警告；对主要负责人、负有责任的主管人员和其他责任人员依法给予降级、撤职的行政处分；造成传染病传播、流行或者对社会公众健康造成其他严重危害后果的，依法给予开除的行政处分；构成犯罪的，依法追究刑事责任。

第五十条　医疗卫生机构有下列行为之一的，由卫生行政主管部门责令改正、通报批评、给予警告；情节严重的，吊销《医疗机构执业许可证》；对主要负责人、负有责任的主管人员和其他直接责任人员依法给予降级或者撤职的纪律处分；造成传染病传播、流行或者社会公众健康造成其他严重危害后果，构成犯罪的，依法追究刑事责任：

一、未依照本条例的规定履行报告职责，隐瞒、缓报或者谎报的；

二、未依照本条例的规定及时采取控制措施的；

三、未依照本条例的规定履行突发事件监测职责的；

四、拒绝接诊病人的；

五、拒不服从突发事件应急处理指挥部调度的。

第五十一条　在突发事件应急处理工作中，有关单位和个人未依照本条例的规定履行报告职责，隐瞒、缓报或者谎报，阻碍突发事件应急处理工作人员执行职务，拒绝国务院卫生行政主管部门或者其他有关部门指定的专业技术机构进入突发事件现场，或者不配合调查、采样、技术分析和检验的，对有关责任人员依法给予行政处分或者纪律处分；触犯《中华人民共和国治安管理处罚条例》，构成违反治安管理行为的，由公安机关依法予以处罚；构成犯罪的，依法追究刑事责任。

第五十二条　在突发事件发生期间，散布谣言、哄抬物价、欺骗消费者，扰乱社会秩序、市场秩序的，由公安机关或者工商行政管理部门依法给予行政处罚；构成犯罪的，依法追究刑事责任。

第六章　附　则

第五十三条　中国人民解放军、武装警察部队医疗卫生机构参与突发事件应急处理的，依照本条例的规定和军队的相关规定执行。

第五十四条　本条例自公布之日起施行。

国务院

××××年××月××日

第二节　章　程

一、章程概述

1. 章程的概念

章程是政治、经济、文化等组织或团体的纲领性文件，有明确的范围、宗旨，鲜明的目的性和较强的针对性，对该组织或团体的成员有较强的约束力。

章程的使用范围，一是政党或社会团体，用以规定其组织的性质、任务、宗旨等，让本组织的成员共同遵守，以保证其纯洁性和战斗力；二是企事业单位用以规定其业务性质、活动制度和行为规范，以保证企事业繁荣昌盛。有章可循，诸事好办，无章可依，诸事难成，章程是非常重要的。

2. 章程的分类

章程共分为两类，一是党政团体章程，如《中国共产党章程》、《中国科技协会章程》；二是企事业单位章程，如《中国人民保险公司章程》。

章程的主要特点是法规性、规范性和约束力。一个政党和团体的章程，就是这个组织的根本法，该组织的所有成员都必须按照章程规定的条文规范自己的行为，其条文具有很强的约束力。违背章程的规定，就要受到该组织的惩罚或谴责，乃至被组织开除。企事业单位的章程，其成员也必须受其约束，严格按照章程规定的业务经营性质、业务活动和基本工作职责去办理。

3. 章程的写作格式

章程的基本格式由标题、通过时间及会议、正文几部分组成。

（1）标题

由章程制定者和文种类别组成。

（2）通过的时间、会议

在标题下，写上何时由什么会议通过，或何时由何机关批准，或何时公布，并用括号括上。

（3）正文

章程的正文与公文不同，一般都是开门见山和分章列款行文的。大体有两种写法。

①总纲分章式，或总则、分则、附则式。总纲分章式一般用于政党和团体的章程；总则、分则和附则式，多用于企事业单位的章程。

②条目式，即比较简单的章程，逐条写下去，不再分章、分项、分款。

4. 章程的写作要求

①章法序列逻辑要严密，文字表述要准确通俗。

②规定要简练扼要，切实可行，不要提过高的要求和目标。

二、章程的写作范文

◇党员章程

【范文】

××县直机关党委党员义工服务队章程

（××××年××月××日，党员义工成立大会通过）

为巩固和深化先进性教育成果，推进机关党建“先锋工程”，建立党员联系群众的长效机制，创新党组织凝聚党员、服务群众的新平台，根据县委要求，特成立机关党委系统党员义工服务队，并制定本章程。

一、指导思想

以“三个代表”重要思想和科学发展观为指导，贯彻落实保持共产党员先进性四个长效机制，牢牢把握立党为公、执政为民的本质要求，突出“服务群众、奉献社会”主题，开展党员义工服务活动，引导和动员广大党员尽义务、讲奉献、树形象，展示和彰显党员先进性，为建设和谐××、实力××、开放××作出应有的贡献。

二、总体目标

通过党员义工服务活动的开展，落实为民党建的理念，引导机关党员干部传递爱心，传播文明，促进社会进步，构建和谐社会，彰显党员先进性。力争经过2-3年的努力，县级机关有服务能力的党员参加党员义工服务活动达到90%以上，在职党员“一岗双责”履责率达到95%以上。

三、基本原则

1. 坚持党员自愿与组织引导相结合。开展党员义工服务活动，既要激发广大党员履行义务、服务群众、奉献社会的主动意识，又要在各级党组织的领导和组织下，有计划、有组织地引导党员在社会生活的方方面面以实际行动发挥党员作用，增强党组织的凝聚力和影响力，提升党员在人民群众中的先进形象。

2. 坚持集中活动与分散活动相结合。要根据一个时期、一个阶段事关民生的重点、热点、难点问题，组织开展有一定规模、有一定影响的党员义工集中服务活动。同时，要根据群众个性化的不同需求，以及服务项目的不同特点，引导党员分散或独自开展义工服务活动，把义工服务活动延伸到群众生产生活的各个方面，使义工服务成为党员八小时之外发挥先锋模范作用的重要载体，成为党员服务群众和联系群众的自觉行动。

3. 坚持开展党员义工服务与解决实际问题相结合。要加强对党员的教育，使义务奉献精神深入到每个党员的心中。鼓励党员充分发挥自身特长，积极主动地参加义务奉献活动。同时，又要密切关注群众所想所盼，针对群众生产生活和社会生活中急需解决的突出问题，力所能及地为群众办实事、做好事、解难事，增强群众对党员义工服务活动的认同和支持。开展各类服务活动，要用群众需不需要来衡量，要用群众满意不满意来检验，要在扩大影响力与覆盖面、增强实效性上下功夫。

四、服务内容

1. 开展教育培训服务。深入基层，积极向群众宣传党的路线、方针和政策，引导广大党员和群众加深对世情、国情和党情的了解。深入学校和社区，做好未成年人和青少年的思想道德教育工作。支持和帮助企业、社区、农村等基层单位对党员和入党积极分子实施政治素质和业务素质培训。

2. 开展扶弱济困服务。关爱社会弱势群体，向需要帮助的鳏寡孤独、伤病残、失学儿童和下岗失业人员，提供力所能及的援助和帮扶。

3. 开展便民利民服务。面向基层、面向群众，积极开展与群众生产生活息息相关的心理咨询、卫生咨询、政策咨询，以及义务献血、法律援助、投资理财、家电维修等服务。

4. 开展环境保护服务。面向居住社区，定期或不定期开展环保知识宣传，认养社区绿地，管护社区公共设施，开展环境净化、绿化和美化义务服务活动。

5. 开展维护稳定服务。参加交通管理，协助维护秩序。参加社区治安，义务值勤，维护社区治安，协助做好刑释解教人员、迷信邪教人员的思想转化和社会帮教工作，积极开展普法宣传，做好民事调解，妥善化解邻里矛盾纠纷，维护社区稳定。

6. 开展大型活动服务。力所能及地支持和参与各种文明创建、城市管理等活动，为公益性机构提供社会调查、策划宣传、协助管理等公共服务，为大型活动提供联络接待、专业协助等服务。

五、工作要求

1. 注重舆论宣传，营造浓厚氛围。各部门（单位）机关党组织要通过适当形式进行专题动员部署，认真做好宣传发动工作。要引导广大党员充分认识新形势下开展党员义工服务活动的重要意义，了解党员义工服务的内容和要求，营造“有时间做义工、有困难找义工”、“是党员当义工”的氛围。要按照活动的整体要求，从实际出发，制订工作计划，落实工作措施，及时研究解决活动过程中遇到的问题，推进活动健康有序开展。

2. 及时组建党员义工服务组织，发展党员义工队伍。成立“党员义工服务中心”，承担机关党员义工服务活动的规划、组织、指导、管理等工作。各部门（单位）机关党组织均成立“党员义工服务站”，形成覆盖各级党组织和广大党员的组织体系。要挑选有组织能力、责任心和事业心强的同志担任服务站、服务队的负责人。义工队员“五个一”要求：

自备一个小红帽（亮出你的身份）；

自备一个笔记本（记录下自己的每次行动和体会）；

自备一个工作包（装水带饭带上你的工具）；

自制一个服务发展计划（凡事有备而来）；

自我总结出一套服务经验（与大家共享交流）。

3. 切实加强工作指导和督查考核。各党支部（总支）要把开展党员义工服务活动纳入党建工作的总体规划，做到有计划、有部署，过程有指导、有督查，年底有考核、有奖惩，活动有台账、有档案。要加大工作指导的力度，逐步建立和完善党员义工注册登记制、服务认证制、定期汇报制、星级评审制、奖惩激励制等管理制度，切实加强对党员义工服务站的指导和管理。各党组织在固定场所悬挂党员义工服务站（队）标牌。统一党员义工服务站（队）标牌、队旗、党员义工服务活动证、徽章。党员义工开展情况将作为评选“党建工作示范点”，评选“先进基层党组织”、“优秀共产党员”的重要依据之一。

××县直机关党委

××××年××月××日

◇协会财务工作研究会章程

【范文】

中国氮肥工业协会财务工作研究会章程

第一章　总　　则

第一条　研究会名称：中国氮肥工业协会财务工作研究会（简称研究会）。

第二条　研究会性质：本研究会由氮肥行业从事财务工作的企业财务领导组成，系中国氮肥工业协会下属专业机构。

第三条　研究会宗旨：以提高财务人员业务素质、提高会计信息质量、提高企业财务管理水平为目的；为财务人员沟通信息、交流经验、研讨企业财务工作的热点、难点问题提供平台。

研究会遵照国家宪法、法律、法令和政策开展各项活动，接受中国氮肥工业协会的指导和管理。

第二章　业务范围

第四条　本研究会的业务范围：

（一）总结财务工作经验。

（二）互通财务信息。

（三）开展专题研究。

（四）组织业务培训。

第三章　成　　员

第五条　申请加入本会的成员，必须具备下列条件：

（一）承认并执行本研究会章程；

（二）在本单位担任总会计师、财务总监或财务负责人或从事财务工作三年以上、具有高级会计师资格或注册会计师资格；

（三）有为本企业和氮肥行业服务意识，积极参加研究会活动，完成研究会安排的工作。

第六条　研究会成员需由所在企业推荐，经中国氮肥工业协会理事会批准，由中国氮肥工业协会颁发证书。

第七条　研究会成员如不再从事财务工作，应书面通知研究会，予以退会。研究会成员如不参加研究会活动，视为自动退会。

第四章　执行主席

第八条　执行主席、副主席。

（一）研究会设正、副执行主席各一人，由各成员轮值，原则上一年轮换一次，在活动时更换。

（二）活动期限根据中国氮肥工业协会工作要求决定。

第九条　职责

（一）执行主席、副主席根据形势需要和中国氮肥工业协会工作安排以及成员要求，制订本期活动计划，联络研究会成员，组织实施本期工作任务。

（二）负责组织本期各项活动，及时与成员单位交流信息并报告协会。

（三）配合《中国氮肥网》做好“氮肥财务研究”栏目的信息交流工作。负责解答财务工作的有关咨询。

（四）完成研究会交办的其他工作。

第五章　经　　费

第十条　本研究会不收取会费，活动经费由各成员单位负担，研究会召开会议所需费用，原则上以会养会。

××××年××月××日

第三节　公　约

一、公约的写作概述

1. 公约的概念

公约是指社会组织或团体为了维护公共利益，通过讨论、协商所制定出的，约定大家共同遵守的规则。

公约有两种，一种是广义的公约，如国际间关于经济、技术或法律等方面专门问题的多边条约；另一种公约是指人民群众为了维护劳动纪律或公共秩序，或为了公共利益，更好地贯彻党的方针政策或有关指示，保证学习、生产、工作任务的胜利完成，经集体讨论，把约定要做到的事情或不应当做的事情，应该宣传的事情或必须反对的事情，明确地写成条文，以便共同遵守的约定。

公约是参与制定的单位和个人共同信守的行为规范，它对于维护社会秩序、促进安定团结、加强社会主义精神文明建设有着不可低估的作用。

2. 公约的写作格式

公约格式由以下三个部分组成：

（1）标题

标明公约的名称，说明公约的性质，也可以加上地区或单位名称，如“北京市各界人民拥军优属公约”等。

（2）正文

公约的正文由引言、主体和结尾组成。

①引言。引言主要用来写明制定公约的目的、意义，常套用“为了……特制定本公约”的固定格式。

②主体。采用条文式写法，将具体内容一一列出。这部分内容最重要，一定要做到系统完整，层次清楚，言简意赅，朴实顺畅。

③结尾。用来写执行要求、生效日期等。如无必要，可免除这一部分。

（3）署名与日期

在右下方写上订立公约的单位名称与日期。如标题上已写明单位名称的，只需写清日期。

3. 撰写公约应注意的问题

①公约内容既要符合党的方针、政策、法令，又要切合本单位的生产、工作或学习需要。

②事前做好宣传工作，使大家明确订立公约的意义。订公约时，要充分发动群众，认真讨论、出主意、提建议，根据群众意见写成草稿，然后再交群众讨论定稿，内容力求切实可行。要避免由个别人或少数人包办代替。

③公约的条文要写得具体明白，语气肯定，文字要简洁，便于记忆，便于执行、督促和检查。

④公约定好后，要抄写清楚，贴在大家容易看到的地方，以便相互督促，共同遵守，真正落实。

⑤在执行公约的过程中，随着形势或情况的发展与变化，应及时修改补充。

二、公约的写作范文

◇服务公约

【范文】

商店服务公约

坚守岗位，精神集中。
回答询问，诚恳耐心。
保质保量，买卖公平。
唱收唱付，货款两清。
食品用具，保证卫生。
物价政策，严格执行。
欢迎监督，接受批评。

××医药商店
××××年××月××日

◇干部公约

【范文】

农村干部公约

一、一心一意为村民服务，不贪图吃喝。
二、吃苦耐劳，大公无私，办事公正。
三、讲究民主，不乱打乱罚。

四、班子团结，互相学习，不护己，不徇情。

……

××县××乡×××村委会

××××年××月××日

◇行业公约

【范文】

文艺工作者公约

（××××第四届全委会第二次会议通过）

一、热爱祖国，坚持四项基本原则，全心全意为人民服务，为社会主义服务，正确地贯彻“百花齐放、百家争鸣”的方针，为建设社会主义精神文明做贡献。

二、认真学习马列主义、毛泽东思想，深入新时期人民群众的斗争生活，不断提高思想觉悟和社会责任感，和广大的人民群众相结合。

三、加强艺术修养，磨炼艺术技巧，批判地学习中外文化遗产，用人类创造的知识成果丰富自己的头脑，不断提高自身的专业水平。

四、解放思想，实事求是，勇于探索，勇于创新，精心地从事艺术创作；努力用具有高度思想艺术和鲜明民族特色的精神食粮满足人民日益增长的文化需要。

五、正确对待文艺批评，虚心听取群众意见，要敢于坚持真理，也要勇于修正错误。

六、注意职业道德，端正思想作风。提倡谦虚谨慎，反对骄傲自满。自觉抵制资产阶级思想、封建残余思想和各种不正之风的侵蚀，做一个有理想、讲道德、守纪律、勤恳朴实、高尚的工作者。

七、加强文艺队伍的团结。积极开展批评和自我批评。开阔胸襟，顾全大局。反对极端个人主义，反对自由主义，反对派性，反对门户之见。提倡文人相亲，反对文人相轻。老中青三代人都要互相尊重、互相爱护、互相学习、互相帮助。

八、扶植新生力量，鼓励后来者居上，做壮大和发展社会主义文艺队伍的促进派。

××××年××月××日

第四节　办　法

一、办法概述

1. 办法的概念

办法，是行政机关为贯彻某一法令或者做好某方面工作而制定的法规性文书。

2. 办法的适用范围

事情无论大小，都要有法可依。办法的应用范围广泛，使用率高，特别是在我们国家法制建设一步步前进，人们的法制观念一步步强化的时候，自觉守法已逐步成为人们行动的准则。办法可以用于指导实施国家的某一法律、条例，也可以对某项工作作出具体规定。

3. 办法的写作格式

办法的写作结构包括标题、正文两部分。

（1）标题及题下标示。办法的标题应为“发文机关＋事由＋文种类别（办法）”的形式，也有省略发文机关，写为“事由＋文种类别（办法）”形式的。办法如属“试行”、“暂行”的，要在标题中标明。属会议通过或需标明发布日期的，可在标题下加括号注明。也有的在题下标示中同时标明发文机关，但这时不能再在标题或落款中有发文机关重复出现。

（2）正文。正文有直接分条式写法和总则、分则、附则式写法。

①直接分条式写法。内容简单的办法，直接分条即可。前若干条写目的、依据、宗旨等，中间较多的条款写方法、步骤、措施等，最后一两条写补充规定和实施要求。

②总则、分则、附则式写法。内容复杂的办法，可采用总则、分则、附则式写法。

总则写明制定办法的目的、依据、意义、适用范围、实施部门等。

分则列出具体的方法、步骤、措施、要求等，可分若干章展开。

附则用来写特殊规定，补充规定和生效时间。

4. 办法的写作要求

办法有以下写作要求：

（1）内容具体、明确，实践性鲜明，确保切实可行。

（2）应侧重在行政约束力和具体指导上。条款要详细、具体，用语要恰当、严密。

(3) 办法的法规性与约束力较之于条例、规定相对弱些；在实际执行中，还可视情况补充、修改，因此“办法”一般要给以“暂行”的限制。

(4) 内容庞杂的办法可分章叙写，章断条连。一般的办法分条叙写即可。

二、办法的写作范文

◇管理办法

【范文】

乡党委办公室印章管理办法

一、印章的刻制

（一）各种公章需由上级主管领导机关制发，或持上级批准证明制作。

（二）印章必须到公安部门指定的刻制单位刻制。

（三）党委及党群各部的印章为圆形，各级印章的规格、尺寸、字体、形体、材质按中共中央、国务院、省的规定刻制。

（四）验收合格的印章，建档登记，盖好印鉴备案。然后颁发启用通知，下发使用。

二、印章的保管使用

（一）印章要专人保管，明确职责。要经常检查，细心保护，安全保管，严格制度。发现失窃，要及时报处。

（二）严格手续。使用印章须经有关部门批准，并在登记表上注明。

（三）认真审阅。对用印文书内容要审阅清楚后再盖章。如需经办人亲自盖立，不让印管人员经手时，必须有上级领导批示，并登记清楚，否则不能用印。

（四）详细登记。填写用印登记表。用印时间、文书编号、用印单位、印数、经办人姓名、盖印人姓名等要认真登记。

（五）盖印正规。保证位置恰当、端正、图形清晰。若需代章要在落款后注明“代”字。代章只行上级代下级或同级，不可下级代上级。

三、印章停用、缴销

（一）因机构变动、撤销、改名或其他原因需换用新章时，要停用印章，并印发停用通知，清查印章，进行停用登记。登记时要写清停用机关、单位、原因、时间，做好停用的善后处理。

（二）对停止使用的印章要进行缴销。由上级机关颁发的印章，应缴回原颁发机关封存或销毁；本机关单位自制的印章自行处理；属个人的印章，应退给本人处理；一般戳记可销毁；撤销的单位应将原印章留存印模，连同上级通知一道作为档案专卷保管。

××乡人民政府办公室
××××年××月××日

◇实施办法

【范文】

机关事业单位工作人员
带薪年休假实施办法

第一条　为了规范机关、事业单位实施带薪年休假（以下简称年休假）制度，根据《职工带薪年休假条例》（以下简称《条例》）及国家有关规定，制定本办法。

第二条　《条例》第二条中所称“连续工作”的时间和第三条、第四条中所称“累计工作”的时间，机关、事业单位工作人员（以下简称工作人员）均按工作年限计算。工作人员工作年限满1年、满10年、满20年后，从下月起享受相应的年休假天数。

第三条　国家规定的探亲假、婚丧假、产假的假期，不计入年休假的假期。

第四条　工作人员已享受当年的年休假，年内又出现《条例》第四条第（二）、（三）、（四）、（五）项规定的情形之一的，不享受下一年的年休假。

第五条　依法应享受寒暑假的工作人员，因工作需要未休寒暑假的，所在单位应当安排其休年休假；因工作需要休寒暑假天数少于年休假天数的，所在单位应当安排补足其年休假天数。

第六条　工作人员因承担野外地质勘察、野外测绘、远洋科学考察、极地科学考察以及其他特殊工作任务，所在单位不能在本年度安排其休年休假的，可以跨1个年度安排。

第七条　机关、事业单位因工作需要不安排工作人员休年休假，应当征求工作人员本人的意见。

机关、事业单位应当根据工作人员应休未休的年休假天数，对其支付年休假工资报酬。年休假工资报酬的支付标准是：每应休未休1天，按照本人应休年休假当年日工资收入的300%支付，其中包含工作人员正常工作期间的工资收入。

工作人员年休假工资报酬中，除正常工作期间工资收入外，其余部分应当由所在单位在下一年第一季度一次性支付，所需经费按现行经费渠道解决。实行工资统发的单位，应当纳入工资统发。

第八条　工作人员应休年休假当年日工资收入的计算办法是：本人全年工资收入除以全年计薪天数（261 天）。

机关工作人员的全年工资收入，为本人全年应发的基本工资、国家规定的津贴补贴、年终一次性奖金之和；事业单位工作人员的全年工资收入，为本人全年应发的基本工资、国家规定的津贴补贴、绩效工资之和。其中，国家规定的津贴补贴不含根据住房、用车等制度改革向工作人员直接发放的货币补贴。

第九条　机关、事业单位已安排年休假，工作人员未休且有下列情形之一的，只享受正常工作期间的工资收入：

（一）因个人原因不休年休假的；

（二）请事假累计已超过本人应休年休假天数，但不足 20 天的。

第十条　机关、事业单位根据工作的具体情况，并考虑工作人员本人意愿，统筹安排，保证工作人员享受年休假。机关、事业单位应当加强年休假管理，严格考勤制度。

县级以上地方人民政府人事行政部门应当依据职权，主动对机关、事业单位执行年休假的情况进行监督检查。

第十一条　机关、事业单位不安排工作人员休年休假又不按本办法规定支付年休假工资报酬的，由县级以上地方人民政府人事行政部门责令限期改正。对逾期不改正的，除责令该单位支付年休假工资报酬外，单位还应当按照年休假工资报酬的数额向工作人员加付赔偿金。

对拒不支付年休假工资报酬、赔偿金的，属于机关和参照公务员法管理的事业单位的，应当按照干部管理权限，对直接负责的主管人员以及其他直接责任人员依法给予处分，并责令支付；属于其他事业单位的，应当按照干部管理权限，对直接负责的主管人员以及其他直接责任人员依法给予处分，并由同级人事行政部门或工作人员本人申请人民法院强制执行。

第十二条　工作人员与所在单位因年休假发生的争议，依照国家有关公务员申诉控告和人事争议处理的规定处理。

第十三条　驻外使领馆工作人员、驻港澳地区内派人员以及机关、事业单位驻外非外交人员的年休假，按照《条例》和本办法的规定执行。

按照国家规定经批准执行机关、事业单位工资收入分配制度的其他单位工作人员的年休假，参照《条例》和本办法的规定执行。

第十四条　本办法自发布之日起施行。

中华人民共和国劳动和社会保障部
××××年××月××日

第五节　细　则

一、细则概述

1. 细则的概念

细则是机关经常使用的规范性公文。它是为已颁布的法令、条例、规定作出具体说明和阐释的文体，一般为贯彻执行有关条例和制度而定。

2. 细则的特点

细则具有附属性和周密性的特点。

（1）附属性。细则是对法令、条例和规定等行政法规的某些原则性条文作具体的说明、解释和补充，因此，它总是处于附属地位，不能成为独立的文件，是其他法令的一部分。

（2）周密性。细则要对法令、条例和规定等文件的某项（或部分）条文作出说明、解释、补充，使之具体而便于操作，所以周密详尽是它的根本特点。

3. 细则的写作格式

（1）标题

标题常常写事由和文种类别（细则），发文机关和发布日期在标题标出，如果属会议批准或通过的，要用括号在标题下另加注说明“××××年××月××日××会议批准（通过或修订）”。

（2）正文

正文应根据内容的复杂程度而定，复杂的要分总则、分则、附则或章节来写；简单的直接分条列述即可。一般正文分三部分来写：先写发布的缘由，次写具体内容，再写明实施机关、生效日期、解释权等。

4. 细则的写作要求

（1）制定细则不仅要有依据，还必须结合本地实际，把国家的法律、法规与本地的实际情况结合起来，才能真正起到制定细则的作用。

（2）制定细则要尽量减少与国家法律法规的重复条款。为了使细则与法律、法规相衔接，便于执行，适当地重复一些条款是难免的，但不能照抄或基本照搬。

(3) 可有可无的内容要适当进行取舍，特别是那些纯事务性的细节和业务部门内部的工作关系，可以不在细则中规定。

二、细则的写作范文

◇实施细则

【范文】

《劳动合同法》实施细则

一、《劳动合同法》第二条中的“等组织”不仅是指中华人民共和国境内的企业、个体经济组织、民办非企业单位，还包括会计师事务所、律师事务所、基金会等其他依法登记注册成立的单位。

二、在工商行政部门登记取得营业执照的分公司，经用人单位授权或同意，可以依法与劳动者订立劳动合同。当分公司不能履行对劳动者的义务时，由用人单位承担责任。

三、国家机关、社会团体招用除公务员和参照公务员管理人员以外的劳动者，即与其建立了劳动关系，应当依法订立劳动合同。

四、劳动合同法所指的劳动者，应当年满16周岁，且尚未享受基本养老保险待遇或退休金。

五、公务员和参照公务员管理的人员、农村劳动者（乡镇企业职工和进城务工、经商的农民除外）、现役军人、家庭直接雇佣的保姆以及已享受基本养老保险待遇或领取退休金的人员等不适用劳动合同法。

六、用人单位招用与外单位保持全日制劳动关系的劳动者，应当依法订立劳动合同。

七、用人单位招用自主择业转业退伍军人，应当依法订立劳动合同。

八、用人单位招用外国人，应当办理外国人就业证，并依法订立劳动合同。

九、用人单位招用港、澳、台地区的人员，应当办理港、澳、台人员就业证，并依法订立劳动合同。

十、外国企业驻华办事机构、外国使领馆、国际组织驻华机构招用劳动者，按照现行有关法律、法规规定办理。

中华人民共和国劳动和社会保障部
××××年××月××日

◇管理细则

【范文】

零用金管理细则

第一条　有关零用金的设置划分如下：

1. 由企业财务部负责本企业零星支付。

2. 总务组负责设置零用金管理人员，尽可能由原有办理总务人员兼办，必要时再行研讨设置专人办理。

第二条　企业每月零用金要经常保持固定数目，将来视实际状况或减或增，可另作规定。

第三条　企业零用金借支程序：

1. 企业零星费用开支，如需预备现金，应填具零用金借（还）款通知单，交零用金管理人员，即凭单支给现金。

2. 零用金的暂支，不得超过规定数目，特别情况应由企业部经理核准。

3. 零用金的借支，经手人应于7天内取得正式发票或收据加盖经手人与主管用章后，交零用金管理人冲转借支，如超过7天尚未办理冲转手续时应将该款转入经手人私人借支户，并于当月发薪时一次扣还。

第四条　企业零用金保管及作业程序：

1. 零用金的收支应设立零用金账户，并编制收支日报送呈经理核阅。

2. 零用金每星期应将收到的发票或收据，编制零用金支出传票结报一次，送交企业财务部。

3. 企业财务部收到零用金支出传票后，应于当天即行付款，以期保持零用金总额与周转。

4. 企业财务部收到零用金支付传票，补足零用金后，如发现所附单据有疑问，可直接通知各部经手人办理补正手续，如经手人延迟不办可照企业有关规定办理。

5. 零用金账户应逐月结清。

第五条　零用金应由保管人出具保管收据，存企业财务部，如有短少概由保管人员负责赔偿。

第六条　本细则经批准后实施。

第六节 制 度

一、制度的写作概述

1. 制度的概念

制度是党政机关、社会团体、企事业单位为加强对某项工作的管理而制定的要求有关人员共同遵守的规范性文书，可分为岗位性制度和法规性制度。它用于机关、单位对某项工作和某一方面的活动提出规定性的要求，有关人员必须遵守和执行。

制度的发布方式比较多样，除作为文件存在之外，还可以张贴和悬挂在某一岗位和某项工作的现场，以便随时提醒人们遵守，同时便于大家互相监督。

2. 制度的写作格式

制度一般由标题和正文组成。

（1）标题

标题由发文机关 + 发文事项 + 文种类别三部分组成。但很多时候标题中省去发文机关（或称适用范围），只写事由 + 文种。适用范围、发布机关、发布日期用标题下括号标示法标明。

（2）正文

制度的正文一般分三部分。第一部分写明制发制度的缘由，用“特制定本制度”一语承上启下；第二部分分条写明各项具体条文；第三部分写实施范围、生效日期、修订权、解释权等内容。是否分章写，要根据内容多少而定。第一部分、第三部分要简明扼要；第二部分要具体切实。

制度的文字要明白易懂，具体准确，防止出现重复和无用的语句。

如有必要，可在标题下方正中加括号注明制发单位名称和日期，其位置也可以在正文之下，相当于公文落款的位置。

二、制度的写作范文

◇信访工作制度

【范文】

××市信访工作制度

一、交办、转办制度

上级机关或领导同志批示查处的信访问题，信访人员应按归口办理的原则，将材料交送有关单位查处，并要求按期报告处理结果，此类工作属于交办范围。

本单位接到的信访材料，如与其他单位有关，除本单位直接查处外，还应将有关材料转递有关单位查处。

属于揭发、控告性质的有关材料，只能转送给被揭发、被控告单位或个人的上一级组织查处，并注明密级，加盖戳记，绝不能转送给被揭发、被控告的单位和个人。

不论是交办或转办的材料，均须办理收发登记手续，明确责任，杜绝丢失。

二、催办制度

催办在信访问题查处的过程中，具有重要作用。建立催办制度，有利于信访问题的按期处理。

信访材料在交办或转办有关部门之后，中转单位要经常催促承办单位或部门，了解该问题的查处进度、新发现的情况和问题等。每次催办的时间、次数、被催办单位、承办人姓名、案情的查处情况和进度等，均须具体写入催办单。

催办形式，可视具体情况确定。一般多采用电话或函件催办。对于久拖不办的重要信访问题和欠报积案较多的部门或单位，可派专人催办，了解问题的症结所在，帮助排除困难，尽快结案。对于已经采用多种形式催办而仍无效果者，中转信访部门报经领导同意后，可采取“会议催办”的形式，或称“欠账汇报会”，会前要正式通知欠账单位，让其携带有关的信访材料到会。会议由领导同志亲自主持，认真听取该案查处中的困难和问题，研究解决的办法，提出明确、具体的要求。

三、回告制度

对于上级机关或领导同志交办的信访问题，承办单位一般要在三个月以内处理结案，并上报结果。承办单位若到期难以结案，需延长时间，应提前向上级说明原因。

四、结案制度

承办单位应将信访问题的结案材料写成报告，上报交办单位。结案报告必须做到事实清楚，证据确凿，定性准确，处理意见符合政策，手续完备。原交办单位收到结案报告后，要逐项认真审查，并正式行文批复能否结案。对不能结案的问题，批复时要提出进一步查处的意见。

五、复信制度

信访问题处理后，受理单位应给信访者复函，将处理结果告诉对方。对于建议性的信访材料，应说明情况，并表示感谢。

××市人民政府群众来访接待室

××××年××月××日

◇档案管理制度

【范文】

××局档案管理制度

1. 局档案工作机构

成立局档案工作鉴定小组，由办公室（处）行政处、计财处有关人员组成。

局的档案工作机构为现行局的综合档案室，档案室对局机关档案实行综合管理。其日常工作由办公室领导，业务上受国家、省、市档案局监督和指导。

2. 综合档案室的职责

（1）按照上级关于档案工作的规定，组织具体实施工作。

（2）拟定局档案工作计划和工作制度。

（3）负责组织每年文书立卷、归档工作。

（4）统一管理局各种门类和载体的档案，做好收集、整理、鉴定、保管、统计、利用和编研工作。

（5）按规定向市档案馆移交应进馆的档案，接收局直属撤销单位的档案。

（6）负责收集与局业务有关的资料。

（7）办理领导交办的其他有关档案业务工作。

（8）协同有关处室对基层单位的档案工作进行业务指导和督促检查。

3. 档案综合管理范围

凡属局各处、室和党、政、工、团组织形成的文书档案、基建档案（包括房改工作档案）、设备档案、声像档案、已故人员档案（人事部门存三年后再移交）均由档案室管理。人事档案由人事处管理。业务档案由各业务处按处归档要求收集、整理、装订成册、编好目录，将档案交综合档案室管理。会计档案由计财处、办公室财务组、基金会按归档要求收集、整理、装订成册交综合档案室管理。

4. 材料归档

（1）本局在工作活动中直接形成的具有保存价值的各种文件材料（包括文字、图表、照片、录音、录像带和各种专业性文件）必须及时立卷归档，以保存局的历史面貌。

（2）归档的基本要求

①归档的文件材料必须准确地反映局工作活动的真实历史面貌；

②归档的文件材料必须进行立卷管理，要符合立卷的原则和要求。

（3）归档时间

①党、政、工、团的文书立卷和各业务处室的业务档案，应于翌年第二季度归档完毕。

②基建文件材料归档应与该基建工程建设同步进行，工程竣工验收后三个月内向档案室移交。

③设备文件材料应于设备开箱时验收登记，待设备安装调试或投入使用后三个月向档案室归档。

④会计档案由财务部门整理立卷后，按××××年××月××日实施的《会计法》规定，在财务部门保管一年后移交综合档案室。

⑤已故干部职工档案，按市委组织部、市档案局〔××××〕×号文规定，干部职工死亡后，其档案在人事部门保存×年后向档案室移交。

⑥声像档案自形成×个月内向档案室归档，凡归档的照片（连图片）、录音带必须有文字说明（包括时间、地点、人物（职务）、内容、拍摄（录制）者姓名），录像带还应有解说词。

（4）归档份数，党政文件一般归档两份，一份连底稿作档案保存，一份作文件汇编。其他门类的文件，一般归档一份，比较重要的可适当增加归档份数。

5. 档案的管理

（1）局的全部档案为一个全宗，全宗内档案，按门类进行分类，根据同级和上级档案行政部门的要求，编制分类方案，例如分类和编号的方法要便于保管和使用。

（2）建立和健全档案工作各项制度，把档案工作列入机关工作和活动计划、基建工作计划，列入有关部门和人员的职责范围和岗位责任制。

6. 档案的保护

加强档案的保护工作，改善档案保管条件，并定期对档案保管的状况进行检查，发现问题向领导汇报，及时采取措施，保护档案的安全。

（1）根据国家和同级档案行政管理机关的规定，拟定档案保管期限表，为文书立卷和档案鉴定提供依据。

（2）档案的鉴定工作，由局办公室牵头组织有关业务处室组成鉴定小组，负责提出鉴定意见。

（3）销毁失去保存价值的档案，必须登记造册，经局分管领导批准，指定两人监销，并在销毁清册上签字。

（4）档案的移交按国家有关规定，将永久、长期保存的档案，向市档案馆移交并办好移交统计表。

7. 档案的统计

建立档案统计工作制度，档案收进、移交都应登记入册，并按上级要求，报送档案工作情况统计表。

8. 档案的利用

积极配合机关工作中心任务，及时做好档案提供利用，并根据使用的需要，编制检索工具和参考资料。

××市档案馆

××××年××月××日

第七节 守 则

一、守则概述

1. 守则的概念

守则是机关、团体、企事业单位根据本单位本部门的具体情况，面对全体成员公布的一种应自觉遵守的道德规范和行为准则。守则除了用于各行各业人们的道德和行为规范之外，还常常用于具体操作规范，如《暗室守则》等。其主要特点是有明确的使用范围和较强的针对性。

2. 守则的分类

守则有用于工作行业的守则，如《全国职工守则》；有用于设备操作的手则，如《分析天平使用守则》；有用于生产工艺的守则，如《焊缝射线探伤工艺守则》。

3. 守则的基本格式

守则一般由标题、正文、署名和日期三部分组成。

①标题。由守则的执行对象即受文人加文种组成。如《高等学校学生守则》。

②正文。将有关的要求（包括应该做的和不应该做的）内容以条为序依次写明。

③署名和日期。一般写在正文右下方，也可以写在标题之下，用括号括起来。还可以不加署名和日期。

4. 守则的写作要求

①条款应明确、具体、通俗。要充分考虑条文内容的可行性和语言的通俗性，即要根据党的路线、方针、政策，结合本地区、本系统、本单位的实际情况，有针对性地拟定具体条文，实事求是，切实可行。

②因守则是职工、学生自我教育的一种形式，所以要通过群众酝酿讨论。

③条文不可多不可长，以便于记忆和检查。

二、守则的写作范文

◇约束性守则

【范文】

干部守则

一、学习理论掌握政策，基本路线时刻牢记。
二、振奋精神开拓进取，两个文明共同抓好。
三、扶正祛邪树立形象，三讲四自牢固根基。
四、调查研究深入实际，群众路线铭记在心。
五、民主集中两相结合，班子之间团结协作。
六、贯彻政策重在落实，不折不挠勇往直前。
七、处理问题有章可循，勤政为民全心全意。
八、待人接客有礼有节，答复问题有据有理。
九、上班值班遵守时间，工作环境保持整洁。
十、虚心谨慎接受监督，知错即改严于律己。

中共××市××区委员会
××××年××月××日

◇完整性守则

【范文】

机关工作人员守则

一、加强学习，坚定信念。认真学习马列主义、毛泽东思想、邓小平理论和“三个代表”重要思想，落实科学发展观，坚持党的基本理论、基本纲领和基本路线，树立坚定的共产主义理想信念，坚定不移地贯彻执行党和国家的路线、方针、政策，在思想上、政治上和行动上与党中央保持高度一致。

二、依法行政，秉公办事。自觉遵守国家法律、法规和规章，按照职责权限和法定程序认真履行职责，严格依法行政，秉公办理公务，做学法、守法、用法和维护法律、法规尊严的模范。

三、恪尽职守，勤奋敬业。爱岗敬业，忠于职守，勤奋工作，甘于奉献，坚持高标准、严要求，以对党和人民的事业高度负责的精神，认真扎实做好本职工作。大力改进工作作风，讲究工作方法，改善服务态度，加快工作节奏，不断提高行政效率和工作质量，充分发挥参谋助手作用。

四、牢记宗旨，执政为民。时刻牢记全心全意为人民服务的根本宗旨，进一步强化为基层和群众服务的意识，密切联系群众，深入调查研究，体察社情民意，倾听群众呼声，关心群众疾苦，维护群众利益，自觉接受群众批评监督。

五、求真务实，开拓创新。坚持解放思想，实事求是，倡导说实话，报实情，办实事，求实效，一切从实际出发，按客观规律办事，力戒形式主义、官僚主义，反对弄虚作假、虚报浮夸。勤于思考，勇于创新，与时俱进，锐意进取，大胆开拓，创造性地开展工作，努力争创一流工作业绩。

六、顾全大局，团结协作。严守党的政治纪律和组织纪律，认真执行上级的决定和指示，确保政令畅通。服从大局，密切协作，相互支持，齐心协力做好各项工作。敢于坚持真理，勇于改正错误，开展积极的批评与自我批评，努力营造心齐风正，团结奋进的良好氛围。

七、艰苦奋斗，廉洁自律。自觉贯彻执行中央关于党风廉政建设各项规定，清正廉洁，不谋私利，奉公守法，不搞特殊，艰苦奋斗，不求名利，节俭朴素，不图享受。

八、增强党性，崇尚公德。自觉加强党性锻炼和思想道德修养，模范遵守职业道德和社会公德，光明磊落，忠诚守信，言行一致，谦虚谨慎，与人为善，乐于奉献，遵章守纪，行为规范，仪表整洁，举止端庄，文明礼貌，服务热情。保守国家秘密和工作秘密，严守外事工作纪律，自觉维护国家的安全、荣誉和利益。

第八节　规　定

一、规定概述

1. 规定的概念

规定是一种具有权威性和法规性的公文，用于对特定范围内的工作和事务制定具有约束力的行为规范。规定可以是长期的，也可以是“暂行”的。

机关、社会团体、企事业单位都可以使用规定。就涉及的领域来看，政治、经济、文教、卫生等，凡是规范人们行动，要求有关人员遵守和执行的事情，都可以用规定。

2. 规定的特点

规定具有强制性或约束力、严格的制定程序和相对的稳定性。

（1）具有强制性或约束力。规定是规范人们思想、言论和行动的准则，一经公布，有关人员都必须遵照执行。

（2）具有严格的制定程序。规定是严肃的规范文件，其制定要经过严格的程序。由中央发布的属于行政法规性质的规定的制定程序，一般要经过编制规划、起草、审定、发布四个步骤，由国务院法制局负责规划协调和审查。属于规章性质的规定，制定程序也要经过起草、报送或初审、审定和公布几个阶段才能生效。

（3）具有相对的稳定性。规定是以宪法、法律、政策为依据制定的，因此其内容不得与宪法、法律和上级机关颁布的法规、章程相矛盾、相抵触。作为准则和规范，其内容要求稳定，这样才便于人们遵照执行；不能动辄修改，让人无所适从。当然，这种稳定也是相对的，当规定已不适应社会发展需要时，应及时予以修改或撤销。

3. 规定的写作格式

规定的写作通常包括标题、生效标志、正文、签署四部分。

（1）标题。规定的标题一般包括“发文机关＋事由＋文种类别”，特别是国家高级行政机关制发的规定标题更是如此。但有时也可省写标题中的发文机关，写成“事由＋文种类别（规定）”的形式，发文机关改为文尾签署。规定如属“暂行”性的，标题中要标明。

（2）生效标志。规定生效标志的标注有两种情况。制文机关级别较高、事由较重要、施行范围较广者，一般都在标题的正下方标明该规定通过的时间、会议，或通过的会议、时间及发布的机关、时间，或批准的机关、时间及发布的机关、时间。还有因有发布令或发布通知而省去生效标志的。一些基层单位制定的、事由较简单具体的、施行范围不大的规定则可将生效标志转置于正文右下方，注明制文机关与时间。

（3）正文。规定的正文，多由如下三部分构成。

①总则。这是规定的第一部分，用来交代制发规定的缘由、目的、意义、指导思想、基本原则、适用范围等等。总则一般自成一章，分为若干条。

②分则。分则分为若干章，每章有小标题，下列若干条款。分则是规定的主体，规定的实质性内容和要求都在分则部分集中表达，是写作的重点所在。

③附则。这是规定的结尾部分，主要用来作补充说明以及交代执行要求，如还有什么单位和个人适用这一规定，规定的解释权属于哪一部门，规定何时生效等。

需要说明的是，规定一般采用通篇章条式的写法，但也有在章条前加绪言的。另外，如果内容简单，也可以不分章，直接分条，总则、分则、附则三部分不作外部标定，但三部分必须仍然是清晰的。

（4）签署。如标题中已标明发文机关，标题下已标明发文日期的，可省去这部分，特别是高级行政机关制发的规定即属此列。

4. 规定的写作要求

规定有以下写作要求：

（1）规定通常都要用“命令”或“通知”发布施行，因为规定的制发机关一般是国家权力和行政机关及其主管部门。

（2）规定的内容有一定局限性，它限于实施某一法律、法规，或加强某一管理工作而制定。

（3）规定的语言以说明为主，多以肯定的语气行文。

二、规定的写作范文

◇事项性规定

【范文】

院工会经费管理和使用规定

1. 院工会必须认真贯彻国家财经法规和全国总工会有关文件精神，履行经费管理职责，管理、使用好工会经费。

2. 院工会经费除了校工会下拨的会员费、工会活动专项经费收入外，应争取院经费支持和专项活动募捐等，广泛开辟工会经费来源渠道，增加工会经费收入。

3. 院工会经费主要用于开展包括组织院工会活动，每年应根据工会活动计划做好主要项目活动的经费使用预算。较大项目的开支或其他开支，坚持集体讨论研究，并多方征求会员的意见。

4. 实行工会经费民主理财，做到每年7月1日公布年度上半年经费收支账目1次，12月31日公布全年经费收支账目1次，并随时接受会员检查和监督。

5. 院工会经费使用由院工会主席审批。

××学院工会

××××年××月

◇法规性规定

【范文】

机关委员会机关党委会议事规则

根据《中国共产党和国家机关基层组织工作条例》规定的精神，为提高工作效率，充分发挥机关党委会的职能作用，完善集体领导和党委委员分工负责相结合制度，规范议事、决策和办事程序，保证省委、省直工委部署的各项任务及局党组交办工作的顺利完成，结合机关党委工作实际，制定本规则。

一、机关党委会议事规则原则上由议事决策、执行、汇报等程序组成。

二、议事决策

机关党委会原则上每半年召开一次，根据工作需要可以增加次数，其议事决策的主要任务是：

1. 传达上级有关重要文件、指示、决定，研究制定贯彻执行党的路线、方针、政策和上级指示、决定的意见和措施；

2. 分析研究机关党委和基层党组织中党委、总支、支部班子的组织建设、思想建设和作风建设情况；

3. 讨论审批入党培养对象、党员发展、转正工作；

4. 讨论决定对基层党组织、党员的表彰和处分；

5. 讨论研究其他重大问题。

召开机关党委会，应参加会议的委员原则上不得缺席。因特殊情况有委员缺席的，到会委员须占应参加会议委员的五分之四（含五分之四）以上方能召开机关党委会，会议议题至少应在会前半天通知到每个委员，党委办公室负责会务及记录。

三、执行

1. 在机关党委会已经明确并已指定专人负责完成的工作，由机关党委会决定或书记指定专人和其他人员协助完成。

2. 机关党委会已经明确由各基层党委、总支、支部完成的工作，应分别由其党委书记、总支书记、支部书记进行分工并完成。

3. 部分需由机关党委会或书记组织协调完成的工作，应由机关党委或书记实施组织协调。

4. 凡涉及机关党委必须按时限按质按量完成的工作，由机关党委会讨论并组织相关部门和人员完成。

四、汇报

1. 机关党委会决定布置的工作，由相关机关党委委员完成任务后，在下一次机关党委会上通报完成情况。

2. 日常性党务工作，由机关党委委员按照各自分工进行工作，并应在机关党委会上汇报各自工作的完成情况。

中共××省食品药品监督管理局

××××年××月××日

第九节　规　则

一、规则概述

1. 规则的概念

规则，是国家机关、社会团体、企事业单位对某一事务或活动的行为准则作出具体规定的规范性文书。它是各种组织为保证某项活动或工作能够顺利开展，或实现某种目标，对人们的行为方式、方法规定出的必须共同遵循的准则。

规则的内容比较具体、细致、周密，往往对具体工作的方方面面、公务活动的每一步都作出规定。

2. 规则的特点

（1）局部性

规则所规定的范围比其他规章性公文要窄，适用于对局部范围的人员、活动和场所作具体的要求和规定。

（2）时效性

规则一般为内部行文，在一定范围或一定时间内起作用。

（3）单一性

因为规则具有局部性，所以它的内容比起其他任何规章性公文要简单，规定的对象比较集中、单一，只是局部范围内的特定对象，无须超越这个范围，无须涉及其他。

（4）具体性

规则所规定的内容是具体的，而且以事务性的工作居多，细致入微，具有规范化、程序化、定型化的特性。

3. 规则的写作格式

规则的结构由标题和日期、正文、签署三部分组成。

（1）标题和日期

①标题。标题通常包括发文机关名称、事由和文种（规则）三要素。但很多规则的标题中省略发文机关名称。

②日期。将制发的时间和依据加括号标注于标题之下正中位置。如果是随正式公文发布的规则，可以不单独注明日期，以发布规则的那篇公文的发文时间为准。

（2）正文

规则的正文通常首先写发文缘由；其次写具体内容，包括具体方法、措施、处罚手段等；再次写生效日期、解释权等方面的说明。

（3）签署

签署即签署发文机关和日期有时采用括号注明时间、单位及形式，国家高级机关发布的规则多采用这种写法。

4. 规则的写作要求

（1）制定规则前要充分调查了解所属范围内群众的需求和意见

规则是为维护劳动纪律、公共利益，保证学习、工作、生活等活动正常而有序地进行所制定的行为准则，一旦制定，就对该范围内的群众有较大的约束力，不考虑群众正当要求、合理意见，不问客观实际，想当然主观拟定，即使定出“霸王律”，也会事与愿违。因此，写作前的调查研究，是不可缺少的。

（2）规则条文内容须直指特定对象，具体而详细

规则是从事某项活动或工作的有关人员必须遵守的规定，其内容必须有很强的针对性，紧紧围绕特定对象，针对某一类人或某一项活动提出具体详尽的规范化要求。

（3）态度要明确、措辞要准确、语气要肯定

规则是人们行动的准则，有较大的约束力。它要求用准确的词句，明确地表达出倡导、允许、禁止、限制的内容，写明违反规则的处理办法，语气要坚决。

二、规则的写作范文

◇议事规则

【范文】

局机关党委议事规则

（征求意见稿）

为认真贯彻执行党的民主集中制原则，根据《中国共产党章程》、《中共中央关于加强和改进党的作风建设的决定》和《中共中央关于加强党的执政能力建设的决定》，以及上级党委的有关指示，特制订本规则。

一、议事原则

1. 以邓小平理论和“三个代表”重要思想为指导，坚决贯彻执行党的路线、方针、政策，在思想上、行动上与党中央保持高度一致。认真贯彻执行省委、省级机关工委和局党组的重要决定。

2. 坚持解放思想、实事求是、与时俱进的思想路线，进一步增强责任感、使命感和紧迫感，从实际出发，创造性地开展工作，更好地服务于安全生产管监察中心工作。

3. 坚持党要管党、从严治党的原则，加强机关党建工作，增强基层党组织的创造力、凝聚力和战斗力。

4. 坚持群众路线，密切党委与机关、所属单位广大党员干部职工的联系，全心全意为人民服务。

5. 坚持民主集中制，按照“集体领导、民主集中、个别酝酿、会议决定”的原则，决定党委职责范围内的重大事项。

二、议事范围

1. 传达学习党中央、国务院和省委的有关决定、指示和文件，研究制定局

系统具体贯彻意见，并检查贯彻落实情况。

2. 讨论上报省级机关工委和局党组的重要请示，报告以及下发的重要文件；审议通过以党委名义发布的规定、办法和制度。

3. 审议涉及局系统党建工作全局的重大事项，研究决定中长期规划，年度工作意见和需要讨论的其他重大问题。

4. 研究讨论党委党风廉政建设和党内民主监督等事项。

5. 研究审批机关和直属单位党组织的建立以及党委、总支和支委会的组成人员，研究确定或审定上报局系统先进集体、先进个人。研究决定权限范围内局系统党员的奖惩事项。

6. 研究落实省级机关工委和局党组交办事项，及其他需要党委集体研究的重要事宜。

三、会议程序

1. 党委会议议题，由党委书记确定。研究议题和会议时间确定后，应提前1－2天通知党委成员，需要提请会议讨论的文件和有关材料提前送党委成员。

2. 会议由党委书记召集并主持。党委书记因故不能出席会议时，也可委托副书记召集并主持。

3. 党委会议的出席人员为党委全体成员。必要时召开扩大会议，由机关党支部和直属单位党组织的负责人列席会议。

4. 党委会必须由半数以上的成员到会才能举行。因故不能出席会议的同志应在会前请假，对会议的议题如有意见和建议，可在会议之前提出。

5. 党委会实行少数服从多数的原则，在讨论议题时，党委成员应充分发表意见。讨论后由会议主持人集中讨论意见，提请会议表决。会议决定多个事项时应逐项表决。党委会议形成的决议，党委成员个人无权改变，必须认真执行。少数人的不同意见允许保留，但在行动上不许有任何反对的表示。党委成员在讨论决定重大问题时，因故缺席由党委书记、副书记或委托有关人员事先征求意见，会后通报情况。

6. 每次党委会应做好记录。必要时，会议决定的事项及时整理成会议纪要。会议纪要由党委书记签发，也可由党委书记委托副书记签发。党委会讨论的问题，参加会议人员不得以任何形式擅自泄露。

四、决议执行

1. 党委会所做出的决议、决定，由党委成员按照党委分工或党委会的决定，负责组织实施。

2. 如发现新的情况需要复议时，需经党委书记同意后，方可在党委会上复议。但在重新作出决定之前，不应有与党委会决议、决定相违背的言论和行动。

3. 党委会所通过的决议和文件，凡可以传达和下发的，经批准，应及时传达和下发到规定的范围。

××局机关办公室
××××年××月××日

第十节 规 程

一、规程的写作概述

1. 规程的概念

规程是指党组织对某一事项或操作在一定范围内要求人们遵守的统一要求和程序。其目的是规范人们的行动，以便有一个正常的生产和活动程序。

2. 规程的写作格式

规程的写作格式一般由标题、正文、署名和日期三部分组成。

（1）标题。一般采用“××党员活动规程”的形式。

（2）正文。分条写出规程的各项具体内容，一般要包括整个活动的每个环节。

（3）署名和日期。一般写在正文的右下方。有的也可不要署名和日期。

3. 写作规程应注意的问题

撰写规程时，应注意以下问题：

（1）各项要求和程序要以科学为依据，不能脱离实际。

（2）内容要具体、准确。要按逻辑顺序，分清条理。

（3）语言要通俗，文字要简洁，并且要易懂易记，便于操作。

二、规程的写作范文

◇“约法”规程

【范文】

××省委约法七章

一、报刊、电台、电视台不要突出宣传省党政负责同志的活动。

二、除参加领导班子内部的生活会外，还要以普通党员的身份参加所在党小组生活，接受党的监督。

三、倾听各种不同的意见，尤其要倾听逆耳之言，不接受任何形式的吹捧。

四、保持艰苦奋斗的作风，不搞特权，不谋私利。

五、下基层轻车简从，不搞迎送，不接受礼物。

六、严格要求和教育好家属、子女、亲属。

七、亲自动手起草一般性的会议讲话和报告，不要秘书代劳。

××省委全体成员

××××年××月××日

◇工作规程

【范文】

党支部工作规程

一、社区党支部是社区各类组织和各项工作的领导核心。要加强对社区居委会和团、妇等组织的领导，支持和保证社区居委会和团、妇等组织依法依章履行各自职责，要召集好社区议事协商会议，发挥社区议事协商会议各成员的作用。

二、社区党支部要宣传贯彻党的路线方针政策和国家的法律法规，执行上级党组织的决议；密切联系群众，做好群众的思想政治工作，向上级党组织反映社情民意；要领导各类社区组织开展好换届选举，加强对社区干部的教育、管理和监督，充分调动和发挥好社区内各方面的积极性，不断推进社区建设；加强党的自身建设，做好党员的教育管理和新党员发展工作，发挥党员在社区建设和社区服务中的先锋模范作用。

三、社区设立党支部委员会，由党员大会选举产生，受街道党委领导，每届任期三年。社区党支部按照分类设置、分类管理、发挥好各类党员作用的要求，下设三个党小组等，根据需要也可设立社团支部、非公企业支部和其他民办非企业单位支部。党员较多的支部应设立若干党小组。

四、社区党支部实行集体领导和个人分工负责相结合的制度。凡属党内重大问题，都要在征求党员意见的基础上，由党支部委员会集体讨论决定。凡涉及居民的较大事项，要由两委会集体讨论决定。其中，对制订社区规划、社区居民公约，涉及居民利益及公益事业等重大事项，必须先召开支部大会征求意见，根据大多数党员的意见，再在广泛征求居民意见的基础上，社区两委会提出方案，提交居民代表会议讨论决定。

五、社区党支部要加强自身建设，促进党的各项工作的规范化。要建立健全社区党员每月一次的党日活动，每半年一次的党课和电化教育等制度，加强新形势下社区党员的教育管理；要坚持组织生活制度，支部要督促指导所属各支部开好半年一次的民主生活会，支部委员除参加所在支部的民主生活会外，还要每半年召开支部民主生活会，开展批评与自我批评；建立联系群众、党员责任区制度，深化“凝聚力工程”，通过为社区居民排忧解难，为社区建设添砖加瓦，不断增强社区党组织的影响力和战斗力；同时，还要建立流动党员教育管理、在职党员社区活动等制度，注重发挥好社区各类党员的作用。

六、社区支部要切实保障党员民主权利，努力推进党内民主。党支部要在工作中不断发扬党内民主，主动听取广大党员对党支部工作的意见、建议和要求，努力创造党员更多地参与党内事务的环境和条件；要坚持报告工作制度，社区党支部应每年向支部党员大会报告工作一次，报告内容主要为总结一年来的工作，汇报下阶段工作打算，并接受党员的质询。

七、要使社区党组织和党员更好地接受民主监督。坚持和完善民主评议党员制度，社区党员一年一评议，严肃处置不合格党员，要建立对社区支部委员进行民主评议，要积极推进党务公开，严格执行入党公示制，做到支部年度目标公开，民主评议党员结果公开，党员参加党的活动和交纳党费情况公开，接受党员和群众的监督。

××市××社区党支部

××××年××月××日

第二编

办公室事务类文书写作

第一章　工作计划写作

第一节　机关工作计划写作概述

（一）计划的概念

计划是安排、打算、部署、谋划、筹划进行任何一件工作，完成任何一项任务事先通盘考虑、周密安排的一种说明文体。写计划要对该项工作完成的具体任务、质量、数量的要求，完成的时间，进行的步骤，采取的措施以及内部、外部的保证条件等都要缜密考虑、研究成熟之后形成书面材料。

（二）计划的作用

1. 计划是做好工作的基础，完成任务的保证

在进行一种工作，实施一项工程之前要作出具体的计划。工程越大、越复杂，计划也就要越周密详细。计划中必须列出需要完成的所有任务，提出指标、质量要求，制订出工作步骤和措施，明确制订出人、财、物的组织，任务的分解……使全体员工看得见、摸得着、办得到，人人都明白自己该做什么，在一个阶段内做完什么工作，各司其职，各尽其责，使人力、物力、财力得到最大限度利用。

2. 具有指导作用和激励作用

计划中的目标、任务、要求和措施是对全体成员集中意志、统一行动的根本要求。在总的目标下，还有任务分解，将各部分任务落实到科、组、人。在总的措施下还有细则，明确每个科、组、人在一个阶段要完成什么任务。这些目标任务一经制定后就带有约束力，就要求每个领导、全体职工全力以赴地在各自的岗位上工作，任何人都不得随意更改。一个科学的计划是全体员工在工作、战斗中配合、协调的指南，是顺利完成任务的基础。

一个完整的计划，必定有调动人的因素，激发员工工作热情的措施，如扎实有效的政治思想工作，科学合理的奖惩制度，合理合法的分配制度等等。涉及个人的切身利益、思想情绪等方面的措施，办法制定得好，执行得硬，就能使广大

职工信服，就能最大限度调动广大职工的积极性、创造性，开创新局面，取得好成效。

3. 具有调节控制的作用

计划不但要考虑计划范畴以内方方面面的问题，而且还要考虑计划范畴以外相牵连的问题。要求计划的制订者及执行该计划的领导者必须根据错综复杂的实际情况，诸如市场的变化、战争的进程等进行必要的调控。

（三）计划的写作格式

计划这一文体结构通常由标题、正文、落款三部分构成：

1. 标题

计划的标题应包括制文单位、时间限断语、事由和文种类别（计划）四部分，一般四者要齐全。时间限断语是计划适用的时限范围。事由要标明是“工作计划”，还是“生产计划”或其他计划。但有时因制订者认为计划的执行范围仅在本单位，已很明显，在标题中将其省略；比较规范的计划仍要标明制文单位。

2. 正文

计划的正文，一般先扼要说明制订该计划的缘由、根据，对完成任务的主客观条件作些分析，说明完成该计划的必要与可能性。其次是计划的具体内容，即在多长时间完成哪些任务，并设计完成任务的步骤和方法等。最后是结尾语，提出重点或强调有关事项，做出简短号召。

3. 签署制文单位、日期

高级机关制订的计划，也有在正文后不另署制文单位和制文日期的，此时制文单位名称应于标题中标明，制文日期往往在标题下括号内注明。计划的正文通常采用分条列述式，结尾语视情况决定其长短与去留。事先认真调查研究，具体内容切实可行是计划写作的主要之点。

（四）计划的特点

1. 全面性

制订计划要全面、具体、周密地把各项工作都安排进去，防止片面性和局限性，做到统筹兼顾、瞻前顾后。

2. 预见性

一切计划都是事先制订的，它的目的是为完成、实现具体的任务。因此，它不但要对完成任务的多少、好坏、快慢作出预测，而且对可能出现的问题（内外部的条件）作出判断。只有在正确总结过去的经验的基础上才能制订出切实可行的计划。所谓“预见”，也只有在总结过去、综观当前的同时才能作出。

3. 时限性

时限性是计划的一个鲜明特色。做任何工作都必须有一个时限。计划中所规定的各项具体任务、目标都指定在一定的时限内完成和达到，两者密不可分、浑然一体。

（五）计划制订时应遵循的原则

1. 政策原则

无论作什么计划，都要有明确的指导思想，就是要坚持党和国家的路线、方针、政策。任何工作计划都必须符合这个大政方针，才有利于国家、民族和人民。

2. 群众性原则

任何计划的制订与实施，没有人民群众的广泛参与都是不可能的，因而相信群众、发动群众、团结群众、依靠群众，充分调动和发挥群众积极性与创造精神是制订计划的重要原则。

3. 可操作原则

订计划的目的不是为了应付上级检查，而是为了提高效率，顺利完成任务。因此计划中的任务要明确，措施要得力可行、具有可操作性。任务要明确，就是本阶段究竟要完成一些什么样的具体任务，数量多少，质量要求达到什么标准，经济效益如何等等，要实事求是地提出任务、目标。要完成任务，达到计划规定的目标，需配备些什么措施，由哪些具体的部门协同配合，怎么样密切配合，这就叫可操作性。

（六）写好工作计划的方法

写好计划可能是公文写作中比较难的事。因为这不仅仅是个文字表达上的事，还是个涉及具体工作业务的组织和安排问题，需要有长远眼光和领导魄力，这种写作是一个人综合能力的表现。但是在写作上也有一些章法。首先，写作者必须分清这个计划的内容属于哪一类，适合用哪一个具体的计划种类来表达，从而确定具体文种，即是规划、设想、计划、要点、方案、安排中的哪一种。然后，再根据具体内容和文种写作要求进行写作。如果是时间较长、范围较广的计划，就要用“规划”。因为规划不必也不能写得太细，只要能起到明确方向，鼓舞人心，激发热情的作用也就差不多了。当然这并不是说规划就可以写得不切实际；但规划的切合实际问题的确只是个大致的切合。如果是初步的、不太成熟的计划，就要用“设想”。因为设想是为计划作准备的，也不必写得很细，甚至不用写得很好，只要能把大致的“思路”或想法写出来也就够了。但这也不是说设想就可以写得没条理，而只是说它更注重“想”，即要有突破和创新。如果计划内容是某一项工作，一般则用“方案”或“安排”，工作项目较复杂者用“方案”，较简单者用“安排”。因为方案和安排都必须写得很细（或很全面，或很具体），否则工作就没法开展。当然，若考虑到要给下级执行中留有余地，这方案可变成“实施意见”，这安排也可变成“安排意见”。如果计划内容既不是单项工作，又不是很宏大的，这就该用真正的“计划”了。因为狭义的计划是广义计划中最适中的一种。当然，若只想把这计划摘要加以公布，则可用“要点”来写。

（七）工作计划写作注意事项

不论哪种计划，写作中都必须注意掌握以下五条原则：

第一，对上负责的原则。要坚决贯彻执行党和国家的有关方针、政策和上级的指示精神，反对本位主义。

第二，切实可行的原则。要从实际情况出发定目标、定任务、定标准，既不要因循守旧，也不要盲目冒进。即使是做规划和设想，也应当保证可行，能基本做到，其目标要明确，其措施要可行，其要求也是可以达到的。

第三，集思广益的原则。要深入调查研究，广泛听取群众意见，博采众长，反对主观主义。

第四，突出重点的原则。要分清轻重缓急，突出重点，以点带面，不能眉毛胡子一把抓。

第五，防患于未然的原则。要预先想到实行中可能发生的偏差，可能出现的故障，有必要的防范措施或补充办法。

第二节　机关工作计划写作范文

一、年度、半年工作计划写作范文

◇政府年度工作计划

【范文】

××自治县人民政府××××年工作计划

××自治县人民政府××××工作的总体要求是：以邓小平理论和“三个代表”重要思想为指导，遵循市委、市人民政府发展经济的“一轴、两带、三区、四片”战略部署，坚持以人为本，树立全面、协调、可持续发展观，按照深化改革、扩大开放、把握全局、化解矛盾、统筹兼顾、协调发展的思路，做好各项工作，努力实现农业发展、企业增效、财政增长、农民和干部职工收入增加的目标。初步拟定各项经济指标为：国内生产总值比上年增长10%，工业总产值比上年增长10%，农业总产值比上年增长5%，财政收入比上年增长10%，农民现金收入比上年增长5%，固定资产投资增长20%，直接利用外资增长20%。

一、巩固和加强农业的基础地位不动摇，围绕农民增收抓好三农工作

（一）更新观念，重点突出特色抓农业。更新农业发展观念，以产业化的思维和工业化的理念抓农业结构调整和农业的发展，跳出种养抓农业，抓好为种养服务的观光旅游业、饮食服务业等其他经济产业，实现农业发展的“1+1等于3、5或10”模式，即不光考虑一斤农产品销售的价值，而且应该考虑通过这一斤产品拉动其他产业的发展问题。××县的特色农业主要有：一是药材；二是“猪—沼—果—灯—鱼”生态标准化种养模式；三是库区养鱼业；四是××河一带的生态旅游。通过突出抓好特色农业的发展，使××县的农业实现“特色更特，优势更优，弱势变强，强项更强，亮点更亮，效益更好”的发展目标。

（二）构建××河百里水产养殖长廊。一是渔业精养方面要取得突破。目前，在××县库区水面开发中，只有大口鲶鱼算是精养，但其比率还很低，仅占网箱养鱼的9%，而在近5万亩的拦网养鱼中，还没有推广名、特、优品种的精养。今后必须抓住市场卖点，以求精、求特作为主攻方向，发展名贵品种养殖，如美国鲟、青竹鲤、建鲤、单性罗非鱼的养殖等，以获取最理想的经济效益。二是渔业产业结构调整要有新的突破。要加快发展水产品加工业，增加加工产品的产量和科技附加值，使更多的水产加工品进入超市，走向国内外市场。

（三）稳定粮食生产，确保粮食安全。推广玉米单交种××万亩，优质杂交水稻×万亩。大力推行玉米免耕栽培技术，争取成为全区玉米免耕技术栽培示范项目县，把××县建设成为食用优质无公害玉米生产基地，提高玉米的商品率和商品价值。

（四）充分利用国家退耕还林政策，创建林药生产基地，构建××百里退耕还林生态重点长廊。一是×××种植项目，新增种植×万亩，其中××乡×万亩，××镇××××亩，××镇和××乡各××××亩，××乡××××亩，使全县速生桉种植面积达×万亩，并通过两年左右的开发，项目规模达××万亩以上，成为××新兴的纸浆材生产基地。二是中药材种植项目。依托××中医学院制药厂的订单规模种植×××，××××年示范种植××××亩，其中县示范点设在××乡××，规模为××××亩，××乡××××亩，××乡和××乡各××××亩。×××种植方面，引进××的黄褐毛忍冬品种××××亩，县示范点设在××乡，规模为××××亩，××、××、××等乡各××××亩。通过×××和×××等中药材的规模种植，申报并通过中药材的GMP基地认证。

（五）大力发展订单养殖业，拓展农民增收的空间。××××年的牧渔养殖

工作除了加大重大动物疫病强制免疫和猪、牛、羊改养殖施行渔业精养力度外，重点发展订单养殖业。

1. 单性××鱼养殖项目。拟在××、××、××、××等乡镇的鱼塘和网箱内规模养殖，鱼塘养殖××××亩以上，网箱养殖×××箱以上。进行规模养殖的同时，跟××市××水产有限公司签订保护价收购产品合同。

2. 种草养××鹅项目。这个项目依托××食品有限公司进行开发，该公司对个体重达××市斤以上的商品鹅实行每羽××元的保护价收购。××县拟于今冬明春创办几个示范点养殖××××羽，并逐步扩大养殖规模。其中，县级示范点在××镇和××乡创办，种草××亩、养鹅××××羽，××、××、××、××、××各创办一个种草××亩、养鹅××××羽的示范点。

（六）着力发展观光农业，培育农业领域新的经济增长点。一是发展观光采摘果园。在××和××乡，创办一批特色果园、菜园、瓜园、花圃等，供游客入园观景、赏花、采摘。二是发展观光垂钓鱼场。在××镇和××乡创办，吸引县内外的垂钓爱好者前往休闲、垂钓。加强这些地方的基础配套设施建设，把它们建设成为绿色、无公害农产品生产基地、花园式旅游观光休闲度假基地。

（七）集中一定人力、物力、财力，加大农村基础设施建设力度。要整活计划、移民、扶贫等部门争取到的资金，互为滚动、互为利用、互为支撑。重点实施和完成如下主要工程：

1. 水利建设：一是继续集中力量解决农村人畜饮水困难问题，千方百计争取国家扶贫的专项经费，解决村屯人口聚集地的饮水问题，不断提高村屯自来水的普及率，年内完成人畜饮水井××座。二是切实抓好农田水利基本建设，稳定和扩大有效灌溉面积。三是抓好治旱工程建设。四是年内完成水利硬化10千米。五是抓好排涝工程，并完成全县家庭水柜建设××座。

2. 路的建设：完成通乡油路××千米建设任务，等外路的改造××千米，民工建勤公路××千米，以工代赈公路××千米，交通和计划部门要做好筹划，认真组织实施。

二、用大项目带动工业化建设进程，实施重点项目带动经济发展战略，完成国有企业改革改制工作

研究工业项目、争取工业项目、落实工业项目是我们发展工业的切入点和重点。要加快工业化建设的进程，必须通过引进项目，实施项目来实现，这是促进兴工富民、兴工富县的重要途径。今年要抓好如下能带动大化县工业化发展进程的项目和工业重点项目：

（一）全力配合支持××水电站的二级工程上马和××船闸工程的开工建设。××水电站二级工程的开工建设，将会通过刺激消费来推动××县的经济，

更重要的是大大加快××县的工业化进程。我们将借助××水电站二级工程开工建设的机遇，加快加大招商引资力度，努力引进工业的重大项目，实现大化工业的历史性突破。

（二）实施××水电站和××水电站建设，完成第二期工农网建设与改造的扫尾工作，同时争取无电屯通电工程以及城网改造工程资金。

（三）加大力度积极发展资源型工业，努力打造冶炼工业基地。

（四）上半年要完成所有国有企业的改革改制工作，县经贸局负责做好规划、实施。

（五）继续向上级争取电价优惠政策，继续争取中国××集团公司和自治区人民政府对××县的支持，把××县确定为××电厂直供地方企业用电的试点县。这两项工作是年内工业化建设工作的重中之重，一定要总结经验，稳扎稳打，一步一步地走向成功。

三、进一步扩大对外开放，拓宽招商引资渠道，提高引资的成功率

（一）以开放的策略招商引资，扩大经济增量中的外资比例。

（二）以园区扩张指导开发，在全面开放中确定主导产业并确立主导产业的优势地位。

（三）整治环境，优化服务，始终把创建优化环境当作招商引资环节的重中之重来抓。

（四）进一步完善机制，使公务员们以招商引资为己任，以项目建设论英雄，自觉地为大化的改革开放、加快发展创造条件。

（五）实行安商责任制，留得住投资者。因服务工作不到位致使客商稳不住的相关部门和责任人，要追究其责任。

四、强化经营理念，提高县城品位

（一）突出规划设计，提高县城品位，找准定位，突出特色，严格执法。

（二）树立经营理念，盘活建设资金。

用六个字来概括：投、筹、引、增、招、赚。“投”指的是在财政困难的情况下，仍然投入部分资金支持市政建设；“筹”指的是市政工程项目的受益单位筹措一定经费补充城建投入的不足；“引”指的是以城建项目为载体，引凤筑巢，借用社会力量建设大化县城；“增”指的是把县城地区的土地盘活，用土地税费中留县的部分来推进城镇化；“招”指的是多渠道寻找资金，鼓励农民进城定居，利用民间的力量改造建设我们的新老城区；“赚”指的是厉行节约，严格经费管理，力争通过城建项目，赚取一定的资金。

（三）完善基础设施，提高服务功能城镇建设要迈大步，施重手，完成以下城建重点项目。（略）

（四）强化城市管理，树立城市新风。出台《××××自治县市容市貌管理的有关规定》，强化县城区管理，提升市民综合素质。

五、积极培植财源，全力做好财政工作

××××年，全县财政形势仍比较严峻。要确保全县政权机关的正常运转和社会各项事业的发展，我们务必扎扎实实做好培植财源、加强征管和优化支出等方面的工作，着重深化财政管理体制改革。

1. 第一季度成立县直行政事业单位核算中心，年内争取分期分批把所有县直行政事业单位纳入“中心”管理；

2. 在乡镇一级全面推开“零户统管”财务管理改革；

3. 结合实际，试行部门预算改革；

4. 逐步理顺乡镇分配关系，选择若干乡镇，试行县乡分税制财政管理体制改革；

5. 继续深化预算外资金“收支两条线”管理；

6. 继续完善政府采购制度，强化政府宏观调控能力。

六、大力发展非公有制经济

发挥区位优势，充分利用灵活的非公有制经济政策和就业再就业优惠政策，建设和完善配套措施，优化服务，对非公有制经济在政治上给予地位、政策上给予优惠、法律上给予保障、经营上给予指导、资金上给予扶持、服务上给予方便，切实保护非公有制经济的合法权益，扶持发展个体私营经济。继续加大开放力度，胆子再大一点，步子再快一点，促进经济多样性发展，个体工商户要比上年增长8%，个体私营企业要比上年增长6%，上缴的税金要比上年增长5%，提高非公有制经济对财政的贡献率。

七、坚持人口与环境的协调发展，走可持续发展道路（略）

八、统筹兼顾，加快推进社会各项事业的发展

1. 大力促进就业和再就业，完善社会保障体系。

2. 投入一定资金，确保村村通广播电视工程发挥应有的效益。

3. 实施光明工程，给白内障患者一定资助，使部分白内障患者重见光明。

4. 认真抓好“普九”攻坚工作，继续进行中小学危房改造工程，进一步加强教师队伍建设，深化教师人事制度改革，抓好持续提升骨干教师素质工程的实施。实施新课程改革工程，全面推进素质教育，不断提高教育教学质量。

5. 继续实施社会福利和救济基础设施建设，实现乡乡建有敬老院，部分村委会建有五保户敬老院。乡乡建有敬老院，完成时间是××××年××月底前。

6. 扶助××库区部分困难移民进行危房改造。

7. 积极开展群众性的文体活动，实施送戏、送电影下乡工程。

8. 加大农村合作医疗力度，解决就医难看病难的问题。

九、抓好维护社会稳定和安全生产工作

稳定是发展的前提，安全是发展的保障。要把维护社会稳定放在压倒一切的突出位置切实抓好。库区移民问题、农村“三大纠纷”问题、下岗职工再就业问题是××县不稳定的最大因素，一定要把群众上访变为干部下访，把矛盾纠纷化解在基层，化解在萌芽状态；安全生产事关人民群众的生命财产安全，关系到领导干部的政治前途，这根弦务必时时绷紧。

十、进一步完善充实领导工作目标管理责任制，切实转变干部作风

一是实行领导干部工作目标责任制，把全年经济任务分解给县四家班子领导和县直部门，继续落实工作目标×××制度、领导干部项目分工负责制、县领导联系乡镇和部门领导包村制度；二是实施勤政廉政工程，纪检监察部门在加强“两个务必”教育的同时，着重建立和完善各种监督制约机制；三是促进行政机关职能和作风的转变，建立和推行限时审批制、限期办结制、首问负责制和失职追究制；四是全面提升公务员的素质，通过开办培训班、举办各种知识讲座，不断优化公务员的知识结构，增强公务员的市场意识、效率意识和法律意识。全体公务员要以扎实的工作作风、过硬的业务水平、良好的精神状态投入××××年的经济工作，力争××的经济建设在这一年里更上一层楼。

××自治县人民政府

××××年××月××日

◇建设健康城市领导小组工作计划

【范文】

××市建设健康城市领导小组××××年度工作计划

为贯彻落实市政府《关于印发××市××××年度健康城市工作计划的通知》精神，更好地促进健康城市的建设工作，根据建设健康城市健康服务组工作职责、任务，特制订本计划。

一、指导思想

以“三个代表”重要思想和党的十六届三中全会精神为指导，围绕“两个率先”及建设健康城市总体目标，推进公平可及、完善优质的健康服务体系建设，提高健康服务水平，改善市民的生活、生命质量，营造建设健康城市的良好氛围。

二、主要目标

1. 人口平均预期寿命达××岁；

2. 公共卫生经费占卫生事业费比例××%；

3. 医疗保险覆盖率达到基本覆盖；

4. 加强疾病预防控制体系建设，实现××××年目标；

5. 加强卫生执法监督体系建设，中心镇设立卫生监督分所；

6. 加强全市妇幼保健工作；

7. 院前急救规范达标率××%；

8. 人均社区公共卫生服务经费达×元，社区卫生服务站规范化管理率达××%，社区卫生服务机构覆盖率××%；

9. 传染性结核病控制任务完成率××%以上；

10. 从事有害作业人员职业健康监护率××%。

三、主要任务

1. 完善疾病预防控制体系。按《××市疾病预防控制体系建设规划》及配套标准的要求，市疾控中心在人员、设备仪器、房屋、车辆、经费等方面达到规划目标。加强全市疾病预防控制信息网络建设，提高突发公共卫生事件应急处置能力。

2. 加强传染病防治工作。儿童计划免疫“五苗”覆盖率达××%。重点抓好流动儿童计划免疫工作，提高接种率。加强重点传染病防治工作，力争完成年初下达的结核病防治工作目标任务。

3. 加强妇幼保健机构建设。配齐市妇保所专业技术人员，完成新区医院保健部科室设置、环境布置、功能定位，构建妇幼保健服务平台。

4. 根据《××市卫生监督执法体系建设规划》及配套标准的要求，市卫生监督所在人员、设备仪器、房屋、车辆、经费等方面实现规划目标。在中心镇设立卫生监督分所。

5. 院前急救规范达标。人员、设备配备到位，实行24小时值班，车辆满足急救需求，经费有保障，工作有制度。××××年建×－×所医疗急救分站。

6. 大力发展社区卫生服务，提高社区卫生服务内涵质量。社区卫生服务机构的覆盖率达到××%。为××岁以上老人建立健康档案，35岁以上人员首诊测量血压率30%，推进社区慢性病综合防治工作，开展健康教育，提高社区居民的健康知识知晓率及健康行为形成率。

7. 健全对低保对象、大病、重病、精神病等特殊病种及其他弱势人群的医疗救助机制，制定《××市医疗救助实施办法》，调整扩大救助对象范围和救助额度。

8. 建立、完善政府对社区卫生机构提供的公共卫生产品评估购买机制。

四、工作制度

1. 责任单位负责定期组织本组成员单位活动，根据本组的职责和任务，制定本组工作计划，了解成员单位工作进展情况，督促工作计划的落实，参加领导小组办公室工作例会，通报本组工作情况。

2. 本组成员单位各确定一名联络员，定期或不定期召开联络员会议，通报和交流工作进展情况。联络员负责本系统的信息采集工作，与领导小组办公室和本组保持密切联系，每月及时沟通、交流信息，负责向本单位领导传达信息，督促本系统有关工作的落实。

◇档案部门年度工作计划

【范文】

××县供电局档案室××××年工作计划

××××年是求真务实、开拓创新的一年。我们档案室以邓小平理论和"三个代表"重要思想为指导，切实抓住各级领导重视档案工作这个有利时机，进一步贯彻落实省市县关于××××年的档案工作要点，以电力体制改革为契机，紧紧围绕企业的中心工作，抓服务、促建设、谋发展，进一步发挥档案室的服务功能，推动档案工作跨越式发展，为企业经营管理提供更好的服务。

一、加强宣传，增强档案意识，将档案管理法规制度落到实处

1. 利用局域网络资源共享的特点，宣传档案法规及档案知识，增强档案意识，提高做好档案工作的自觉性。

2. 参加县档案局（馆）对全县专兼职档案人员的业务培训班，通过档案业务学习，提高业务水平。

3. 修订各门类档案管理办法等规章制度，做到依法管档。

二、积极推进档案现代化管理，提高工作效率

1. 利用好档案管理软件，积极组织档案目录的录入工作，编制各门类档案管理检索工具，建立数据库。

2. 与人事等有关职能部门联合，利用企业局域网络资源共享的特点，开展档案信息查询工作。

3. 做好档案软件的维护、开发、优化工作。在不断探索、总结经验的基础上，规范企业档案的现代化管理工作。

三、按照国家二级档案达标要求，做好档案实体基础工作和利用服务工作

1. 按要求及时做好整理、归档、鉴定、分类、编目、排架、入库工作，做到管理规范、利用方便。

2. 清理积压档案，按要求完成鉴定、立卷、归档工作。

3. 对超过保管期限的档案进行鉴定，按严格的组织程序予以处理。

4. 在做好档案实体基础工作的同时，开展内部检查、评估、评比工作，为企业经营管理做好档案工作方面的准备。

5. 配合企业的各项改革管理工作，以积极主动热情的服务态度，做好档案提供利用工作，树立良好的窗口服务形象。

◇政府半年工作计划

【范文】

××县人民政府××××年下半年工作计划

下半年，我们将继续按照“三个坚持两促进，五大攻坚六突破”总体要求，进一步明确任务，对照问题抓整改，求真务实促落实，圆满完成年初确定的各项工作任务。重点抓好以下八个方面的工作：

（一）突出基础设施建设，促进农村经济快速发展

一是狠下功夫，认真抓好“三夏”生产。开展以果实套袋、喷药施肥、扭枝拉枝为主的果园管理，全面落实无公害、标准化技术措施。做好以小麦条锈病、果树病虫害防治为主的田间管理，密切注视病害发生发展动态，及时搞好防治。严格落实麦收期间防火责任制，消除火灾隐患。继续加大护林防火和封山禁牧各项政策措施的落实力度，确保林木安全。对历年滑山滑坡、山洪、泥石流灾害险区和水库、塘坝进行全面检查，排除隐患，消除障碍，真正做到有备无患，安全度汛。

二是集中力量，全力推进农村基础设施建设。积极组织开展夏季梯田建设，确保完成全年5万亩梯田建设任务。集中人力，集中时间，对全县所有县乡、乡村道路进行全方位整修养护，保证道路的持久畅通。继续抓好××—××、××—××、××—××—××、××—××—××—××—××等4条××公路改扩建，积极争取××××年××公路和××公路油铺等一批大项目，提高公路通达能力。按期完成×××等重点工程建设。

三是严格标准，狠抓示范园区完善提高。围绕做大做强果、畜、薯、菜四大支柱产业，进一步完善补齐各类示范园区建设项目，加快产业后续开发，紧贴“八带四块”产业发展总体规划，按照因地制宜、突出重点、相对集中、整体推进的要求，及早谋划靠实明年产业结构调整规划，广泛宣传，预留地块，争取主动。

四是精心组织，抓好劳务输出和动物防疫工作。继续坚持把发展劳务经济作为

增加农民收入的重大举措，积极引导农村剩余劳动力有序输出，确保全年劳务输出达到×万人（次）以上，创收×亿元。加强领导，靠实责任，认真开展清毒灭源、疫情普查、免疫注射、强化督查等各项工作，建立防疫工作的长效机制，落实各项防疫措施，严防疫情传入、扩散和蔓延，确保全县畜牧业安全。

（二）突出项目建设，促进城镇经济快速发展

一是加快项目建设进度。对列入县上考核的××个新开和续建项目，要强化项目业主责任，加强调度，跟踪督查，及时协调解决项目建设中存在的困难和问题，确保项目建设赶上进度要求。同时，瞄准国家产业政策和投资导向，想方设法，广泛捕捉信息，加强与上级部门的衔接沟通，论证储备一批技术新、带动强的工业和龙头项目，充实项目库。对今年已上报的待批复的3个前期项目，全力衔接争取，确保批复立项。

二是继续深化企业改革。坚持以民营化为取向，全力抓好×户企业改制工作。千方百计筹措改革成本，妥善安置职工，确保年内全面完成企业改制任务。

三是切实抓好企业管理。加强调度，协调服务，全面落实各项扶持政策，支持优势企业挖潜改造，降本增效，做大做强，带动全县工业经济运行质量和效益全面提升。

（三）突出基础配套，加快城镇化建设步伐

继续搞好县城××工程建设，完善×号小区基础设施，组织搞好×号小区住宅开发。加快城区排水及道路建设项目建设进度，确保×月份全面建成运营。抓好×××等小城镇重点项目建设，完成年度计划。加强规划管理，完善××、××、××、××、××、××等乡镇小城镇及小康屋规划修编。

（四）突出环境优化，加快民营经济发展

全面落实优惠政策，下决心清理“三乱”问题，切实优化投资和发展环境，积极协调解决民营经济发展中的各种问题，为民营经济快速健康发展打造良好的“平台”。依托资源优势，引导民营经济积极参与农村支柱产业开发、农村合作经济发展、兴办龙头项目，扩大领域，提升层次，提高效益，确保年内新发展个体工商户×××户、私营企业××户，完成招商引资××××万元，非公有制经济增加值达到××亿元。

（五）突出财源建设，确保完成全年财政收支任务

加强财源项目建设，提高创利税能力，进一步夯实财政增收的基础。坚持依法治税，加大对重点行业、重点税种的征管力度，严厉打击各种偷、逃、骗税行为，努力做到应收尽收，均衡进度，确保完成全年财政收入任务。深入推进农村税费改革，巩固税改成果。强化预算约束，优化支出结构，确保完成××××万元的财政收入任务，保证职工工资、社会保障、扶贫救灾等重点支出需要。

（六）突出各项措施落实，提高计生管理服务水平

按照年度计生目标责任，查漏补缺，狠抓落实，确保人口与计划生育各项责任目标全面达标。全面落实奖励扶持、优先优惠政策，深入开展人口出生清理清查和打假求实，建立长效机制，落实责任制，促进计生工作的规范化管理，切实规范基层基础管理，全面完成计划生育工作任务。积极筹措资金，全面建成×乡镇规范化计生服务所，顺利通过省、市验收。

（七）突出文明创建，推进各项社会事业协调发展

加大排危建校力度，确保年内完成中小学危房改造××万平方米，建成××所标准化小学，×中、×中教学楼和××中学扩建等重点工程投入使用。完成县传染病区项目配套建设。以结核病防治为重点，继续抓好日常计划免疫、预防、监测、救治、突发公共卫生事件的应急处置等工作，严防疫病流行。加强医疗机构管理，提高医疗服务质量。抓好各类科技示范园区建设，增加科技含量，提高科技对经济发展的贡献比例。全面完成××个广播电视村村通工程。

（八）突出社会治安综合治理，全力维护社会稳定

坚持经常性排查、集中排查和重点排查相结合，建立健全社会稳定预警、矛盾排查调处、应急处置和责任追究的长效机制，纵深推进严打整治斗争。以创建“二级无毒县”为契机，全面落实社会治安防控体系建设措施。认真落实安全生产责任制，消除各类安全隐患，杜绝重大责任事故发生。高度重视群众来信来访，认真解决群众反映的问题。继续加强社会保障体系建设，努力扩大再就业，妥善安排城乡困难群众、弱势群体和重灾户的基本生活，不断提高社会保障水平，维护社会稳定。

二、季度、月、周工作计划写作范文

◇发展和改革部门季度工作计划

【范文】

××省发展和改革委员会××××年第四季度工作计划

1. 继续组织做好省政府常务会议审定×××率先基本实现现代化×个专题规划的有关准备工作。根据省政府常务会议精神，组织各专题牵头单位再次修改专题规划，上报省政府印发各有关市、省直有关单位执行。

2. 根据委领导的安排，参与实施东西两翼“××”计划的专题调研，起草东西两翼如何落实“××”计划纲要的调研报告。

3. 根据国家计委和我委领导的部署，认真做好“××”计划实施的跟踪分

析和中期评估准备工作，包括确定工作方案，根据实际适时调整主要指标的预计目标，研究评估内容和方法等。

4. 根据委领导的安排，修改完善提升×××××国际竞争力课题的研究报告。

5. 参与编制全省××××年经济和社会发展计划工作。

6. 委领导交办的其他事项。

◇经普办季度工作计划

【范文】

××县经普办××××年第四季度工作计划

1. 继续抓好全县经济普查单位清查摸底工作

此项工作从10月份开始已在全县范围内全面展开，目前已完成清查总量的××%以上，清查摸底工作已进入扫尾阶段，为确保在11月中旬前保质保量完成清查表数据录入工作，县经普办要求各镇乡、街道经普办在完成单位清查登记的基础上，抓紧做好查漏补缺、表内审核，县经普办组织力量全面接收各地上报的清查表，并进行严格的审核把关，然后再组织专门力量对所有的单位清查表格在规定时间内初录和复录。

2. 全面部署经济普查上门登记的业务培训

为了高质完成本次普查任务特别是下一步的业务培训工作，根据我县经济普查实施计划安排，下一步业务培训主要是通过集中与分散相结合的办法进行，具体分基本单位、工业、三产和建筑业四大块进行分批分专业培训，对全县×××余家规模以上工业企业进行单独集中培训，以统一培训口径，确保培训质量。

3. 加强对镇乡、街道的经普业务指导和督促检查工作

县政府计划在适当时间组织经普工作督查组分赴各地进行督促检查，重点督查经费保障和普查业务的开展情况。县经普办组织主要业务骨干到重点镇乡、街道进行业务指导，县各有关部门要做好配合工作。

4. 积极筹措××月份全国经济普查宣传月的各项准备工作

为开展好经普宣传月活动，县里将动用各种舆论工具开展普查宣传，重点通过电台、电视、报纸等主要新闻媒体进行广泛宣传，包括开通普查宣传车到各地巡回宣传，各镇乡、街道也要根据县里的统一安排，通过会议、广播、张贴标语、开辟普查专栏等多种形式进行宣传，使普查宣传深入人心，家喻户晓，为经济普查的有效开展起到应有的作用。

◇街道季度工作计划

【范文】

××街道××××年第四季度工作计划

一、认真按照年初居代会报告和目标责任书上的各项工作要求，对全年工作进行梳理，查找工作差距，落实完成全年工作目标。

二、继续做好社会保障、帮困救助、再就业等各项工作，以落实“三会”制度为抓手，进一步推进居委会建设。召开居委书记、主任、社工站负责人座谈会，听取今年工作任务完成情况和四季度工作中可能遇到的困难的汇报，及时采取措施，推进协调落实，并对明年居委工作中需要引起重视的事项进行超前思考和研究。

三、加大楼宇招商、税收协管工作力度，做好街道税收工作。

四、继续做好安全稳定工作。重点要抓好综治司法一条龙服务窗口的建设，结合信访条例的宣传，及时化解各类矛盾，确保社区安全稳定。

五、加强社区市容环境管理。结合区里正在开展的市容管理体制改革，关注在衔接过程中发现的薄弱环节，加强督促，确保社区特别是周边重点道路的环境整洁，进一步健全市容管理的长效机制。

六、按照区政府的要求，切实做好××××年预算编制工作，加快事业记账中心建设，力争单位财务管理信用达到 A 级。

七、落实流程再造和信息化工作，提高工作效能。完善社区信息化建设，强化操作技术培训，重点提高应用水平。继续深化流程再造，切实抓好绩效评估。街道对各科室落实流程再造的情况进行自查和检查，评出优劣等次，并按照制定的考核标准进行奖惩。

◇政府周工作计划

【范文】

××区政府一周主要工作计划

一、经济工作

1. 重点做好税收管理，理顺大税源、大税种管理和收缴体制。继续深入开展应税未税工作，加强对重点税源的征收力度，确保应收尽收。

2. 做好企业改制工作，按照程序稳步推进改制进程。

3. 加大招商引资力度，争取引进科技含量高、效益好的企业和项目。

4. 加强××工业园区建设，以工业园区为平台，招商引资，推动园区建设。

二、城建城管工作

1. 做好××联创迎检工作。

2. 做好××广场拆迁工作，在稳定的前提下加快拆迁进度。

3. 加快××厂安置小区建设进度，确保在规定时间内完成建设任务。

4. 做好商城遗址改造的前期规划工作。

5. 协调做好××科技大学征地工作。

6. 制定老城区五年规划，尽快形成初步规划方案。

三、社会事业工作

1. 在保证质量的前提下，加快××中、××中学等新建中小学建设进度。

2. 继续搞好××乡示范卫生院建设。

3. 继续推进农村科技信息化工作。

4. 加快旅游业发展，充分挖掘我区旅游资源，借鉴其他先进区经验，制订我区旅游业发展方案。

5. 做好就业再就业工作，继续完成全年就业计划达到农村劳动力转移目标。

6. 加快农村道路建设。

四、安全生产和信访稳定工作

1. 开展全区安全大检查活动，重点做好批发市场、燃煤锅炉等专项整治工作。

2. 继续抓好信访稳定工作，进一步完善信访制度，确保社会大局稳定。

◇教委办周工作计划

【范文】

××镇教委办××××年秋第13周
（11月21日-11月27日）工作计划（摘要）

政治学习：继续组织教师学习中共中央第十六届五中全会精神

业务学习：《××教育》××××年第11期。

主要工作：

1. 11月21日（星期一）下午2：30在×××中学举行××市首届法制宣传活动月的启动仪式。

2. 11月22日（星期二）上午市局财务决算会。

3. 11月22日（星期二）下午2：30在教委办会议室召开学校安全会。（各校负责安全工作的领导、各幼儿园园长参加）

4. 11月23日（星期三）上午在中心小学举行小学生诗歌朗诵比赛。详见通知。

5. 11月24日（星期四）各校（园）报送安全工作自查情况，以书面材料汇报。

6. 11月25日（星期五）向市局报送安全工作自查情况汇总材料。

7. 本周下校听课，检查教学常规、安全工作。

8. ××××年秋教学辅助资料书款已核对完毕，请各校根据所开发票金额向学生收取书款，并到教委办打收入发票，附上教学辅助资料的明细单于11月23日（星期三）前到××市会计核算中心办理汇款。同时将汇款单影印送交仪器站，以便于核对。

9. 贯彻执行“×教关委〔××××〕××号”文件精神，要求各有关单位大力宣传和推广《××新童谣》，使少年儿童在传唱新童谣中受到潜移默化的教育。《××新童谣》在我市各级新华书店公开出售，有关学校可以通过适当形式把《××新童谣》介绍给学生，由学生到新华书店自由选购。

10. 贯彻执行《关于组织迎接××市小学教学常规工作检查的通知》精神，××市抽查时间为××××年11月22－25日。各小学应扎实开展常规工作（包括教案、作业、试卷批改）抽查和评选。

11. 继续做好机关工委工作评估检查工作。

12. 根据省教育厅通知，10月17日至11月25日省教育系统政风行风监督检查组将到我市开展明察暗访，重点检查教育系统政风行风状况，查找乱收费问题，检查校务公开工作。监督小组将采取听取汇报、召开座谈会、发放调查问卷、设点接受投诉、深入家访、查看有关账目、资料等方法。请各小学做好迎检工作。

13. 根据××市精神文明建设指导委员会颁发的《××市关于深化基层文明创建活动推进文明城市创建工作的意见》精神，认真按照“巩固提高、充实内容、拓展领域、规范发展”的工作思路，要深入开展班队文明建设，进一步深化文明学校创建活动。

14. 认真学习贯彻执行“团×委联〔××××〕××号”文，共青团省委等八部门转发共青团中央等八部委文件精神，进一步加强少先队工作。

15. 高度重视，加强秋、冬季节防火及学校常规安全教育。

三、阶段性、中长期工作计划写作范文

◇文化社区阶段工作计划

【范文】

××镇文化社区××××年10－12月工作计划

××镇社区整合工作已于××××年10月26日全面结束，并召开了五大社区成立大会，为了全面启动社区工作，现将文化社区××××年10－12月工作作如下安排：

一、××××年11月1－10日明确文化社区××个小区负责人，并于××××年11月15日召开一次小区负责人会议，安排近期工作。

二、××××年11月16－30日组织文化社区各小区负责人对小区内的各类基本情况进行摸底调查，包括常住人口、暂住人员，流动人员、低保对象户、房屋出租户、各类个体工商户、文化娱乐设施等。

三、××××年11月在文化社区范围内成立3－5个小区物业管理办公室。

四、××××年12月，根据各小区调查摸底情况，与××镇派出所协调，对所有的流动人口建立档案，加强对流动人口的管理。

五、逐步建立文化社区各类服务体系，如休闲娱乐、医疗保健、家政服务、帮扶互助等。

六、与城建部门及其他相关部门协调，抓好文化社区的环境卫生工作。

七、全面完成上级各部门安排的各项工作任务。

◇农业综合开发长期计划

【范文】

××市农业综合开发“××”计划

一、“××”期间农业综合开发的指导思想和基本原则

（一）指导思想

按照国家和省农业综合开发的指导方针，结合我市的实际情况，我市“××”期间农业综合开发的指导思想为：以增加农民收入为中心，以促进农业结构调整和产业升级为主要目标，以科技进步和机制创新为动力，以改造中低产田、改善农业基本生产条件和保护生态环境为主要任务，以加快推进农业产业化经营为主线，加强农业基础设施建设，着力发展具有区域特色的优质高效农产品

生产基地，大力支持龙头加工企业和农村市场建设，努力提升农业和农村经济的整体竞争力，充分发挥农业综合开发在促进我市由传统农业向现代农业转变中的示范带动作用。

（二）基本原则

根据我市“××”期间农业综合开发的指导思想，今后的工作必须坚持以下原则：

1. 坚持按发展区域主导产业，进行统一规划、合理布局的原则。围绕全市“林木、蔬菜、畜禽、蚕桑、水产、花卉”等农业主导产业，充分发挥各县优势，进行统一规划，合理布局，着力培育壮大各县特色的主导产业。

2. 坚持以改造中低产田、改善农业基本生产条件为主要任务的原则。中低产田改造的内容，要紧紧围绕主导产业布局和结构调整，搞好项目规划设计，着力加强基础设施建设，提高农业综合生产能力。同时注重保护农业生态环境，大力发展节水农业，积极发展无公害和有机农业，推进农业可持续发展。

3. 坚持依靠科技进步、提高农业整体竞争力的原则。大力推广先进实用的新技术、新品种和新工艺，促进农业科技成果的转化，进一步提高农业技术推广体系的装备水平，加强农业标准化生产，实施品牌战略。加强技术培训，提高项目区广大农民的素质。加强农业高科技示范园区建设，努力提高科技在农村经济发展中的贡献率。

二、“××”期间农业综合开发主要任务和目标

我市农业资源丰富，开发潜力巨大。全市拥有耕地面积×××万亩，其中，中产田面积×××万亩，占耕地总面积的××%；低产田面积××万亩，占耕地总面积的××%；可利用水面×××万亩，目前仅利用××%。根据市委、市政府“××”期间农业发展战略，农业综合开发应充分发挥其扶持和导向作用。要进一步加大中低产田改造力度，大力扶持多种经营和龙头加工项目建设，加快农产品的升级，加速农业产业化进程，建设具有我市区域特色的农业主导产业。

（一）主要任务

1. 完成土地治理面积×××万亩。具体项目有：（1）改造低产田面积××万亩（其中发展节水农业××万亩）。（2）建设优质高效示范基地××万亩。其中，优质粮食示范基地项目××万亩；优质蔬菜示范基地××亩；优质水产品生产示范基地××万亩；优质花卉生产示范基地××万亩；优质蚕桑生产示范基地××万亩；优质杨树苗木繁育基地××万亩。

2. 加强多种经营和龙头加工项目建设。全市计划重点支持具有龙头带动作用的多种经营和加工项目××个。其中，年财政投资×××万元以上的重点项目××个，建设农产品流通市场×个，建设优质水产品养殖基地××万亩，优质杨

树苗木繁育基地××万亩。

3. 建设省级农业开发科技示范园×个；建设国家级农业高新科技示范园区×个。

（二）主要目标

1. 中低产田全部达到高产田标准。灌溉保证率在××%以上，排涝能力达到××年一遇，建筑物配套达到××%以上，新增和改善灌溉面积××万亩，新增和改善除涝面积××万亩。新增节水灌溉面积××万亩，年节水量××××万立方米。

2. 农田林网全面形成。农田林网覆盖率达到××%，造林保存率在××%，增加林网防护面积××万亩。林木覆盖率每年增加×个百分点，由××××年的××%提高到期末的××%。

3. 农业机械化作业水平进一步提高。新增农机总动力××万千瓦，增加机耕面积××万亩，农业机械化水平由××××年的××%提高到期末的××%。

4. 项目区的农业结构进一步调整。经济作物和多种经营的比例逐年加大。“××”期末项目区的粮经比达到4∶6。项目区的主导产业基本形成产业化。

5. 项目区比非项目区年人均增加纯收入×××元。

6. 农业综合开发科技投入由“××”期间×%提高到××%，项目区的科技贡献率每年递增×个百分点，由××××年的××%到××××年达到××%。加大科技培训，项目区乡村技术员和村组干部、专业大户普遍接受1－2次技术培训。

三、“××”期间农业综合开发重点项目

（一）中低产田改造项目

“××”期间中低产田改造仍然是我市农业综合开发的重点，计划“××”期间彻底消除低产田。目前全市有低产田面积××万亩，其中，××县××万亩，××县××万亩，××县××万亩，××县××万亩，××县××万亩。××××－××××年每年改造任务分别为：××万亩、××万亩、××万亩、××万亩、××万亩。

（二）重点建设的优质农产品生产基地项目

1. 优质稻米生产基地：“××”期间发展优粳稻基地××万亩，按照标准化生产，建设绿色食品生产基地，以“××”牌大米加工集团和××米线加工厂等企业为龙头，带动无公害大米基地建设，形成产业化经营。

2. 林木基地建设：重点在××县××、××、××等地区，建设以速生×树为主的林木生产示范基地。突出建设好×树苗木基地，“××”期间建设苗木繁育基地××万亩。

3. 出口蔬菜创汇基地：以××、××、××等企业为龙头，形成蔬菜产业化生产，进一步发展大棚蔬菜，反季节蔬菜生产。多渠道引进国外的蔬菜品种，提高加工能力，加大出口创汇力度，“××”期间建设优质创汇蔬菜示范基地××万亩。

4. 水产养殖基地：在两湖周边地区，以稻田养殖为突破口，以特种水产养殖为重点，发展无公害水产品养殖示范基地××万亩。提高养殖技术，充分发挥我市的水面优势，以金水集团为龙头，形成产业化经营。

5. 花卉基地：在××、××、××等地建设花卉生产示范基地××万亩，在种苗的组织培养，快繁快育、盆景的生产和市场建设方面加大投入，促进和带动花卉基地的建设。引种国际名贵新品种，加大国际市场竞争力，扩大外销，建设一批创汇花卉基地。

6. 高产桑园示范基地：在××、××、××建设优质高产桑园示范基地××万亩。改良品种，用××和××等新品种，更新××等老品种。大力推广方格簇。示范基地的平均亩桑产茧量达到×××克以上。

（三）重点扶持的龙头项目

1. 林木业龙头企业：（略）

2. 水产龙头企业：（略）

3. 蔬菜龙头企业：（略）

4. 茧丝绸龙头企业：（略）

5. 花卉龙头企业：（略）

6. 粮油加工龙头企业：（略）。

（四）重点支持的科技示范项目

1 建设三个省级科技示范园项目：

（1）××市×树科技示范园。

（2）××市水产科技示范园。

（3）××区节水农业示范园。

2. 支持建设××市×××湖生态与现代农业示范区。

四、“××”期间农业综合开发重点支持的主导产业及规划布局

（一）重点支持的农业主导产业

根据我市的区域特点和自然经济条件，以及面临的国内国际经济市场发展的形势，我市农业综合开发在“××”期间重点支持六大主导产业发展。

1. 林木产业：我市是全国×树面积最大的市，辖区内四县全部为全国平原绿化先进县。特别是近年来，市委、市政府大力号召和组织下，×树栽植面积突飞猛进，×树产业迅速发展。目前全市已建成片林×××多万亩，计划到×××

×年建成片林×××万亩。全市现有木材加工企业××××多家，固定资产近×亿元，××××年实现产值××亿元。“××”期间，针对我市目前×树产业发展中存在的品种较为单一、加工企业设备和工艺落后、产品技术含量低等问题，在种苗繁育、技术推广、加工企业技改升级等环节加以重点支持，促进整个产业的联动升级，使其真正成为拉动全市经济和社会发展的支柱产业。

2. 水产业：我市是全国著名的水产品之乡。全市可利用水面×××万亩，开发潜力很大，目前已发展各类水产养殖面积×××万亩，稻田养殖××万亩，河蟹养殖××万亩，青虾养殖××万亩，特殊水产品养殖占养殖面积××%。“××”期末，全市水产面积计划发展到×××万亩，其中，稻田养殖××万亩。农业综合开发将主要围绕水产品精深加工和水产品贮藏保鲜及市场建设等方面加大扶持力度，促进这一主导产业的发展。

3. 花卉产业：花卉是我市正在兴起的支柱产业之一，是农村经济新的增长点，同时也是我市发展创汇农业的重要产业。目前，全市已初步形成规模化、集约化的生产格局。全市花卉种植面积已达××万亩，计划在“××”期间发展到××万亩。农业综合开发主要在引进生物工程技术，发展组织培养，提高花卉苗木档次及市场建设方面进行重点支持，促进全市花卉产业的全面升级。

4. 蔬菜产业：全市已有蔬菜面积××万亩，“××”期间，计划发展到×××万亩。农业综合开发重点投资建设一批高科技、新品种、优质高产无公害蔬菜示范基地，支持蔬菜精深加工和贮藏保鲜龙头企业，同时支持建设具有一定规模的专业化、现代化蔬菜批销市场，培养和造就一批经纪人队伍，加强与国内国际市场的联系，扩大销售渠道，进入国际市场，发展创汇基地。

5. 茧丝绸产业：目前我市蚕桑生产以××、××为龙头，基本形成了产业化经营。全市桑园面积××万亩，年产蚕茧××××吨，白厂丝产量1500吨，丝织品800万米，绢丝120吨，××生产的绢丝成为国际免检产品。特别是加入世贸组织之后，国际市场进一步开放，这一劳动密集型的产业，在国际市场上将具有较强的竞争力，是我市创汇的优势产业。“××”期间，全市桑园面积将发展到20万亩。农业综合开发在老桑园改造、茧丝绸加工等方面进行重点支持，进一步确立其主导产业地位。

6. 稻米产业：我市经过多年的农业结构调整，全市每年水稻种植面积稳定在×××万亩左右，仍然是全市种植的农作物中面积最大的品种，农业综合开发在实施品种更新工程，优质无公害水稻工程，完善稻米产业化经营。

（二）主导产业规划布局

根据全市确立的农业主导产业，结合各县产业发展情况和具体特点，“××”期间农业综合开发重点支持的主导产业规划布局如下。

1. ×树产业：（略）

2. 水产业：（略）

3. 花卉产业：（略）

4. 蔬菜产业：（略）

5. 茧丝绸产业：（略）

6. 优质稻米产业：（略）

五、“××”期间农业综合开发投资概算及资金来源

（一）投资概算

根据“××”期间农业综合开发的投资标准和“××”期间物价上涨、项目建设的难度增加等因素，确定“××”期间农业综合开发中低产田改造项目标准为：以××××年每亩×××元为基数，以后每年每亩增加××元。重点示范项目标准为每亩财政资金×××万元。据此测算，“××”期间全市农业综合开发总投资×亿元，财政资金×亿元。其中：土地治理项目×亿元，财政资金×亿元，多种经营项目×亿元，财政资金×亿元。

（二）资金来源

根据国家现行农业综合开发投资政策，农业综合开发项目中央财政、地方财政、集体和农民自筹，原则上按1∶1.2∶0.5的比例配套投入；省财政、市财政和县财政按照0.7∶0.1∶0.2的比例配套。因此，“××”期间全市农业综合开发所需投入的×亿元中，中央财政投入为×亿元，省财政×亿元，市财政×亿元，县财政×亿元，集体和农民自筹×亿元。

六、“××”期间农业综合开发预期效益分析

（一）经济效益

根据测算，我市“××”农业综合开发计划完成后，全市可新增粮食生产能力××××万千克，棉花×××万千克，油料××××万千克。新增种植业总产值×亿元，多种经营总产值××亿元。新增税利×亿元。项目区人均纯收入比非项目区高×××元。

（二）社会效益

农业综合开发，加强农业基础设施的建设，不仅可解决农业生产中的主要问题，同时可解决农民生活上的难题，如通电、通路、通水等。多种经营项目建设将增加就业机会×万个。农业机械化水平的提高使广大农民从繁重的农业劳动中解放出来投入二、三产业的生产。新技术、新品种的推广应用，农业技术培训，将大大提高农产品的科技含量和农村生产力水平。通过农业综合开发项目建设，对全市农业结构调整和产业化经营将起到积极的示范带动作用。

（三）生态效益

农业开发实行山、水、田、林、路综合治理，改善了农村的生态环境。灌溉面积的扩大，节水灌溉技术的应用，减少了水土流失，改善农村气候。林网面积的增加，提高了林木覆盖率。同时项目区推广使用秸秆还田技术，生物防治技术，秸秆氨化养畜技术，减轻了农村环境的污染，特别是一批生态农业示范区的建设，更进一步改善了农业生态环境。

七、“××”期间农业综合开发主要措施

（一）加强组织领导

农业综合开发工作是党和政府农业和农村工作的重要组成部分，全市各级政府都把农业开发工作列入政府主要工作来抓，认真组织，加强领导。建设好农业开发队伍，提高农业开发系统人员的总体素质。同时协调好各有关部门，上下一股绳，左右一盘棋，齐心合力搞开发，并做好宣传、营造环境，使每一级政府都重视开发，每一位领导都关心开发，每一位农民都积极主动参与开发，全市上下形成浓厚的开发氛围。

（二）积极筹集资金

农业综合开发的投入执行中央财政、地方财政、集体和农民自筹相配套的原则。各级财政在保证国家和省资金准确及时足额下拨的情况下，认真筹集好配套资金，同时做好项目区的农民自筹资金的筹集工作。目前我市农村费税改革工作已全部完成，农业综合开发资金由农民自筹部分必须通过一事一议程序进行筹集。农民自筹资金在项目确定后立即进行筹集，保证足额到位，不留缺口，保证农业综合开发工程按期优质足量完成。

（三）科学规划，严格管理

农业综合开发规划是否科学合理，是关系农业开发能否成功的关键。我市要遵循科学规律，严肃各项纪律，明确各项责任。同时加强规划人员培训，提高业务素质和技术水平，增强责任心和工作能力，保证规划的科学合理。在项目管理上，引入竞争机制，全面实行招投标制和工程质量监理制。在资金管理上，严肃财务制度，杜绝挪用农业开发资金现象，严格审计制度，加强督促检查。

（四）依靠科技搞开发

我市在今后农业综合开发项目资金安排上，将进一步加大科技投入。在项目区大力推广节水优质高效高产的新品种。推广秸秆还田生物技术、病虫害综合防治技术等先进的栽培管理技术。加强农民的技术培训特别是农民经纪人的培训，提高农民的科技文化素质。

（五）解放思想，开拓创新

在立项方面要创新机制，引入竞争；在项目工程方面要创新设计；在项目的经营管理方面，要创新体制。探索适合于我市农业综合开发建设和发展的方法措施。

（六）制定优惠政策，强化招商引资

农业综合开发在运用好各级财政资金的同时，各级政府根据当地的不同情况，制定出优惠的招商引资政策，吸引外资，加强农业招商，扩大资金渠道，加大开发力度。

◇工业发展规划

【范文】

××县工业“××”发展规划（初步设想）

一、指导思想

以党的十六大和十六届三中、四中全会精神为指针，全面树立和落实科学发展观，坚持走科技含量高、经济效益好、资源消耗低、环境污染少、人才资源优势得以充分发挥的新型工业化道路。以发展为主题，以市场为导向，以结构调整为主线，以制度创新、科技创新和管理创新为动力，坚持可持续发展。提高产业核心竞争力，实现速度和结构、质量、效益的统一，提高全县工业整体素质，充分发挥工业对全县经济发展的支撑带动作用，促进××向工业强县的跨越。

二、发展目标

大力提升纺织、蔬菜食品、矿产建材等三大传统支柱产业，着力培育电子信息、生物化工、果蔬汁、××饮料、新型制造业等新兴产业，通过扩规、提质、创新等手段使其不断发展壮大并逐步成为我县工业新的支柱产业，实现工业结构的优化升级，形成工业经济持续、稳定、协调发展。

具体发展目标是：

——工业总产值年平均递增××%，到××××年达到×××亿元；工业增加值年平均递增××%，到××××年达到××亿元，在三种产业中GDP的比重达到××%以上；实现利税总额××亿元；

——规模以上工业增加值年均递增××%，到××××年达到×××亿元以上；

——规模工业企业达到×××家，创省级著名品牌××个，新增就业岗位×万个以上；

——工业技术改造投资总额完成××亿元以上，完成固定资产投资××亿元；实现新增产值×××亿元，新增利税×亿元。

三、主要建设内容

一是要做强纺织产业。对现有的纺织企业要不断改进工艺技术和装备水平，扩大生产规模，提高产品质量，繁荣产品品种，争创驰名品牌。同时，大力引进彩色棉新品种，不断吸收外来资本投入，逐步将纺纱规模扩大到××万锭以上；（略）

二是要做大蔬菜食品产业。蔬菜加工要应用先进的技术和工艺，扩大无公害蔬菜生产基地，按照“公司＋基地＋农户”的模式，以××等企业为龙头不断发展壮大。扶持发展净菜等精、深加工生产，着力攻克无公害莲藕、莲米、菱角米等水生蔬菜和蕨菜、雷蒿等野生蔬菜的加工、保鲜技术难关，打造××个以上蔬菜加工品牌，达到年加工蔬菜×××万吨生产规模，加工转化率达到××%以上。不断提高淡水鱼等水产品的加工综合利用率，以××食品等企业为龙头，实现规模化、产业化，并不断改进产品包装，抢占市场份额，争创特色品牌。发展蔬菜汁、水果汁、大米、油脂、茶叶、蛋类、禽类、珍珠等新兴农副产品深加工项目。（略）

三是要做优矿产建材业。对花岗石、高岭土等资源开采型企业，本着合理开发，综合利用的原则，要控制总量，提高质量，关停生产力水平低下的小矿，引进先进技术和设备，提高重点开采企业的技术水平和生产能力，节约资源，减少污染和环境破坏，提高资源利用率、产品成材率。（略）

四是要拓展电子信息、生物化工、机械制造等技术产业。选择一批增长潜力大、创新能力强的企业以工业园区为依托，以重点项目为支撑，做大做强一批产业化项目，使其异军突起。通过招商引资，新建×－×家电子信息产品生产企业，产值达到×亿元以上，带动电子信息产业发展。（略）

四、专项工作计划写作范文

◇“安全生产活动月”活动工作计划

【范文】

××供电所××××年度
“安全生产活动月”活动工作计划

根据××〔××××〕××号文件关于印发《××供电局安全生产活动月计划》的通知精神，按照建设“一强三优”现代公司的发展目标和“三抓一创”的工作思路，围绕“严格执行安全生产规章制度，加强作业现场的安全监督管理，杜绝习惯性违章”三个重点开展“安全生产活动月”活动。为了搞好本年度的“安全生产活动月”工作，杜绝习惯性违章行为，消除线路设备安全事故隐患，全面提高全所电网设备的健康运行水平。进一步落实“安全第一、预防为主”的方针，根据全所工作的具体情况，特对本年度“安全生产活动月”工作作出以下具体安排。

一、组织工作

为了搞好××××年度的“安全生产活动月”工作，做到有组织、有计划、有安排、有检查、有落实、有考核。经全所研究决定成立××××年度“安全生产活动月”工作小组。

组长：×××。

成员：(略)

二、宣传工作

1. ×月××日召开“安全生产活动月”宣传动员会。

2. 组织全所职工学习讨论张总、孙总在“安全生产活动月”动员大会上的讲话精神，进一步统一思想、提高认识。认真按照供电所“安全生产活动月”计划的各项工作安排深入开展活动。

3. 组织“安全生产活动月”活动宣传车，利用赶集时间在各场镇进行宣传。

4. 在安全生产活动月期间出一期宣传专栏，书写一定数量的宣传标语，营造良好的活动氛围。

三、本年度“安全生产活动月”工作的主要内容。

1. 3月份所长与专责、班长，班长与班员层层签订“安全生产责任书”，明确各级安全生产责任目标。

2. 组织全所职业电工进行年度安全知识考试。考试内容包括《安规》、《岗位安全工作行为准则》、《供电企业典型违章10条》、《国网公司安全生产工作规程规定》等。

3. 检查“两票、一单”、标准化作业程序、危险点分析与控制措施的落实情况。

4. 检查安全工具、施工工具的使用情况。

5. 检查10kV线路支路刀闸、跌落保险、低压刀闸运行情况和熔丝、熔片配备情况。

6. 结合“春安”工作，检查各配电变压器、油位、油色、导管、声音、高低压桩头、接地电阻情况。

7. 检查各配变台区低压线路运行情况。发现问题，一般安全事故缺陷马上进行处理，对不能及时处理的安全隐患和设备缺陷，上报供电所由供电所组织进行处理。

8. 检查春季抗旱抽水、水泵使用情况。

9. 检查各种安全标示牌配备、使用情况。

四、其他工作

1. 针对全所辖区碎石厂较多、布点较密的情况，运维班要加强巡视检查和监控，做好防止外力破坏工作；

2. 施工期间严格按照标准化作业程序进行，全面开展危险点分析与控制措施工作，杜绝习惯性违章现象；

3. 严格坚持“工作票、派工单”制度，杜绝无票作业现象；

4. 做好供电所的防火、防盗工作；

5. 按照电力公司“八项”承诺服务标准，完成各项工作。

五、达到的效果和目的

通过本年度“安全生产活动月”活动的开展，全面推进安全生产的常态管理，促进各项安全措施的落实，进一步提高全所职工对搞好安全生产工作重要性的认识，杜绝习惯性违章行为，夯实安全生产基础，确保我所××××年度安全工作目标全面实现。

◇“宣传教育月”活动工作计划

【范文】

××区统计局开展××××年“宣传教育月”活动工作计划

根据××区纪律检查委员会、组织部、宣传部联合下发的《关于开展党风廉政建设宣传教育月活动的安排意见》精神，我局将于5月中旬至6月中旬开展党风廉政建设宣传教育月活动，具体安排如下：

一、教育目的

通过开展党风廉政宣传教育月活动，进一步增强党员干部，特别是领导干部的党性观念，提高端正党风、勤政廉政的自觉性，在深入学习宣传江泽民“七一”讲话和“三个代表”重要思想的同时，全面贯彻党的××届六中全会和中纪委七次全会精神，把党员干部的思想统一到邓小平理论和“三个代表”重要思想上来，为促进我局的两个文明建设健康发展和推进统计方法制度改革提供精神动力与思想保证，为迎接党的十六大胜利召开营造积极向上的舆论和真抓实干的行动氛围。

二、主要内容

宣传教育活动紧紧围绕“树立正确的利益观”这一主题，按照统一工作布置，认真组织开展好四项活动：

1. 进行党课教育。局领导要讲一次党课。以加深党员干部共产主义宗旨的理解，强化公仆意识、党性意识，牢固树立马克思主义的世界观、人生观、价值观。面对改革开放和社会主义市场经济条件下物质利益的诱惑，围绕“参加革命为什么，现在当官做什么，将来身后留什么”深入反思，增强实践“三个代表”重要思想的自觉性，以昂扬的精神面貌为统计事业开拓进取。

2. 总结、宣传勤政廉政典型，推动我局党风廉政建设向纵深发展。继续开展向优秀党领导干部×××和市检察院×分院检察长××学习活动，并注意总结我局干部在党风廉政建设中的典型事例，做到用身边的人和事教育党员干部。

3. 组织好全局干部征文活动。

征文内容：以“树立正确的利益观”为主题，题材不限，字数在××××－××××字之间；

征文对象：局领导班子成员；

时间要求：×月××日前，要打印稿。

4. 按照区统一部署，认真开展“改进作风，树立形象”的教育活动。要对照“八个坚持，八个反对”，以及党的××大以来中央和北京市关于领导干部廉洁自律的一系列规定，局领导班子在广泛听取干部意见的基础上，开展作风建设专题讨论，勇于开展批评和自我批评，认真查找自身及领导班子在作风上存在的突出问题，制定切实可行的整改措施和办法，自觉接受单位干部、职工和社会公众的监督。

三、几点要求

1. 加强领导，不走过场。开展党风廉政建设宣传教育月活动是区委有关部门布置的一项政治任务，对于做好我局今年的党风廉政工作有很重要的作用，必须高度重视。局党组要加强对活动的领导，和局中心工作同布置、同检查、同考核。领导班子成员要带头参加教育活动，联系工作实际，在改进作风上取得实效。

2. 宣传教育活动要注重树立典型、学习典型，利用板报、网络等形式广泛宣传，营造宣传教育活动的良好氛围。

3. 要认真做好组织工作。要合理安排学习教育时间和内容，教育活动重在提高党员、干部的思想认识，促进勤政廉政工作的自觉性，正确处理好教育活动和日常工作的关系，做到教育工作两不误。按要求上报我局开展教育活动的信息和教育活动总结，通过宣传教育活动进一步推进我局党风廉政建设工作。

◇“爱国卫生月”活动工作计划

【范文】

××街道××××年“爱国卫生月”活动工作计划

今年4月是全国第16个爱国卫生月，根据××字〔××××〕××号文件精神和我街道实际，紧紧围绕“清洁××，从我做起”这个主题，通过开展以“清垃圾，清杂物，清招贴，清四害滋生地”为重点内容的全民爱国卫生活动，进一步巩固国家卫生城市成果，让广大人民群众有一个清洁的环境，现制定我街道今年爱国卫生月活动工作计划如下：

一、活动内容

街道爱卫办、各村、社区要充分利用横幅、标语、专栏、板报等深入宣传发动，广泛开展以“清洁××，从我做起”为主题的爱卫月活动。最大范围地动员群众参与，营造浓厚的爱国卫生月活动氛围。利用市民休闲广场、社区活动场所开展健康咨询活动，展示版面设计新颖、具有科学性、可读性的板报，发放宣传资料，广泛传播健康、卫生知识，增强群众讲究卫生和维护环境的自觉性。

我街道要组织辖区各单位重点开展街巷、居民小区、城郊结合部和农贸市场周边、拆迁和建筑工地的环境整治，以当前防治“非典”和“禽流感”为契机，围绕灭鼠工作，认真落实综合防治措施，强化重点地段、重点行业的环境综合治理，紧紧抓住“清、灭、堵、防、查”五个环节，全面清理卫生死角，坚持“以环境整治为主，药物消杀为辅”的方法进行科学除害；进一步明确灭鼠达标的标准、任务、要求，明确分工，确保任务分工到单位，责任到人，定人、定点、定任务，将四害密度控制在国标以内，做好迎接省爱卫会“灭鼠先进城市”复查的各项准备工作。

二、活动安排

1. ×月×日的下午，街道爱卫办将出一期有关灭鼠、控烟相关知识、四清(即清垃圾，清杂物，清招贴，清四害滋生地)、春夏季传染病防治知识的健教专栏参加区里的评比活动。突出宣传本次爱卫月主题“清洁××，从我做起”。

2. ×月×日，组织各村、社区在××小区市民休闲广场举行健康咨询、义诊和板报展评活动；发放××××份宣传资料。各主次干道至少悬挂×－××条横幅，开展具有特色的爱卫月活动，×日那天，街道爱卫办要准备×块健教宣传展板组织相关人员到××参加全区板报展评和义诊、咨询活动。

3. ×月××日街道要组织各村、社区分管主任、卫生干事、健教医生、部分机关干部、中小学保健医生、医院、工企单位从事健教人员、部分市民参加区里举办的健教大课。

4. 组织开展以社区为单位的“清洁××，从我做起”的义务劳动。街道爱卫办要积极动员驻区的单位、居民人人动手共同清除楼道车棚、楼顶、路边堆放的杂物、垃圾；清除小街巷、居民院落、物业小区内的招贴等；结合当前正在开展的春季灭鼠活动，进一步清除四害滋生地，降低四害密度。

当前，我街道及辖区各单位要通过大力开展第16个爱国卫生月活动，巩固创建成果，要与时俱进，争先进位，以全面建设小康社会为目标，把爱国卫生工作、绿色社区建设、卫生城市建设的要求紧密结合起来，积极争创“××市市容卫生优胜街道”活动，把广大群众关心的公共卫生问题作为重点，抓紧抓好，抓出成效。

◇招商引资工作计划

【范文】

区建设局招商引资工作计划

为了全面贯彻落实党的十六大精神，促进我区经济发展，加快实现全面建设小康社会的步伐，××××年，我局应认真围绕区委、区政府继续以招商引资为“总抓手”，以大开放、大招商、促大发展为中心工作重点，切实抓好招商引资工作，全面实现××××年招商引资工作目标。

一、指导思想

以十六大精神为指针，紧紧围绕加快全区经济发展，进一步解放思想，与时俱进，真抓实干，促进发展，使我局的招商引资工作再上新台阶。

二、目标任务

全年全局招商引资任务目标值为××××万元，确保实际进资××××万元。其中工业项目进资必须达到××%以上。为确保全年任务的完成，将招商引资任务分解落实到局领导班子、局属各单位（具体任务见附表）。

三、主要措施

1. 成立区建设局招商引资工作领导小组，组长由×××担任，副组长由×××担任，下设办公室，办公室主任由×××担任。

2. 区建设局党政主要领导是全局招商引资工作的第一责任人，对全局招商引资工作负总责；局分管领导是分管部门第一责任人，凡分管单位部门的招商引资软环境出了问题，分管领导要承担领导责任；局属各单位、各部门“一把手”是本单位招商引资的第一责任人，各单位部门的主要领导要从思想上高度重视招商引资工作，亲自部署，狠抓落实，经常检查，责无旁贷地承担起招商引资工作第一责任人领导责任，确保招商引资工作有专人抓、专人管，确保全局招商引资任务顺利完成。

3. 抽调有一定工作能力和外交能力的同志组成招商引资小分队，分别在上海、广东、福建、浙江等地进行定点和蹲点招商。充分发挥优势，瞄准重点地区广泛联系客商，紧紧围绕工业、加工业、农业产业化等项目进行招商。确保一个招资××××万元以上的工业项目进入工业园区。

四、优化环境

1. 跟踪服务。凡引进的项目要实行挂牌跟踪服务，由局抽调×－×名人员实行全方位、全天候、全过程跟踪服务，凡客商需要办理的有关手续，都由跟踪服务人员认真负责办理。

2. 加大整治力度。努力营造高效率的办事环境和公平公正的执法环境。对影响客商招资环境，侵害客商企业利益的要一查到底，严肃追究责任。

3. 简化办事程序，提高办事效益。规划、建管一律进入政府集中办事大厅实行“一条龙”服务，做到当天的事当天办，能办的事及时办。提供无偿咨询服务，使客商进得来、留得住。

五、奖惩兑现

有关招商引资考评和奖惩办法，原则上按临发〔××××〕××号、××号、××号文件执行。对局属各单位倒数一、二名的，除给予黄牌警告外，单位年终考评时不予评先进单位，单位一把手予以降职使用。

局班子领导交纳招商引资保证金×××元。局属各单位党政一把手交纳招商引资保证金×××元。完成任务保证金退回，未完成的保证金转为罚金。

六、考评时间

考评时间为××××年××月××日－××××年××月××日。

第二章　工作总结写作

第一节　工作总结写作概述

（一）党务党建工作总结的概念

党务党建工作总结，就是党委机关把某一时期已经完成的工作，进行一次全面系统的检查和评价，对某一阶段的党务党建工作情况进行分析与研究，也就是总结取得了哪些成绩，存在哪些缺点和不足，交流工作经验，以更好地提高党委机关工作的质量和效益。

（二）党务党建工作总结的基本内容

总结必须有党务党建工作情况的概括和叙述，总结的内容有的比较简单，有的翔实具体。党务党建工作总结的内容主要是对工作的主客观条件、有利和不利条件以及工作的环境和基础等进行分析。在总结出成绩的同时，发现和改正缺点与问题，这是总结的中心目的和意义所在。

党务党建工作总结内容包括有什么成绩和重要意义、体现在哪个方面，取得成绩的途径；出现的缺点和问题，具体表现在哪、产生的根源、性质和程度等。总结工作经验和教训，对以往工作的经验和教训进行分析、研究、概括、集中，并上升到理论的高度来认识，明确努力方向，提出改进措施。以便更好地为下一步工作提供借鉴与指导。

（三）党务党建工作总结写作格式

工作总结由标题、正文和落款三部分构成：

1. 标题

标题一般要包括单位或制发机关名称、时间概念和文种类别，但有时仅写时间概念和工作总结，而省写单位名称。还有一种写法是使用双标题，用一句主题词、句作正标题，用副标题标明单位名称、时间概念和文种类别。

2. 正文

正文一般依次撰写出下列四方面内容：首先概述某一阶段内的整个工作情

况，包括工作背景、基础、成绩、效果等；其次写经验体会，包括具体的做法、事例、数据等；再次是存在的问题与不足，分析产生问题的原因；最后是今后的设想和努力方向。正文写作时，根据内容的复杂程度，可以分小标题分列陈述。

3. 落款法定作者、日期

如果在标题中和题下已标明的，可省略。

（四）党务党建工作总结写作注意的问题

总结前要充分占有已经取得的材料，通过不同的工作途径，听取上级部门和群众等多方面的意见和建议，了解有关将要总结的情况。与总结密切相关的一些材料，不便于在正文里表述的，也可以附表、附图，作为附件在最后。要避免党委领导提出观点，然后到群众中去找材料的写法。工作总结一定要讲求实事求是的原则，不夸大成绩也不缩小缺点，更不能使用弄虚作假的材料。工作总结段落结构的条理要清晰明了。党务党建工作总结具有很强的政治指导性，条理不清容易产生理解的片面，从而影响总结的表达效果，达不到工作总结的目的。工作总结的体裁结构要得体，详略得当。通过分析研究，从表面现象中发现事实的本质。工作总结中提出的问题要有重点，抓住主要矛盾，把握主体方向。

（五）党务党建工作总结的作用

总结是推动工作前进的重要环节，党务党建工作需要不断的反复操作、辛勤劳动才能完成。每一次具体实践，都有成绩与失误、经验与教训，经常总结就会及时取得经验教训，提高认识和工作技能。通过不断实践与总结，使党的领导者对客观事物的认识越来越深刻，知识层次越来越广泛，领导的水平越来越高，党的事业才会不断发展前进；总结是寻找党的工作规律的重要手段，党务党建工作存在着内在的联系、外部条件制约，但它们都有自身的发展、运动规律。遵循这些客观规律办事就能顺利达到预期的目的，这也是我党工作的一贯原则。否则就会受到违背规律的惩罚而招致失败。

要找寻、发现客观规律，就需要总结，总结是培养、提高党委机关工作能力的重要途径。机关工作者要提高自身的工作能力，具体途径表现在两方面，一是提高专业知识水平，二是提高处理实际工作的能力。运用所学知识处理实际工作主要是通过实践完成的，而总结是提高机关工作者能力的重要手段。党务党建的每一件工作、每一项任务完成之后，必须进行认真的总结，对全面工作进行深入地回顾、检查，找出成绩与缺点、经验与教训，实事求是地作出正确评价。这样才能把群众最大限度地团结起来，把积极性最大限度地调动起来，才能保证党的事业和各项工作从胜利走向新的胜利。

第二节　工作总结写作范文

一、机关年度工作总结写作范文

◇党务党建年度工作总结

【范文】

在××市直机关党建工作会议上的讲话

××市委　×××

××××年××月××日

同志们：

今天，我们召开市直机关党建工作会议，主要任务是总结××××年工作，部署××××年工作。目的是通过回顾过去，肯定成绩，检视不足，更好地理清思路，展望未来，明确目标，更好地落实市委第四届党代会提出的"机关党建走前头，带好头，树标杆"的目标，把机关党的建设提高到一个新水平。

过去的一年，市直机关党建工作在市委的领导下，在××市委直属机关工委的指导下，机关党建工作坚持以邓小平理论和"三个代表"重要思想为指导，牢记胡锦涛总书记"两个务必"的要求，以增强机关党建工作活力为重点，以提高党员干部思想政治素质为根本，以争创全省先进党工委为动力，在市直工委、各系统（局）党委的共同努力下，在推进机关党建工作"走前头"方面取得了显著的成效，机关党建工作迈出了新的步伐。主要表现在以下几个方面：

1. 学教活动有新成效。机关党的思想政治工作紧紧围绕"'××××'发展战略、项目带动战略实施和全面建设小康社会"这一主题，以学习"××××"宣传学习主题月活动开展为契机，全面掀起学习贯彻"三个代表"重要思想的新高潮，我市机关代表队参加××市机关学习实践"三个代表"重要思想知识竞赛获得第一名，市直工委抓好学习的组织，树立党建工作围绕发展、围绕经济工作，紧扣"第一要务"的意识，机关党员干部工作热情高涨，奋发有为，在思想上、作风上、行动上凝聚了最可贵的积极因素，创建学习型党组织、学习型机关初见成效。

2. 理论武装有新氛围。机关党的理论调研、研讨蔚然成风，理论创新闪现新亮点。市直工委牵头组织的"××××，××××"征文活动，党的基层组织、党务干部踊跃参与，积极撰写，活跃了理论研讨的氛围，也交流了各自在基层组织建设上好的经验、做法，对“比、学、赶、帮”是一个很好的促进。以反映我市机关贯彻落实“三个代表”重要思想图片展在××××大院展出，获得好评，既是石狮实力的呈现，也是我市机关工作的魅力所在。

3. 党建工作“走前头”有新突破。机关党建工作紧紧围绕争创“党建先进单位”、“五好支部”、“一岗双优”三大载体，牢牢抓住基层组织和党员干部两个对象，落实责任机制，实行“一岗双责”，以班子建设带动队伍建设，取得了实效。今年有一批机关党组织和党员受到各级党委命名表彰，城监大队、电力联营公司、国税局、地税局、公路分局、供水股份公司、药监局等一批行业、窗口单位在创优争先活动中脱颖而出，成为机关党建工作的典型，成绩来之不易。

4. 党建信息化有新特色。机关党建信息化工作是市委党建工作专题会确定的工作目标，通过一个阶段的努力，“七一”期间党建信息网站正式点击开通，局域网党务管理、党员数据库、办公自动化开发已经完成基本框架的规划设计。这是我市党务干部开拓创新，抢占信息高地的一个例证。

5. 党员发展质量有新提高。今年，新党员的发展推行三次“公示”和两级预审制度，严把党员“入口关”，规范了发展党员工作程序，确保了党员质量，保证了“坚持标准、保证质量、改善结构、慎重发展”十六字方针的落实。机关共发展党员×××名，为党的组织输送了新鲜的血液，为党的事业培育了新生力量。

6. 机关精神文明建设有新进展。精神文明建设是机关党建工作的一项重要内容。机关精神文明建设围绕“创文明单位，做人民公仆”、“创文明行业，建满意窗口”这一主线，扎实开展精神文明建设。通过文明创建载体的实现，一批批机关单位荣获省市“精神文明单位”命名表彰令我们感到欣慰。机关窗口、行业单位亲民、务实、开拓、创新的时代精神，培育了朝气，树立了正气，鼓舞了士气。

在肯定取得成效的同时，我们必须清醒地认识到机关党建工作仍然存在一些不足和问题：

（1）理论武装有待加强。理论学习的重要性认识应有新的提高，要进一步解决工学矛盾。要加快学习型机关的创建工作，建设学习型组织，构建学习型机关，培养学习型干部，养成终生学习的理念。

（2）党建创先工作氛围有待进一步升温。个别单位领导的创先意识不强，只满足于日常工作的开展，创先工作点子不多，信心不足，热情不高。

（3）对基层党组织党建创先工作指导、跟踪不够，业务培训欠缺，补缺补漏抓得不紧。典型培育工作力度不够扎实，辐射效应尚未充分发挥作用。

（4）机关党建工作发展不平衡，窗口行业单位富有特色强于机关。

新的一年，机关党的建设任重道远。我们要紧紧围绕宣传学习贯彻十六大精神和“三个代表”重要思想，学习贯彻市委第×届党代会提出的工作部署，勤于学习，善于思考，敢于实践。新时期机关党建的拓展要做到“四个结合”和“四个走前头”：一是理论学习与业务学习相结合，在探索学习型党组织创建方面“走前头”；二是领导班子自身建设与党员干部队伍建设相结合，在争当“勤政为民好公仆”活动中“走前头”；三是党的建设与精神文明建设相结合，在“创文明行业，建满意窗口”，服务基层，服务群众风尚里“走前头”；四是党建工作与业务工作相结合，在“抓党建促业务，创佳绩树标杆”上“走前头”，全面深化机关党的思想建设、组织建设和作风建设，使机关党的建设实现新的跨越。为此，对机关党组织和党务干部提出四点要求：

1. 保持旺盛的工作热情，积极投入机关党的建设。江泽民同志曾经指出：“基础不牢，地动山摇”。机关机关工作者是机关党的建设的主力军，责任重大。要从讲政治的高度认识机关党的建设的重要性，要从巩固、捍卫共产党政权，执政地位的层面，确立工作的责任感、使命感；要从“立党为公、执政为民”的层面，深刻领会，严格把握，勤于思考，勇于探索，敢于实践，奋发有为，树立爱岗敬业的职业道德，真正无愧于市委的重托，有所作为地把机关党的建设提高到一个新水平。

2. 强化党的理论武装，加强党员干部的素质教育。党的理论武装是我们党的政治优势，是政治思想工作的命脉，行动的指南，工作的利器。要再次掀起“三个代表”重要思想学习教育活动新高潮，认真组织学习、宣传党的十六大精神和市委第×届党代会重大决策，开展党员先进性教育。党员领导干部要以身作则，率先垂范，带头学习，带头宣传，以自己的实际行动推动学习教育活动的深入开展。要引导广大党员干部自觉把学习活动作为日常的必修科目，不断提高自身的政治思想素质和理论素养，增进品德修养、锤炼人格魅力，成为党信赖、群众尊敬的党务干部，消除普通党员的信仰危机和群众的信任危机，在党的建设伟大工程中，发挥中坚骨干作用和典范作用。

3. 推进机关党建“走前头”，全面提高机关党建工作水平。市委第×届党代会提出“机关党建走前头、带好头、树标杆”的工作要求，是我市机关党建的目标任务。这方面我们还有很大的差距，根本的问题在于领导，在于认识，在于一些同志把机关工作当作“闲差”，轻于思考，虚于落实，必须引起高度重视和加以改进。机关党建“走前头”绝不是一句空话，绝不能成为一句空话。市直工委在党的建设方面制定了许多制度、作了一些规范，设计了“一先双优五好”载体创建机制，具有很强的实践意义，对推动机关党的建设起到了较好的推动作用。只要一以贯之，持之以恒地坚持下去，把制度落到实处，工作就能开拓新格局，展现新局面。新的一年，机关党的建设要继续抓好党建联系点工作，加大党建“精品工程”创建力度，着重抓住典型培育、示范、推广等重点工作，培育一批起点高、业绩佳、特色浓、示范强的典型支部，并通过经验交流汇报，现场演示学习，实地观摩考察，深入调研总结，组织推广辐射等行之有效的方法和途径，充分发挥好党建“精品工程”信息主渠道、典型示范、调研基地三大作用，把机关党建工作做实做大，推进机关党建上新水平。要实现大的跨越，关键在开拓，关键在落实，关键在督查。市直工委要责无旁贷负起指导、督查的职责。机关党委、总支、支部要走出去，看一看××派出所、电力联营公司、城监大队等大楼外单位党建的工作成效，检视不足，查找差距，扎实跟进。

4. 切实改进机关作风，做到为民、务实、清廉。机关党的作风建设是党建工作的一大课题，整肃机关作风是市委的一大举措。通过行风评议、纠风深化、效能考核、政务公开、曝光等一系列有效的方式，机关作风有了很大的改进，群众的满意度有了较大的提高。但是，我们决不能满足于现状。××派出所提出的“零门槛、零距离、零投诉”的承诺，推行人性化的服务，实现管理型向服务型的转变，倡导服务理念，开创了党建工作的新境界。市委、市政府号召学习××派出所，机关怎么办？是停留在口头学上，还是落实在具体的行动上？我认为学××派出所，关键要牢固树立群众观念，想问题、办事情时刻惦记着群众；从角色的转换上做“换位”思考，从亲民、爱民、护民的感情出发，我们才能找到更多的工作着力点，消除更多工作中的盲点，把“行业树新风，满意在机关”扎实地铺展开来。真正做到感情上可亲，言行上可信，形象上可敬。为党赢得民心，为巩固党的执政地位，为政权的稳固、社会的安定团结作出应有的贡献。

总之，希望通过这次会议的召开，大家能够审视责任，振奋精神，明确任务，务实开拓，使我们机关党建工作在新的一年里有一个大的跃升，能够取得更大的成效。

◇机关党委年度工作总结

【范文】

××××年××市统计局党委工作总结

××××年，在市直机关工委和局党组领导下，局机关党委始终坚持以邓小平理论和“三个代表”重要思想为指导，按照“围绕业务抓党建，抓党建促发展”的工作思路，采取积极有效的教育形式，进一步强化机关的思想建设、队伍建设、廉政建设，着重在“锻炼一支好队伍，建造一种好机制，营造一个好环境”上下功夫，为统计改革与建设提供强大的精神动力和智力支持。现将机关党委××××年工作总结如下：

一、加强理论学习，提高党员干部政治素质

加强政治理论学习，提高党员干部的思想政治素质，既是新形势发展的客观要求，也是一项政治任务。机关党委根据市直机关工委和局党组的统一要求，把加强党员干部的政治理论学习和精神文明建设作为一件大事来抓，全面提高党员干部的政治素质，结合我局实际，党委制订了年度学习计划，并按月做了详细安排，学习内容是以“三个代表”重要思想为指导，重点学习胡锦涛总书记在西柏坡考察时的讲话精神，并参考学习毛泽东、邓小平“关于艰苦奋斗，保持同人民群众血肉联系”等多篇论著。学习形式：采取集中与自学相结合，在理论学习的基础上展开大讨论，取得了较好的学习效果。使全体党员干部的政治素质进一步提高，为全面地、更好地完成统计工作提供了政治保障。

二、加强廉政建设，打造务实型机关

党风廉政建设和反腐败斗争是全党的一项重大任务。按照年初工作重点组织机关党员干部认真学习：《中国共产党纪律处分条例》、《中国共产党内监督条例》、《关于党内政治生活的若干准则》、胡锦涛总书记在中央纪律检查委员会第三次全体会议上重要讲话：“大力弘扬求真务实精神，大兴求真务实之风，继续深入开展党风廉政建设和反腐败斗争”等重要文件，并在机关开展“发扬艰苦奋斗优良作风”思想教育和弘扬务实精神，树统计人形象大讨论。按照《关于深入开展以“牢记两个务必，坚持执政为民”为主题的权力观教育活动》的要求，结合我局实际，把党风廉政建设这个软任务作为硬目标进行量化后，纳入统计工作的各个环节，作为年度各处（室）的考评标准。通过各种形式的学习，全体党员干部的廉政意识增强，严格遵守党的“四大纪律，八项要求”，自觉规范从政行为，做到执政为民。

三、加强党员教育，促进统计事业发展

为了进一步加强机关党员的思想建设，机关党委出台了《××××年党建思想政治工作实施意见》、《党建工作和思想政治工作要点》，开展“弘扬求真务实精神，树统计人形象”大讨论活动。中层以上党员干部撰写学习心得体会20余篇。通过大讨论活动，使教育内容得到切合实际的落实。上半年开展了向任长霞同志学习活动。要求党员干部，对照英雄先进事迹，开展“三查、三看”找差距，转变工作作风，使党员干部在活动中受到教育，在教育中提高素质。按照机关党委年初工作安排，召开了××××年度思想政治工作座谈会，通过座谈进一步增强了全体党员的全局意识、奉献统计的爱岗敬业精神，从而使党员干部时刻牢记党的宗旨，自觉做到清正廉洁、淡泊名利、克己奉公，使统计工作更好地服务于各级领导和社会公众。

四、加强党员管理，完善各项规章制度

加强组织管理，增强机关党组织的凝聚力。机关年轻人多，思想活跃，积极要求进步的同志越来越多。为了更好地做好组织发展工作，针对我局的实际情况，严格按照“十六字”发展方针，机关党委完善了《党员发展工作程序》、《党费交纳规定》等程序规章制度，使组织发展、党费交纳等工作更加有序。至今已向党组织递交过申请书的同志有××人。一年来，机关党委共培养、发展入党积极分子××名，预备党员××名。同时制定了《优秀共产党员评选办法》，开展了优秀党员的评选活动，使党组织战斗堡垒作用和党员的先锋模范作用得到了更好地发挥。

五、加强党群沟通，增强整体凝聚力

为了活跃机关职工生活，沟通党群关系，提高全局的凝聚力和战斗力，一年来机关党委组织了一系列的有益活动：

1. 组织机关50多人参加了“市直机关第三届运动会”。我局共参加了×个项目的比赛，参赛队员和拉拉队员齐心协力，奋力拼搏，荣获6座奖杯和优秀组织奖。此次运动会共有××多个局委参赛，我局以总分第八的好成绩名列前茅。

2. 庆“三八”召开妇女座谈会。会上大家表示，要发扬自强不息、艰苦奋斗的精神，要“自尊、自强、自信、自立”，撑起半边天的重任，在统计改革与发展的浪潮中锻造得更加成熟、坚定、光彩照人。

3. 为了适应新形势的需要，机关党委配合法规处、统计学会进行了相关法规和业务知识讲座，使同志们系统地学习了《行政许可法》、《货币政策与投资》。

4. 积极参加了机关工委组织的市直机关科级干部理论培训班。经过培训，一是进一步加深了对“立党为公，执政为民”的理解和认识，二是强化了依法行政的观念，三是增强了建设大郑州的责任感和紧迫感。

5. 按照机关党委××××年××号文件要求，组织党员、入党积极分子外出参观学习，通过活动增强了机关党组织的凝聚力，工作中充分发挥了党员的先锋模范作用。

6. 机关党委利用“七一”党的生日，先后组织机关党员开展“乐在清水衙门无私奉献”、“党旗在我心中”演讲比赛，×××同志撰写的“党旗在我心中永远飘扬”一文被《××机关党建》××××年第××期刊登，得到市直机关工委领导的好评。

7. 召开了“八一”建军节座谈会。参加座谈的老领导和退伍军人畅谈了改革开放以来社会主义建设取得的新成就。党组书记、局长×××参加了座谈会。

他说：复员军人胸怀博大，干工作一心一意，为统计事业作出了贡献，希望广大党员干部要向他们学习，干好本职工作，努力为统计事业的发展作出新贡献。

8. 在全局开展了“遵守统计职业道德标兵评选”活动，经过自下而上投票选举，有××名同志进入了候选人。这项工作正在进行中。通过这些活动，既增加了同志间的联络，沟通了思想，又活跃了工作氛围，增强了全局的凝聚力和大家的集体荣誉感，大家感受到了统计大家庭的温暖，缓解了工作中的压力。

回顾一年来的工作，虽然取得了一些成绩，但还有一些差距。主要是理论学习不够深入，有些工作落实得不够好。

六、下一步工作打算

继续做好党建和思想政治工作，抓党建，促工作，具体围绕六个字“教育、监督、管理”进行。

1. 认真做好××××年民主评议党员工作和开好民主生活会，要求每个党员写出个人述职报告，对一年来的思想、工作情况进行认真总结。

2. 组织党员干部认真学习《中国共产党党员权利保障条例》。要不断探索新形势下党建工作新路子，为统计工作再创辉煌保驾护航。

◇党委半年工作总结

【范文】

××社区党委××××年上半年工作总结

××××年××月××日

××社区在××××年初根据新一年的形势和要求，在发挥党员先进性作用，争创和谐社会和创建全国文明城市的工作中，结合社区的特点，充分调动党员的积极性，发挥其先锋模范作用，在上级党组织的领导下，我们齐心协力，做了一些工作。

一、以学习、提高社区党员的整体素质，完善区划调整后的组织班子

上半年，在街道统一部署下，我社区进行了调整，为了顺利地过渡，尽快进入角色，把各项工作开展起来，社区党委召开了扩大会议，以民主推荐的形式增补党委委员及居委会人员，将原有的九个支部调整为八个支部，民主产生书记和委员。为了做好工作，多次组织新班子的成员加强理论和业务知识的培训。为促使党组织的建设发展，党委以试点的办法在社区第一支部中实行党员积分制，以积分来衡量党员的先进性和先锋作用，大大地推动和促进党员学习和参与各项活动的积极性和自觉性，从实践中积累经验，并在其他各支部大力推行，使党员积分制的活动在全体党员中顺利展开。在社区居委会干部中也推广业绩效表，在广

大居民的监督下，要求每月工作有小结，并制订下个月的工作计划，使整个工作做到有计划、有措施、有方向、有目标，结合社区实际，我们以人为本服务居民，充分发挥全体工作者为民服务，为民办实事的积极性和创造性，使社区整体工作在党委的有力领导下，月月有进展，月月有成绩。

二、以创建“文明城市”为载体，促进各项工作深入开展

创建全国文明城市是时代的需要，市委发出号召，举全市之力，集万众之心，为创建全国文明城市增砖添瓦，为此，社区党委以创文明城市为目标，在党员和居民中广泛开展公民道德的宣传，并在各支部及楼道中作层层发动，提高居民对争创文明城市的知晓率和参与率，我们向全体居民发放了“××市市民手则”和“市民六不行为规范”的公开信，真正做到家喻户晓。为了加深领会和提升居民的文明素质，社区党委作了调查后，归纳了居民之中八个方面的生活陋习，这些不文明行为的陋习，长期影响着居民的文明素质，也影响了文明城市的创建。为加深影响，党委绘制出八幅漫画，印制成136块画板挂在各单元的楼道口，以画的形式，生动的例子，警示的方式使居民看后一目了然，不少居民看后讲：“这些漫画画得真好，指出了我们平时不重视的坏习惯，看后对我们的教育很深，我们要逐一对照，加以克服，要提高文明素质。”我们一支党员义务巡逻队，不但是居民安全的保卫者，而且是创文明工作的宣传员，不少党员在巡逻中看到有人乱扔垃圾、烟蒂都会上前劝告和宣传，并将晾在树杈上和高压电线上的衣服被子收进交还居民，使大家受到了教育。

社区党委和居委会领导下的每月一次为民服务活动也深受居民的欢迎和称赞，上半年以来，我们除每月一次活动服务还增加了学雷锋日和“五一”劳动节的为民服务活动，半年来受到服务的人次达××××余人。

我们社区有名因病致贫的老党员，生活极度困难，社区党委向全体党员发出募捐的号召，在两天的时间中，我们募捐达××××余元，尽管数目不大，这都是每个党员无私奉献出来的一份爱心，使家属十分感动。

为了使社区“求助门铃”这一特色工作深入和扩大，从今年年初以来，我们实施了对70岁以上老人生日送上一碗寿面，尽管一碗面价值不大，但这一举措深深震撼着全社区老年人的心，大家讲生活在体东社区的老人真有福气，我们的生日，社区都记挂在心上，真是难得啊！

我们社区的孤寡老人×××，向社区提出要求把死去多年的老伴的房卡改在自己的名下，党委书记热情接待她，并亲自出面，奔波联系，终于完成了老人的心愿，使老人十分感谢，对此，×××动情地向党委书记讲“我百年后要把房子捐献给社区”。这真情的托付，是对社区党委和社区干部的成绩最大的肯定和奖励。

在这次背街小巷的整治中，为了居民日常生活少受影响，多为居民的利益考虑，党委抓住这一机遇，派出人员，协助指挥部做好尽量满足居民在整治中提出的合理要求。春节后，连续几场大雪，使整治的地域及小区内的路面格外滑，党委组织党员、志愿者和社区干部，拉来了碎石子和黄沙，铺设地面，不让居民行走带来困难。

社区党委还千方百计想办法，多次与辖区单位联系，腾出五个岗位，解决了下岗失业人员的工作问题。

为丰富居民的业余生活，党委与辖区单位永天实验小学共同举办了“师徒共挥毫，祝福进万家”的书画，组织党员、退休人员参观博物馆及登山活动，为党员、企退人员和社区各界人士举办了春节联谊会，努力营造一个和谐社区。对社区的侨眷、归侨、港澳眷属进一步的调查摸底，掌握情况，为今后的统战工作开展有了更好的基础。

三、促稳定，保一方平安。

为了稳定大局，确保社会稳定，春节前后社区党委对辖区内的企业军转干部进行全部走访，并带去党和政府对他们的亲切问候，送上慰问金。对个别情绪偏激的人员，做好耐心细致的思想工作，稳定了情绪，顾全了大局。

××大厦在选聘物业公司中及个别业主和开发商在房屋赔款问题上有不同的看法和矛盾，党委数次上门征求各方意见，并与上级主管部门召集双方进行调解协商，基本消除了矛盾，稳定了大局，使双方都能比较满意。

党委十分重视来信来访，上半年收到信访×件，做到件件有回复、有落实（略）。

半年来，我们紧紧围绕党的中心任务，充分发挥党组织的战斗堡垒作用，发挥共产党员的先锋作用，做了一些具体工作，也从中积累了不少党建工作的经验，为下半年工作的顺利开展和完成奠定了基础。

◇纪检监察半年工作总结

【范文】

××市地税局××分局××××年上半年纪检监察工作总结

××××年××月××日

半年以来，我局纪检监察工作在省局、市局党组的领导下，围绕市局党组的中心工作，继续大力开展党性党风党纪和廉政教育，认真抓好落实党风廉政建设责任制、反腐败和预防职务犯罪工作，全面提高分局干部廉洁自律意识和拒腐防变免疫力，把纪检监察工作提高到一个新水平。

一、落实廉政建设会议精神，抓好各项制度管理

抓好会议落实制度：为贯彻落实全市地税系统党风廉政建设工作会议精神，4月15日，我局召开了传达市局党风廉政建设工作会议，会上，×××局长在分局全体干部会议上认真传达了市局党风廉政建设工作会议精神，并对××××年党风廉政建设和反腐败工作作了具体指导。提出："要完善三项机制，即完善教育机制、监督机制和惩处机制；要促进四个提高，即各级领导班子廉洁自律、廉洁从政的自觉性得到进一步提高，整支队伍的纪律作风状况有明显提高，队伍依法行政的水平有明显提高，服务效能有明显提高。"副局长兼纪检组长×××作××××年分局纪检监察工作总结并详细布置了××××年纪检监察工作。局长×××与副局长、科室主要负责人分别签订了《××分局××××年党风廉政建设责任书》，形成对党风廉政建设工作上下联动的机制。

抓好学习管理制度：一是加强党内监督条例的贯彻学习，把监督工作落到实处。二是重视抓好学习贯彻国家总局、省局"六项禁令"活动。开展检查税务干部在执行"六项禁令"中的情况，发现问题，及时解决。三是分局领导班子迅速成立了党风廉政建设责任制考核领导小组，把党风廉政建设责任制考核列入重要工作议程，制定考核工作方案，严格考核程序，规定考核结果作为领导干部业绩评定、奖励惩处、提拔任用的重要依据。四是拟定了我局《××××年落实领导干部廉洁自律、加强监督和党风廉政建设责任制工作的目标和措施》，并由我局纪检监察部门会同各职能科室抓好落实。

抓好征收管理制度：一是强化税源管理，制定了《税务管理员管理办法》，推行了税务管理员制度；二是强化税政管理，规范了"四私"税收管理；三是强化科技管理，降低了税收成本。抓好阳光定税制度，实行内外互动，充分借助于社会力量共同监督。推行政务公开，设立"阳光台"，把相关的税收政策、法规、收费项目、收费标准、个体定税、税务违章处罚及税务人员的行为准则。半年来，接受意见×起，处理意见×起，群众满意答复×起。阳光台的设立赢得了纳税人的好评，纷纷称赞××地税办事的透明度高，交税交得口服心服。

抓后勤保障制度：根据温总理的四个坚决制止，胡总书记的两个务必，为促进食堂建设，分局从狠刹吃喝风、严禁铺张浪费入手。一是严格食堂就餐制度。要求税干中午必须在食堂就餐，不在食堂就餐人员必须事前在请假说明上说明理由，严禁接受纳税户的请吃、请玩；同时监察部门对不在食堂就餐人员实行不定期暗查，发现接受请吃、请玩者每次扣发××元并通报批评。二是要求分局车辆每天中午和下午下班后必须入库，钥匙交传达室统一保管，严禁公车私用。三是控制执行费支出，节约经费。凡招待用餐尽量安排食堂就餐，严禁挥霍公款，大吃大喝。强硬的监督措施，使全局干部严于律己、廉洁奉公。

二、贯彻廉政建设监督措施，抓好行政效能建设

为贯彻落实中纪委、省纪委、市局纪检部门会议精神，加快形成行为规范、运转协调、公正透明、廉洁高效的行政管理体制，结合我局实际，制订出《××市地税局××分局××××年度行政效能监察工作方案》，以学习和贯彻《建立健全教育、制度、监督并重的惩治和预防腐败体系实施纲要》为动力，抓好行政效能建设工作。主要做法是：

票证检查：根据市局的工作安排，×月份我们对分局税务所领用的定额完税证进行了检查，共抽查了××××份定额完税证。通过检查，从使用的情况来看，做到了票款相符，没有发现违法违纪行为。但也发现定额完税证的格式简单，没有存根联，也没有纳税人名称一栏，容易造成税票重复使用的现象。发现未填写纳税人名称的情况后，计会监察部门和专管员一起到交纳税款金额比较大的纳税人户那查看，并督促专管员及时补填了纳税人的名称。同时，将定额完税证票面过于简单的情况向市局作了汇报。

账户清理检查：根据市局×地税函〔××××〕××号文件精神，××分局在×月××日由监察科、办公室和会计科组织了“资金账户清理”小组，对分局××××年至××××年所有的资金账户开展了一次全面彻底清查。主要对征管账户、工会账户、办公室经费账户等进行了清查。由局长直接抓，纪检组长具体抓，监察室抓检查和落实。主要做法是：一是领导重视，认真清查；二是发现问题，及时整改；三是加强教育，组织培训。通过清查，没有发现公款私存，以开设存折的形式代替银行账户的行为，没有私设小金库的违纪行为，经费管理做到了账账相符、账款相符、账实相符。对于少数发票的报销签字手续不完善，经费审批权不够明确的问题，分局党组召开了专门的会议，对自查出来的问题提出了整改意见和措施，做到关口前移，防范在先，把腐败现象遏制在萌芽状态。

税务执法检查：完成税收任务是税务部门的天职，分局始终把组织收入工作摆在首位，咬住组织收入不放松，坚持中心工作不动摇。我局按基础增强、政策落实、征管到位、税收增收的总体要求和目标，为完成今年上半年的税收任务，分局内勤成立了三个检查组，做到“环节查到、税种查全、税款查清”的税务执法检查活动：一是加强中小企业所得税管理。二是加强社会营运车辆管理。三是进一步规范个体税收管理。四是积极做好委托房地产部门代征销售不动产地方各税工作。五是全面推行个人所得税全员申报制度。六是继续加强对私房出租、私房装修和私人建房等“三私”行业的税收管理。七是强化发票管理，严格以票控税、以票促收、以票促管。八是全面推行税收日常征管报告制度，加强税收申报质量监督。九是建立建安营业税征管档案，加大对建安项目的清理力度。十是严格执法，加大对偷税、抗税案件的查处力度。截至×月份，开展税务检查，

检查纳税户×××户，查补金额×××万元，入库金额××万元。

“八查八看”活动：即：查党性观念，看是否坚持立党为公；查思想观念，看为民服务的宗旨观念树立得牢不牢；查工作作风，看有无拖诿、办事不为的现象；查组织观念，看是否服从组织安排，踏实工作；查廉洁意识，看有无以审谋私、为政不廉现象；查学习意识，看是否与时俱进，争做学习创新型干部；查表率意识，看党员干部模范带头作用发挥得如何，查八小时以外，看工余时间有无违反纪律行为的“八查八看”活动。通过“八查八看”，找准机关效能建设中的深层次问题，提高工作绩效。

三、发挥廉政监督员作用，抓好内外监督管理

对外：为加强监督，今年对外我局共聘请了区纪委、区检察院、区人大、区政协和个体劳动者廉政监督员×名，召开廉政监督员座谈会×次，制定《廉政监督员工作暂行办法》和《廉政监督员情况反映处理办法》，对廉政监督员的权利、义务、来信来访的受理、程序和要求都做出了明确规定，并发放了《邀请书》。

对内：我们重新聘请了××名义务监察员，××名家属义务廉政监察员，召开了义务监察会议×次，对义务监察员的工作提出了严格要求，对义务监察员所管区域定期实行廉政建设检查，并做到月月廉政走访，天天讲廉洁从政，加强内外廉政监督相结合，形成内外连动的预警制，着力加强惩治和预防腐败的责任、教育、制度、监督、惩治等机制的运行情况，从中发现存在的漏洞和薄弱环节，分析解决，防患于未然。

“回头看”活动：结合共产党员先进性教育活动要求，从第二阶段的实施方案起，开展作风建设和行风评议“回头看”工作。具体实施分四个阶段进行，每一阶段都有明确的工作目标和所要完成的任务，组织领导、严密措施，狠抓整改、成效显著。通过“回头看”，及时查找出存在的问题，总结出好的经验，把民主评议行风“回头看”工作真正落实到位。

今年我局纪检监察工作，任务艰巨而繁重。虽然取得一些成绩，但也有一些不足之处，个别科室人员仍然存有重任务、轻廉政的思想，我们将在今后的工作中切实采取措施，解决这些问题，使分局的党风廉政建设和反腐败工作上一新台阶。

◇党总支季度工作总结

【范文】

××局机关党总支第一季度工作总结

为切实贯彻中央指示精神，深入落实绥先组发〔××××〕×号文件精神，我局机关党总支部第一季度主要进行了保持共产党员先进性教育学习培训及新党员的组织发展工作，具体情况总结如下：

一、扎实开展保先教育学习培训工作

（一）培训基本情况

学习动员阶段从×月××日起至×月××日止，共历时38天，全局共有90名党员参加学习培训，其中在职党员××名，离退休党员××名。集中培训时间共为××课时，授课内容为《保持共产党员先进性教育读本》部分内容及《××县农电局党委保持共产党员先进性教育活动学习材料》之一、之二。

（二）主要做法

1. 健全组织领导，提高思想认识，搞好学习动员

（1）为确保活动效果，我局结合实际情况制订了《××县农电局保持共产党员先进性教育活动实施方案》，成立了由党委书记局长×××任组长、局副职任副组长、各支部书记为组员的××县农电局保持共产党员先进性教育活动领导小组，下设保先教育活动办公室，由党办主任兼任主任。

（2）按照县委部署，春节前夕，我局组织全体党员干部召开了保持共产党员先进性教育动员大会，并邀请保先教育活动督导组领导参加了会议。会上，党委副书记×××传达了文件精神，党委书记局长××做了动员讲话，最后，督导组领导对我局保先活动做了重要指示。此次会议的召开，使全局党员提高了对保先教育活动的认识，明确了保先教育活动的重大意义，为下步工作的开展打下了坚实的基础。

2. 注重学习方法，保证培训时间，确保培训效果

（1）集中学习与自学相结合。我局为每名党员发放了保先教育读本及笔记本，组织党员春节期间进行自学；假期结束后，每周一、三、五下午组织机关在职党员进行集中学习；对离退休党员采用专人上门授课的方式，真正做到“学习不走过场，培训不留死角”。

（2）党员学习和领导干部上党课做专题辅导相结合。组织党员学习读本内容，由党委书记局长×××和党委副书记×××轮流授课，对先进性教育相关内容进行讲解，并督促党员做好笔记。

（3）学习理论和学习典型相结合。在组织党员对理论知识进行学习的基础上，印发了《××县党委保持先进性教育活动学习材料》之一、之二，涵盖了中央领导对保先活动的论述和《人民日报》刊载的《永远的丰碑》先进事迹材料等重要内容。组织党员观看了党的领导干部楷模——牛玉儒同志先进事迹光盘，并写下心得体会，用感人至深的真实事例对党员进行了正面教育，为他们上了生动的一课。

3. 密切结合实际，提出具体要求，保证学习实效

（1）结合我局实际，确定了学习内容，提出了学习要求，坚持做到“三有”，有学习笔记，有体会文章，有反思材料。

（2）按照××组发〔××××〕×号文件精神，我局本着“四个结合、四个突出”的原则，组织机关党员广泛开展了讨论，最后提炼并形成了××县××局机关党员先进性具体要求，以文件形式下发到局属各支部，并进行认真学习落实，使之成为党员分析评议的具体标尺、整改提高时的具体方向、在日常工作中的行为准则。

4. 开展有效活动，深化保先内涵，巩固学习效果

（1）在全局党员中广泛开展保先教育大讨论活动，对保先教育活动中的心得进行交流座谈；组织全局党员进行了保先教育活动学习培训阶段测试，并由党委办公室对测试结果进行评判，对于未能通过考核的党员进行重新培训、重新考试。

（2）加大宣传力度，营造浓厚学习氛围。利用《××农电动态》工作简报对我局保先教育活动进展情况进行跟踪报道，并对保先教育相关内容进行连载刊登。

3月5日，为纪念向雷锋同志学习42周年，我局组织青年党员走上街头，通过设立宣传点、出动宣传车、发放传单等多种形式，向行人进行宣传，并在全局范围内开展“岗位学雷锋，我们怎么办”大讨论活动，将保持共产党员先进性教育进一步引向深入。

（3）按照县委部署，开展了“听民声、解民忧、办实事”活动，为××乡贫困村民送去×××元人民币，并发放问卷调查表×××余份，使群众的意见和建议得到了及时有效的反馈。

（4）学习阶段结束后，在全局党员中针对学习动员、组织开展、联系实际三方面情况进行民主测评，广泛征求党员的意见和建议。经测评满意率达到××%，测评工作的顺利进行，为保先工作提供了重要的理论依据。

（三）学习培训成果

1. 思想认识得到提高，党性观念得到净化

通过学习培训，使全局党员对保持共产党员先进性教育有了更深层次的理

解，明确了在新时期开展保先教育活动的必要性，增强了紧迫感；党性观念得到全面净化，切实增强了防腐拒变能力，党员战斗堡垒作用得到有效巩固。

2. 敬业意识不断增强，创优意识得以升华

通过对理论知识及先进典型的学习，增强了党员爱岗敬业意识，树立了他们立足本职，热衷奉献的决心和信念；在全局机关党员中掀起了勇于进取、争先创优的热潮，有效促进了企业各项工作的顺利开展，提高了工作效率，优化了服务质量。

二、搞好组织发展，为党输送新鲜血液

局机关党总支按照《党章》及党员发展程序对非党积极分子进行考核评定。经总支会议研究决定，共吸收×名同志为中国共产党预备党员，并按照×组发〔××××〕××号文件《关于在全县基层党组织发展党员工作中实行公示制的通知》精神，对其在全局范围内进行公示，增强了党员发展的透明度，有效确保了发展党员的质量。

以上是我局第一季度工作主要情况及方法，在下一季度工作中，我们将把保先教育活动引向深入，巩固第一阶段成果，确保我局党员队伍健康发展。

二、机关重大、专项活动工作总结

◇先进性教育整改提高阶段工作总结

【范文】

××镇党委保持共产党员先进性教育活动
整改提高阶段工作总结

按照县委保持党员先进性教育活动整改提高阶段工作要求，我镇制订了《××镇党员先进性教育整改提高阶段工作方案》，×月××日召开动员会，镇党政班子成员参加了会议，党委书记做了第二阶段的总结，并部署了整改提高阶段的工作。领导班子和机关支部结合工作实际，按照“提高党员素质、加强基层组织、服务人民群众、促进各项工作”的目标要求，在分析评议阶段广泛征求意见的基础上，结合党组织的评议意见，对照党性分析材料，对存在的问题作了深入反思，确定整改工作的指导思想，认真研究制定整改措施，初步制订出整改方案，征求全体党员、群众意见后，进行了公示，接受全体党员和社会各界监督执行。

一、整改工作指导思想及原则

以“三个代表”重要思想为原则，按照“三个有利于”的标准，对照党员先进性具体要求，在广泛征求意见、深入查摆问题的基础上，重点围绕党建、党风廉政建设、工作作风、思想作风、思想政治工作五个方面存在的突出问题，制定整改责任制，落实整改责任，明确整改时限和责任人，以整改工作的高标准，促进先进性教育的高质量。

二、整改内容分为近期整改的问题和长期整改的问题

近期整改的问题×条。长期整改的问题×条。领导班子将各自整改的任务进行分解，明确责任部门和完成时间，落实具体责任人，并对整改情况认真进行督察。对具备整改条件的问题，马上整改；对通过努力能够解决的问题，限期整改；对应该解决但由于受客观条件限制一时解决不了的问题，向群众说明情况，积极采取措施逐步解决。各项内容分别确定整改时限，并制定整改保障措施。

三、向群众公布整改情况

集中整改阶段工作基本结束后，我们对整改方案进行了进一步修改、完善。并通过宣传栏的形式向群众公布整改情况，接受群众监督。

四、健全完善机制

我们把落实整改措施与建章立制结合起来。对过去已有的党的基层组织和党员队伍建设制度和执法工作的规章制度，进行梳理。符合实际，管用见效的，继续坚持；原有规范不明确的，进行明确；脱离实际，不合时宜的，该调整完善的调整完善，该废止的及时废止；对执行不好的，查找出原因，提出落实措施。

五、搞好群众满意度测评工作

我们坚持走群众路线，“开门”搞教育。真正做到一切为了群众，一切依靠群众，力争做到群众满意。充分调动群众参与教育活动的积极性，让群众来评判先进性教育活动的成效。我镇在整改提高结束时，采取群众代表评议等形式，进行群众满意度测评工作。

镇党委为加强对整改提高阶段工作的领导，落实领导责任和工作责任。要求各党支部的支部书记要切实履行第一责任人的职责，投入足够精力抓整改，领导班子其他成员要认真抓好分管部门党组织和党员的整改提高工作。党支部切实加强自身建设，充分发挥作用，认真组织指导党员扎扎实实地进行整改。党支部书记要切实履行直接责任人的职责，在整改工作中为其他党员做出表率。把整改提高与促进各项工作紧密结合起来，通过整改进一步促进党员素质的提高，促进机关作风的转变，促进各项制度的建立和落实，推动整改活动取得人民满意的实际效果。

◇党务政务公开工作总结

【范文】

局党务政务公开宣传动员阶段工作总结

根据区委区农办党委关于开展党务政务公开工作的重要精神和区委党务政务公开工作《实施办法》的总体安排，我局总支党务政务公开工作在区委和区农办党委的正确领导下，组建机构、深入动员、组织学习，圆满完成宣传动员阶段的各项工作任务，现将第一阶段的工作总结如下：

一、全面动员、深入宣传，切实提高开展党务政务公开工作的紧迫感、责任感

开展党务公开，深化政务公开工作是实践“三个代表”重要思想，贯彻落实十六届四中全会，坚持立党为公、执政为民，改进党的领导方式，加强党的执政能力建设的具体体现；是发扬社会主义民主，建设社会主义政治文明，构建和谐社会的必然要求；是落实依法治国基本方略，推进依法行政，加强依法治林，建设法治社会和社会主义新农村的有效途径；是加强民主管理、民主监督的有效形式。区委召开党务政务公开工作动员大会后，我局于×月××日即组织总支全体成员、各支部书记和机关、林业站全体党员参加的全局党务政务公开工作动员大会。传达区委党务政务公开工作会议精神和区委下发的关于开展党务政务公开工作的《实施意见》，充分认识开展党务政务公开工作的重要意义。按照局总支的统一安排，7个支部相继组织各支部全体党员参加的党务政务公开工作动员大会，全面深入地进行思想发动。通过宣传和动员，切实提高了全局党组织和广大党员对开展党务政务公开工作重大意义的认识，为党务政务公开工作的深入开展奠定了坚实的思想基础。

二、组建机构，为开展党务政务公开工作提供组织保障

根据区委和区农办党委安排，我局按照“党总支统一领导，‘公开办’组织协调，单位各司其职，纪检组监督检查，党员干部参与”的领导体制，成立了由总支书记×××任组长，局长×××和副书记、纪检组长×××任副组长的党务政务公开工作领导小组。同时设立了领导小组办公室，主任由×××兼任，落实了工作人员和办公地点，并设立了监督组、联络组、公开组、信息组四个专业工作组，由一名专职人员负责。

此外，我局总支制订下发了开展党务政务公开工作《实施意见》和《实施方案》。各支部还制订了党务政务公开工作《实施方案》，确保了全局党务政务公开工作的健康有序、全面深入开展。

三、组织学习，为党务政务公开工作提供理论基础

我局按照区委提出的“六有四落实”的方式方法，认真开展学习。在学习内容上突出对“三个代表”重要思想的学习，突出对党的十六大和十六届四中、五中全会精神的学习，突出对《中国共产党章程》的学习，突出对“两个条例”(《党员保障条例》《党内监督条例（试行)》）的学习，突出对市、区委、区农办党委有关文件和领导讲话精神的学习，突出对党在农村的各项方针政策及有关法律法规的学习。在学习方式方法上，从实际出发灵活掌握，采取集中学习与分散自学相结合，采取形式多样的主题教育活动。做到有学习计划、有学习阵地、有学习资料、有学习记录、有心得体会、有辅导员宣讲，组织领导落实、学习人员落实、学习时间落实、督促检查落实。据统计，全局党员人均书写学习笔记5000字，心得体会1篇。通过学习，进一步提高了党员干部的政治理论水平和思想道德素质。

总之，这次党务政务公开工作在区委和区农办党委党务政务公开工作领导小组的直接领导下，我局高度重视，把开展党务公开、深化政务公开工作作为一件大事，加强领导，精心组织，狠抓落实，务求实效。各支部书记切实履行“第一责任人”职责，对工作质量和效果全面全责，高标准、严要求，高效能、快节奏，取得了良好的效果。今后，我局总支党务政务公开工作领导小组办公室将加大工作指导和督促检查力度，加强督促检查，及时通报党务政务公开工作进展情况，结合工作特点，统筹安排，周密部署，正确处理党务政务公开工作与其他工作的关系，促进各项工作的深入开展。

◇换届选举工作总结

【范文】

××区农村党支部换届选举工作总结

今年是农村党支部换届年。为进一步加强农村基层组织建设，建设一支高素质的农村基层干部队伍，充分发挥党支部的领导核心作用，××区委高度重视农村党支部换届工作，从提高干部素质入手，加大干部培训力度，不断拓宽渠道，选派优秀人才到农村任职，积极做好换届选举的各项工作。

一、提早部署狠抓落实。年初，区委召开农村基层组织建设工作会，明确提出全年农村基层组织建设4个方面24项重点工作，并将农村党支部换届工作作为一项重要内容，列入考核范围，加强农村基层干部队伍建设，特别是农村党支部书记队伍建设，真正把那些政策水平提高、清正廉洁、公道正派、勇于奉献、党员和群众拥护的人才选拔到领导岗位上来，特别是选好、配强农村党支部书

记，促进农村经济发展和社会进步，区委、区政府制定下发了《关于选派优秀人才到农村任职的意见》、《关于扶持后进村经济发展的意见》和《关于做好基层党支部换届选举工作的通知》。

二、综合考察，全面掌握农村基层干部队伍状况。为全面掌握农村基层干部队伍状况，及时发现问题，指导基层工作，区委组织部与各镇党委利用3个月左右的时间，对全区农村基层干部队伍状况进行了调查。通过下发调查问卷、座谈会、深入实地了解情况等不同形式深入细致地进行了调查，较为全面地掌握了队伍状况，并形成调查报告，对干部队伍中存在的问题，提出了改进措施；同时，今年7月，区农村基层组织建设领导小组，分×组对“六好”党委和“五好”村进行了复查，全面掌握了“五好”村党支部的工作情况，为年底农村党支部换届选举工作奠定了基础。

各镇委从今年4月初开始，相继通过支部述职、民主测评、个别谈话、党员、群众座谈、班子成员互评等多种形式，对农村党支部班子进行了综合考察。×镇在考察中坚持向100%的党员和50%的农村代表征求意见；×镇重点考察了党支部工作、村经济运行、班子作用发挥、后备干部使用情况等7个方面的内容。×镇党委结合“双教”活动，对党支部班子讲明民主，尊重群众的民主权利，依法行政情况进行了重点考察，通过考察，将××个农村党支部分为基本不动、有待观察、必须调整3种类型，在工作中有针对性地进行指导。

三、拓宽渠道，选派优秀人才到农村任职。在农村党支部书记的选拔任用上，各镇按照“选取派优秀人才到农村任职的意见”不断拓宽渠道，主要采取五种选拔形式，使一批年富力强、懂经营、会管理、具有较高素质的优秀人才加入到农村党支部书记队伍中来。一是从外出务工、经商人员中选拔人才，回村任职。今年4月，镇党委将××镇兽医站站长×××选派回兴寿村，任党支部书记。二是从镇机关下派干部，到村任职。今年，××镇从机关下派干部中，有普通干部，也有科级干部，还有副职领导干部。三是在村后备干部中选拔。×镇响潭村的×××、×镇下庄的×××都是经镇党委考察、从村后备干部中选拔任村党支部书记的。四是在镇内各村交流。五是从区直机关干部中选派，区统战部经与××协商，选取派机关干部××同志到×村任党支部书记。

目前，全区已有27名优秀人才被选到农村党支部书记岗位上来。通过选派优秀人才到农村任职，使农村基层干部的素质得到明显提高，同时也为农村党支部换届奠定了坚实的基础。

四、组织培训，周密部署，确保换届选举工作圆满成功。今年以来，区委举办农村党支部书记培训班×次，培训×××人次。有×××名农村党支部书记取得了“农村党支部书记任资格证书”，占换届前农村党支部书记总数的××%，占换届前55岁以下×××名农村党支部书记的××%。

为确保此次农村党支部换届选举工作圆满成功，区委在换届前对各镇政工副书记和组织委员进行了业务培训，对换届选举工作进行了具体地安排部署。要求各镇党委要高度重视，切实加强领导；对换届选举工作进行专题研究，提出具体措施；统筹安排，严格程序，依法选举。各镇包村工作要具体指导、协助村党支部搞好换届选举工作。

按照区委的安排部署，全区×××个行政村统一在××月××日－××日进行换届选举。各农村党支部在召开换届选举大会中，会场布置得庄严隆重，朴素大方；严格程序，依法选举；党员参与党支部换届选举的积极性较高，到会率普遍在90%左右。

通过这次农村党支部换届选举，全区的农村基层干部队伍，特别是农村党支部书记队伍在年龄结构、文化结构等方面都发生了一定变化，主要表现在：

一是从整体上看，农村党支部书记队伍年龄结构趋于合理，中、青年的支部书记比例有较大提高。45岁以下的×××名，占56.5%比换届前提高×个百分点。目前，全区农村党支部书记平均年龄45岁，比换届前降低0.7%岁。

二是文化素质特别是具有较高学历的农村党支部书记人数有所提高。目前，在全区农村党支部书记中，具有大专以上学历的××人，占24.5%，比换届前提高×个百分点。

◇“党风廉政教育宣传月”活动总结

【范文】

××市“党风廉政教育宣传月”活动情况总结

在全市各级党组织深入组织学习《全市党风廉政教育宣传月学习材料(二)》的基础上，市宣传月活动办公室编印了《全市党风廉政教育宣传月领导干部学习测试卷》，组织全市××××名党员干部参测，其中：科级干部（含企业）××××名，县处级（含××、××矿业公司）干部×××名，地级（含××、××矿业公司）干部××名，普通党员干部×××名。绝大多数单位副科以上领导干部参测率在100%以上。各级领导干部认真答题，进一步掌握了加强党风廉政建设的有关政策和规定，增强了遵纪守法的意识。

一、宣传月活动情况

1. 新闻媒体积极参与，为宣传月活动提供了有力的舆论支持。在这次宣传月活动中，我市各新闻媒体积极主动参与，很好地发挥了舆论宣传作用，使宣传教育形成一定声势，产生了较大的影响。电视台滚动播放党风廉政教育宣传口号，开办了“党风廉政教育专辑”栏目，陆续播放了《宠妻纵子谋家财的悲剧》、《××特大走私案》、《公仆本色》等电教片，并把播放时间和片名编入广播电视报节目栏；及时跟踪采访报道全市各单位组织的不同形式的宣传教育活动。××日报社在制定党风廉政教育宣传月活动实施意见时，对搞好宣传月的宣传报道工作提出具体明确要求，并安排要闻版面进行报道，还撰写了系列评论员文章。内蒙古日报驻××记者站通过内蒙古日报宣传报道了我市宣传月活动情况。××公司、玻璃厂、××电厂等单位也都利用自办厂报进行宣传，据不完全统计，全市在宣传月活动期间共播出、刊登81篇有关党风廉政建设内容的消息和文章，营造了浓重的党风廉政建设和反腐倡廉舆论氛围。

2. 纪委牵头，组织、宣传等部门协同配合，为宣传教育活动提供了组织保证。这次宣传月活动在市委的领导下，市纪委、市委组织部、市委宣传部、市直机关党工委、市监察局等部门协同动作，提出全市开展宣传月活动的具体实施意见。为扎实搞好宣传月活动，几部门多次召开联席会议，研究安排各阶段的工作。在宣传月活动中，市党风廉政教育宣传月活动领导小组适时组织人员，对各单位开展宣传月活动情况进行督察。为及时指导宣传教育活动，反映宣传教育动态，推广开展宣传教育的好做法，市宣传月活动办公室共编发了××期《党风廉政教育宣传月活动情况通报》，对宣传教育活动起到积极促进作用。

二、宣传月活动收到明显成效

这次全市党风廉政教育宣传月活动，开展得比较成功，也取得了比较明显的阶段性成效。

1. 领导干部普遍受到一次深刻的党性党风党纪教育，进一步增强拒腐防变意识。一是进一步坚定了共产主义理想信念，提高了树立正确的世界观、人生观和价值观的自觉性。二是领导干部廉洁自律意识和接受监督的意识进一步增强。在学习教育中，领导干部通过与班子成员及党员干部共同学习中纪委七次全会和自治区纪委第二次全体（扩大）会议提出的廉洁自律的六项要求，通过共同座谈和讨论，普遍增强了自律意识。三是进一步增强了贯彻落实党风廉政建设责任制的责任感。不少单位的领导干部在“自我对照、查找差距”阶段，主动检查了在贯彻执行党风廉政建设责任制方面追究不到位、责任意识淡薄的问题。

2. 进一步增强了各级党政领导班子抓党风廉政建设和反腐败工作的自觉性。全市绝大多数单位的领导班子，在落实整改措施中，着力强化了党风廉政建设工作。××区重新修订了《党风廉政建设责任目标考核细则》和加强纪检监察干部党风廉政建设联系点工作制度；市计生委开展了机关自查自纠问卷调研活动，向党员和副科级以上干部发放问卷××份，收回××份。针对党员干部提出的“政务公开不规范”这个问题进行了认真整改，全市计划生育系统实行“计划生育工作和内部管理事务政务公开内容”两个方面进行了规范，健全和完善了政务公开制度。

3. 进一步坚定了广大干部群众对反腐败斗争的信心。通过宣传教育活动，在全市范围内形成了反腐倡廉的氛围，广大干部群众看到了党和政府惩治腐败、建立廉洁高效政府的决心，从而赢得了群众的信任和支持，使反腐倡廉的群众基础更加广泛，更加牢固。

三、进行总结表彰和通报

党风廉政教育宣传月活动结束后，市党风廉政教育宣传月活动领导小组对这次活动进行了认真总结，并于×月××日召开全市党风廉政教育宣传月活动总结表彰大会暨《廉政之光》文艺演出。市委副书记、纪委书记×××同志作了宣传月活动总结讲话，副市长×××同志宣读了《关于表彰全市党风廉政教育宣传月活动优秀组织单位的决定》。全市有××个单位受到表彰。会后，通报了全市党风廉政教育宣传月活动综合考评情况和学习测试情况。

我们要认真总结这次全市性的党风廉政教育宣传月活动经验，更好地抓好今后的党风廉政建设宣传教育工作，不断促进全市党风廉政建设和反腐倡廉工作的深入，为全市的两个文明建设作出新的贡献。

◇“社区党建工作落实月”活动总结

【范文】

××社区开展“社区党建工作落实月”活动总结

××社区认真贯彻落实《中共××区委保持共产党员先进性教育活动领导小组关于在全区开展社区党建工作落实月活动的通知》（区先组发〔××××〕××号）文件精神，深入开展“社区党建工作落实月”活动，坚持从社区实际出发，着力解决社区建设、管理、服务工作中存在的突出问题和群众关心，反映强烈的热点、难点问题，进一步密切了社区党群、干群关系，促进了社区各项事业的协调发展。现将“社区党建工作落实月”活动开展情况简要总结如下：

一、强化组织领导，深入调查研究，制订实施方案

为了切实加强对“社区党建工作落实月”活动的组织领导，社区首先成立了由包社区县级干部、区政协副主席×××同志任组长，联系单位领导、街道包社区领导、社区党建工作指导员、社区党组织负责人及挂职副书记等共同组成的××社区开展“社区党建工作落实月”活动领导小组。领导小组成员带头深入辖区单位，深入群众家中走访，及时掌握社区基本情况，详细了解社区建设、管理、服务工作中存在的突出问题和辖区单位、群众反映强烈，亟待解决的热点、

难点问题，并广泛征求社会各方面意见，制订了《××社区“党建工作落实月”活动实施方案》，为“社区党建工作落实月”活动的深入、扎实开展奠定了坚实的基础。

二、强化工作职责，细化工作任务，完善工作机制

为了确保群众反映的问题能得到有效解决，××社区将各项工作任务进一步细化、量化，分配到人，做到了“人人心中有压力，人人肩头有责任”，明确办结时限，建立健全并认真落实目标承诺制、挂牌销号制、检查通报制及办理结果公示制等各类工作制度，领导小组坚持每周五召开例会，各承办人向包社区县级干部汇报工作开展情况，提出工作中存在的困难和问题，由领导小组统一协调处理，确保了工作的质量和进度。

三、以身作则，率先垂范，落实各项工作任务

在“社区党建工作落实月”活动开展期间，领导小组成员积极协调有关职能部门，坚持以身作则，率先垂范，使确定的各项工作任务得到了有效落实。

1. 辖区公园家属楼前建筑垃圾堆积，严重影响了社区环境，居民对此颇有怨言。社区党组织负责人与市城建监察支队、区环卫局协调将垃圾全部予以清理。为了建立长效工作机制，确保该地段不再重新成为垃圾死角，同时积极与××公园协调安装了铁门和栅栏，彻底解决了该地段垃圾乱倒、乱堆现象，受到了附近群众的一致好评。

2. 辖区市救助管理站院内居民乱倒、乱堆垃圾，附近卫生脏、乱、差，群众意见很大。社区曾多次协调，但因该院产权分属市残联、市救助管理站和市煤炭公司三家所有，推诿扯皮现象时有发生，收效甚微。社区党组织负责人亲自与三家单位进行协调，对院内垃圾进行了集中清理，并促使三家单位承诺今后加强管理，确保院内及周边环境卫生整洁，使这一严重影响社区整体卫生状况的突出问题迎刃而解，为附近居民创造了一个良好的生活环境。

3. 社区办公楼前部分地坪出现浮碴、开裂现象，严重影响了整体环境。领导小组成员了解这一情况后，积极与社区联系单位区绿化局协调，由区绿化局负责将社区办公楼前场地及台阶进行硬化，硬化面积达100余平方米，有效改善了社区办公条件，提升了社区品位。

4. 针对辖区部分下岗失业人员、老党员生活困难的现状，社区联系单位领导和社区党组织负责人对×户下岗失业人员、老党员及“两劳”释解人员进行慰问，为他们送去了价值×××余元的慰问品，并协调解决×名失业人员顺利实现就业。

5. 针对群众反映辖区部分麻将馆时有打架斗殴现象发生，严重扰乱社会治安，影响群众休息这一状况，积极与公安机关进行协调，将辖区部分麻将馆予以

关停，使社区治安状况得到明显好转，真正体现了“以人为本”的服务理念。

6. 领导小组成员积极与辖区单位党组织进行联系与协调，坚持以党建带共建，以共建促服务，深入开展“扎根楼宇”活动，在辖区每个楼栋产生一名责任党员（党建联络员），对楼栋长和责任党员进行挂牌公示，认真开展“党员亮身份”活动，在××深入开展“文明楼院”创建活动，制作党员公示栏，对该楼院居住党员进行公示，认真组织并带头参加各类便民、利民服务活动，促进了××“文明楼院”创建活动的深入开展。

四、创新活动载体，增强活动实效

××社区积极创新活动载体，深入开展“五个一”活动。联系单位负责人、社区党建指导员、街道党组织负责人、社区党组织负责人及挂职干部深入社区，详细了解社区现状，认真解决群众反映的问题，以一名普通党员的身份带头参加社区组织的公益服务及志愿者服务活动，在活动中时时争做表率，处处甘为人先，自始至终坚守在最脏、最累的劳动岗位上，使辖区党员群众深受感动，极大地调动和鼓舞了广大群众参与社区服务活动的热情和积极性，促进了社区服务活动的深入开展。同时，领导小组成员与辖区党员群众深入交流思想，虚心接受群众意见建议，从社区实际出发，坚持为居民办实事、办好事，真正做到了“领导在一线服务，干部在一线创业，问题在一线解决，政策在一线体现，形象在一线树立”，使一些长期困扰社区，群众反映强烈的热点、难点问题得到了有效解决。

通过深入开展“社区党建工作落实月”活动，有效改善了社区环境卫生状况，提高了社区服务水平，提升了社区品位，进一步密切了社区党群、干群关系，体现了共产党员的先进性，树立了党在人民群众中的良好形象，有效深化了全区保持共产党员先进性教育活动成果。

第三章 工作报告写作

第一节 工作报告写作

一、工作报告写作概述

（一）工作报告的概念

工作报告，是下级机关向上级机关汇报工作，反映情况，答复上级机关的询问时使用的一种文书。它是党政机关和企事业单位都广泛采用的重要上行文。

（二）工作报告的适用范围

工作报告的用途十分广泛，具体地说，报告可以用来向上级机关汇报工作，例如，《大兴安岭恢复生产重建家园工作总结报告》，是国务院大兴安岭恢复生产重建家园领导小组写给国务院的报告，其作用就是使国务院全面掌握大兴安岭火灾之后，恢复生产重建家园工作进行的状况；报告也可以用来向上级机关反映情况。此外，报告还可以用来答复上级机关的询问，比如，《关于×××同志提职的报告》，就是就上级机关对某一事项的询问，告知上级机关本单位对这一事项的安排的报告。

（三）工作报告的种类

1. 综合报告

综合报告，是为使上级机关全面了解工作状况或有关情况而制发的报告。内容全面，带有工作总结的某些特征，是这类报告的特点。

2. 会议报告

会议报告，是在会议上陈述工作情况、提出问题和意见时使用的一种含有建议会议通过或报送上级机关参考的公文。

3. 工作报告

工作报告在向上级机关汇报例行工作或临时性工作情况时使用。其目的主要是为了让上级了解下级的工作情况和动向，掌握全局、指导工作，建立上下级之间的正常工作关系。

这类报告可分为例行工作报告和专题工作报告。例行工作报告主要用于定期向上级机关汇报本机关、本部门职权范围内的工作情况，最常见的是年度工作报告和工作总结报告等。专题报告则是在一重要临时性工作完成之后或正在进行之中，专门就这一项工作的情况向上级机关汇报时使用。

4. 情况报告

情况报告，在向上级机关汇报工作中发生或发现某些情况和问题时使用。它和专题工作报告的作用差不多，不同的是，情况报告的内容比工作报告更具体，更有特定的意见。情况报告往往是就某一突发情况、某一问题或某一项工作、某一次会议的一部分事项向上级提出报告。情况报告突出工作中的“情况”，工作报告则注重工作的“全过程”。

5. 建议报告

建议报告，是下级机关就工作中的重大问题和事项，专门向上级机关提出建议时使用的一种公文。

这种报告的侧重点在今后工作的意见和建议上，所以其性质与请示接近。所不同的是建议性的报告中提出的意见是供上级机关参考和研究的建议，而不是请求，上级机关对这些建议可以答复，也可以不答复。

6. 答复报告

答复报告，是针对上级机关的询问而汇报有关情况的一种上行公文。从内容上看，也属于工作报告或情况报告。这类报告和前面介绍的报告不同，它是被动报告，即答复上级的询问，汇报有关情况，答复内容要有针对性，不能答非所问。

7. 呈送报告

呈送报告，是向上级机关报送文件时加在前面的一种上行公文，此种公文是使不能直接行文的普通公文，如计划、总结、调查报告等能以法定公文的形式呈报上级。

8. 述职报告

述职报告，是领导干部依据自己的职务要求，就一定时期内的任职目标，向选举或任命机构、上级领导机关、主管部门以及本单位的干部群众，汇报自己履行岗位责任情况的书面报告，是干部管理考核专用的一种文体。

（四）工作报告的格式

工作报告由标题、主送机关、正文、落款和日期等部分构成。

1. 标题

报告的标题有两种写法：一是“事由 + 文种”的形式；二是“发文机关 +

事由＋文种”的形式，如“××分行关于××××××的报告”。有的报告内容紧急，则在标题中的“报告”前冠以“紧急”字样。

2. 主送机关

行政机关的报告，主送机关尽量要少，一般只送一个上级机关即可。但行政机关受双重领导的情况比较多见，只报送其中一个上级机关显然不妥，因此，有时主送机关可以不止一个。

3. 正文

报告的正文分引据、主体、结语三部分。

（1）引据

概括说明全文主旨，可用起句立意法。即一开始就简明扼要地将一定时间内工作的有关情况如依据、目的、总的行动及对整个工作的估计、评价等作一概述，以点明全文主旨。通常用“现将有关情况报告如下”承上启下，领起下文。

（2）主体

即报告事项部分，也是正文的核心，要叙述报告的具体内容。如果内容多、篇幅长，可采用分题式、分条式或两者相结合的方法进行叙述。对于工作报告，应将各方面工作的主要情况并列分段地一一加以表述，即阐明各方面工作的进展情况、主要做法、取得的效果等。再写明存在的主要问题和下一步工作意见，然后概括出基本经验。要以数字和事实说话，内容既翔实又概括。对于问题报告，侧重写明问题状况及其来龙去脉，分析问题产生的原因，说明其后果，并提出解决问题的方法和措施。对于答复报告，则应强调针对性，紧紧围绕上级的询问和要求，写清问题，表明态度，提出意见。

（3）结语

报告的结语应根据报告的不同内容采用与之相应的不同结语。常用的有“特此报告”、“专此报告”、“请审核”、“请审示”、“以上报告，如有不妥，请指正”等。

4. 落款

即写上发文单位印章和成文日期。

（五）工作报告的写作要求

1. 要总结出有规律的东西

写报告要用正确的立场、观点、方法对事实进行分析，从中总结出一些带有规律性的东西。这些规律性的东西，无论是成功的经验，还是失败的教训，对今后的工作都具有重要的指导意义。

2. 注意个体材料和整体材料的配合使用

报告的容量大，涉及的材料众多，因此，在写作时一定要注意个体材料和整体材料的配合使用。尤其是综合报告，涉及的方面多，内容复杂，更要注意个体材料和整体材料的配合使用。有个体材料没有整体材料，会使报告零碎，缺乏整体印象；反之，有整体材料没有个体材料，则会使报告内容空泛，缺乏力度和深度。

3. 报告所反映的情况要真实、具体

报告的用途是帮助上级机关了解下情，从而作出正确的决策。因此，写报告要做到如实地反映情况。如果报告反映的情况失实，就有可能影响上级机关决策的准确性和科学性。真实性是对公文写作的普遍要求，但鉴于目前有些报告存在着弄虚作假的现象，所以特别需要引起重视。起草报告的人员，要深入调查研究，尽可能亲自调查了解，掌握第一手材料，然后进行分析归纳，去伪存真。材料要具体，要有概括性的材料，也要有典型的具体事例。

4. 写作报告的立意要新

提炼主题，应该在占有大量材料的基础上进行分析研究，归纳出新颖的观点，从而形成主题。主题，即报告的主旨。在提炼主题和观点的过程中，要有敏锐的眼光，发现新的有价值的材料，从新的角度、新的立足点去分析取舍材料，这样才能提炼出立意新的主题，反映出本质的、带规律性的问题。

5. 写作报告的重点要突出

报告的内容要根据主题的要求来安排，分清主次轻重，重点的、主要方面的内容，要安排在前面，详细写；非重点的、次要方面的内容，简略写；可写可不写的内容，就不写。同时，要注意处理好点和面的关系，比如，有典型的事例，也要有面上的综合性的情况，做到点面结合、眉目清楚、说服力强。

6. 报告中不得夹带请示事项

上级机关对报告不负答复责任，因此，报告中夹带请示事项会影响事项的处理。如有请示事项，宜另用请示文种行文。

7. 尽量把报告写短些

要想将报告写得简短，就要做到以下几点：

（1）应突出重点。

（2）要毫不犹豫地舍弃那些不能说明问题实质的一般材料。

（3）要善于综合归纳，从宏观着眼，总体上把握，把问题表述清楚。

（4）语言表达要做到简洁、凝练。

二、工作报告写作范文

◇公开选拔领导干部工作的总结报告

【范文】

关于总社机关通过公开选拔竞争上岗方式
选拔副局级正处级领导干部工作的总结报告
××××年××月×日

为了进一步深化总社机关干部人事制度改革，建设一支政治素质高、业务能力强、结构优化的机关干部队伍，为全面落实总社四届三次理事会确定的战略任务提供坚强的组织和人才保证，总社党组研究决定在全国供销合作社系统公开选拔和在总社机关内部竞争上岗选拔补充一批副局级、正处级领导干部。此项工作于今年4月正式启动，经过前期准备、发布方案、组织报名、资格审查、笔试面试、组织考察、提出任职人选、任前公示与报备、任职培训等几个阶段，全部工作圆满完成。现将有关情况总结报告如下：

一、基本情况

此次公开选拔、竞争上岗起初共拿出××个副局级和正处级领导职位，其中，面向总社机关及直属单位、供销社系统公开选拔的职位包括机关×个副局级和×个正处级领导职位，直属培训单位×个副局级领导职位；面向总社机关内部竞争上岗的职位包括机关×个副局级和××个正处级领导职位。方案公布后在组织报名和资格审查过程中，由于部分岗位报名情况未达到规定的标准和比例，最后确定共拿出××个职位，包括公开选拔副局级领导干部×名、正处级领导干部×名；竞争上岗选拔副局级领导干部×名、正处级领导干部××名。按照公平竞争、优中选优的原则，经过严格筛选，最后选拔出×名副局级领导干部（×名在机关任职、×名在直属培训机构任职）、××名正处级领导干部，有×个公开选拔的正处级职位因没有合适人选，暂时空缺。大致工作过程如下：

（一）制订方案。根据《公开选拔党政领导干部工作暂行规定》、《党政机关竞争上岗工作暂行规定》的要求，结合××社系统的实际情况，经广泛征求意见，并向中组部、国家人事部汇报沟通后，制定了《关于面向××社系统公开选拔副局级、正处级领导干部工作的实施方案》、《关于在总社机关竞争上岗选拔副局级、正处级领导干部的实施方案》。两个方案有几个鲜明的特点：一是认真贯彻落实中央精神，在工作程序、考试安排和笔试、面试及考察人选与选拔职位的比例等方面坚决按照中央文件的规定执行，如对经资格审查参加笔试的人数与选拔职位数达不到10：1的公开选拔职位做出放弃选拔的处理，以保证工作的严肃性和选拔人员的质量。二是将公开选拔和竞争上岗两项工作统筹考虑，有机结合。公开选拔和竞争上岗在时间安排上、组织程序上同步进行；笔试内容相同、时间一致；面试分岗位类别、在不同时间相继进行，试题内容、测试时间、计分要求完全按照统一标准掌握；最后人选统筹考虑。三是各项规定、措施力求具体明确，方便操作。方案明确了工作的指导思想和原则、选拔职位、选拔标准、方法、程序、步骤等，实施工作完全按照方案规定推进，遇到问题有章可循、有据可依，为整体工作顺利完成奠定了好的基础。

（二）动员、报名和资格审查。方案公布后，全国各地供销社、总社机关和直属单位领导高度重视，亲自动员，广大干部积极响应，热情参与（略）。经总社公开选拔、竞争上岗工作领导小组审查，有××人通过公开选拔资格审查，××人通过竞争上岗资格审查。

（三）笔试和面试。按照中央有关公开选拔、竞争上岗工作的规定和《党政领导干部公开选拔竞争上岗考试大纲》的要求，对通过资格审查的人员组织了严格规范的笔试和面试。参加笔试的人员范围是通过资格审查的全部人员；参加面试的人员范围是依笔试成绩排序，按参加面试人数与选拔职位的规定比例确定，公开选拔副局级5：1，公开选拔正处级4：1，竞争上岗副局级3：1，竞争上岗正处级2：1。主要试题全部委托中组部考试与测评中心命制，外经贸职位英语加试试题委托对外经贸大学的专家命制。笔试阅卷委托中组部考试与测评中心全权负责，面试请考试中心专家担任外部考官，并在面试开始前对考官进行了培训。

（四）组织考察。公开选拔根据笔试、面试成绩各占50%，取各职位综合成绩前×名共××人进入组织考察；竞争上岗根据笔试、面试和民主测评成绩分别占30%、40%、30%计算出每位考生的综合成绩，按照综合成绩排序，以全部选拔职位数的×倍人数共××人进入组织考察，共计××人。民主测评安排在笔试之前，采取对局级干部在机关范围内进行民主测评计算总成绩，对处级干部在本部局和机关范围内进行民主测评，分别占60%和40%计算总成绩的方式。面试前，竞争上岗的考生填报了岗位志愿，以供最终确定人选时参考。考察工作按公开选拔×个、竞争上岗×个共×个小组同时进行。考察过程严格按照《党政领导干部选拔任用工作条例》的要求进行，制定了周密的考察方案，并对全体参加考察工作的人员进行了专门的考察前培训。整个考察工作坚持走群众路线，广泛听取意见，全面、深入、准确地了解和掌握考察对象的情况，×个考察小组个别谈话总计达×××余人次。

（五）确定任职人选。考察工作结束后，按照公开选拔、竞争上岗领导小组的安排，×个考察组分别就各自考察人选情况进行了认真的分析讨论，通过综合比较，按照人岗匹配、优中选优的原则，提出了相应职务的拟任职人选建议。×月××日，×社公开选拔、竞争上岗领导小组召开会议，听取各考察组的汇报，并进行了充分的讨论，在各考察组建议的基础上，初步形成任职人选建议。×月××日，×社党组召开会议，听取全面汇报并对考察情况和人选建议进行了认真讨论，最终确定了人选。此次公开选拔、竞争上岗共选拔副局级人选×人、正处级人选××人，其中男××人、女×人；副局级平均年龄××岁，正处级平均年龄××岁；××人中，博士研究生×人、硕士研究生×人、在职研究生×人、全日制本科生××人。此外还从候选人中安排×位担任××局副局长。

（六）公示和报备。任职人选确定后，在进行体检的基础上，按照有关规定，对公开选拔产生的×名副局级干部和×名正处级干部，通过“××××网”面向系统进行了公示；对竞争上岗产生的×名副局级干部和××名正处级干部，在总社机关和直属单位范围内进行了公示。公示期结束后，将拟在机关任职的×名副局级领导干部的任职情况向中组部进行了报备。

（七）谈话及任职培训。×月初，新任职同志正式到位，总社党组书记××同志与××位新任职干部进行了严肃的任前谈话，党组纪检组组长×××同志进行了廉政谈话。新任职干部到任前，举办了为期5天的任职培训。从培训班的方案制订到组织实施，都是按照高标准、高质量的要求，精心安排的。党组书记××和党组纪检组组长、直属机关党委书记×××分别在开班式和结业式上作了重要讲话；培训班从领导干部所必需的政治业务素质出发，结合实际需要有针对性地安排了×个学习单元，包括党的基本理论和基本政策、总社当前的中心工作、领导干部能力的提高和党风廉政建设等内容；邀请了中央党校、清华大学知名专家、学者，中纪委和总社有关司局长授课；安排了小组讨论、大会交流以及丰富的课余文化活动。短短5天培训，大家感觉受益匪浅，提高了认识，学到了知识、开阔了思路。

为了做好工作衔接，保证公开选拔、竞争上岗工作的顺利开展，拟任人选确定后，我们还做了以下几项后续工作：1. 与地方供销社沟通选拔情况，请对方支持选拔上来的同志做好工作交接，同时做好其他参与公开选拔未被选用干部的思想工作；2. 做好总社机关和直属单位报考者的思想工作，充分肯定他们参与公开选拔、竞争上岗的积极态度，引导其正确对待选拔结果，继续发奋努力学习和工作；3. 协调解决好外地干部来×工作初期的食宿问题；4. 召开公开选拔、竞争上岗领导小组和办公室全体人员会议，进行全面、系统的工作总结，为今后工作提供经验和借鉴；5. 组织媒体对公开选拔、竞争上岗工作的重大意义、实际效果等进行深度报道和宣传，以推动干部人事制度改革的进一步深化；6. 将公开选拔、竞争上岗中发现的优秀人才纳入后备人才库，做好人才储备。

二、主要特点

此次公开选拔、竞争上岗工作指导思想明确，思路清晰，方法得当，主要有以下几个特点：

（一）着眼全局，立足改革。当前，××社改革和发展进入了关键时期，社会主义新农村建设为××社搞好为农服务、办成真正农民的合作经济组织提供了广阔的舞台和难得的发展机遇。然而，队伍力量薄弱、人员素质不适应新形势新任务的要求，成为制约××社改革与发展的瓶颈。因此，抓住薄弱环节，大力推进干部人事制度改革，实施人才战略，推动全局工作的开展，是当前的一项重要而紧迫的任务。在这种情况下，总社党组果断决策面向系统公开选拔引进人才，在机关内部通过竞争上岗选拔局处级干部，是党组着眼全局和长远做出的重大战略决策，站位高、立意新，对于加快推进供销合作事业改革和发展具有十分重大的意义。

（二）加大力度、扩大视野。近年来，总社党组认真贯彻落实中央关于干部人事制度改革的重要精神，按照积极稳妥的原则，不断加大干部人事制度改革力度，××××年开展了机关×个副局级领导职位的竞争上岗，还面向社会公开选拔了××报社总编辑，××××年又开展了机关×个正局级领导职位的竞争上岗。通过选人、用人上的一系列改革举措，促使一批德才兼备、成绩突出、群众公认的优秀干部走上了领导岗位，也为深化干部人事制度改革提供了宝贵经验。此次公开选拔、竞争上岗，在规模、深度、力度和影响力等方面都迈出了更大的步伐，一次拿出机关×个、直属单位×个副局级领导职位和机关××个正处级领导职位，分别占机关副局级领导职数和正处级领导职数的××%和××%，同时不仅采取内部竞争方式选用干部，还大规模面向全国××社系统选拔人才，充分体现了党组加大力度推进干部人事制度改革的信心和决心。

（三）严密规范，保证公平。公开、平等、竞争、择优是这次公开选拔、竞争上岗工作贯穿始终的原则，为此，整个组织过程严谨周密，完全按照《党政领导干部选拔任用工作条例》和中央关于公开选拔、竞争上岗两个法规性文件规定的程序进行，同时在操作上精益求精。如在竞争上岗民主测评阶段，通过抽签方式随机产生代表参加测评打分，并且直到测评开始前 1 小时才通知中签人员，最大限度地杜绝了打招呼、托人情现象的发生；在考试阶段，所有的试题领取、存放都由人事部和监察局的同志共同完成，候考考生被完全隔离，不能与外界进行联系；在考察阶段，制订了严格的考察工作方案，统一了标准、程序，对考察组成员进行了培训，对在现单位工作时间不满一年的考察对象，还到其前一个工作单位了解情况；整个工作过程都通过在总社网站上设立的“公开选拔、竞争上岗工作专栏”及时对外通报工作进展情况，保证群众监督，增加工作的透明度。

（四）联系实际，创新方法。为使真正优秀的人才脱颖而出，做到人岗匹配，优中选优，在方案制定前广泛听取意见，结合部门实际需要制订工作方案。为了集中精力选准人和便于干部交流，这次竞争上岗采取了“资格考试＋组织安排”的新形式，着重于干部基本素质和能力的测试，在组织安排上，既考虑岗位需要，又考虑个人志愿，较好地实现了统筹兼顾。在组织考察阶段，广泛听取群众意见，注重一贯表现，并为多年考核优秀和扶贫挂职的人员在民主测评环节适当加分，受到大家的好评。由于岗位要求较高，对综合文字和外经职位增加了专业考试内容。在人选确定上，不唯分数是从，既要看成绩，更要看实际表现、工作经历和能力、群众认可程度，公开选拔的×名副局级干部中有×名的考试成绩排名第二；对考察结果不理想的职位，宁可空缺，紧紧把握人岗匹配、优中选优的方向不动摇。在整个工作中，特别注意把做好思想工作贯穿于始终，确保了工作的顺利进行。

三、收获和成效

此次公开选拔、竞争上岗是总社恢复成立以来规模最大的一次干部人事制度改革举措，时间跨度长，工作程序复杂，涉及人员范围广，工作量大，收到的成效也是前所未有的。

（一）为事业发展选拔了人才、提供了有力保障。在新时期、新任务面前，要加快推进全系统的改革发展必须有一批善于谋划、实战经验丰富的经营管理人才。通过这次公开选拔、竞争上岗工作，一批年富力强的优秀干部通过展示自己的才华和工作实绩脱颖而出，走上了新的领导岗位，特别是从系统选拔出有丰富基层工作经验的干部到更高层次的领导岗位上发挥作用，这无疑为推动各项工作的开展提供了有力的组织保证。

（二）树立了正确的用人导向，推动了干部人事制度的改革。以公开选拔、竞争上岗方式大规模选拔领导干部，体现了总社党组高度重视人才工作，坚持任人唯贤、德才兼备的干部选拔原则，在总社机关、直属单位乃至全国××社系统树立了正确的用人导向，对推进××社系统的干部人事制度改革起到很好的引导和示范作用。系统上下对总社这次公开选拔干部工作评价很高，认为总社在干部人事制度改革方面为××社系统树立了榜样。

（三）加强了系统上下的联系，促进了联合合作。联合发展是××社的一大优势和发展方向，通过人才的交流来促进业务的联合合作在新形势下日显必要。这次公开选拔、竞争上岗工作启动后，得到了全国各地××社、总社机关和直属单位领导高度重视，他们深刻领会总社党组的意图，积极动员本单位符合条件的干部报名参加，认真配合各环节的工作，保证了工作顺利完成，形成了系统上下联动的良好局面。通过公开选拔，我们不仅从地方××社选拔出了一批优秀干部充实到重要岗位，而且加强了系统上下的联系，增进了了解，增强了凝聚力，为今后更加紧密的联合合作打下了良好的基础。

（四）更新了广大干部的思想观念，促进了机关作风的改进。通过公开选拔和竞争上岗选拔领导干部，打破了论资排辈，极大地触动了机关干部的思想观念，增强了干部的紧迫感，激发了干部的进取精神和责任意识，对于改进机关工作作风、提高工作效率具有很好的作用。大家认识到，在新形势下，不学习就要落伍、不干事业就要被淘汰，有为才能有位，必须勤奋学习、努力工作、敢于创新、不断进取，树立起竞争意识，在学习中实践，在实践中学习，不断提高自身素质。

（五）坚定了干部职工对××合作事业的信心，激发了队伍的工作热情。近些年来，总社推出的一系列干部人事制度改革措施均取得了较好的效果，这次公开选拔、竞争上岗，将大批年富力强、成绩突出、群众公认的干部充实到领导岗位上，特别是从系统中选拔了×名基层工作经验丰富的优秀年轻干部，改善了总社机关人员结构，增强了队伍力量，使大家对事业的发展充满了信心。从竞争上岗的结果来看，一批女干部走上了领导岗位，××名人选中，有×名是女性，特别是机关副局级干部竞争上岗中，×名全是女性，这种局面极大地鼓舞了女同志奋发向上、自强不息、巾帼不让须眉的进取精神。目前，新选拔的干部已经全部到岗工作，他们一上任就立即全身心投入到紧张的工作中，表现出蓬勃的朝气和昂扬的斗志，相信这种精神会有效地激发和带动整个干部队伍朝着真抓实干的方向努力，以积极的心态争取更大的成绩。同时，公开选拔、竞争上岗工作的成功，也坚定了我们坚持干部人事制度改革的信心，促使我们继续推进干部工作的科学化、民主化、制度化，完善选贤任能的科学机制，为优秀人才脱颖而出、健康成长、施展才干创造更好的环境。

四、几点体会

公开选拔、竞争上岗能够取得成功，主要得益于以下几个方面：

（一）党的正确的干部路线、方针和政策的指引。《党政领导干部选拔任用工作条例》和《公开选拔党政领导干部工作暂行规定》、《党政机关竞争上岗工作暂行规定》是我们这次工作的主要政策依据，这些政策充分体现了中央对干部选拔任用工作的新要求和与时俱进的时代精神，吸收了干部人事制度改革的新成果，在干部选拔任用工作的基本原则、基本程序、基本方法和扩大民主、强化监督方面都做出了科学、规范和严密的规定，具有很强的指导性和操作性，为我们开展工作指明了方向，提供了强有力的制度保障。

（二）总社党组的高度重视。（略）

（三）广大干部思想的统一和认识的提高。在党组的重视下，广大干部思想统一、认识提高，积极支持、参与公开选拔、竞争上岗。符合报考条件的同志踊跃报名，积极准备；没有报考的同志主动分担工作，并在民主测评、考察谈话等环节广泛参与，积极配合，认真行使自己的知情权、参与权、选择权和监督权；工作人员认真负责，严谨细致，牺牲大量个人休息时间，确保了工作没有出现任何纰漏。整个过程体现出总社干部较高的政治素质、较强的大局意识和宽广的胸怀，无论是参与者还是工作者，也无论是入选者还是落选者，都能统一思想，以事业为重，客观公正地支持改革、参与改革，积极做好工作。

（四）精心的组织和过细的工作。公开选拔、竞争上岗工作责任重、环节多，有一环出错就会影响到全局。为此，领导小组办公室在工作中给每项工作都设定了明确的实施步骤和严格的时间界限，要求每个成员以严谨的态度对待每个阶段的每项工作。如制订方案前广泛征求意见，深入到每个部局进行面对面的协商沟通，有的部门还反复协商了多次；在接受报名和资格审查阶段，除了要认真了解报考人员情况、细致核查相关材料、严格把关外，还开通多部电话认真解答相关政策咨询；在民主测评环节，对特殊情况打分的认定经充分讨论统一了标准，并对全部计分进行多次核对、反复计算，保证测评分数准确无误；在组织考察阶段，从考察预告、设立举报电话和意见箱、召开测评大会、个别谈话、查阅档案材料到形成考察材料等各个环节，严格按照《党政领导干部选拔任用工作条例》的要求进行，严守考察工作纪律，客观公正地评价每个被考察人选。正是由于发扬了严谨细致的工作作风，使得每一项工作、每个关口、每个细节都经得起检验和质询。

当然，在这项工作中也还存在一定的不足，主要是对系统干部情况心中无数，在前期工作中相应的调查分析不够，这些都需要在今后工作中加以注意和改进。

五、下一步工作建议

公开选拔、竞争上岗工作在党组的正确领导下、在广大干部群众的积极支持下已经顺利完成，但要培养和使用好干部还有很多工作要做，干部选拔机制还要在科学化、民主化、制度化方面下功夫，干部人才队伍要满足新形势需要还任重而道远，当前和今后一段时间要继续做好以下工作：

（一）加强对新选拔干部的培养锻炼，这些干部多数比较年轻、知识水平较高、业务素质较好，但是工作经历相对简单、领导经验不足，需要加强基层实践锻炼，做好培养工作，使他们尽快成长。对于从地方供销社选拔上来的干部，要帮助他们尽快熟悉总社和全国系统情况，尽快进入角色发挥作用。

（二）认真总结近年来干部人事制度改革的成功经验和存在的不足，促进干部选拔任用工作朝着更加科学化、民主化、制度化的方向发展。

（三）进一步深化干部人事制度改革，探索提高干部素质的多种途径和办法，加大干部交流力度，通过轮岗、挂职锻炼等方式，增加干部多岗锻炼的机会，积累工作经验，促进素质提高。

（四）做好后备人才库的建立和管理工作，将这次公开选拔和竞争上岗中发现的一批有培养潜力的干部作为后备人才，建立经常联系，有意识地培养锻炼并不断完善后备干部制度。

◇警示教育活动情况报告

【范文】

市计委党员干部警示教育活动开展情况报告

按照市党员干部警示教育活动领导小组的统一部署，我委认真贯彻《中共××市委关于在全市党员干部中开展警示教育的意见》精神，以“三个代表”重要思想为指导，结合当前工作实际，通过剖析典型案例，充分认识开展警示教育活动的重要性和紧迫性，以案为鉴，以案施教，扎实有效地开展警示教育活动，现将主要情况汇报如下：

一、领导重视，提高认识

为全面贯彻落实宿发〔××××〕××号《中共××市委关于在全市党员干部中开展警示教育的意见》精神，我委及时组织了机关及委属单位全体人员参加的全委警示教育动员大会。会上，认真传达了市委副书记××同志在全市党员干部警示教育动员大会的讲话，宣读了中共××纪委关于重大案件查处的三个通报。委党组书记、计委主任×××同志作了动员讲话，他要求：一要充分认识警示教育活动的紧迫性和重要性；二要认真组织好学习，要在正常学习之外增加学习时间；三要领导干部发挥带头作用。通过学习和动员，大家充分认识到三个典型案件的严重危害，不仅侵蚀了干部，损害了群众利益，危害了社会，更阻碍了发展。从而增强了警示教育活动的紧迫性和责任感，警示教育是落实“从严治党”方针的重要举措，是关心爱护干部的具体行动，是扩大开放，加快发展的内在要求。

二、精心组织，制订计划

为深入有效地开展警示教育活动，我委及时成立了以党组书记、计委主任×××同志为组长，领导班子其他成员为副组长，委属单位负责人及各科室负责人为成员的警示教育活动领导小组，领导小组下设办公室，办公室主任由我委办公室同志担任，具体负责警示教育活动的日常工作。同时，依据市党员干部警示教育活动领导小组的活动方案，制订了市计委警示教育活动计划，并狠抓学习计划的落实。一般党员干部坚持集中学习、自学、座谈讨论相结合，领导干部以中心组专题学习为主。

三、联系实际，狠抓落实

我委按照警示教育活动计划的安排，紧紧围绕市委确立的五个重点问题，联系工作实际，开展座谈讨论，做到“四个结合”，确保警示教育活动取得实效，为实现“加快发展，富民强市”目标奠定扎实的思想基础。

1. 与深入学习贯彻“三个代表”重要思想结合起来

党的十六大把“三个代表”重要思想同马克思列宁主义、毛泽东思想、邓小平理论一道，确立为党必须长期坚持的指导思想，是我们党的立党之本、执政之基、力量之源。把警示教育活动与学习“三个代表”重要思想结合起来，增强了广大党员干部自觉实践“三个代表”、永葆党的先进性的意识。

2. 与“双项活动”结合起来

开展“双项活动”是本市优化环境，加快发展的重要抓手，是转变职能，改进作风，加强干部队伍建设的重要保证。我委认真落实年初制定的《市计委××××年“双项活动”的实施意见》，进一步转变机关工作作风，提高工作效率。对照计委机关工作制度，分组讨论，查找漏洞，完善补充相关制度，加强机关自身建设。

3. 与党风廉政建设相结合

通过学习《党员干部廉洁从政准则》《中国共产党纪律处分条例》等，广大党员干部充分认识到，要在任何时刻保持清廉本色和磊落胸怀，必须认真落实《党风廉政建设责任书》及《反腐败责任书》，严格自律，努力做到“四慎”：慎微、慎独、慎始、慎欲。

4. 与“四五”普法活动结合起来

继续深入学习《××省实施〈中华人民共和国招标投标法〉实施办法》及相关配套法律法规，坚持依法行政，增强计划系统党员干部的法律意识，认真履行法律及政府赋予计委的各项职能，严格重大建设项目审批制度，为“加快发展，富民强市，全面建设小康社会”作出积极贡献。

◇精神文明建设活动情况报告

【范文】

市××局开展精神文明建设活动情况报告

为进一步加强我局的精神文明建设，推动环境保护事业持续、健康、快速发展，更好地为全市经济建设服务，我们在市委的正确领导下，以“三个代表”重要思想为指导，按照科学发展观的要求，借开展保持共产党员先进性教育的东风，内抓管理、外树形象，全局精神文明建设取得比较显著的成效，现将情况报告如下。

一、加强思想教育，不断提高认识

为了做好精神文明建设工作，局领导班子多次召开会议，从思想认识、工作力度等方面进行了认真研究、安排部署。我们认识到，做好精神文明建设工作，不仅是加强精神文明建设的需要，更是促进环境保护事业科学发展的保证，是时代赋予我们的光荣任务。我们明确提出：要把精神文明建设作为一项重要工作来抓，从依法行政，提高服务质量，端正服务态度，规范办事程序入手，加强思想道德建设，树立良好的职业道德，培养一支政治强、业务精、作风硬、纪律严的环保队伍。

通过开展精神文明建设工作，实现职工队伍素质的全面提高，促进我局机关作风、工作环境、文化活动得到显著提高。为此，我们首先从组织上进一步加强对精神文明建设工作的领导，成立了以局长为组长的精神文明建设工作领导小组，实行主要领导亲自抓，分管领导具体抓，各科室、中队积极参与，通力协作的良好机制，使我局精神文明建设工作有组织、有领导地开展起来。为了充分调动广大干部职工参加精神文明建设活动的积极性，我们多次召开动员会议，组织干部职工展开讨论，提高了广大干部职工的精神文明建设意识和参与意识，使精神文明建设活动有了扎实的群众基础。

二、狠抓业务学习，塑造高素质环保队伍

我局紧密结合保持共产党员先进性教育活动的开展，坚持政治学习制度，组织全体党员学习邓小平理论，学习党的十六大、十六届四中全会精神及“三个代表”重要思想，努力提高干部职工的思想政治素质，使大家牢固树立世界观、人生观、价值观和共产主义远大理想，增强贯彻执行党的基本路线、方针、政策的自觉性和坚定性。我们组织干部职工参观革命老区，进行革命传统教育，还积极组织大家参加丰富多彩的文体活动，激发大家的爱国主义和集体主义精神。在党建方面，采取多种形式加强党员教育，提高党员素质，发挥党员的先锋模范作用，在精神文明建设活动中积极带头。

我们在狠抓精神文明建设的同时，始终没有放松干部职工的业务学习。把业务培训、岗位练兵作为提高职工业务素质的重要工作来抓。坚持每周五学习日制度，组织干部职工学习环境保护相关法律法规，学习业务技术，不断更新业务知识，提高业务工作能力。另外，我们有步骤地组织干部职工到××市委党校接受有关法律法规知识培训，提高干部职工学法、懂法、用法的能力，以适应不断发展的环境保护事业的需要。

××××年××月，局信访法制科全体同志参加了××市组织的《信访条例》培训学习考试，人均成绩达到90分以上。××局是一个与广大群众的切身利益息息相关的部门。我们始终以加强职业道德建设为重点，通过深入开展职业道德教育，大力倡导爱岗敬业的精神，努力塑造环保队伍公正严明的执法者形象，文明执法的服务者形象，廉洁高效的奉献者形象。在工作中，我们始终把群众满意不满意作为工作的落脚点，要求干部职工努力实践“三个代表”重要思想，全心全意为人民服务，同时，推行《行政过错责任追究办法》、《优化经济发展环境工作意见》、《内部管理制度》等一系列制度，强化服务意识，端正服务态度，塑造“文明执法、热情服务”的良好形象。在廉洁上，首先局领导自身作表率，坚决做到不搞暗箱操作，不以权谋私，严格执行各项规章制度，同时要求各中队长、科室长在全体人员中树立表率和示范作用。其次，坚持行风廉政教育，防患于未然。通过对反面典型事案例的剖析，观看反腐倡廉录像教育片，抓住行风廉政建设的重点、热点问题，对干部进行廉政教育，做到警钟常鸣。同时，我们通过聘请行风监督员、公布专线举报电话、发放征求意见卡，及时听取社会各界的意见和建议，有力地促进了干部职工工作作风转变，树立了良好环保形象，从根本上杜绝违法违纪现象。

三、搞好基础建设，树立环保文明形象

××局与广大群众交涉频繁，是展示政府形象的一个重要窗口，树立良好的社会形象，是××局开展精神文明建设活动的主要内容，也是提升××部门社会地位，促进环保事业健康发展的迫切要求。根据“内抓管理，外树形象”的总要求，我们在大厅内设置值班台，配备电话、桌椅、纸笔等日常办公用具，在醒目方便的位置设置了意见箱，并将当天值班领导、工作人员名单公布上墙，主动接受群众的监督。同时，加大了美化环境、优良作风、优质服务建设的力度。今年来，经多方筹资，对工作环境和办公条件进行了改善，完成机关水路、电路更新和墙面粉刷工程，更换各科室空调，对检测站办公场所进行全面装修，维修监理站办公地点；对局机关院内进行整修，以彻底改善职工的办公条件，让职工在一个舒心的环境中干事创业。另外，本局还制定卫生管理制度，加强机关内部卫生管理，机关内外无脏、乱、差现象，清洁卫生，各种卫生设施、文明用语提示牌落列有序。为树立诚信公正、热情为民的良好形象，局党委积极开展“亮身份、树形象”活动，推行党员挂牌上岗制，并设置“党员先锋模范岗”，发挥好党员同志的示范带头作用。

四、开展文体活动，丰富职工精神文化生活

为活跃××局广大干部职工的思想，调动工作积极性，本局定期不定期地开展一些健康有益的文体活动，丰富职工的精神文化生活。(略)

五、强化精神文明建设，推进环保工作再上新台阶

通过开展一系列精神文明建设活动后，本局干部职工的精神面貌发生了深刻变化，“讲学习、讲政治、讲正气”的风气浓了，爱岗敬业、文明服务、礼貌待人的风气已形成，爱××事业、无私奉献的精神正逐步发扬，职工文明程度明显提高，做文明职工蔚然成风。通过开展精神文明建设活动，提高了干部职工的综合素质，树立了××执法队伍的良好形象，有力地推进了环保工作再上新台阶。

回顾上半年本局精神文明建设工作，成绩固然令人鼓舞，但我们也清醒地认识到工作中还存在诸多不足，精神文明建设工作任重而道远。今后，我们将以保持共产党员先进性教育活动为契机，一如既往，开拓创新，狠抓系统精神文明建设工作，为实现“打造工业强市，建设生态××，和谐××”而努力奋斗。

◇党建工作情况报告

【范文】

××地方税务局××××年上半年党建工作报告

市局党建工作领导组：

××××年，我们认真贯彻省局党组提出的“党组抓党建”的工作思路和市局党建工作会议精神，以“三个代表”重要思想和党的十六届三中、四中全会精神为指导，全面落实科学发展观，与时俱进，开拓创新，围绕税收中心工作，积极主动地开展党建工作，使党建工作不断向经常化、科学化和规范化方向发展，进一步增强了党员队伍的凝聚力、向心力和战斗力，进一步发挥了基层党组织的战斗堡垒作用和党员的先锋模范作用，有力地促进了各项工作任务的完成。主要工作情况汇报如下：

1. 进一步健全党建工作机构

为进一步加强机关党建工作，按照《中国共产党党章》有关规定，经县委常委会批准，××地税局党委于×月××日正式成立。党委的成立是我局政治生活中的一件大事，对我局的政治、思想建设和税收健康快速发展具有重大意义，

同时也对党组织的战斗堡垒作用，党员先锋模范作用，提出了更高的要求。党建机构的健全进一步增强了党组织的亲和力、凝聚力和战斗力，使党组织成为全局思想政治工作的核心，成为凝聚广大税干的核心，成为凸显战斗力的核心。

2. 进一步完善党建工作制度

我们对照党建工作目标责任书，认真落实市局关于加强党建工作的安排，积极研究新问题、新情况，探索新方法、新路子。在层层签订党建目标责任书的基础上，我们创新工作方法，结合我局党建工作实际，通过划分党员责任区，实行党员目标责任制管理，将党员的权利和义务及一定时期内要做的工作转化为具有数量、质量、时限要求的具体工作目标，规范和指导党员的行为。我们进一步完善制度，强化责任，促进落实，抓好领导负责、理论学习、检查考核、民主评议、党员发展、党费收缴、组织生活、“三会一课”、评先评优、资料归档等十项制度的制定完善和落实，使支部的各项活动有章可循，我局党建工作进一步制度化、规范化、科学化。

3. 进一步提高党员队伍素质

我局现有党员干部××余人，比例之高为全市地税系统之最，党员素质的高低决定着队伍整体素质的高低，因此，我们以思想道德教育为先导，在全局广泛开展以邓小平理论和“三个代表”重要思想为主要内容的政治理论教育，改变了过去那种“我讲你听”、“我打你通”的传统教育教育方式，变长篇大论为短平快，变灌输为启发，在党员之间开辟“微型课堂”，结合党员干部的工作情况，思想特点，采取开座谈会，个别谈心，群众评说等形式适时进行启发式党性教育，如开展致富思源教育，就是启发党员从思想上搞清楚今天的成就怎么得来，认真思考“源”在何处，引导党员干部进一步坚定“四项基本原则是立国之本，改革开放是强国之路”的信念，进一步坚定高举邓小平理论伟大旗帜，建设有中国特色社会主义的信念和决心。我们坚持不懈抓党员干部队伍的业务培训，结合实际，有针对性地制订学习计划，并引入奖惩激励机制，以考促学，考必通报，考必奖惩，促进了全员学习的自觉性和主动性，打造了一支能征善战的高素质队伍。

4. 进一步强化对党员干部的监督制约

我们继续采取内外结合的方法，不断强化对党员干部的监督制约。一方面与县人民检察院召开联席会议，成立预防协调小组，就税务干部职务犯罪的苗头性、倾向性问题以及实际工作中存在的一些问题进行深入的分析探讨，加大宣传和查处力度，及时进行信息沟通，健全管理制度，构建党员干部预防职务犯罪网络，从源头上扼制腐败的滋生和蔓延。另一方面，向社会公开聘用廉政监督员××名，通过座谈、交流，及时、真实地反馈我局党员干部的相关信息，同时设立举报箱，公开监督举报电话，公开接受群众举报，及时查办群众反映强烈的热点、焦点问题。再一方面，定期召开廉政述职会，要求中层环节的党员干部参加廉政述职、廉政知识考试和背靠背民主测评，并把考评结果记录于个人档案，作为今后评定、任用干部的重要参考依据，强化了党员干部的自律意识、全局意识和防范意识。

5. 结合实际深入开展保持共产党员先进性教育活动取得良好效果

一是建立制度，确保先进性教育活动的质量。在县委保持共产党员先进性教育活动动员会以后，我局积极行动，迅速组织，精心安排，广泛发动，率先召开了先进性教育活动动员大会。在深入调查研究的基础上，务求实效，建章立制，科学制订了实施意见和方案，增强了活动的针对性。科学制订方案。针对存在的问题，我局科学合理地制订了活动方案，明确了先进性教育活动的指导思想和基本要求，以及重点要解决的问题和活动的具体安排等，做到了“六个统一”，即统一学习时间、统一学习地点、统一学习内容、统一进行辅导、统一召开讨论会、统一配发制式学习笔记本等。增强三个意识。一是增强大局意识，二是增强质量意识，三是增强责任意识。实行主要领导负责制，党委书记为第一带头人，各支部书记为直接责任人，具体抓好各阶段任务的落实。

二是创新方式，确保先进性教育活动的实效。针对大家在学习中遇到的有关难点问题，我局分别邀请县委督导组、常务副县长×××和县委党校讲师进行专题辅导，为搞好先进性教育活动奠定了良好的基础。我们还充分利用网络优势，在××地税局域网上开设《保持共产党员先进性教育活动》专栏；积极利用宣传优势，在地税系统内部创办先进性教育活动活页周刊；有效利用硬件优势，在电子滚动屏上进行设置，将先进性教育活动的进展情况进行公示。

三是严格落实，确保先进性教育活动搞扎实。围绕保持共产党员先进性的主题，把着力点放在每个党员的自觉参与上。同时，提出了把教育目标确立在着力引导党员树立“三个形象”上，即：树立以身作则当表率的形象，树立挺身而出当先锋的形象，树立凝聚人心干事创业的形象，从而使每个党员都牢固确立先进性意识，符合先进性标准，不断实践先进性要求。广泛征求意见，组织召开了各支部书记座谈会、机关干部和职工座谈会、离退休老干部座谈会、纳税人及社会各界人士座谈会，以面对面交谈、背对背建议的方式，直接提出意见，问卷抽样调查，吸取意见和建议，并进一步完善先进性教育活动方式和方法。狠抓制度落实，坚持做到“四个到位”；确保思想认识到位，组织到位，学习内容到位，人员、时间、效果到位。

四是突出重点，确保先进性教育活动引向深入。组织开展了党委、中心组、支部“三层谈心”活动，谈心面达到100%。大家在谈心中，自觉做到思想上谈认识、作风上找不足、工作上比差距、廉政上查问题，既主动征求意见，又虚心接受批评；联系工作实际，互相促进“两不误”，掀起了学习教育与税收工作相结合、互促进的活动新高潮。

同时，在日常党建工作中，我们坚持做到了三个结合：

一是党建工作与组织收入相结合，努力做到相互促进，相得益彰。把完成税收工作任务当作党支部和党员干部的基本职责要求，做到了围绕税收抓党建，抓好党建促税收，而不是就党建论党建，党建与税收工作相互脱节。充分发挥思想政治工作的优势，针对组织收入工作实际，及时引导广大党员干部从讲政治、讲大局、保稳定的高度来认识税收工作，不因存在困难而悲观泄气，也不因形势看好而盲目乐观，增强了党员干部的责任意识，为组织收入，完成任务提供强有力的思想政治保证。提前一个月实现了收入任务过半，很好地发挥了为国聚财的职能作用。

二是党建工作与队伍建设相结合，继续开展以“三个代表”重要思想和十六大、十六届三中、四中全会精神为主要内容的政治理论教育，用科学的发展观武装党员干部头脑，有针对性地制订学习计划，发动党员带头学习，提高税务干部综合素质，打造了一支政治坚定、业务精通、敢打硬仗的复合型党员干部队伍。在今年的农业税灾歉减免过程中，我们的党员干部身先士卒，翻山越岭，在烈日下挥洒着汗水，在甘苦中体味着甜美，将农业税减免款全部挨家挨户送到每户农民手中，把党中央、国务院及国家税务总局关于农民增收方面的税收优惠政策真正落在了实处。这些活生生的事例都从侧面反映了我们的队伍面貌呈现出的蒸蒸日上的可喜局面。

三是党建工作与行风建设相结合，在连续两年取得全县行风双评活动第一名后，我们戒骄戒躁，再接再厉，对内推行政务公开、党务公开、财务公开，对外加大公开办税力度，提升纳税服务水平，推进税收工作规范化、标准化和法制化，再树行业新风。

当然，与上级的要求和兄弟单位相比，我们的党建工作还存在一些不足，如党员队伍的素质有待进一步提高，基层党支部建设不尽平衡，创新和改革的步伐有待进一步加快，党建工作机制有待进一步完善等等，都需要在今后的工作中努力改进和加强。我们坚信，在市局党组和地方党委的正确领导下，我们的党建工作一定会继往开来，开创新的局面。

××地方税务局

××××年××月××日

◇发挥党外人才作用情况报告

【范文】

关于发挥党外人才作用情况报告

在我们××县，党内党外人士肝胆相照、合作共事并不是一句空话。党内同志尤其是党员领导干部都能够主动与党外人才搞好合作共事，他们善于同党外人才交朋友，善于倾听党外人才的意见，充分尊重党外干部的积极性和创造性。党外人才也能够不负组织的重托，尽职尽责，为全县的改革开放和发展作出了重要贡献。归纳起来主要有以下四点：

（一）政治上充分信任党外人才，真正把党外人才特别是党外领导干部看成是自己的同志

在日常工作生活中，长期做到“三个坚持”，即坚持党外人士工作联系会制度；坚持县委常委联系党外代表人才制度；坚持重要决策、重大事件和重要人事变动向党外人才通报协商制度。每年召开两次各有关部门就党外人才工作的联席会议。每位县委常委都结交了一名党外朋友，通过与他们的谈心交友、帮扶释惑，确保全方位、多层面结交党外朋友，借而推动整体工作上台阶。与此同时，按照规定积极让党外人士阅读应该阅读的文件，参加应该参加的有关党的会议，经常性、积极主动地向他们介绍情况、征询意见，使他们及时了解党的各项方针政策和县委在当前的重要工作部署。对党外人才所提意见、建议，积极予以采纳并反馈落实意见，不能采纳的也能进行说明解释，党组织和党内领导干部没有把他们当外人。仅今年以来，就有××条党外人才所提意见、建议被采纳，并得以落实。

（二）工作上支持，放手使用，使党外领导干部有职有权有责

目前，本县党外干部实职安排人数达到了××名，政协党外委员数达到××名，党外人大代表数达到××名。此外，有各级各类党外后备干部××名。绝大多数有党外领导干部单位的党委（党组）及党内领导同志都做到了：凡是党外领导分管的工作，先由他们拿出意见，并有处置决策权；党外领导分管范围内的文件及有关会议精神由党外领导审定签发、传达部署并组织实施；他们在工作中遇到困难时，党组织和党员领导能够满腔热情地予以支持；工作中出现失误，则认真帮助他们总结经验教训，主动承担责任，不揽功诿过。

（三）生活上关心照顾党外人才，想他们所想，帮他们所需

各级党委（党组）都能积极为党外人才排忧解难、多做实事，努力改善党外人才的工作条件和生活条件。尤其结合近年来统战系统开展的一系列有关党外

人才的交友走访活动，我们县级统战部门在党外人才工作中也进行了重新定位，一切活动都围绕“服务”二字，把“拓宽服务领域”作为出发点，把“实化服务内容”作为落脚点，统战部全体同志通过深入基层，了解统战成员的思想状况和工作生活中遇到的困难，把这些情况及时反馈，对有关问题及时加以解决。另一方面切实为统战成员办实事，加强了相互之间的沟通与联系。仅今年为党外人士化解如子女就业、老人就医、创业资金、技术指导等工作生活中的难题××件，以实实在在的行动让党外人士感受到了党的温暖和“家”的温馨。

（四）不辱使命，积极参政议政

××县的党外人才都能够认识到，党外人士也是××县的建设者、人民公仆，都十分珍惜党组织赋予的光荣使命，除了做好本职工作以外，还积极参政议政，通过多种形式为全县的三个文明谏言献策，提出了许多较有见地的意见和建议。县政府每年都要专门召开党外人士所提意见建议办理情况协调会、通报会。今年以来，党外人才所提意见建议被县委、政府采纳，并得以落实的就有××条。总之，××县三个文明建设的成果中凝结着党外人才的智慧和汗水，他们是一支重要的不可或缺的力量，为全县的经济建设和社会发展作出了重要贡献。

◇干部教育培训工作专题报告

【范文】

××县××××年干部教育培训工作情况报告

近年来，××县干部教育培训工作在上级组织部门的业务指导和县委的具体安排部署下，以提高干部队伍整体素质为重点，全面贯彻落实中央、自治区和地区关于干部教育培训工作的指示精神，按照大培训、大教育和干部教育培训规划的要求，结合认真学习贯彻党的十六大精神和兴起“三个代表”重要思想新高潮活动，切实加大培训力度，完善培训措施，较好地完成了年度干部教育培训任务。现将有关情况报告如下：

一、主要做法

（一）加强组织领导，制定培训规划。根据中央、自治区、地区三级组织工作会议关于“大规模培训干部”的要求，为切实加强对干部教育培训工作的领导，县委根据人事变动，及时调整充实了以分管党务的副书记为组长的干部教育培训工作领导小组，建立了县委领导亲自抓、分管领导配合抓，组织部门具体抓的干部教育培训责任网络。县委高度重视干部教育培训工作。定期召开专题会议，研究和部署干部教育培训工作。县委组织部作为干部教育培训的责任单位，结合新时期干部队伍实际，制定了《××县“××”干部培训规划》和《××

县××××至××××年度乡村干部素质工程规划》，落实了干部教育内容，明确了干部培训重点，完善了有关教育培训工作的制度和措施。县委组织部把干部教育培训工作作为政治文明建设考核的一项重要内容，每年进行两次考核，同时在县委的高度重视下，一次性投入近××万元，对县委党校教学楼进行了维修、改造，改善了干部教育培训工作的环境和条件，保证全县干部教育培训工作的顺利开展。

（二）周密安排，合理部署，加大农村基层干部培训力度。近年来，我们根据基层干部队伍成长的需要，把对基层干部的教育培训工作逐步纳入干部培训的重点工作来抓，每年把村级党支部书记和村委会主任的培训作为组织部的一项“必培”任务，常抓不懈。近三年来，我们共开办村级干部培训班××期，培训村级党支部书记、村委会主任×××余人，举办乡镇副科级以上领导干部培训班×期，培训×××余人次。开办乡镇党务书记、政法书记、纪检书记、团委书记、妇联主任、组织干事等岗位培训班××期，培训×××余人次。在此基础上，我们还根据新形势加强乡镇干部“双语”培训的精神，开办了乡科级领导干部和后备干部为期半年的“双语夜校培训班”，培训干部共×××人，同时还开办了县直机关企事业单位党支部书记培训班，入党积极分子培训班等班次，曾多次邀请地委党校老师来××县授课，提高了教育培训的质量和水平，较好地完成了年度培训任务。

（三）创新培训形式，拓宽培训渠道，抓好干部区外培训和异地挂职培训工作。近年来，我们在培训方式、培训班次等方面逐步探索，逐步创新。

1. 从今年××月份开始，我们根据当前村级干部后继乏人的突出问题，拿出近××万元培训经费，开办了为期一年的村级后备干部学历培训班，将脱产培训和函授自学有机地结合起来，培训村级后备干部××人，逐步缓解了村级组织选人难的突出问题。

2. 紧紧抓住××市对口援助××县的有利时机，通过双方协定，××县分别于××××年××月、××××年××月和××××年××月先后选派三批干部到××市进行为期两个月的挂职锻炼，每期××人，共××人，前两批干部已完成挂职任务。通过选派干部区外挂职培训，既开阔了干部视野，增长了知识，也增进了新疆与内地的交流与合作，实现了人才培训和经济合作上的双赢。

3. 认真抓好到区外调训和异地挂职培训工作。近年来，先后完成××名干部赴××进行党政、经管、教育、卫生、农业等专业知识培训。同时还选派干部赴××理工学院、××民族学院进行培训，进一步拓宽了培训渠道，增强了培训效果。在此基础上，我们还认真抓好异地挂职培训工作，每年按照自治区党委和地委的安排部署，认真做好挂职干部的选拔和培训工作，全面落实干部挂职前集中培训任务，先后选派×批干部共×××人赴××挂职锻炼。目前已走上领导工作岗位的有××人，有力地促进了少数民族干部队伍整体素质的提高。

（四）完善培训措施，确保培训任务的落实。近年来我们结合干部培训工作的实际，先后制定和完善了干部教育培训暂行规定、干部调训制度、干部培训考试考核制度、乡镇干部“双语”培训目标考核制度等，使干部教育培训工作逐步走向科学化、制度化的轨道。同时，将干部培训与考核使用有机地结合起来，形成了相互制约、相互促进的干部教育管理体系和良好的运行机制。

二、存在的问题

1. 由于受财政的影响，大规模培训干部的任务没能得到较好的落实，××县属边缘贫困县，财政赤字较大，干部教育培训的经费在一定程度上很难落实，干部的一些区外培训和岗位培训任务很难落实。

2. 师资队伍严重匮乏。目前仅有×名汉族教师和×名民族教师，能力水平和知识结构已远不能适应当前干部培训工作的需要，很大程度上阻碍了干部教育培训工作。

3. 当前受社会主义市场经济的影响，一些干部队伍中存在着重工作轻学习、重经济、轻理论的不良倾向，干部队伍更新知识和依法行政的教育培训力度还需加大。

◇干部任职考察报告

【范文】

×××同志考察报告

×××，男，汉族，××省××县人，××××年××月出生，大专毕业，经济师，××××年入党，工资级别为××××，现任中国××银行××支行行长。

主要工作经历（略）

主要表现

×××同志政治素质高，业务能力强，作风民主，清正廉洁，严于律己，宽以待人，有较强的组织协调能力。任职一年来，能够坚持“四项基本原则”，认真执行党的一系列金融方针政策，坚持合法合规经营，面对强手林立的竞争局面，深入实际、调查研究，锐意改革、开拓进取，带领班子成员和全行员工一起，走出了困境，出色地完成了各项任务，当年就实现了扭亏为盈。在群众评议中，共有××名群众投票，其中：优秀××票，占××%；称职××票，占××%；基本称职××票，占××%。优秀和称职票占全部票数的××%。

1. 政治素质高

×××同志注重加强政治理论的学习，不断改造自己的世界观和人生观，在政治上、思想上、行动上同党中央保持高度一致，能带头执行各项规章制度，勤政廉洁，克己奉公，团结同志，起到了一个党员干部的模范带头作用。今年7月1日，被当地党组织推荐为全省优秀共产党员。

2. 有一定学识水平和组织协调能力

一年来，×××同志为规范全行的经营行为，结合工作实际，亲自主笔制订了《××××》《××××》等管理制度和办法，有×项办法在全市推广。今年8月，市分行聘请他在全市信贷人员培训班上授课，他对信贷管理中的法律问题、规范化操作等问题的阐述，受到了学员的一致好评。与此同时，该同志具有一定的组织协调能力，在日常工作中，能较好地处理与地方政府、班子成员、员工及客户的关系，较好地处理应急事件及工作中出现的复杂问题，尤其在刚到任不久出现的存款挤兑事件和政府强行破产××企业事件的处理上，维护了银行声誉，作出了一定贡献。

3. 事业心强，勤政务实

×××同志有强烈的事业心和责任心，对工作认真负责，一丝不苟，他领导的支行各项工作没有出现过任何纰漏。与此同时，他十分注重加强学习，不断充实自己，并深入实际，调查研究。一年来，共撰写论文和调查报告××篇，其中有××篇在省级以上刊物发表，《××××》论文在今年5月省分行举办的征文比赛中获得一等奖。在执行制度方面，他能自觉抵制不正之风，及时发现和纠正工作中出现的问题，他到××支行上任后，这个案件多发的支行没有出现过任何案件。

4. 主要工作业绩（略）

培养和使用意见

×××同志具有较高的政治素质和学识水平，有较强的组织协调能力，有一定的专业特长和工作思路，能够处理工作中较复杂的问题。在任职的一年里，群众拥护，经征求地方政府、当地×行及群众意见，同意继续留任。

考察单位：×行赴××支行考察组

考察长：×××　×××

××××年××月××日

◇党建工作自查报告

【范文】

××街道上半年党建工作自查报告

求真务实抓党建　一心一意谋发展

我们××街道有××个行政村，×万人口，共有××个党支部，其中村支部××个，企业支部×个，机关支部×个，教育支部×个，有×××名党员。根据市委〔××××〕××号文件精神，我们对全街道半年来的党建工作进行了一次自查，现将自查情况汇报如下：

一、非公企业党建工作有所突破

全街道共有私营企业××家，其中×××人以上的企业有×家，××人以上的企业×家。街道党工委对非公企业党建工作十分重视，指定党工委政工副书记、组织委员、组织员负责指导、帮助非公企业党建工作。今年上半年，在原××、××、××、××等×个支部的基础上，新组建了××纺织、××两个非公企业支部。同时对××、××没有支部的两个××名以上职工的企业及时派驻非公企业党建工作指导员。通过指导员的辛勤工作，企业积极配合，现在各企业共有××多名优秀职工递交了入党申请书。通过培养考察，在“七一”前有×名入党积极分子加入中国共产党。对非公企业党建并非一建了之，我们还根据非公企业的特点，在党员中设岗定责，创建党员先锋岗、安全岗、优质岗等，充分发挥党员在非公企业中的作用。同时，按照党员活动室规范化标准，先后建起了××、××两个党员活动室。其他企业支部党员活动室也在筹建之中。

二、农村工作指导员进村入户抓发展

全街道向各村派驻了农村工作指导员共计××名，通过指导员们的辛勤努力，全街道各项工作有条不紊，事业全面发展。

三、“365”服务中心运转自如

按照规范化建设的要求，我们做到四固定四公开，开展便民利民、无休日服务。一是有固定的办公场地，将365服务中心与值班室、收发室分开设置，并将乡建站、土管站公派我街道的工作人员并归服务中心。二是固定工作人员，将熟悉办事程序、服务态度好的两位街道干部作为服务中心窗口接待员，具体负责365业务。二是固定电话为部门和群众所熟悉的×××××××，便于上下沟通。保证24小时有人接听，及时处理出现的新情况、新问题。四是固定意见箱，为方便群众提意见，将意见箱设在办事处大门口。在制度执行上，我们做到办事项目、办事程序、办理时限、收费标准四公开，建立365天24小时全天候服务。

对窗口人员不能及时办理的，建立预约服务，约定时间、地点，能上门的上门服务。

四、村级“村务、财务、党务”三公开运转正常

全街道××个行政村，全部能够做到三公开。各村对今年所办实事采取承诺制度。每年除街道安排的中心工作外，对本村一年的工作作出计划，明确实施人，经村二委会决定后，进行公示，接受群众监督。村级公示的内容有：计划再生育的对象，新党员发展，低保户，农业税减免，承包塘、承包山招投标，用电管理等。村级财务自××××年执行村级会计代理制度后，各村在财务开支上逐步规范，重大开支经过商量、小额开支二人以上经手，一改过去“口袋出纳、脑袋会计”的局面，在群众、街道、审计三级监督的基础上，发现问题及时纠正。实行代理制以来，没有发现群众反映村财务问题。同时对各村级组织创业承诺项目进行检查，全街道××个承诺项目，××个项目有的业已完成，有的已开工在建。

五、党员活动室建设逐步规范，开展无职党员设岗定责

全街道××个党支部建有党员活动室。在去年建有××个规范化电教室的基础上，今年上半年又建立×××、×××等×个支部的规范化电教室。准备上报组织部达标验收。今年××月，我们下发了市委组织部《关于全面推行无职党员设岗定责的工作的通知》，在全街道××个村支部开展无职党员设岗定责。通过合理设岗、自我定岗，科学定岗，进一步加强了农村党员的教育管理，充分发挥了无职党员的先锋模范作用。如针对今年我街道通村公路建设的村较多的特点，在合理设岗上，我们设立一个公路工程监督岗。××村退休干部×××、退休职工×××、老农民×××三位无职老党员主动请缨，自我认领了公路工程监督岗，承担道路建设的资金管理，让村民放心；主动上门做好土地征用、青苗赔偿农户的思想工作，让村民服心：冒高温，斗酷暑，参与工程管理与监督，使村民动心。三位老党员不但不拿一分误工报酬，还积极带头捐款，如×××一人就捐款1000元。他们的举动深受村民的交口称赞，被称为通村公路上的“三个代表”。

六、积极开展“先锋工程”创建工作

根据“三有”目标管理，使我街道党组织有了一个新的提高。在开展“先锋工程”中，我们着重做了以下工作：一是强核心，学本领，建设有本事的班子。把一批年纪轻、有文化、懂经营、能管理的优秀人才吸纳到班子中，同时加强对干部的素质培养和学历培训。在××个村书记、主任中，×人取得大专学历，×人大专在读，×人取得高、中专学历。二是抓发展，强服务，促进经济快速增长。如××村党支部在做好“东翠”果品的基础上，成立了××合作社，

建立党员电教科技基地。三是强职责，抓管理，努力达到创建目标。各村对照“三有”先进基层党组织标准，根据本村经济社会发展和组织建设情况，制订了本村的创建计划，并作为党务公开内容，进行了公开，取得群众支持。

七、新党员发展和党费收缴情况

今年计划发展党员××名，上半年已发展党员××名，收缴党费××××元，其余党费正在收缴中。

通过自查，也发现了不足，表现在：一是由于村级经济薄弱，造成阵地建设简陋，许多党员活动室不够规范。二是党员活动不充分，有的村每月开展一次，有的村每季一次。三是对外出党员开展党员教育和管理缺乏行之有效的办法。所在这些存在的问题，有待于我们今后工作中认真对待，加以解决。

中共××街道工作委员会

××××年××月××日

第二节　调查报告写作

一、调查报告写作概述

1. 调查报告的概念

调查报告是通过对典型的问题、情况、事件的深入调查，经过分析、综合，从而揭示出其本质或客观规律的书面报告。

2. 调查报告的分类

（1）典型经验调查报告

它是对某单位在各项工作中涌现的先进典型，通过调查研究，所写出的调查报告。这种类型的调查报告，其调查对象可以是某单位，也可以是某一个人；其调查内容可以是介绍推广“点”上的经验，用以指导“面”上的工作。

（2）反映情况调查报告

它用于反映某单位或某方面情况并且作出合乎实际的分析评价和判断，为拟定某一工作的方针、政策提供建议。

3. 调查报告的写作方法

一般来讲，调查报告的结构，是由开头、主体和结尾三部分组成的。

（1）开头

这部分可就调查的一些情况作简要的说明，比如说明调查的目的、对象、经过、时间、方式、方法和结果等。这样做，有利于作者展开和读者理解整个调查报告的内容。有些调查报告在开头部分像消息的导语那样，还提示一下全篇的主要内容，使读者先形成一个总的印象，以便迅速把握全文的中心。

（2）主体

调查报告中关于事的叙述和议论主要写在这部分里，是充分地表现主题的重要部分。在内容安排上，主要是采取纵横和对比三种结构形式。

①纵式结构。可以按照调查的顺序、时间的顺序或是根据事件发生的先后过程来写。这种纵式结构比较简单，适合表达线索单一、内容集中的报告内容。它的特点是内容连贯，结构条理清楚。

②横式结构。可以按调查的内容分几个部分，加以叙述和说明。这种结构比较常见，它的特点是从几个不同的角度、侧面回答问题，论述比较全面、透彻，适合表述问题比较复杂、内容层次多的报告内容。写作时要注意安排好各部分之间的逻辑关系，分清并列、从属、主次等关系。

横式结构中，有一种是逐点报告的方式。主要适用于调查者围绕一个主题，调查了几个点，每个点所提供的情况或经验教训各有其特点，又不便于把它们集中归纳到一起来，就按多点调查的结果，分几个相对独立的部分写，每一部分说明一个点的情况。但要注意整篇调查报告要围绕一个主题来写。

③对比结构。即把两个不同加以对比。从自始至终的对比中让人认识到不同的思想、不同的做法，会产生不同的结果。结构安排上的对比是为了引起读者思想上的对比，使读者在对比中肯定所是，否定所非。

主体部分不论采取什么样的结构方式，都应该做到先后有序，主次分明，详略得当，联系紧密，层层深入，以更好地表现主题。

（3）结尾

调查报告的结尾也可以是多种多样的。有的总结全文，深化主题；有的展望未来，提出希望；有的归纳主题，强调意义；但也有的没有明显的结尾部分，全文由总到分，说完了事。结尾要简短有力，有话则长，无话则短，既不可草率从事，也不可画蛇添足。

4. 调查报告的写作特点

（1）材料真实

调查报告所运用的材料必须真实可靠，确凿无误。时间、地点、人物、事件不能虚构，数字必须准确，既不能夸大，也不能缩小。这是调查报告一个最基本的特点。如果材料失实，那么调查报告就失去了它的科学价值，将会给工作带来不良后果。

（2）对象典型

调查报告反映的对象多种多样：正面的、反面的、现实的、历史的、个人的、单位的等事实都可以作为被调查对象，写进调查报告。但不管从哪个方面取材，都必须注意典型性。否则，调查报告就失去了它的写作意义。

（3）叙议结合

调查报告以介绍事实材料为主，主要运用叙述的方法把事情的起因、发展和结果交代清楚，但它不运用文学的具体描绘和形象刻画的手法。它要让读者具体了解经验成功之处或错误失误之处，所以要运用材料叙述来说明问题。当然，如果仅限于客观的叙述还是不够的。为了揭示事物的本质意义，表明作者的主观见解，在叙述的过程中，作者往往要进行一些议论。但这种议论只能是“画龙点睛”的，要恰到好处、点到即止。

（4）针对性强

调查报告反映典型，具有指导作用，因此它具有强烈的针对性。它必须根据国家现行的方针、政策，从实际出发，有针对性地进行调查研究，对经验或教训作认真细致的分析总结，指导群众去弄清他们都关心的事情或解决他们迫切需要解决的问题。

5. 调查报告的调查方法

调查方法总的来说分为两种，一是间接调查，一是直接调查。

间接调查就是带着某种目的到被调查单位查阅有关的书面材料，或听取有关领导的情况介绍。直接调查就是深入到基层亲身实践，掌握真实、可靠和丰富的第一手材料。调查方式有：

①开调查会。

②个别访问。

③蹲点调查。

④现场察访。

6. 调查报告的写作要求

做到观点和材料统一，一般有这样几种做法：

（1）选择一个或几个最能说明问题的典型材料说明观点

运用这种办法，要求选取的材料不管是事物、人物都必须是具体的、生动的、有代表性和特征性的。如果材料不具备典型性，尽管再具体、再生动，也没有意义。如果需要同时用几个不同类型的典型材料，那么就必须注意材料内部的相互逻辑关系，从不同的角度和侧面去说明观点。

（2）运用对比的材料来突出观点

这种对比，是今昔、新旧、正反和成败对比等。通过不同事物不同方面的对比，能够更好地突出事物特点，更好地划清是非界限，突出观点。这种对比可以是具体事实，也可以是统计数字、百分比。

（3）用精确的统计数字来直接说明观点

一般来说，基本统计数字、百分比，都可以反映事物的面貌和实质，可以增强说服力。在运用统计数字说明观点时，要注意它的精确性，要实事求是，还要有明确的目的性，运用时要根据内容需要，防止盲目堆砌数字，淹没观点。

调查报告可以先摆材料后提观点，也可以先提出观点再用材料加以说明，有时虽不明显地提出观点，但可以从阐述中看出观点。总之，不管用什么样的方法，一定要做到观点和材料的高度统一，以便更好地表现主题。

二、调查报告的写作范文

◇典型调查报告

【范文】

××市市区个体经济及私营企业税收情况的调查报告

×××

为了认真贯彻落实××××精神，找准税务工作的服务方位，尽快制定有关私营经济的政策和法规，以加强对他们的引导、监督和管理，××××年我们采取全面统计测算与典型采访座谈相结合的方法，组织力量对市区个体经济及私营企业税收情况进行了调查。

一、个体及私营经济状况

党的十一届三中全会以后，我市市区个体经济迅速恢复，私营企业相继出现，并在逐步扩大和发展。截至目前，我市市区共有集贸市场80多个……

个体经济及私营企业的发展，已显示出巨大活力和种种新特色；

……

二、当前个体和私营经济税收中存在的问题

……

1. 征管力量严重不足

……

4. 思想观念较陈旧

……

三、关于加强个体经济和私营企业税收工作的意见

第一，更新思想观念，增强服务意识。

……

第四，适应税源特点，建立控管网络。

一是进一步巩固建账成果。……

……

四是搞好部门配合协调。要使我们的税务干部不仅要有针对客观情况变化，不断改进征管办法的应变能力……力争把税收工作做得更好。

◇综合调查报告

【范文】

××农村社会综合调查报告

（××大学××学院　××　×××××××）

本次调查活动实践团分为两个小组，由事先联系好的当地乡村干部带领，依照随机抽选的原则，先后走访××户村民。其间共发放调查问卷100份，收回问卷100份，其中有效问卷67份（由于语言交流，文化程度，填写错误等原因，部分问卷未能真实反映情况，不予考虑）。

根据返校后的问卷统计，调查期间的访问记录，现从五个方面总结本次调查活动的成果。

一、家庭收入与支出

收入情况：由问卷显示，被调查农民的平均年收入为4000－6000元，其中家庭年收入在4000元以下的占49%，5000－6000元为38%，8000元为8%，10000－15000元为5%，而家庭收入在15000以上的没有一户。

与农民交流得知，当地农民大多以农业为主，家庭收入主要来自农业收入。而家庭收入在8000－15000元的这些农户中主要分为两种。一是靠农业收入，但这些村民种植的是一些非传统相对经济效益较高的农作物；二是家庭收入主要是靠外出打工和做生意的一批人。从当地了解看，由于土地、农资价格上涨，农科技术，可用劳动力，交通等原因，主要靠农业为生的农民的年收入普遍偏低。

调查中还出现了另外一种情况，家庭中有外出打工的子女一般都不会负责家里的主要经济来源。村民×××有两个儿子在外打工，但只是在每年的年节会给父母些孝顺钱。×××说家里吃的都是地里种的，儿子在外打工也不容易，只要他不向家里要钱就好。其他一些，也都是同样情况，除非是一家的户主在外打工或做生意，而这些人的家庭收入属于较高的一部分。并且，受文化程度和地理民风影响，大部分农民没有想过除农业以外的挣钱途径。

支出情况：由于受家庭收入限制，当地农民的日常消费支出很单一。主要包括基本生活费用，农资支出，人情礼钱和教育支出。

在支出方面，生活费用，农资支出通常都会占家庭收入的一半，占到1500－2500元。被调查农民中，绝大多数农户中都不会有娱乐支出，没有保险消费，家里基本上不存在存款。

当地农民的日常生活费用主要包括：基本的食品食物，穿衣，水费，电费，冬季的燃料费用，请客费用等。当地生活质量普遍偏低，基本食品自给自足，从表面上看这些消费不会太高，但由于人口多，家庭收入低，相对这项支出占很大比重。

在农资支出方面，由于近年农资价格上涨，农民在这方面的支出也相应增多，平均在600－1200元之间。相比较前几年的涨幅在8%左右。

相对较少的收入而言，当地农民在人情礼钱一项的支出占到令人吃惊的比重。平均的人情支出在700－1200元不等，有些农民在这项上的支出竟然达到年收入的一半。当被问到对这项支出是否感到负担时，村民普遍认为那是应该的。

教育支出方面，受经济、传统思想影响，当地大多数学生只会上到初高中，加之近年国家对教育收费的改革，在这项支出上占的分量不大。具体情况，会在“教育情况”中详细介绍。

综合当地农民的收入与支出情况，一般农户一年之中不会有太多节余，收入与支出接近持平。而在农产品价格上涨幅度小于农资涨幅的情况下，农民的收入受到一定的影响。不过，相比前几年，在国家出台的一系列利民政策下，农民的收入已有大幅度提高。另外，从当地政府了解到，各级机关现已逐步加大对农业科技的支持力度，并且积极引进高效益的农作物品种，力求最短时间最大限度地提高农民的收入。相信在党的领导，各级政府关心扶持下，当地农民的收入肯定会稳步增加。其次随着新文明新文化的学习，一些传统的陋习逐步减少消失，那时农民会有更多的资金投入到有效的农业生产中。

二、生活水平

根据调查和实际体验，当地农民的生活水平不高。

××镇所辖各村以农业为主，日常所需的粮食和蔬果主要自产以自需。在所调查的日常饮食情况中，多数为一般，时有荤菜占到总数的62%，另外有37%的认为日常饮食不太好，很少吃荤菜，只有1%的人相对丰盛。从我们实际体验来说，普通农民的饭桌上的菜和副食很少，并且很少有炒菜，都是一些炖菜，三餐主要以主食为主。据我们走访的农民说，少有炒菜是因为那样做菜太费油。

在穿衣方面，绝大多数人都会选择便宜的衣服，一年也难得买一件衣服，这一点从我们与农民的接触和对行人的观察可以得到证实。在当地农村，只有极少数农民有摩托车，大部分人家里连自行车都很少。少数机动车辆也都是用于农业生产和个体经商。

在消费水平上看，多数家庭购有电视机，看电视也是家里最主要的娱乐项目。15% -30%的家庭装有电话机和电风扇，对于像洗衣机、空调、手机等相对较奢侈的物品当地农民都是消费不起。采访中，一些人说对于空调、手机等只是在电视上见到过。

对于住的方面，被访问的人绝大多数都是满意的。当地的房屋以瓦房为主，都是自己买料，亲朋邻里帮忙建造的，相对其他一些一次性投资，建房的投入是最高的。

综合衣食住行几方面，当地农民对日常的生活水平比较满意。调查显示，农民普遍认为现在的生活较之前几年有很大提高。随着农村改革不断深化，农民收入的逐步提高，相信农民的生活水平会得到进一步改善。当然一些特困户，和缺少壮劳力的农户还需要党和政府继续的扶持和帮助。

三、教育情况

××镇共有小学7所，中学1所，××××年在校学生共计×××人。××××年××月全国高考中本科上线×人，专科上线××人（其中包括在外就学学生）。

就调查结果看，从孩子小校学到高中，教育支出占家里收入的比重较小。部分家庭贫困的孩子读书较好而家里钱不够的话，有70%的家庭通常会向亲戚借钱来继续供孩子读书。有68%的村民认为读书关系到孩子的人生幸福，赚钱倒是其次的。

村民×××说，他们这里的教育乱收费现象虽然不多，但是供养孩子上大学的费用却是远远不能承担的，他们的愿望即孩子能够本科毕业便已经很满意了。所以当我们给他介绍××大学的贫困贷款等国家补贴政策后，×××表示，只要孩子能够继续上，一定想方设法将其供到大学校园。用他的话说："国家都这么支持，咱这做父母的更得支持娃呀!"

因受经济条件的限制和传统思想的影响，部分学生初中毕业后就外出打工，特别是女孩子，这种情况尤其严重。当被问到上述情况时，许多村民都表示无奈，除了家里环境影响外，有不少学生是自愿辍学外出挣钱的。

据调查显示，××镇当地的教育总体水平不高。在九年义务教育阶段，平均辍学率在6.5%以上，另外在教育基础设施方面也有待提高，师资力量薄弱，需要各级政府的更大的投资保障，以及社会各界特别是学生父母的帮助和支持。

四、医疗情况

在医疗情况的调查中我们选择了四个问题：(1) 如果有了感冒、发烧之类的小病，您会怎么办? 选择"拖下去，过几天会好，或用土法子"的人为

67.4%，而30%的人“随便买点药吃”，只有2.6%的人“去看医生”；（2）如果家里人生了大病，怎么处理？选择“请教周围懂点医的人，摘点草药或土单方治治，实在怕花钱”占30%，60%的人“去附近的医院治，尽量少花钱”，10%的人认为“花多少钱都没关系，只要治好病”；（3）你和你的家人一年内接受过一次身体健康检查吗？99%的人没有过；（4）现在有保险公司提供商业医疗保险，你知道吗？想买吗？2%的人“不知道，买不起”，91.2%的人“知道，但太贵，买不起”，6.8%的人“想买，能买，但不放心”。

在走访中我们了解到，村里的小型诊所是他们看病的主要地方，我们到其中一家小诊所了解了一下，首先，消毒措施很差，这对农民来说直接威胁到他们的生命安全，其次，医生的医疗水平相当有限。在调查中发现，所有的村民在生了大病之后，他们都会想到到县级医院去看病，但是昂贵的药费又是农村居民几人能提供得起的呢？他们只能求医院用最便宜的药，尽量少花钱，如果医疗的价格大大超出了他们的经济能力，那结果可想而知，他们只能在万般无奈之下选择出院。

五、农村基层民主

你村的村干部是怎样产生的？你对你村的村干部满不满意？你对你镇的干部满不满意？了解政策的渠道有哪些？我们针对这些问题在村民中展开了农村基层民主的调查，村干部是民主选举的，村民可以凭自己的意愿选举村里的所有干部，而且政府对于农村基层的 民主工作也从宣传、政策上给予很大的保证。就在我们实践的村子就在搞“四在农家”的工作，和 各地的民主工作一样，中心就只有一个，农村基层要把工作重心放在减少农村负担，帮助农民脱贫致富上来。

从调查的结果看，85%的村民对村镇干部都非常满意，10%的人达到了“满意”，因为他们对于国家政策方针的了解都来自村镇干部的宣传，如一号文件，税费减免措施以及粮食补给政策等等。

总体来说，在基层农村中，乡村干部的工作几乎都得到了大家的认可，但是在帮助农民脱贫致富这个大的工作重点上，还需要更大的努力，要改变农村现状，仅仅给予农民足够的民主政治还是第一步，以后的各项改善还需要整个社会的支持。农村问题是关系到我国国计民生的问题，关系到我国是否能长期保持较高的增长率，关系着我国能否尽快解决贫富差距大的问题，关系着我国是否能长期形成安定团结的大好局面，关系着我国是否能提升国家的综合实力，实现民族的伟大复兴。

六、调查总结

经过本次调查活动，使同学们对当地农民的基本情况有了具体的了解。对于当地政府的一些关于农民的政策，也有了一定感知。随着调查的深入，越发感到党和政府对农民的关怀和支持，同时也深切地体会到农民的一些困难和不容易。作为当代大学生，我们有义务也有责任支持国家建设，使祖国繁荣昌盛。虽然我们所学与农民无关，但我们相信只要国家经济搞上去了，农民的生活一定会有更大提高，这也使同学们提高了学习热情，更加明确了奋斗目标。

本次调查活动由校团委资助，院团委组织，由“赴××实践考察团”具体实施。调查问卷的制作有专门教师指导，具体问题符合农村的基本情况。调查过程在有关部门协助下进行，调查符合国家和地方的相关法规。调查结果真实可靠。

◇专案调查报告

【范文】

关于公开选拔党政领导干部制度及相关问题研究问卷调查结果分析报告

为了进一步了解本省公开选拔工作情况，为公开选拔制度及相关问题研究提供科学数据，课题组在专题调研中，以全省县以上党政机关以及社会群团组织和企事业单位中直接参加过公开选拔的各级干部为对象，以了解他们对待这项工作的基本心态为重点，就有关问题进行了问卷调查。问卷设置为A、B卷两种形式，A卷的调查对象为通过公开选拔方式走上领导岗位或成为后备干部的人员，B卷的调查对象为在公开选拔中落选的干部。调查问卷为文本复式结构，共20项内容，采用题卡式无记名方式答卷。总计发放问卷728份，回收有效问卷708份，占发卷总数的97.3%。其中，发放A卷478份，回收有效问卷465份，占A卷发卷总数的97.3%；发放B卷250份，回收有效问卷243份，占B卷发卷总数的97%。我们对A、B卷分别进行了统计，并汇总为AB综合卷，共获得相关数据384个。

一、通过问卷调查得出的基本结论

问卷从不同角度和多个侧面对参加过公开选拔工作的各级干部进行了分类调查，调查结果直接或间接反映了被调查者对待公开选拔的基本心态。通过分析归纳，我们得出了以下结论：

（一）公开选拔工作深入人心并得到广大干部广泛认同

1. 公开选拔工作得到了较为普遍的支持。在回答“您认为公开选拔和委任制选拔领导干部哪一种更科学、更公正”时，认为公开选拔更科学、更公正的，A卷中占83.2%，B卷中占78.6%。认为委任制更科学、更公正的，A卷和B

卷中分别仅占3.7%和4.1%，认为两者差不多的分别为13.1%和17.3%，两项比例都远远低于对公开选拔的认同率。这反映出无论是公开选拔的成功者还是落选者，从总体上说对公开选拔制度是支持和肯定的。

2. 要求提高公开选拔领导干部比例的愿望较为强烈。在问及“您认为公开选拔方式产生的领导干部应占全年提拔领导干部总数的多大比例为宜”时，B卷答题者虽均属公开选拔的落选者，但仍有26.3%认为应该在30%左右，30%认为应该在50%左右，26%认为应该在80%以上，认为应该在15%以下的仅占17.7%；A卷答题者因以后备干部居大多数，要求提高公开选拔领导干部比例的心情更显迫切，认为应在15%以下的仅为8%，认为应在30%左右的占18.5%，50%左右的占44.3%，80%以上的占29.3%；AB综合卷认为公开选拔方式产生的领导干部，应占提拔领导干部比例50%左右及以上的也达67.5%，超过了2/3。这充分说明公开选拔领导干部不仅为广大干部所接受，而且希望其成为选任领导干部的主要渠道和方式。

3. 参与公开选拔的热情较高。在问及“再有公开选拔的机会，您是否会参加?”一问时，A卷答题者表示积极参加的占69.2%，B卷答题者虽是公开选拔的落选者，但参与热情仍然较高，表示将积极参加的比例高于A卷，占70.4%；表示看组织态度的A卷占25.6%，B卷占20.5%；表示不参加的比例较低，A卷与B卷分别为5.2%、9.1%。可见，公开选拔制度已经和正在被越来越多的干部所认识、所接受，并对参与公开选拔表现出较高的热情和信心。

4. 落选者心态比较平和。通过A卷与B卷对照比较我们发现，对问卷调查涉及的各类问题，B卷和A卷答题者的看法大体相当，特别是对一些重要敏感问题的认识也比较一致。在问及“公开选拔和委任制选拔领导干部哪一种更科学、更公正”时，A卷认为公开选拔好的占81.6%，B卷认为公开选拔好的占78.6%，与A卷相差仅三个百分点；在回答“公选考试能在多大程度上测试出一个人的真实水平”时，认为“完全能”的，A卷占6.6%，B卷为5.4%；认为“大部分”的，A卷是77.5%，B卷为74.5%；认为“小部分”的，A卷占17.3%，B卷占19.3%；认为“不能”的，A、B卷分别占0.6%和0.8%。通过以上对比，可以看出，落选者能够正确认识和对待公开选拔工作，人员心态平和，对考上者心里服气，对自身差距有清醒认识。

（二）实行公开选拔制度激发了广大干部的进取意识，初步形成了正确的用人导向

1. 大部分干部对公开选拔工作的良好导向作用持认同态度。在回答“您认为实行公开选拔制度后，是否在广大干部中形成了良好导向”时，A卷认同率较高，占81.9%，B卷也达到了69.2%。从AB卷综合情况看，认为形成了正确

导向的占77.1%，有22.9%认为没形成或形成了错误导向。综上所述，可以反映出大部分参加过公开选拔的干部，对实行公开选拔制度的积极作用给予了肯定，认为初步形成了正确的用人导向。

2. 德才兼备原则得到了集中体现。在回答“您认为这次公开选拔出的领导干部和后备干部属于德才兼备的是谁”一题中，A卷认为全部和大多数的为89.7%，B卷为86.8%。认为是少数和个别的分别为10.3%、13.2%，这说明实行公开选拔制度打破了以往选人用人上存在的论资排辈、“少数人在少数人中选人”等诸多弊端，通过实行职位、标准、程序、过程和结果公开，以及考试、考核等诸多环节的严格筛选把关，使一大批德才兼备的优秀人才脱颖而出，营造了能者上、平者让、庸者下的良好氛围。

3. 提高自身素质成为干部成长进步的主流导向。从AB卷综合数据可以看出，708名干部在回答“通过这次公开选拔您认为自己今后最应努力提高的是哪个方面”时，57.5%的同志首选加强学习，另有22.8%的同志认为应该加强实践锻炼，而回答“针对考试进行强化训练”、“改善与领导关系”、“改善与群众关系”等选项的分别为5.8%、4.6%、1.9%，而B卷答题者作为公开选拔的落选者，体会则更为深刻，回答应“加强学习”的高达61%。这间接反映了由于公开选拔制度的实施，为干部队伍带来了压力、动力和活力，激发了广大干部的竞争进取、奋发向上的紧迫感和责任感，刻苦学习、勤奋工作，自觉提高自身素质的氛围正日益浓厚。

（三）公开选拔制度较为科学系统，基本体现了公平公正的原则

1. 公开选拔制度具有较强的科学性。在回答“有人认为公开选拔制度是古代科举制度的翻版，您认为是否正确？”时，AB综合卷认为这种说法正确的占9.8%，90.2%认为这种说法不正确。由此可见，公开选拔制度并非简单沿用古代科举制度，而是一种更加科学的、符合实际需要的干部选任方式，具有鲜明的时代特色和较强的生命力，是干部制度改革的一种成功实践。

2. 考试、面试比较科学公正。把考试环节引入干部选任工作中，是公开选拔制度区别其他干部选任制度的最主要特征。在问及“考试成绩与干部实际能力之间有什么样的联系”时，AB综合卷61.4%的人认为成正比，33.7%认为不一定，4.9%认为没联系。77.2%的同志认为面试很科学和基本科学，7.6%认为不科学，15.1%回答不知道。84.1%的人认为公开选拔考试完全或大部分能测试出一个人的真实水平，即使在落选者填写的B卷上，仍有79.9%的同志支持这种观点。这说明公开选拔领导干部的考试试题基本适合选拔领导干部的特点，同时由于考试的组织较为严密，人为干扰因素较少，体现了公平公正的原则。

3. 全面考察干部德能勤绩成为公开选拔中最为关注的内容。在回答“您认

为在公开选拔的几个环节中哪一个最重要?”时，AB综合卷回答比例从高到低排列顺序为“组织考察→面试→民意测验→笔试→推荐”，其中考察比笔试多了11.7个百分点。从中可以看出，大部分应试者只将笔试作为公开选拔的入场券，而全面考察干部德才素质和能力成为公开选拔中最受关注的重要环节。表明了广大干部希望通过公开选拔创造公平合理的竞争环境，通过考察、面试、民意测验等环节的严格把关，全面地反映应试者的德能勤绩。

（四）公开选拔的某些环节和问题需要加以改进和规范

1. 对“考试族”问题比较关注。AB综合卷，在问及“用考试方式选任干部久而久之是否会出现‘考试族’现象?”时，32.2%认为不会，52.9%认为有可能，14.8%认为会出现“考试族”现象。反映了广大干部对考试的科学性问题比较关注，普遍对公开选拔可能会出现的“考试族”问题较为担心。这就要求各级组织部门在公开选拔的考试、面试、考察等环节上，要更加注重干部的实际工作能力，采取有效措施，防止和克服出现“考试族”现象，切实提高公开选拔工作的质量。

2. 对考察的准确性疑虑较大。在回答“采用目前的方法对公开选拔出来的领导干部进行考察，是否能全面准确掌握一个干部的德、能、勤、绩?”时，AB综合卷认为能的占39.1%，不能的占12.1%，不一定的占48.7%。反映出很多干部对公开选拔中考察工作还存在不少疑虑，也说明我们在进一步改进和完善考察方面还有许多工作要做，以切实克服和解决考察失真、失实的问题。

3. 对某些资格条件限定看法不一。课题组在公开选拔调研座谈中发现争议比较大的3个有关资格条件的问题，即参加公开选拔的对象是否应该限定年龄、学历和职级问题，在问卷调查中的看法分歧也很大。问卷中回答这3个问题时，AB综合卷认为应该或不应该的均各占50%左右。反映了公开选拔中对年龄、学历、职级的要求，在一定程度上还存在着一刀切、简单化的问题，有待于进行科学界定和合理规范。

二、对策建议

这次问卷调查由于选取对象的特殊性、广泛性，问卷调查所得的数据，具有较高的可信度。尽管这种方法也有一定的局限，但通过对问卷调查结果的分析，确实为掌握公开选拔工作的现状提供了重要依据，并从一个侧面给我们提出了警示，即公开选拔制度作为干部制度改革的一种成功实践，已经取得了一定成效，但它还处于探索和规范阶段，在一些方面仍不够完善，需要我们加大工作力度，坚持边探索边规范，使之尽快步入制度化轨道。

（一）加快制度化建设，形成良好的运行保障机制。解决一些地方公开选拔工作随意性较大、操作不够规范的问题，最根本的措施就是必须加快制度化建设的步伐。我们认为，当前的首要任务，就是要在总结实践经验的基础上，尽早研究出台一个有关公开选拔工作的全国性规范性意见，对公开选拔的范围对象、操作模式和基本程序等方面内容，加以科学规范，为公开选拔工作提供必要的政策依据和制度规范，从而使这项工作有章可循，有法可依，步入经常化、规范化、制度化轨道。

（二）循序渐进，稳步推进，不断扩大公开选拔领导干部的范围和比例。在问卷调查中，广大干部对提高公开选拔领导干部的范围和比例的愿望表现得较为强烈。因此，要在深入研究公开选拔工作内在规律和特点的基础上，本着循序渐进、稳步推进、逐步提高的原则，积极创造条件，逐步扩大公开选拔领导干部的范围和比例。要注意把公开选拔工作与各地的实际紧密结合起来，与领导班子和干部队伍建设的需要结合起来，合理确定公开选拔领导干部的范围和比例。防止简单化、形式化，搞一刀切，切实保证公开选拔工作的健康有序发展。

（三）尽快完善一些重要操作环节，增强公开选拔工作的科学性。一是抓紧题库建设。要按照分级分类的原则，在中央和省区市分别建立公开选拔领导干部标准化考试题库。试题内容和结构要适应各级各类领导干部的特点和岗位要求，全面体现干部选拔任用标准，突出考察领导干部基本素质和岗位能力，切实保证考试题库的科学性和实用性。二是建立科学的考察制度，重点是扩大考察范围，改进考察方式，完善考察标准，注意借鉴和运用现代人才测评技术和手段，防止和克服考察失真失实问题。三是资格条件上不搞一刀切。既要重学历、讲职级、看年龄，又要注意从实际出发，根据不同岗位的需要合理确定学历、职级和年龄等方面资格条件，不唯资历和台阶，从而为实现不拘一格选人才创造条件。

××××年××月××日

第四章　先进典型事迹材料写作

第一节　机关先进事迹材料写作

一、机关先进事迹材料写作概述

1. 先进事迹材料写作含义

先进事迹材料，一般有两种情况：

一是先进个人，如先进工作者、三八红旗手；二是先进集体或先进单位，如先进车间或科室，抗洪抢险先进集体等。先进个人和先进集体，他们的先进事迹、内容各不相同，因此对先进事迹材料的写作，不可能固定一个模式。

2. 先进事迹材料写作基本格式

（1）标题。一要写明先进个人的姓名或先进集体的名称，二要概括先进事迹的性质或材料的用途。

（2）正文。正文的开头，要写明先进个人的简要情况，包括：姓名、性别、年龄、工作单位、职务、是否党团员等。

然后，要写先进人物或先进集体的主要事迹。

（3）落款。包括署名、成文或时间两种，也可将署名放在标题之下。

3. 整理材料

材料的搜集、选用和剪裁是重要的前提。认真细致地观察，广泛地搜集，才能把握那些最准确、最生动、最能体现写作意图的东西。要对材料进行认真的提炼，确定中心思想和主题，用以统率材料；然后要根据写作意图和主题的需要，去冗杂，选取能反映事件本质、体现人物特点的材料。

4. 确定主题

主题是文章的灵魂，确定主题是写作文章的关键。主题是从生活中挖掘的，也就是找出生活中本质的、闪光的内涵。

5. 文章结构

要注意文章结构完整、线索清楚、详略得当。结构问题即怎样组织安排材料、布局谋篇。一般应按事物发展的自然顺序来安排结构。但为了突出、强调，也可以运用插叙、倒叙、补叙等。注意结构的完整，线索的清晰及各部分之间的照应、过渡等，尤其要注意线索。

6. 语言表达

语言的通达形象与否，在很大程度上决定了一篇文章的成败。

（1）要争取把语言表达得准确、通顺、流畅、行有余力，再来讲究其形象、生动鲜明。

（2）动笔前精心构思，写作时字斟句酌地反复推敲。

7. 事实必须真实、可靠

先进典型材料的先进事迹是否真实，直接关系到先进典型的生命力。材料中反映的先进思想、先进事迹，要认真核对清楚，不能道听途说。

8. 观点和提法要分寸恰当

在叙述先进典型的先进事迹和经验时，要注意摆正先进典型和其他群众、集体的关系。先进典型的事迹、经验，一定要注意切不可讲那些脱离群众和脱离整体观念的过头话。

9. 文字要朴实、简明

整理先进典型材料，主要是通过实实在在的事实说话。这就要求在语言方字的表达上，一定要善于选择那些实在、贴切的词语。不要过多选用做修饰成分或言过其实的形容词。

二、机关先进事迹材料写作范文

◇机关科室先进事迹材料

【范文】

×区国税局票证管理中心创建“巾帼文明岗”的事迹材料

区国税局票证管理中心××××年10月组建，现编制××人，其中女同志×人，女同志占全中心人员的××%，主要担负辖区六千多户纳税人的发票的计划、领用、发售和管理。××××年度，他们围绕“青春献税收，文明建功业”这一主题，把“双无一创”作为主要工作目标，以创建“巾帼文明岗”为活动内容，坚持以人为本，强化干部队伍素质建设，积极探索发票管理效益和制约机制，热情为纳税人服务，实现了“双无零投诉”，即无丢失损坏发票、无发售发票差错、无纳税人投诉。在市局组织的发票内部检查考核中，获得99分，名列第一名；在省局组织的专用发票管理检查中，获得满分。他们的主要做法是：

一、强化素质，打牢文明创建的基础

围绕税收中心任务，以文明创建为重点，在提高人的素质上下功夫。一是坚持正面引导，树立热爱岗位，忠于职守的观念。经常开展爱国主义、社会主义、集体主义和社会公德、职业道德、家庭美德的教育，树立正确的人生观、世界观和价值观。增强对本职工作的责任感和使命感，把自己的理想、人生的价值体现在对国家、对社会的贡献之中，把本职工作和远大理想紧紧地联系在一起，从一点一滴的工作做起，从身边的小事做起，发售好每一份发票，在平凡的工作岗位上做出不平凡的业绩。岗长×××将积累20年的经验用于实践，把创新纳税服务作为工作的出发点，淡化角色差异，创建宽松和谐的办税环境，站在纳税人的角度想问题，倾听纳税人的意见，及时了解纳税人想什么、需要什么，从纳税人不满意的地方改进工作做起，建立与纳税人之间的信息绿色通道，能一次办完的事，不让纳税人跑两次，使纳税人在最短的时间内，在最文明的环境中，得到最优质的服务。二是开展岗位练兵活动。在实际工作中，为了提高工作效率，方便纳税人，他们开展了多种形式的岗位练兵，×名女同志全部能上机操作，并一人多岗，快捷、准确地发售发票。金税发售发票岗×××对工作有一股满腔的热情，在实践中，锤炼出了一套诚信服务的硬本领。她针对窗口特点，自我加压，设身处地为纳税人着想，甘当热心人，乐做分外事，专用发票发售窗口稍有人排队，她立即协助审核验旧，发售发票，不管哪个窗口的纳税人遇到疑问，她都主动上前询问解答，并想方设法帮助纳税人寻求最佳的解决途径，直至纳税人满意为止，真正成为了票证中心“一门精、二门通、三门熟”的多面手。综合岗×××在发票资料管理中，成功地摸索出了一套经验和方法，其《分户明细账刻录方法》在全市国税系统交流和推广。三是争先创优，弘扬积极向上的精神。在市、区局组织的各项活动中，不甘落后，积极进取，争创第一。今年在市局组织的发票内部管理检查中勇夺第一。在区局组织的春节联欢会上表演的舞蹈获一等奖。在歌咏比赛中获三等奖，票证中心被区局评为文明科室，在全区纳税人评选“优质办税服务窗口”活动中，他们参评的×个窗口有×个窗口榜上有名，×××所在的窗口被再次评为最佳办税服务窗口，其先进事迹在全市国税系统巡回演讲。

二、严格制度，把握文明创建的关键

票证管理中心作为国税局的服务窗口，直接面向纳税人，工作质量的优劣，服务态度的好坏，关系到整个税务机关的形象，关系到文明创建的成败。他们从落实制度入手，明确考核标准，严格规范管理。一是制定和完善了各项制度。主要制订了政治业务学习制度、廉政制度、考勤制度，发票管理制度，发票安全制度，发票管理考核标准，发票管理流程，把制度落实到每个岗位，每个人员和每个工作环节，把本职工作与文明创建有机地结合，相互促进。二是牢固树立制度的刚性意识，在狠抓落实上下功夫，保证文明创建活动落到实处，取得成效。在实际工作中，不管遇到什么情况，都始终坚持按制度办事。通过巧打时间差，落实政治业务学习制度，利用午休时间来集中辅导学习，假日时间自学做笔记。保证学习计划落到实处，今年，他们参加了市、区局组织的《征管法》、《行政许可法》《下岗再就业优惠政策》、《会计知识》等考试，参考人员成绩全部合格。在全市国税系统《会计知识》考试中获区局团体第一名。在发票的审核发售过程中，坚持专、普票分离，发售岗与实物岗分离的规定，严格按审批的数量发售，坚持验旧购新制度，对手续资料不全，决不违反规定发售发票。在落实发票安全制度上，他们硬件软件一起抓，每天设防110报警系统，建立进出库人员登记，当天未售完的专用发票及时入库，金税卡由专人管理、专柜存放，法定长假检查库房、售票大厅安全情况，节前节后组织盘存并及时向市局报告安全情况。严格的制度和规范的管理，加强了全体人员的责任心，保证了各项工作目标的落实。

三、无私奉献，抓住文明创建的落脚点

票证管理中心文明创建的一个主要内容就是为纳税人提供方便、快捷、高效优质的服务，纳税人是否满意是检验文明创建成效的一个重要标准。为此，他们坚持把纳税人的满意作为追求的目标，把满足纳税人的需求作为工作的出发点，想纳税人之所想，急纳税人之所急，办纳税人之所盼，加大为纳税人服务的力度。一是针对容易引起纳税人不满的环节，制定改进措施。重点抓了服务态度、业务能力、办事效率三个方面。在服务中做到“三百、三一”即百问不厌、百问不倒、百答不错，一张和蔼可亲的笑脸，一句悦耳文明的用语，一句暖心的理解问候。主动协调部门之间的矛盾，及时提供合理化建议。今年他们反映的《CTAIS升级后遇到的问题及建议》及《呼吁扩大普通发票一次购买量》的建议，受到市局领导的高度重视，在全市国税系统得到改进。二是牢牢把握“宁肯自吃苦，不让纳税人事难办”的工作准则。在政策和规定允许的范围内，尽力为纳税人提供优质的服务，并不断摸索和规范税收服务的技巧和艺术。××参加工作以来一直从事增值税专用发票的审核发售，工作量大责任重，有的纳税人因手续不全或其他原因，不能购票，就把怨气发泄到她身上，有的出言不逊，有的故意刁难，有的甚至把纸团往她身上扔，她强忍泪水，绝不与纳税人争吵，而是耐心地解释，协助寻找解决问题的捷径，用火热的心，用真诚的情，打造出一方春意盎然的天地。三年多时间，已为一千六百多户一般纳税人发售专用发票近百万份，实现了“双无”，在纳税人评选优秀服务窗口的活动中，连续两年获得最佳办税服务窗口。三是拓展服务平台。从单纯的管理向管理与服务并举转变，倡导在服务中严格执法，在执法中优质服务，将诚信服务不断引向深入。从一般服务向特色服务转变，推出和完善了“首问服务，延伸服务、预约服务、引导服务、送票上门”等多项措施，对购票量大的企业实行预约服务，保证购票企业到售票大厅后，立即办妥购票事宜。从单一服务向全方位服务转变。实行了不间断工作制，中午留有两人值班。开设了绿色通道，指定专人为××户“绿色卡”持有人提供快捷优质的服务，按他们实际需求，帮助他们办妥一切购票事宜。利用电子滚动大屏，触摸屏，设置税务咨询，发票常识，购票流程，发票价格等模块，提升了服务水平。票证管理中心×名女同志于无私奉献中实现价值，为国聚财中成就自我，默默地用自己的光和热，播种理想和希望。

◇机关精神文明建设先进事迹材料

【范文】

××省水利厅精神文明建设先进事迹材料

近年来，××省水利厅坚持以邓小平理论和“三个代表”重要思想为指导，加强思想政治工作和精神文明建设，促进了各项水利工作任务的完成，为全省经济社会发展提供了可靠的水资源支撑与防洪安全保障。厅机关××××年被水利部评为首批“全国水利系统文明单位”并保持至今；××××年荣获全省理论学习教育工作先进单位称号；××××年被省委省政府表彰为全省抗洪抢险先进集体；在连续5年被评为省直文明机关的基础上，××××年被省文明委授予省级文明机关称号，同年被××省委省政府授予“作风建设年先进单位”荣誉称号。××××年，在省政府纠风办组织的“民主评议行风”活动中，群众满意度在××个被评议的部门、行业中名列第×，在涉农行业中名列第×。

一、坚持用科学的理论武装头脑、指导工作，思想政治工作不断深化

厅直机关各级党组织坚持把理论武装工作放在首位，加强爱国主义教育、唯物论和无神论教育、理想信念教育和科学精神教育。厅党组理论学习中心组带头学习，厅党组各成员在中国××报、××日报等报刊上共发表了学习体会及理论研讨文章××余篇，起到很好的示范带动作用。为做好面上的学习，全面把握“三个代表”重要思想的科学体系，牢固树立和认真落实科学发展观，三年来共举办各类理论学习培训班近××期，培训处以上干部×××多人次，购买辅导书籍、学习材料×万多本，理论学习录像带××盘，VCD××盘，培训党员干部达××××余人次，形成了建设“学习型机关”的浓厚氛围，研究解决新问题的

能力明显提高。在年初开始的保持共产党员先进性教育活动中我厅行动快、形式新、领导带头、措施实，坚持边学边改、边整边改，实效突出，党员群众两次测评满意率分别达到98%和99%以上，多次受到省直机关先进性教育领导小组通报表彰。

二、认真贯彻《条例》精神，加强党风廉政建设，基层党组织执政意识、纪律意识不断加强

加强对各级党组织和广大党员的教育、管理，成功召开了厅直机关第五次党员代表大会。不断提高民主生活会质量，使每个党员始终处于党组织的关心、帮助和管理监督之中。认真做好党员的纳新和评优工作，新发展党员××名，××个基层党组织，××名优秀共产党员、××名优秀机关工作者受到表彰。厅机关党委连续三次被省直工委评为先进基层党组织。坚持标本兼治、综合治理，惩防并举、注重预防的方针，完善制度，加大源头预防和治理腐败工作力度；落实党风廉政建设责任制，形成反腐倡廉的整体合力；行业作风建设扎实，权利运作规范，构建起教育、制度、监督并重的惩治和预防腐败体系，基层党组织创造力、凝聚力、战斗力强。

三、以创建文明单位为抓手，精神文明创建工作不断深入

始终坚持“两手抓，两手都要硬”的方针，按照“巩固、提高、延伸、辐射”的工作思路，推动水利三个文明建设的协调发展。一是文明单位考核评选制度健全，增强工作的可操作性。全省水利行业精神文明建设呈现出全方位多层次、蓬勃发展的良好态势。××××年全省水利系统已建成国家级文明单位×个，省部级文明单位××个，全省水利系统文明单位×××个。二是精神文明创建活动丰富多彩。××××年成功举行了全省水利系统文明单位文艺汇演，集中展现了水利系统三个文明建设的成果；连续第三次荣获省直机关运动会精神文明代表队称号。三是不断加强精神文明创建工作经验的学习交流。成功举办中国水利职工思想政治工作研究会地域四组年会，编辑了《××省水利思想政治工作研究成果选》，并评出一等奖××篇，二等奖××篇，三等奖××篇，充分展示我省水利系统优秀思想政治工作研究成果。四是重视职工福利，发展环境进一步优化。×××小区20000多平方米的职工住宅楼建设完毕，×××余户职工乔迁新居。厅机关大楼、档案楼装修完成后，办公环境整洁卫生，机关文化生活丰富。

四、认真履行职责，充分发挥群团组织桥梁纽带作用

群团组织充分发挥自身优势，认真履行职责，深入开展爱国卫生运动、全民健身活动、科普宣传教育活动。厅机关对“职工之家”器材定期进行维护保养，加强了厅机关“职工之家”建设。2004年组织参加了省直机关职工太极拳表演

赛，职工乒乓球比赛，充分展示全省水利职工奋发向上的昂扬斗志和勇于进取的精神风貌。每年元旦、春节期间开展“送温暖”活动。三年共捐款××万余元对××名特困职工及困难职工遗属进行补助。为一名患白血病的职工子女捐款近×万元；每年××月中旬开展慈心一日捐活动，××××年捐款××万元，××××年捐款××万元。深化“青年文明号”“青年志愿者”活动和“巾帼建功”“巾帼扶贫”活动，计划生育率连年保持100%。厅团委被团省委命名为“××省五四红旗团委”，机关妇委被评为“全省先进妇委会”。

五、各项水利业务工作取得新进展

一是××××年以省委、省政府名义出台了《关于加快水利发展与改革的决定》，提出了今后一个时期我省水利发展的总体思路、工作重点和保障措施，为××水利发展指明了方向。二是防汛抢险取得了重大胜利。连续抵御××××、××××两次较大的洪涝灾害，实现了全省无一座水库垮坝、无一河道决口、无一人因洪涝灾害死亡。三是水利工程建设步伐整体加快。南水北调、东调南下、××调水三大工程取得突破性进展。四是农村水利和水资源管理工作扎实有效，按计划全省××××年全部解决历史性缺水人口吃水问题。五是以小流域治理为重点的水土保持工作取得显著成效，治理水土流失面积×××平方千米，实施××个国债项目、××项××水土保持生态工程项目和省重点示范小流域建设项目。六是水利投融资机制改革进一步深化，社会化办水利迈出新步伐。七是水利政策法规建设有了新的突破。《××省节约用水管理办法》以省政府×××号令正式发布。关于水利规费征管体制与运行机制的探讨、民营水利等关系水利改革与发展的调研课题取得一批重大成果。

◇尊老敬老先进集体事迹材料

【范文】

××乡敬老院先进事迹

××乡敬老院在上级民政部门和乡党委、政府及社会各界的关心支持下，创办于××××年。敬老院坐落在××湖之滨，交通便捷，环境清静优雅，总投资××万元，现拥有老人住房××间（两人一间）床位××张、食堂×间、老年健身房×间、棋牌室×间、阅览室×间、厕所×间、猪圈×间，全院占地面积××××平方米，其中建筑面积×××平方米，老人露天活动场地×××平方米，绿化面积×××平方米。自有鱼塘面积××亩，蔬菜基地×亩。现有供养人员××人，全乡共有供养对象××名，集中供养率90%以上，管理服务人员×名。主要事迹如下：

一、积极争创，改善环境

今年，按照区民政局创星级敬老院工作要求，在上级部门和乡政府的大力支持和帮助下，通过本院的积极努力，投入资金×万元，进行了院内硬件设施更新改造，新增医务保健室，使老人们小病不出门，平时有保健指导。改建了卫生设施，新增了浴室，规范了健身房、棋牌室等，新增太阳能和有线电视。对照考核要求，已达到“四星级”标准。

二、节支创收，合理安排

自建院以来，一贯坚持“四个一点”的办法来解决资金筹集。一是区民政局每年拨一点；二是乡政府在资金紧张的情况下，安排财政预算一点，每年资金安排不少于×万元；三是五保老人所在村支持一点，每年每位老人支持不低于××××元；四是千方百计节支创收一点。本院自有蔬菜基地×亩，解决蔬菜自给有余（多余蔬菜上市出售有××××元）；鱼塘××亩（属低产塘），有××亩承包给当地村民经营，每年每亩租金×××元，还有×亩菱塘产出效益××××元左右。在资金来源有限的情况下尽量做到节约开支，合理安排。具体做法是统筹兼顾，瞻前顾后，建立标准，每位老人的基本伙食费为××××元（每人每天×元），医药费标准×××元/人，如果老人自身保健好，全年不到其标准者给予适当奖励，身体较差者，全年超标后仍给予实报实销。全年安排老人着衣经费、生活用品费×××元，每人每月发放零用金××元，全年节日费××元。

三、建章立制，严格管理

在软硬件建设齐推进的同时，努力探索新的人性化管理模式，今年年初，在广泛征求供养对象意见的基础上，制定了自我管理、自我服务公约。分班编组，民主管理，并将内务管理、团结友善等进行考核，每月评比一次，先进者在精神奖励为主的前提下，给予适当物质奖励（每一次先进奖金10元）。同时建有完善的规章制度，做到以制管院，职责明确。制定了院长责任制、服务人员责任制、院务公开制、老人管理须知等，并上墙公示，以督促执行。还建立了老人档案。详细记录老人的身体状况、亲属联系电话地址等，使老人的基本情况一目了然。

◇劳动模范先进事迹材料

【范文】

××市民营企业家×××先进事迹

他认同“富不过三代”的观点。他说，他不考虑把钱财留给子女，而是要为每一位员工提供优厚的福利待遇。要让员工，首先是销售人员先富起来，所以他提倡“小河有水大河满”，而不是“大河有水小河满”。他认为，员工富了，“××”才会富。作为老板，他在企业内部一直实行“藏富于民”的政策。

曾经有一位著名的经济学家分析得出结论，中国的民营企业平均寿命为2.7年。作为民营企业的××公司，如今已经成功运行了13个年头。在企业成功背后，必定有企业家独到的经营理念，而××公司董事长、××市劳动模范××，就以他“小河有水大河满”的逆向思维引领着企业不断壮大。

培育200个百万富翁，20个千万富翁，让所有员工在10年内居有房，行有车……这是××市劳动模范、××有限公司董事长、民营企业家×××10年前绘就的财富规划，如今公司已经产生了××余个百万富翁，千万富翁也悄然出现……

作为私企老板，×××那独特的财富观缘于何处？他何以将培育富翁为己任？带着疑惑，记者走近×××，探个究竟。

宽敞的办公室里没有奢华的摆设，除了盆景花卉，其余全是书籍。50开外的×××，脚穿布鞋，身着工作服，脸上洋溢着谦和的微笑，一介平民书生形象。采访他像是在听他讲述与职工共创财富的故事。

一、下海，实现自己人生价值

他下海是在××××年。在此之前他是××厂的销售员。小时候他父亲被打成右派，他的理想和人生目标的实现也因此屡屡受挫。年轻时候的×××曾经在××厂经历过三班倒、为国企的产品搞销售……25年默默为国企奋斗的经历压抑了他自我发展的念头，同时也培养了他自我奉献的精神。

伴随着××厂的股份制改造，从国有企业一路走来的×××，在现代企业制度的建立中萌发了实现自我价值的念头。然而，促使他毅然跳槽的那个动因，至今谈论起来，仍旧使他愤然。那一年，××岁的×××毅然跳槽离开行将上市的××股份有限公司，开始筹建××公司。在此期间，他找房子，招员工，盖了14个图章，骑破了一副摩托车胎，终于成功创办沪港合资的××有限公司，成为董事长和总经理。为了适应现代企业管理的需要，好学的×××还在此期间获得了工商管理的硕士学位。

二、创业，帮助同伴变成老板

××××年，已经完成原始积累的×××，在年底对先进的表彰和奖励中，引发了对自身业绩的思考：自己起早贪黑为企业建功立业，为何从未有人提他为先进？答案不言而喻：他是老板。老板就是没有名分的先进和标兵。悟出了其中的道理后，他的经营理念也随之转变。要让标兵都变成老板，让大家共同富有，让更多的人来当家理财。于是，他突发奇想，把自己的股份送给那些标兵。除了帮助他们变富，×××当然更寄希望于通过此举和他们一起把企业搞大。为此，他设计了×个具有独立法人资格的分公司，分公司经理占有总公司赠与的股份，持股×年后，就可以在总公司内部转让，或由集团公司收购。

可是，公司的股本是×××与××老板共同拥有，实施这一计划必须得到对方认同。××老板会同意吗?

听说×××要把他俩共同的财产转送给下属，××老板顿时傻了眼。尽管，对于资本的增值以及分公司成立以后的经营，×××早就成竹在胸，但面对港商的满腹狐疑，他还必须予以开导。于是他拿来一大一小两盒蛋糕，先将一盒较小的蛋糕对切开，又拿来一盒大蛋糕一切为四，他将两盒蛋糕各取一块让××老板比较，××老板由此领悟了把蛋糕做大的寓意，但对蛋糕能否做大港商仍然心存疑虑。为此，×××和他定下君子协议：试行×年，如达不到资本翻倍的目标，×××赔偿全部损失……

就这样，×××硬是把公司1000万元股份的20%送给了下属的标兵，让他们也成为股东。就这样，××公司的老板从1个变成了10个。3年过去了，资产增值到了5000万。

回忆那段岁月，×××深有感触地说，这些年，××公司之所以能够迅速发展，主要是得益于这一重大决策。

三、成功，小鱼吃起了大鱼

小河有水大河满。在市场经济大潮中，小鱼吃大鱼的故事并不多见，然而，当时连小鱼都说不上，只能是算作小虾的××公司，在发展不到10年的时间里，就把被业内公认为“大鱼”的××胶带公司，远远地甩到了后面。

××××年，××股份公司在××的联营厂房，被银行当作抵押物资，由××拍卖行举行了三次拍卖会而没有找到买主。×××听说后，出资×××万元买下了这家倒闭的联营厂。在此基础上，他还追加了××××万元，引进了先进的生产流水线，把这家倒闭的工厂改造成为一流的现代企业。××××年，××公司的营业额突破了×个亿的规模，已经稳稳地进入了全行业中第三名的位置。

四、诚信，“阳光老总”的无价财富

企业发展了，×××不忘回报社会。他乐善好施，捐款帮困，出资金额达到×××多万元。不仅如此，他还捐资建立了“青少年阳光教育基地”，以挽救失足少年。由此，×××获得了“阳光老总”的美誉。也就是这个“阳光老总”，为他赢得了一批又一批的客户。去年夏天，××公司的营销人员到××股份公司洽谈业务。客户说，我们不了解××，但听说过“青少年阳光教育基地”。当了解到××那个“青少年阳光教育基地”就是××集团老板出资建立时，那位客户义无反顾地和××签署了大额定单。

××公司从一家名不见经传的民营企业，成为全国××行业佼佼者，其中，公司良好的社会信誉一直在为企业的业务推波助澜。

五、藏富于民的财富观

作为经营了××多年民营企业的老板，×××确实富有。他对自己的财富非常知足。在解释他的个人的财富观时，他幽默地引用“宿命论”观点来表述。他要为每一位员工提供优厚的福利待遇。要让员工，首先是销售人员先富起来，所以他提倡“小河有水大河满”，而不是“大河有水小河满”。他认为，员工富了，××才会富。作为老板，他在企业内部一直实行“藏富于民”的政策。

谈到未来，×××说，他还有一个宏大的造福于民的计划：建一个公益性的图书馆、办一所学校——这是市劳动模范、市优秀建设者荣誉称号获得者×××拓展“钱途”的下一个目标。

◇抗震救灾先进个人事迹材料

【范文】

××乡×××抗震救灾先进事迹材料

在“11·26”这场突如其来的地震灾害中，一个舍小家，顾大家，克服身体严重不适，带病坚持在抗震第一线的领导干部——××乡政府乡长×××同志，在危难关头，体现了一个共产党员坚强的党性，在党的工作与身体健康之间、在群众利益和个人利益之间，他毫不犹豫选择了党的工作、选择了群众利益。

一、临危不惧，果断决策

11月26日上午，随着一阵沉闷声响，大地在颤抖，所有建筑物都在剧烈颤抖，懂地震知识的×××同志意识到这是发生了地震。一切来得是那么突然，他来不及请示，来不及汇报，更顾不上摇摇欲坠的家，第一反应是××怎么样了，××的群众怎么样了？于是他果断通知所有乡干部立即回乡，进行紧急救援。上午10时，他带领乡干部在最短的时间赶到乡政府，和书记一道布置抗震救灾工作。为切实保证人民群众生命财产安全，他亲自带领乡、村、组干部逐户上门排查安全隐患，紧急疏散群众，并做好灾民的思想工作，以稳定灾民情绪，随后又组织力量汇总、上报灾情。面对突如其来的灾害，他没有畏惧，没有退缩，而是果断决策、有序部署、身先士卒，把人民群众利益看得高于一切，整整一个月他没有回过一次家，没睡过一个安稳觉。

二、家危不顾，心系灾民

在地震灾害中，他家的房子也遭到严重破坏，经专家鉴定为一类危房，不能入住。家里希望他能回去看看，可在来往××汇报工作和参加会议期间，他竟没有抽一点时间回去看看，只是在电话里嘱咐家人注意安全。家里让他想办法领一顶帐篷，可是他说，作为一名共产党员、领导干部不能领取帐篷，要把帐篷让给最需要的人。在那段时期里，他的家人一直蜗居在自搭的简易帐篷中。由于简易帐篷狭窄寒冷且学习生活不便，上初中的儿子希望能在周末到父亲单位小住，也好补习功课。他却说，这次地震造成水池破裂，乡机关严重缺水，机关干部用水非常紧张，怎么能供你用水，况且你在这里会影响我的工作，还是不来为好。儿子委屈地说："你心里只有你的工作，只有你的群众，哪有家呀？"

12月5日晚，他和民政所长一起在××上报灾情，当时时间已经很晚了，同事们考虑到他的身体状况，劝他回去看看，在家休息一晚，可他说乡里干部都在值班，况且现在抗震救灾工作那么繁重，我怎能在家里睡安稳觉。第二天凌晨3点，在审阅完灾情报表后，他还是拖着疲惫的身体返回××。

三、身患疾病，责任如山

由于长期超负荷的繁重工作，使他患上了多种疾病。今年9月30日，他在××做完手术后，没有听从医生的嘱咐在家休息，而是在第二天立即赶回乡里上班，只是在乡里挂个点滴或服点消炎药物。地震灾害发生后，他更是没有到正规医院继续治疗，在整个抗震救灾和灾重建过程中，他强忍剧痛，拖着病体坚持和乡村干部一道，进村入户排查安全隐患，核实灾情，研究部署灾后重建方案。有时痛得实在受不了，就在办公室吃几片止痛药。由于连续长时间超负荷的工作，手术后没有得到必要的休息，本应定期检查而没有去医院，使得他的病情进一步恶化。由于手术后没有得到及时的巩固治疗，而引发伤口发炎，以致行走不便，疼痛难忍，但他因病痛折磨而略现佝偻的身影始终奋战在抗震救灾最前线。12月25日深夜，同事发现他手捂着腹部，还在修改灾后重建方案，在这寒冬腊月竟然痛得满头大汗，可他还却说这没什么，可能是上次手术伤口感染发炎，26日凌晨4点才被同事们送到××人民医院。在去医院的路上，他还挣扎着说："乡里工作这么忙，这时候我怎么能住院？"

在医生的强烈要求下他才勉强住了下来。××的灾后重建工作和政府各项工作无一不牵挂着他的心。由于年终各项工作任务繁重，各种灾情的上报材料必须由政府主要领导审阅把关，于是病房成了临时办公室，在病房中，他强忍剧痛，用插着点滴的手颤抖批阅各种上报材料，不停地在电话里听工作汇报、布置安排灾后重建工作，他的家人心疼地说："这哪是在医院，这和办公室没什么两样，你哪里是在工作，简直是在拼命。"

第二节　机关典型经验材料写作

一、机关典型经验材料写作概述

1．简介

典型材料是把先进集体或先进人物的事迹，或把犯错误党员干部、发生问题单位的情况综合整理而写成的书面材料。

2 写作内容

（1）标题

一是要写明先进个人姓名和先进集体的名称，使人一眼便看出是哪个人或哪个集体、哪个单位的先进事迹。二是要概括标明先进事迹的主要内容或材料的用途。

（2）正文

正文的开头，要写明先进个人的简要情况，包括姓名、性别、年龄、工作单位、职务、是否党、团员等。

写作内容，是从总体上把典型经验按照一定的逻辑关系分成几个部分。内容的表述，应当既要有思想，又应有具体做法或实例，既要有面上的综合，又应有点上的说明，最好还要有一些必要的数字。

（3）署名

应经有关领导同志审定，以相应一级组织正式署名上报。

A 标题。

B 开头。是展示典型经验的背景材料和突出的成果。

3．不违心，不造假

事实必须真实、可靠。先进典型材料的先进事迹是否真实，直接关系到先进典型的生命。

4．不拔高，不夸大

在尊重客观事实的基础上，对调查得来的材料进行去粗取精、去伪存真、由此及彼、由表及里的加工。观点和提法要恰当。讲先进典型的事迹、经验一定要注意切不可讲那些脱离实际的过头语。

5．不虚言，不拉长

文字要朴实、简明。语言文字的表达上，一定要善于选择那些实在、贴切的词语。

6. 不偏听，不轻信

对典型材料的人来说，要做到好话、坏话都要听；赞成的、反对的意见都要听；领导、群众的看法也都要听。

7. 要有完整的结构形式

完整的典型经验结构包括标题、正文、结尾三大部分。

为了使内容充实、更完整，还可以加上一些内容，但要想到各部分间、各层次间分量上的均衡，不能有的篇幅很大，有的篇幅很小。

8. 要深入调查，大量地掌握第一手情况

（1）搞调查时要先拟好经验的主题，围绕主题，挖掘和寻找出材料。

（2）典型经验材料，开展调查，应以有目的、有主题为好。这样，有利于开展调查，可以提高调查效率。

9. 要深入思考，定好主题

（1）主题要集中鲜明，不能太大、太宽泛。

（2）主题要符合要求，要站在时代的高度来提炼主题，提炼出的主题对当前要有指导作用。

主题要以实际工作为基础，必须是从实实在在的工作中提炼出来的，不能为了主题，脱离事实，搞假、大、空的东西。

10. 精心设计，布局谋篇

（1）把大题目和各个部分的题目定出来，大题目要鲜明地表达主题。

（2）全文紧紧围绕主题展开，不能使之游离。保证整篇材料有一个主题，从不同的侧面表现主题。

二、机关典型经验材料写作范文

◇加强乡土人才管理典型经验材料

【范文】

加强乡土人才管理　服务农村经济发展

××县人事局

近几年来，××县人事局立足本县实际，坚持以科学发展观为统领，按照“两个调整”的要求，大力推进人事工作职能转变，努力改变服务方式，不断拓展服务领域，积极扩大服务对象，切实把服务“三农”摆到了工作的重要议事日程。我们从全县农村经济发展需要出发，高度重视乡土人才的开发和利用，通过制定政策规定，加大管理力度等措施，初步建立了一支强大的乡土人才队伍，构建了乡土人才资源、信息、技术共享的网络体系，对农业和农村经济的快速发展起到了较大的促进作用。截至目前，××县乡土人才入库登记人数已达×××××人，具有专业技术职务的乡土人才×××人，被推荐评选为市级优秀科技人才的××人。主要做法是：

一、成立服务机构，构建乡土人才网络体系

××县是一个农业大县，拥有××多万农村人口，在农村中分布着大量的“田秀才”、“土专家”，由于没有专门为农村人才服务和管理的机构，这些人才的技能得不到应有的发挥，影响了农村整体经济的发展和农业新技术的推广。为了使农村人才最大限度地发挥技能并尽快接受新知识，建立必要的管理服务机构是人事部门服务农村经济的主要任务。

基于这种认识，经人事局提议并报县政府批准，于××××年在县、乡、村三级成立了乡土人才服务机构，并配备了专兼职工作人员。县级乡土人才开发办公室设在人才交流中心，负责指导协调乡村两级机构对乡土人才的管理服务工作。乡镇人才服务站受县级人才开发办公室的领导，负责本辖区乡土人才和未就业的大中专毕业生的管理和服务，并指导协调村级机构的管理服务工作。村级人才服务点受乡镇人才服务站的领导，负责本村乡土人才的调查推选，沟通人才需求信息，组织开展样板示范和技术交流活动。三级机构的建立，将全县各类乡土人才及时纳入管理范围，构建了较完备的乡土人才管理网络体系，为技术交流、信息沟通提供了组织保障。

二、组织调查摸底，建立乡土人才资源信息库

为了掌握全县乡土人才总量及分布情况，县乡土人才开发办公室组织人员深入到乡镇人才服务站、村庄服务点指导调查摸底工作。县级乡土人才开发办公室对乡镇人才服务站上报的材料进行系统整理，分类建档，输入计算机，建立了全县乡土人才资源信息库。经过县、乡、村三级服务机构的共同努力，目前全县××个乡镇、×××个自然村的××××名乡土人才的个人资料已全部入库管理，为乡土人才的技能共享搭建了平台。

三、开展评定职称，最大限度地调动乡土人才学科学、用科学的积极性

为了加强乡土人才队伍建设，培养更多的农村实用型人才，最大限度地调动农民群众学科学、用科学的积极性，促进现有乡土人才提高技能与水平，我县于××××年成立了农民技术职务评审委员会，专门对乡土人才的技能水平进行评定。评委会由农业、林业、工业、科委等部门的专家组成。评审工作由人事局组织，严格按照程序、标准进行，不走过场，不搞形式。截至目前，全县共进行了四次评审活动，为×××名乡土人才评定了农民专业技术职务资格，其中农民技师×××名，助理农民技师×××名，农民技术员×××名。农民技术职务评审

工作的开展，使一大批乡村优秀科技人才脱颖而出，他们已成为现代农业生产的“领头雁”，同时对促进乡土人才技术交流和技术输出等发挥了重要作用。

四、强化知识培训，提高乡土人才的技能水平

几年来，针对农业生产管理中存在的问题，我们聘请了外国专家和县内外知名专家，采取理论讲授与现场操作相结合的方式，举办了10余次乡土人才培训班。培训内容涉及果树栽培管理、病虫害防治、蔬菜种植、畜牧养殖等科目，有×××余名乡土人才参加了培训，既帮助他们解决了生产中的实际问题，又提高了他们的理论水平，效果十分显著。我们还组织农业、林业、畜牧部门的科技人员编辑了科技小册子，发放到乡土人才手中，以此加强对乡土人才的继续教育工作，使他们在更新知识的同时，广泛学习和推广新技术。目前，很多乡土人才不但成了“科技带头人”，而且成了“致富能手”。同时，还能带动一方群众致富。如××庄是远近闻名的黄瓜村，×××是远近闻名的苹果、樱桃村，这些村里技术能手不断到周边村庄传授经验，进行技术指导，带动了周边村庄的发展，促进了农村经济的繁荣，同时也培养了一大批新的乡村技术能手。

◇招商引资典型经验材料

【范文】

××镇政府招商引资典型经验材料

近年来，特别是今年以来，我们××镇把招商引资工作当作推进大项目建设、发展镇域经济的重要支撑点，采取高效务实措施，紧紧抓住哈市北移，建设××新区的千载难逢的良机，重新规划设计了“依托哈市、面向哈市、服务哈市、发展××，打造省城卫星特色乡镇”的整体战略部署。具体采取灵活机动的大兵团、宽线条、全方位广泛招商，从而抢占了市场先机，赢得了项目建设的主动权，使镇域经济发展出现了重大转机，开创了全新的工作局面。自年初以来，通过大打招商引资攻坚战，共引进企业×个，新上项目×个，引进意向型资金××××万元，实际到位资金××××万元，年底前可开工生产×个企业，投产后，每年预计实现产值××××万元，利税×××万元，促进国民生产总值提升×个百分点。我们的主要做法是：

一、多措并举，优化环境，打造招商引资推动项目建设的金色招牌

环境建设历来是招商引资的重头戏，也是各方面互相比拼的重点。我们结合自身特点，从实际出发，全力以赴创建优良环境。

1. 擦亮窗口形象。为营造良好的项目建设氛围，我们自上而下开展了擦亮窗口形象工程建设。通过在全镇范围内开展了“爱××、促招商、上项目”活

动，使干部转变了作风，使群众提高了觉悟，切身感受到招商引资的重要性，自觉向“人人都是环境、人人都是形象”上靠拢，积极投身到更新环境、提高素质、树立形象建设中来，增强了对外招商引项的凝聚力。

2. 主动对接招引机制。为了更好地适应招商引资上项工作需要，我们想客商之所想，谋客商之所需，改变了过去传统的招商引资方式，政府专门设立了大项目建设办公室，党委书记亲自挂帅，配备精兵强将，实行一口接待，全程服务。只要客商提出的要求合理，工作程序必要，全部由办公室具体负责办理，减少了梗阻环节，提高了项目建设的效率。

3. 加强基础设施建设。为改善镇内投资环境，年初以来，我们在财力极度紧张的情况下，镇、村、民筹资××万元，新修了××千米沙石路，铺筑了××千米红砖路。协调电力部门，改造了××万千伏输变电线路。在水务局的帮助下，新打机井××眼。同时，我们在镇域内沿××路两侧×××米范围内，进行规划、编排建设用地，为项目建设进行了充足的土地储备。

二、发扬优势，灵活出击，创新招商引资大上项目的有效招数

当前，结合我镇实际，我们着重打造了自己的项目建设的特色招数。

1. 区位招商。充分发挥我镇距离×市外郊仅×千米的近郊优势，紧紧盯住××新区开发的有利契机，面向×市客商突出宣传×市所不具备的廉价劳动力资源、土地资源、原料资源、优惠政策等相对优势，大打客商攻心战，先后引进一些大客商来××投资兴业。××有限公司是一家以生产新型墙体材料为主的大型企业，正是因为看中了我镇优越的区位优势和×市所不具备的条件，在市土地局的协助下，率先进入我镇投资建设。该公司总占地面积×万平方米，总投资×××万元，今年一期工程投资××××万元，建筑厂房××××平方米，办公室××××平方米，年可生产陶粒砖××万立方米，年产值××××万元，利税×××万元，所有产品全部打入××市及周边建筑市场。目前该企业已进入调试生产阶段。

2. 扶持扩商。通过积极宣传市里的招商引资优惠政策，增强民营业主上项、扩项的信心和积极性。以兴利木业的发展为例，我们积极帮助协调农行、土地、林业等部门，为该公司争取资金、用地、原料等事宜，使之在去年投资×××万元基础上又新投资×××万元建设二期工程，总占地面积达到×万平方米，新建厂房××××平方米，两条生产线同时开工生产，年产细木工板××万张，年产值××××万元。目前该企业土建工程已结束，正在设备安装与调试。

3. 以商招商。我们在招商的同时把客商作为一个重要的传承点，做活做细间接招引工作。主要是通过已在××安家落户的客商联系其他客商来我镇实地观摩、座谈、联谊，使这些人先“热身”后投资。近期即可签约的×国独资电动

空气开关有限公司就是通过××公司老板引进的项目，该项目总投资×××万美元，年产值可达到××××万元，产品全部出口欧美市场。

4. 筑巢招商。今年，我们以奶牛小区为依托，新建牛舍××××平方米，并配备了榨奶站、青贮窖、饲料加工厂、防疫服务室，面向××市招租、招卖，引进资金×××万元，其中投入×××万元以上大户×户，新增成母奶牛×××头，年底实现×××头，明年底可达××××头，做到了项目建设和畜牧经济的有效结合，实现了资产效益最大化。同时，为盘活闲置资源资产，开拓招商引项渠道，我们把镇内一些停产、倒闭和废弃资源重新包装成“凤巢”，吸引鸾凤来栖。利用闲置多年的草站场院成功嫁接了总投资×××万元的土文细木工板厂项目；利用××村原豆奶厂“迎娶”了总投资×××万元的铅笔板厂。目前这两家企业均已开工试生产。

5. 以情招商。我们把感情作为一种无形资产，在招商引资进程中发挥了独特的引项效益。×市××集团是一家实力非常雄厚的建筑安装企业，为引进这个公司，我们曾数十几次主动上门洽谈，即使在过年过节也不放弃。我们的原则是谈不成项目还可以交上朋友，就是凭着这种锲而不舍的精神，感动了公司的决策层，最终决定在我镇投资×××万元建设总占地面积××××平方米的××实业有限公司，现×××平方米的钢架厂房主体工程已经完工，年底即可投产。××有限公司，投资××××万元，目前到位资金×××万元，已签署了合作协议，办理了征地手续。占地面积×万平方米，年产值××××万元，并与××公司合作扩大生产规模，××××年计划当年建成投产达效。

以上是我镇在招商引资大项目建设上的一点工作，与市委、市政府的要求，特别是与先进乡镇比还有很大差距，我们将继续努力、扎实工作，确保在三至五年内使××镇各项工作得以长足发展，重振工业大镇雄风。

◇创建科普示范社区典型经验材料

【范文】

××社区创建科普示范社区典型经验材料

几年来，××社区居委会在××区政府和银河街道党工委的领导下，以提高社区居民的生活质量和科普知识教育为宗旨，以开展科普教育服务为龙头，从社区的实际出发，积极贯彻国家、自治区有关科普工作法律、法规和指示精神，把科普工作纳入社区工作重点之中，使××社区的科普宣传工作步入前列，各项科普服务工作完善，社区居民科普意识加强，目前，小区居民生活环境优美、治安良好、生活便利、民族团结、人际关系和谐；营造了社区居民人人参与科普知识活动的氛围。为此我们付出了艰辛的努力，做了大量的工作，取得了可喜的成绩，受到了居民的赞誉，同时也得到了上级领导的肯定，现将××社区居委会创建科普示范社区先进事迹总结如下：

××社区居委会工作人员共×人，其中主任一名，副主任一名，委员×名，担负着社区党建、精神文明、科普工作、团工委、少工委、社区服务、计划生育、民族团结、综合治理、民事调解、健康教育、消防安全、社区绿化、卫生、妇联、工会、残联、双拥、职业介绍、外来人口管理、居民来电来访等二十多项工作。几年来，××社区居委会工作人员，积极探索，紧紧围绕社区开展科普知识为主题，精心组织、实施“科教进社区”，并以开展多种形式的社区、家庭、青少年科技、科普教育活动，提高社区全体居民的科学文化素质，培养了青少年的创新意识，使各项工作步入各社区居委会前列。

××社区为了推动社区科普教育工作，按照科普示范社区标准，积极探索，把社区科普工作纳入社区日常工作和精神文明创建考核之中，先后成立科普工作领导机构，制订社区科普知识宣传实施方案和科普工作规划、年度计划等，并向楼栋长签订科普知识宣传责任书，积极发挥社区志愿者特长，鼓励发动那些退休后老干部、老工人，利用他们一些特有专长，先后成立科普知识宣传小组和科普协会，建立了一支志愿者队伍，他们坚持“用科学、爱科学、信科学”的基本方针，弘扬科学精神、普及科学知识；传播科学方法。特别是在今年，对于突如其来的“非典”疫情，大家都毫无思想准备，××社区居委会为了杜绝传染源侵入我社区，确保社区无传染源，特成立防“非典”工作领导小组，并让科普宣传志愿者成员给每个人员划分了片区，层层包干，层层落实，为了做好此项工作，他们和居委会工作人员一起，深入社区居民家中，不怕传染，不顾个人安危，放弃“五一”长假和双休日，加班加点，在社区挨家挨户进行一一登记，传授科学防病、指导生活中消毒和预防细节，还在社区利用多种形式向社区群众宣传非典型肺炎的危害和预防知识，达到了家喻户晓，特别是对社区重度残疾人家庭，免费发放预防“非典”药物和喷洒消毒药水，为他们清扫房间卫生，在社区共发放预防“非典”宣传单1000多份，更换宣传栏两次，出黑板报一期。我们还详细清查流动人员和外来务工人员×××人，调查有无从内地返克人员，有些从内地返克人员，我们按上级要求，让他们在家进行隔离或送到政府指定的隔离区，有些居民想不通，不给予配合，想方设法刁难居委会工作人员，居委会科普领导小组得知情况后，用科学的方法，耐心细致地开导，使他们了解“非典”传播的危害性，并能够积极配合防“非典”工作，使广大社区居民真正提高了防“非典”的意识。

××社区居委会为了使辖区居民用科学方法锻炼身体、抗击“非典”，科普协会志愿者×××同志，为了广泛推广科学的锻炼身体，他主动跟社区居委会配合，免费指导居民培训第八套广播体操、太极拳、太极剑、太极扇等，并在钟楼设立晨练点，参加人数由××人（最大的80多岁、最小的9岁），到现在逐渐增多，天天如此，准时7时开始晨练和做广播体操，至今人数已经增加到×××多人，增强了辖区居民的体质，抵御了“非典”病毒传播，还丰富了社区居民的业余文化体育生活。

××社区居委会每年和市东区体协联合在文化一条街举办全民健康大众体育趣味运动会（连续四年），项目有单人跳绳、踢毽子、拖球赛跑、夫妻接力赛、跳大绳、植树接力赛、时代列车、楼对楼拔河赛等×个项目。辖区居民踊跃参加，司法局、卫校等共建单位也参加了此项运动会，特别是拔河项目，推动新高潮，吸引众多周边群众，围观的群众都赞不绝口地说：“这才是以科学的方法教育人、引导人、锻炼人。”

我们把创建“无毒社区”活动，作为重点之一，用科学的知识在社区居民中大力宣传“毒品”的危害，并利用黑板报、宣传栏、宣传标语、宣传横幅等多种形式，开展创建活动，特别是在国际“禁毒日”到来之际，给每户居民发放“远离毒品、关爱未来”为主题的倡议书，共发放倡议书×××份，并组织楼栋长和居委会签订争创无毒社区工作责任书，共签订责任书××份。××××年××月××日，××社区在××区政法委的大力支持下，我们在文化一条街举办了“远离毒品、关爱未来、创建无毒社区”有奖答题活动，此次活动，吸引了众多居民参与，初步统计，人数达到××××多人。我们还对公共娱乐场所和周边三所学校加强管理，进行了发放科普知识和禁毒日宣传单教育，片警和居委会工作人员经常和学校保持联系，发现学生有不良行为，就和校长一起进行帮助教育，三所学校没有发生一起学生吸毒现象，我们还在公共场所进行明察暗访，发现问题及时报告，与有关部门协调解决，每年的寒假、暑期活动中，我们居委会为了解决家长的后顾之忧，做到了“学校放假、社区开学”，开办了少儿舞蹈班、英语班、城管小卫士、护绿队、小小治安义务巡逻队等，还开展了丰富多彩的科普知识和文化体育等教育活动。如：我们聘请区人武部教官，给社区中小学生上国防教育课，参观预备役工兵团军营，还开展了科普知识讲座，参观了社区科技馆，开展了中小学生趣味运动会等各类活动，今年7月8日，为了使中小学生在暑期中了解防毒、禁毒的科普知识，特别在社区居委会开展了青少年认识毒品以及防“毒品”危害的科普讲座；使中小学生更进一步了解“毒品”的危害性，从小让他们崇尚科学，用科学的知识去解决身边发生的反科学迷信活动，受到家长好评。为此，我们××社区校外辅导站连续四年被评为市局级校外辅导站，××××年又荣幸地被评为“全国童趣杯”特色小队的荣誉称号。

××社区计划生育协会本着“三为主”的工作方针，用科学的方法指导已婚育龄妇女，在社区内广泛宣传《人口与计划生育法》和《××人口与计划生育条例》。并每季度对流动人口进行一次全面清查和宣传国家人口计划生育法、卫生知识，让他们及时了解科学文明健康的生活。××××年××月××日，为纪念“三为主”方针提出××周年，××社区在文化一条街举办了大型有奖答题宣传活动，开展婚育新风进万家宣传活动及生殖保健知识讲座，自做宣传板面××块，黑板报一块，免费发放避孕套×××盒，各类书籍×××多册，奖品×××余份。

××社区为了抵制封建迷信活动和“法轮功”邪教人员转化工作，针对本社区“法轮功”的练习者，身陷其中不能自拔的情况，深刻认识到如不将“法轮功”斩草除根，它将四处蔓延，严重腐蚀部分心理、生理有病变的群众。××社区成立了帮教领导小组，从生活上关心他们，思想上帮助他们，用科学知识教育他们，晓之以理、动之以情，在上级领导和部门的协助下，最终使他们脱离了“法轮功”束缚。

几年来，经过社区全体工作人员和社区居民的共同努力，××社区科普知识宣传和普及工作取得了一定的成绩。今后要更好地开展各项科普工作，推进科普知识进千家万户活动，为把社区科普工作做得更好，更上一层楼，作出我们的积极贡献。

◇建设一流文明乡镇典型材料

【范文】

与时俱进　求实创新　建设一流文明乡镇

××镇位于××市中部，辖××个行政村，××万人，××万亩耕地，总面积××平方千米，是××省综合经济实力200强乡镇和××市小城镇建设重点镇。近年来，镇党委、政府坚持以“经济发展、农村稳定、农民增收”为主线，以争创文明乡镇为目标，在专心致志抓好经济工作的同时，切实加强精神文明建设，为全镇的经济建设和改革开放提供了强大的精神动力，智力支持和思想保证，取得了明显效果。

一、抓组织建设，进一步加强领导，健全制度

为切实加强精神文明建设，我镇成立了以镇党委、政府主要领导为组长、有关部门负责人参加的精神文明建设领导小组，各村及有关单位也成立了相应机构，明确了主抓精神文明建设的领导和具体工作部门，形成了自上而下、有组织、有系统的领导机制。以深入开展“三级联创”活动总揽全局，在创建“五好”乡镇党委、“五好”农村基层党组织活动中，把精神文明软硬件建设有机地

融入到创建目标责任书中，制定量化考核目标，实行半年初评、年终考核总评，使精神文明建设做到了“四纳入”：即纳入镇村经济和社会发展总体规划，纳入党政一把手的重要工作议程，纳入全方位目标管理责任制，纳入镇村干部实绩考核内容。从而大大提高了镇村两级抓精神文明建设的责任感和自觉性，促进了全镇精神文明创建活动的深入开展。

二、抓环境建设，营造文明氛围

我们按照高起点规划、高标准建设、高水平管理的原则，以规划为龙头，以要素聚集为基础，以产业发展为支撑，全面实施环境带动战略，整体提升我镇城建工作水平。近年来，投资×××万元，规划建设了××广场和××广场，投资×××万元，硬化了××路、××路等××条镇村主要道路，硬化面积××××平方米，投资××万元，实施城区亮化工程，新安装路灯×××盏，投资×××万元完成了城区自来水管道改造，新建高标准垃圾池××处，栽植各类树木×万株。优化了城区环境，进一步增强了城区综合服务功能。

为适应农民文明程度普遍提高的要求，我镇在全镇上下掀起了环境综合整治的高潮，累计出动车辆×××台次，清理清除积存垃圾×××吨、捡拾白色垃圾×××千克，清理农村街道乱堆乱放杂物×××立方米。新建镇垃圾填埋场一处，对农村“三大堆”、“一大台”进行了集中清理，对小猪圈、小厕所、小垃圾堆、小柴草堆进行了定点归位，为群众生产生活提供了良好的环境。

三、抓道德建设，树文明新风

为进一步落实《公民道德建设实施纲要》，我镇以“建文明乡镇，创一流业绩”为目标，紧紧围绕“爱国守法、明理诚信、团结友善、勤俭自强、敬业奉献”二十字基本道德规范，进一步弘扬了“社会公德、职业道德和家庭美德”。充分利用广播、板报、标语、宣传材料等形式，广泛、深入地向群众宣传道德知识，在全镇发放《公民道德实施纲要》××××份，粉刷各类标语×××余条，通过多种形式宣传，提高了群众对加强公民道德建设重要意义的认识，促进了全镇公民道德建设的深入开展。

围绕公民道德建设，我们认真开展了三大主题教育活动。一是在镇机关及村两委开展了“三个代表”重要思想集中学教活动，要求广大党员干部身体力行“三个代表”重要思想，率先垂范，恪守爱岗敬业，办事公道，服务群众无私奉献的职业道德，把为人民服务落到实处。二是在全镇开展了以“学法、知法、守法”为主题的法制大课堂活动，组织法庭、派出所、司法所等部门集中开展了《刑法》、《合同法》、《交通法规》教育，培养干部群众树立法制观念和公民道德观念，增强遵纪守法的自觉性。三是在全镇农户中组织开展了“家家学道德规范，户户习精神文明”主题教育活动，各村根据本村实际，针对存在的问题，健全各项制度措施，狠抓村民思想道德建设，充分采用道德评议的形式，表扬讲道德、树立新典型，对不道德、不文明的人和事进行批评教育，促进了农民道德素质的提高。

四、抓载体建设，树良好村风民风

近年来，我镇从提高农民思想道德素质和提高农民生产水平的角度出发，以改善居住环境，普及科学和市场经济知识，活跃文化生活，倡导移风易俗，树立良好村风为主要内容的“文明村”、“文明一条街”、“文明户”创建活动，对“文明户”创建工作，采取村党支部、村委会推荐、党员会、村民代表会讨论、群众民主评议的形式，公平、公开、公正地评选“十星级文明户”，年终给予挂牌表率，群众踊跃参与评选，争当文明户的热情进一步高涨，××××年全镇参评率达95%以上。

在创建文明一条街和文明村过程中，我们按照上级要求，进一步加大投入，丰富内涵、健全管理，紧密结合“五好”支部创建活动和社会治安综合治理、计划生育、经济等中心工作，高标准、严要求，深入农民素质教育，提高群众思想觉悟。全镇上下呈现出家庭和睦、邻里团结、自觉遵守村民自治章程，积极参加集体公益事业和团结互助的可喜局面，截至目前全镇涌现出市级文明村×个，建成文明一条街×条。

我镇在创建文明乡镇过程中，虽然取得了一定成绩，但是距离上级要求还有一定的差距，下一步我们决心以“争先进、创一流”为目标，团结奋进，争优创先，使我镇“两个文明”建设再上新台阶，为把我镇建设成为一个经济繁荣、社会稳定、人民富裕、环境优美的现代化小城镇而努力。

◇创建“青年文明号”经验交流材料

【范文】

××区××局×分局创建“青年文明号”经验交流材料

××区××局×分局在区党委、团区委、局党总支的关心、支持及正确领导下，以邓小平理论、“三个代表”重要思想为指导，扎实工作，不断进取，结合行业特点，自觉服从服务党政中心工作大局，努力完成各项工作任务，进一步发挥基层团组织青年的先锋模范和战斗堡垒作用，使我分局在工作中不断增强凝聚力、创造力和战斗力，创建了“青年文明号”，为实现××区经济和我局各项建设事业的腾飞目标作出应有的贡献。

下面就我分局开展“青年文明号”创建工作的具体做法作如下介绍：

一、一致明确创建活动的指导思想、目标及行为准则。在开展创建活动之初，我分局就组建了活动领导小组，一致明确了创建活动以党的十六大，十六届三中、四中、五中全会精神和“三个代表”重要思想为指导，努力达到全心全意为人民服务的目标，以“优质服务、廉洁高效、依法治税、文明执法”为行为准则。青年文明号创建活动是在新形势下，具有划时代意义的群众性活动，我分局团员青年及全体干部职工就此达成一致认识，调整了每一个人的精神面貌和状态，确立了全局意识。

二、根据我分局的行业特点制订了切实可行的活动实施方案。针对我分局的业务和工作实际情况，分以下三个阶段进行创建活动：

第一阶段：筹备教育阶段。认真分析分局各方面工作开展情况，查找存在的问题和薄弱环节，在广泛征求意见的基础上按照创建青年文明号的要求做工作计划，建立健全相关的教育、创建工作制度。抓好“两个结合”即集体组织学习和个人自学学习相结合，专题学习和工作穿插学习相结合。

第二阶段：工作重点阶段。主要是学习对照、抓结合、抓实践、抓质量。由分局青年文明号创建领导小组进行对照检查。以收集汇报、介入检查、走出去、请进来的方式；适时召开有党、政部门领导和相关企业代表参加的座谈会，认真听取收集他们的意见和建议，调整工作方法，确保青年文明号活动正常健康发展。

第三阶段：调整补充、检查评比阶段。采取“三查”方法。即：一是查工作实绩，看完成全年税收任务数的质量情况；二是查工作作风，看分局内外群众的意见评估；三是查安全管理，看有没有事故隐患。针对检查发现的问题集中进行分析，及时制定出改正的方法和措施。

三、具体工作方法和措施：以弘扬先进文化、争创文明先锋为主题，通过开展丰富多彩、形式多样的群众性文化展示和竞赛活动，弘扬青年文明号的文化内涵和精神实质，展示青年文明号活动在地税系统构筑诚信、服务、管理、创新、团队、形象等理念方面的独特作用，使“青年文明号”创建和展示活动成为地税系统“二次创业”的有效载体。

1. 加强政治学习教育和业务素质培训。按照内强素质、外树形象、求真务实、拼搏进取的精神，认真组织全分局干部职工学习宣传贯彻党的十六大、十六届三中、四中全会精神，学习贯彻好市、区各级党组织、团组织的各项决定和决议，实现和达到全分局干部职工的政治方向明确、目标立场坚定的目标。结合工作实际和青年特点，在团员青年中开展“学习十六大、岗位立新功”活动，提高学习的深度和广度。引导和培养团员青年树立正确的世界观、人生观和价值观，提高了团员青年的思想修养，坚定了走建设中国特色社会主义道路的信念。

2. 重视意识形态方面的教育，努力学习科学文化知识。积极开展“立党为公、执政为民”创先争优的活动，着力解决好少数人开拓创新精神不够、意识形态不强、工作作风不实的问题，在分全局工作中形成“比学习，创一流素质；比团结，创一流队伍；比干劲，创一流风貌；比服务，创一流作风；比工作，创一流业绩”等良好风气。真正达到“让党满意，让纳税人满意”的目标。深入开展团员青年思想道德建设，开展形式多样的宣传教育活动，组织团员青年学习《廉政建设手册》、《税务干部职业道德规范》等规章制度。作为窗口服务单位发动团员青年带头接受纳税人监督，做到严格执法、文明收税、热情服务。通过团员青年的行为来带动和改进服务质量和行风建设的根本好转，得到了广大纳税人的好评。

3. 加强劳动纪律和重视安全管理。按照各级党组织、团组织的有关规定和文件精神，建立健全我分局的各项规章制度并认真抓好落实。坚决杜绝三类事故的发生，即：车辆事故，被偷盗和火灾事故，票、款、物错乱事故；保证无两个现象发生，即：无迟到早退现象，无“黄、赌、毒”现象。认真履行好和区局签订的《社会治安综合治理目标管理责任书》，并把《责任书》中的各项制度和规定纳入分局干部职工目标管理考核中加以实施和考核。

4. 学习法律法规，加强党风廉政建设和行业作风建设，进一步强化税收法律法规学习，全面推进“依法治税”。用税务干部廉洁自律“十五不准”、“云南省公务员八条禁令”对照检查全局干部职工，不断加强自身的廉洁从政、严格执法的工作作风，我分局干部职工按照廉洁自律的若干规定，始终把自身置于局党组和人民群众的监督之中，坚决抵制拜金主义、享乐主义、极端个人主义等腐败思想的侵蚀，做到了思想上防微杜渐，廉政建设警钟长鸣。

5. 明确任务、团结进取。按照目标管理考核责任制、“六好创建”、“青年示范岗”的相关要求，充分发挥全分局干部职工的工作积极性和创造性，确立为各级党组织、团组织负责的态度，加强分局“依法治税、从严治队、团结拼搏、艰苦奋斗”的精神，挖掘税源，高质量地完成各级党组下达的税收任务。真正把我局建设成为“三个文明”协调发展和各级党组靠得住、群众信得过的先进集体。

6. 在分局“青年文明号创建活动的领导小组”的领导和组织下，围绕我们的任务和目标，确立创建活动内容，认真协调好创建活动与业务建设的关系。通过多形式、多样化，内容丰富的活动，实现以青年文明号创建活动促进税收业务工作，又以税收业务工作体现青年文明号创建活动，两者相辅相成，协调发展。青年人的特点就是富有活力、富有创造性。我分局按照我局党支部和团支部的要求积极开展适合青年人的各项活动。制度化地开展理论学习和文体活动如政策研究和歌唱、足球、篮球、羽毛球等比赛，结合工作特点开展“走近纳税人，政策送到家”活动，同时结合时代特点适时地开展如爱国主义教育、募捐、植树造林、扶贫、参观学习等活动。让团员青年能够在活动中既提高了理论水平和思想觉悟，又增强了体质，增进了解，增进团结，同时通过活动让团员青年进一步改造自我，树立积极向上的乐观精神。

四、总结经验如下：

1. 扩大参与范围，增强影响力，注重工作效果

我分局为实现创建目标，通过总结以往的经验得失，总结出了“广泛参与，注重实效”的工作原则。广泛参与有两层意思：一是积极参与各级组织的有利于广大团员青年的活动，增强学习、交流的渠道，增强工作经验；二是在组织具体活动时注重团员、青年的参与范围，不仅仅局限于团员内部，要让广大的青年参与到其中，让团的号召能够得到普遍的传播。确立新的工作模式，实行工作轮流负责制，注重实效，要求不搞形式主义，注重活动效果，着力解决问题。

2. 做到党有号召，团有行动

认真学习党的各项方针政策，积极响应党的号召。结合自身实际把创建工作与党建工作紧密地结合起来，做到思想不掉队，行动争先锋，要求团员青年向党员同志学习、靠拢，对待具体要求做到任务不减、标准不降。帮助团员青年树立标兵意识，让党的号召在每一位团员青年的实际行动中体现出来，促进整体发展。近年来我分局的广大团员青年在团区委和党组织的带领下在云岭先锋工程、创建学习性组织、保护母亲河、创建卫生城市、先进性教育活动，创建节约型社会、春城义工活动等方面作出了卓有成效的贡献。

3. 积极寻求协作，增强团员意识教育促进工作发展

创建活动的出发点和落脚点实际就是服务于党政中心工作。针对这个要求，我分局在我局团支部的指导帮助下，积极向单位各部门寻求支持。把对团员的考核工作与团员实际的工作紧密结合，及时、定期向有关部门了解和反馈团员情况。考核一个团员是否优秀，首要的指标就是该团员在具体的工作岗位上是否优秀，是否发挥了先锋模范作用。

我局决心在今后的工作中继续以务实的态度不断总结经验教训，以积极热情的创新精神不断摸索新方法、新路子，并将继续在局党总支和团区委的领导和关心、帮助下深入全面地开展“青年文明号”工作，为培养新一代“××知识青年”，建设“现代新××”贡献力量！

◇建设生态旅游经济强镇典型经验材料

【范文】

××镇建设生态旅游经济强镇经验交流材料

中共××镇委员会××镇人民政府

我们××镇位于罗田县东北部，东接××风景区，西临××风景区，北抵××风景区，是××国家森林公园腹地，也是省旅游发展规划确定的××游客接待中心所在地。近年来，我们立足自身资源优势，抢抓旅游升温机遇，大力实施旅游强镇战略，推动了旅游事业蓬勃发展。仅今年1至7月份，全镇就接待游客××万人次，实现旅游及相关产业收入××××多万元。旅游业已成为我镇名副其实的支柱产业，带活了一方经济发展。我们的主要做法是：

一、统一思想，深化发展生态旅游认识

我镇地处××主峰脚下，境内崇山峻岭，交通不便，同时又有一座大型天堂水库，库区面积大，群众生产生活条件十分恶劣。如何突破自然条件劣势，寻求经济发展的优势，长期以来，是摆在镇党委、镇政府面前的一道难题。近年来，旅游业的蓬勃兴起，为我们破解这道难题提供了难得的历史机遇。经过反复论证，我们深刻认识到：××镇虽然集库区、老区、偏远高寒山区于一身，发展农业生产是劣势，但换一个角度来看，恰恰是发展旅游的有利条件。地处两省三县交界的××腹地，是我们的地理区位优势；寒冷的冬季，凉爽的夏季，是我们的气候优势；丰富的土特产品，是我们的资源优势；悠久的历史文化、独特的民俗文化，是我们的人文优势。基于以上认识，我们结合实际，因地制宜地提出了“依托大别山、发展大旅游、形成大产业”的指导思想，制定了“建设全省生态旅游经济强镇”的奋斗目标，明确将目标定位在发展生态旅游经济上，力争用3－5年时间把我镇建设成为省内外知名的旅游胜地。目标制定后，我们通过广泛宣传发动，使全镇上下形成旅游兴百业兴，“无旅不富、无旅不兴”的共识，形成上至党员干部，下至普通农民都参与旅游建设、保护旅游资源、支持旅游发展的良好氛围。

二、科学规划，理顺发展生态旅游思路

为了合理开发利用旅游资源，我们先后聘请了中国地大、武大、省规划设计院以及省市旅游专家来镇考察，为旅游产业发展把脉，编制了《××镇旅游开发建设总体规划》和《××旅游接待中心详细规划》，提出了“三村四区”的总体格局。在规划实施过程中，我们贯穿科学发展观理念，走可持续发展道路，坚持“在开发中保护，在保护中开发”原则，协调处理旅游与工农业、环境保护之间的矛盾，做到

“既要金山银山，又要绿水青山”，限制木材、石材等生态破坏型企业，提高药材备料使用率，并广泛开展封山育林、植树造林、退耕还林，努力保持青山绿水的原始风貌。

三、扩大开放，确立发展生态旅游政策

为促进旅游持续、快速发展，我们制定和出台了一系列扶持旅游产业发展的政策：一是创新了投资机制。按照“谁投资，谁建设，谁受益”的原则，我们创新投入机制，鼓励外商、单位和个人投资，形成多主体投入格局。先后吸引外商投资开发了××旅游山庄、××度假村、旅游接待中心以及旅游商品开发，走借梯上楼、借水行舟之路，有效地解决了发展旅游资金不足的问题。二是出台了优惠政策。采取土地零租金、服务零收费等优惠政策，吸引江西九江老板开发××漂流项目。三是积极争取国家政策。我们把发展旅游业与扶贫开发工作结合起来，积极向国家申请旅游开发、旅游扶贫项目，先后对新屋垸古建筑群进行集中维修整治，并着手对村民进行整体搬迁。通过申报××旅游专业村项目，在××村建起了40户农家旅馆。

四、真抓实干，落实发展生态旅游举措

目标思路明确后，我们加大了旅游产业建设力度，在“吃、住、行、游、购、娱”等配套上狠下功夫：一是抓交通建设，力求“行”得畅通。先后扩宽改建了××公路以及××公路，××旅游公路。积极争取县政府扩建了××至××、××山以及××至××的公路，新建了××大桥，今年又启动了××整险加固工程和特色工业小区道路硬化工程。通过近几年的大规模交通建设，打破了景区景点之间条块分割、分散经营的局面，构筑了××内外循环网络。二是抓好硬件建设，力求“住”得舒适。在镇区实施了硬化、绿化、亮化、净化、美化“五化”工程，完善了供水、供电、通信等配套设施，先后获得××市城镇建设“大别山”杯和全省小城镇建设先进单位称号。与此同时，我们还引进××集团投资近×××万元在×××风景区兴建了星级宾馆，扶持群众在××村建起青砖古瓦的农家旅馆40家，日接待能力超过500人。三是抓好饮食开发，力求“吃”得满意。我们在×××农家旅馆办起了××山吊锅和地道山野土菜小吃，很受游客喜欢。四是抓好景点开发，力求“游”得开心。先后引进××老板投资×××万元开发了××漂流项目。××客商投资×××万元创办了占地××亩的药物种植观赏园。引进×商投资××××万元开发××旅游区。我们自主投资×××万元重点建设了××民俗村，完善水、电、路等配套建设，兴建了民俗园、明末农民起义领袖徐寿辉纪念碑等。并结合实际，推出了五条旅游线路，即××、××、××、××、××。五是抓好文化建设，力求“娱”得高雅。在××民俗村兴建了××天然奇石馆和民间工艺馆，陈列近千枚各类奇石以及剪纸、刺绣等工艺品，成立了民俗表演队，推出了具有××风情的山歌、小调、舞狮、采莲船等农家节目，全力打造了民俗风味浓厚的圣人堂专业旅游村。六是抓好产品开发，力求“购”得丰富。先后开发了富有××地方特色的竹制工艺、根雕盆景、天然野菜和医药保健四大系列旅游商品，并成立了××地区首家旅游产品超市和土特产品一条街。

五、组织保障，强化发展生态旅游领导

为打好旅游产业开发的总体战，我们加强了组织领导：一是健全了组织机制。成立旅游工作领导小组，形成主要领导亲自抓、分管领导具体抓、其他领导配合抓、部门领导合力抓的工作机制。二是制定了长期战略。下发了《关于建设生态旅游经济强镇的实施意见》文件，将发展生态旅游列入我镇经济社会的头等大事，树立了一年接一年、一任接一任干的长期思想。三是强化了责任机制。先后制定了重点旅游项目领导带班负责制，定期检查督办制和旅游目标责任考核制，实行一个项目一套专班，一个专班一抓到底，确保了工作落到实处。四是加强了市场管理。对全镇农家旅馆实行统一领导、统一规划、统一安排、统一客源的“四统一”管理模式，定期组织工商、卫生、文化、公安、交通等部门开展旅游市场专项检查，使旅游市场管理步入规范化、制度化轨道。

各位领导，尽管我镇在发展生态旅游产业上取得了一定成效，但我们的工作还只是刚刚开始，与上级要求和其他先进单位相比，还有很大差距。我们将借这次会议的东风，在今后工作中，进一步拓宽思路，创新办法，加大旅游产业建设力度，为早日把我镇建设成为全省生态旅游经济强镇而作出不懈努力！

◇村实行产业化开发脱贫典型经验材料

【范文】

产业开发促增收　整村推进达小康

××镇××村是距××县城南20千米的一个贫困村。全村×××户×××口人，耕地面积××××亩。这里的群众祖祖辈辈守着几亩土地辛勤劳作，但由于自然灾害频繁，农业收益不高，一直摆脱不了贫困。××××年农民人均纯收入仅×××元。××××年××月，××村被列为××××年整村推进扶贫开发项目村，村民们迎来了希望的曙光。一年多来，全村群众在村党支部的带领下，抓住机遇、群策群力、苦干实干，引进大棚南瓜嫁接西瓜新技术，实行产业化开发，使全村经济收入大幅增长，村容村貌发生了历史性的变化。××××年农民人均纯收入由××××年的×××元增加到××××元。预计今年将达到××××元，实现由贫困村到小康村的跨越。

一、走出山门选项目

××村气候温和、水源充足、土壤肥沃、土质疏松，属砂质土壤，富含有机质及多种矿物元素，是理想的西瓜种植区。村民有着种植西瓜的传统和经验。但由于传统种植面积小，产量低，上市迟，效益一直不高。××××年××村被确定为整村推进项目村后，支部书记×××根据科技人员的介绍，带了几个村委成员前往××省××县参观考察南瓜嫁接西瓜苗新技术。采用这项技术，不仅产量高、品质好，还可克服西瓜不能三年连作的弊病。10月份，×××又利用到××参加乡村干部论坛会议的机会，带了村里20多个人，到××、××学习大棚种植蔬菜、西瓜的经验。外出参观学习使干部群众开阔了眼界、解放了思想。回来后，经“两委”班子和群众代表讨论，又请专家进行了论证，认为大棚种植南瓜嫁接西瓜项目可以发挥当地资源优势，是××村脱贫致富的“短、平、快”特色项目。在群众大会上，这个项目得到了绝大多数群众的赞同。

二、产业开发促增收

根据预计投入的资金数量，村里决定集中实施大棚种植南瓜嫁接西瓜一个项目，实行产业化开发。全村规划××个大棚，资金困难的农户实行联户经营，两户甚至三户合建一个大棚。××××年一开春，在扶贫资金还没到位的情况下，村干部和几个有能力的农户自筹资金先建起×座育苗大棚，育苗××万株，对本村贫困农户实行赊欠栽植，全村有××户农民大田栽植×××亩。仅一季，亩收入平均达到××××元，比过去增加了××××多元，户均纯收入达到××××元，取得了良好的经济效益。新品种试验的成功，使群众尝到了科技致富的甜头，鼓起了扩大种植面积的积极性，群众说这是“西瓜嫁南瓜，家家抱金瓜”。到秋天大棚建到×××座，今年初增加至×××座，大田栽植面积增加到×××亩，实现了“户户有大棚，家家种西瓜”，而且部分农户在西瓜地里套种玉米、蔬菜、红薯等作物，立体种植，一季变两季。预计全村今年的总产量可达到××××吨，总产值×××多万元，纯收入×××多万元，人均纯收入达到××××元。×月××日，×××省长在××村进行“两区”开发调研时，亲眼目睹了大棚内的西瓜长势良好，西瓜也即将成熟，端午节前就可上市，于省长非常高兴，说：“日光大棚种植南瓜嫁接西瓜项目是一个能人带头、产业对路、辐射面广、农民增收的好项目，省、市、县应作为带动农户的龙头产业，在资金、技术上予以大力支持。”

三、群众参与全过程

××村在整村推进项目实施过程中，广泛动员群众积极参与，让群众充分享有知情权、决策权、实施权、监督权和受益权，真正让贫困农民成为扶贫开发的主体。在工作中，一是让群众充分了解政策。整村推进项目村确定后，市扶贫办

9月份就对县乡干部和村支书、村委主任、一名村民代表进行了培训。随后县里又对村干部、群众代表、技术人员、工作人员进行了培训，并进村入户宣传讲解群众参与整村推进的意义、政策和具体操作办法，使群众知情放心、增强信心、参与热心。二是民主决策选项目。村党支部在外出参观考察项目时，吸收多名群众代表参加，最终确定项目也由群众说了算。参加选项大会的村民达到了×××人，占全村总人数的78%，这是多年来从来没有过的。三是阳光作业群众监督。不仅项目实施小组成员由群众选，而且全部由群众代表组成监督小组，监督项目的实施。从农户分类、资金分配、资金使用、物资采购、工程招标等都实行公告公示制度，做到公开、公正、公平。让群众放心、顺心、有干劲。

四、上下协力齐推进

××村整村推进项目资金只有××万元，所以开始只规划了××座大棚，但群众热情高涨，最终建起了×××座。建设过程中资金成了最大的问题。××村采取向上级部门争取，让本村群众自筹出力、想办法节省投资的方法，多管齐下解决资金不足的问题。第一是村干部和有条件的农户，自筹部分资金建大棚。群众自筹资金达到××万元。第二是村民能干的事情，全部由群众投工投劳解决，修水塔、挖水渠、铺管道、垒地埂、筑土墙等群众投工达到××××多个。第三是把建大棚的钢管换成高分子化学材料，并将供货厂家请到村里就地制作，不仅降低了成本，还保障了使用性能和质量。第四是积极争取上级有关部门的项目资金。在县委、县政府和有关部门的协调支持下，先后争取了××万元以工代赈资金，平整了建大棚栽西瓜的土地；××万元人畜饮水资金和××万元贷款修了水塔，配套了机电设备，使全村通了自来水，还解决了大棚浇水问题；×万元扶贫资金建了××个示范沼气池，使农民用上了新型环保能源。第五是收入增加促进了新农村其他事业的建设。去冬今春，××村新发展有线电视×××户，新增程控电话××门，同时完成了学校危房改造工程。村里还建起了电脑室，农民可以通过上网查询政策、科技、市场、产品等信息，开始同现代社会经济生活接轨。按照于省长的指示，××村最近正准备在原农业新技术开发协会的基础上，组建注册成立公司，建设南瓜嫁接西瓜示范园，向周边乡村县区推广这一新技术，实行种苗供应、技术指导、产品销售一条龙服务，逐步实现西瓜生产规模化产业化经营。通过整村推进项目的实施，××村一年脱贫，两年达小康，可以预期在不久的将来，一个欣欣向荣的社会主义新××，就可以出现在世人面前。

◇推进新农村建设典型材料

【范文】

××村推进社会主义新农村建设典型材料

我们××镇××村是一个以种养业为主的水乡小村，全村××个村民小组，×××户，××××千人，××××亩耕地面积；我们××村的村民是一群勤劳、踏实、奋进的农民，××××年全村农民人均纯收入达到了××××元；我们××村的经济和社会事业正在发展，村里有敬老院、卫生所，有×家企业、××来条客货运输的船队；我们××村的新农村建设已经起步，新建了村部，筹集了村道硬化资金。建设新农村，我们有信心，有干劲，也有体会。我们的体会主要是：

一、建设新农村，农民是主体

新农村建设，是我们农民自己的事业。××人为人性直、人情味浓，村内多年无一例上访闹事事件，无一人因违法受罚；××人上进心强、争先气足，村里历年“三不欠”，××××年那样的大灾之年还上交早稻60多万斤；××人民风好、热情高，村里的大小建设，都能积极参与，慷慨解囊。筹资修路，那么大的举措，也就20多天时间，便筹到资金××万多元。我们正是立足于这样坚实的群众基础，因势利导，广泛发动群众，迈出了新农村建设的第一步。就拿4月2日的新农村建设动员暨筹资募捐会来说吧，参加大会的村民达到了××××人，占全村总人数的71%；参与捐资的农户高达×××户，占全村农户的82%。他们中，不仅有学生、老人，还有五保户、残疾人。×组五保户×××，78岁高龄，无儿无女，听说村里筹资修路，他硬是不听村干部的再三劝阻，执意地表示众人不能剥夺他作为××人的一分子，倔强地从自己积攒多年的百岁钱中拿出了200元。×组村民×××，年过半百，体弱多病，爱人还是残疾人，腿脚行走不方便，算是村里条件最困难的户头，可她却是×组第一个捐钱的。这次筹资活动的成功，让我们深深地体会到：把群众发动做好了，把群众的积极性调动起来，群众就会一呼而应，工作就会事半功倍。因此，建设新农村，我们充满了信心。

二、建设新农村，规划必先行

成事在谋。××村这些年来产业结构的调整，村内企业的发展，集体经济的积累，公益事业的建设，无一不是全村干部党员和广大群众集思广益“谋”出来的。新农村建设更需要我们从长远着眼来谋划。年初，中央1号文件一出台，我们就召开了村支两委干部、部分老同志、老党员参加的座谈会，商议××村的新农村建设初步规划；随后，又召开了全村党员、群众代表大会，同全村老百姓商讨良策；同时，村干部还分头下到各组召开群众会，广泛征求意见和建议。为了把规划定好、定实，我们还向县里一些相关部门的领导讨教新农村建设的良策。这里，我要代表全村老百姓，感谢县农开办、水利局、交通局、林业局、科技局等单位的领导给我们××村新农村建设开出的良方、抓来的好药。特别感谢县人大×××主任对××村新农村建设的高度关注，他不仅亲自为我们出谋划策，还在百忙之中抽出时间，一周两次来××指导、宣传和发动。目前，我们××村的新农村建设规划蓝图已基本绘就，归纳起来就是通过3－5年的努力，做好三篇文章、办好五件实事。三篇文章，一是从发展水产养殖、杨树加工和水陆运输三大产业入手，做好增加农民收入这篇文章，实现农民人均纯收入保持两位数增长；二是从村道硬化、渠道硬化和改水三项基础设施配套建设入手，做好村级公益事业这篇文章，实现全村通水泥路、通水泥渠、通自来水；三是从村部、渠堤、林网、沼气四个建设入手，做好村庄总体规划这篇文章，实现村部“五室”配套、渠堤林网化、沼气入户。五件实事，一是筹资×××万元，硬化村道×千米；二是争取项目，疏通硬化绿化全村所有主干渠；三是进行田土平整，改造农田××××亩；四是修建沼气池，改水、改厨、改厕、改栏达到×××户；五是发展无线数字电视，入户率达到90%。这个新农村建设规划得到了全村农户的一致拥护，也得到了上级有关部门的大力支持。目前村部建设已经基本完成，村道硬化正在启动，其他项目都在争取之中，有些项目已经纳入了上级有关部门的计划笼子。在谋划新农村建设的过程中，我们深深地体会到：凡事须先谋而后动，没有谋就没有为。因此，建设新农村，我们下定了决心。

三、建设新农村，起步要扎实

万事开头难。要实现目标，完成任务，关键是如何起步。我们把村级道路这个目前群众最关注也是全村最急需解决的突出问题作为突破口，启动全村的新农村建设。通往村部的公路有×千米长，需要×××万元资金，村集体经济目前还没有现金积累，如果变卖还没有到砍伐期的几万根杨树无异于杀鸡取卵，实在不划算，何况往后还需要更多的资金投入其他基础设施建设。怎么办？世上无难事，只怕有心人。××村人杰地灵，英才辈出。改革开放以来，先后考出了30多名大学生，至今有60多人在外工作。××人中，既有不同层次的领导干部，也有旅居国外的企业家；既有在外发财的民营老板，也有本地冒尖的个体大户。只要得到他们的支持，××村的新农村建设第一步就会踏实，第一炮就能打响。为此，我们成立了村道硬化筹资理事会，由他们起草了《致外埠亲人的一封信》和《致全村父老乡亲的一封信》，分别发送给在外的××人和本村各农户，动员他们为家乡的新农村建设助一臂之力。家乡的企盼很快有了回应：×××，广东

××公司经理，××组人，听说家乡筹资修路，不远千里赶回家乡送来了1万元；×××，××米厂老板，××组人，接到家乡的信函，立马慷慨捐助1万元；县安监×××同志，虽然是工薪阶层，也从不多的积蓄中取出了1万元送到了村里的理事会。他们把对家乡的热爱之心、眷恋之情，化作实际行动，满腔热忱地支持家乡的建设，使我们××村的新农村建设迈开了一大步。通过这次实践，我们深深地体会到：只要开好头，起好步，新农村建设的目标就会离我们越来越近。因此，建设新农村，我们鼓足了干劲。

◇巾帼建功典型材料

【范文】

××市国税局城区分局女子办税服务厅先进事迹材料

这是一个团结的集体；

这是一个战斗的集体；

这是一个光荣的集体。

她们就是××市国税局城区分局女子办税服务厅，×名平均年龄在30岁左右的女税干，担负着××××多户企业及个体私营业户×亿税款的征收工作。几年来，她们以出色的工作，先后夺得“××省巾帼文明示范岗”、“××省国税系统文明建设先进单位”、“××市级青年文明号”、“××市国税系统最佳办税服务厅”等多项殊荣。

从我做起，从现在做起，从小事做起，勤政廉洁，务实创新的城区分局女子办税厅以特有的风采展示出人民税务员的本色。大厅创建伊始，以×××为负责人的大厅就向市局领导立下了“建一流大厅，建一流窗口，创一流管理，创一流服务”的军令状，向全系统喊出了“从我做起，向我看齐，廉政勤政，务实创新”的响亮口号，把开展巾帼文明示范岗，创文明行业，树国税新风作为一切工作的主线。船快靠帆，船转靠舵。×××是公认的好舵手，她在工作中不仅十分注意集思广益，充分调动大家的工作积极性，而且时时处处以身作则，率先垂范。有一位民营企业经理，在建厂和经营中，得到大厅积极帮助。出于感激，这位经理连续三次送来慰问品，都被她委婉地拒之门外。大到廉洁勤政，秉公办税，小到节假日值班。她不仅大事想在前，小事也干在先。主动加班对她来说已是家常便饭，每逢节假日，到大厅办税的纳税人都能看到她熟悉而忙碌的身影。领导的廉政勤政带动了大厅其他税干只讲奉献，不讲索取。据不完全统计，几年来，大厅女税干部们拒贿、拒请×××多次，礼金两万多元。每年加班累计超过××××小时。

投石静水动，竞争鱼龙跃。与时俱进的城区分局女子办税厅以革故鼎新的气魄，对学习、征管和服务进行大胆的改革，不仅改出了女税干的高素质，改出了管理的高水平，更改出了税收的高增长。早在××××年，她们就在全省国税系统较早实行了“岗位等级制度”，在厅内形成了“有为者有位”的良好竞争氛围。××××年，她们在全市国税系统第一个引进ISO质量管理体系，以纳税人满意为关注焦点，不断创新管理理念，提升管理水平。××××年，她们又积极探索试行了“星级管理”。她们还在没有现在经验可以学习借鉴的情况下，多次承担了省、市局新税收征管软件运行前的试点工作，无论是SBASE大型数据库，还是CTAIS上线攻坚战，她们都以敢为人先的勇气，边学边干，合力攻关，破解了一道又一道难题，为新软件在全省国税系统的全面推广提供了翔实的第一手资料。多年来，大厅的按期申报率、入库率和违章处罚率各项指标在××市国税系统始终保持第一。自××××年建厅以来，她们亲手组织的税款超过××个亿，占全局收入的68%；她们探索的“星级管理”，××××年7月作为典型经验，在全省国税系统“三基”建设经验交流会上作了典型交流。

梅花香自苦寒来，宝剑锋从磨砺出。为尽快提高自身的业务素质和计算机应用水平，她们在副局长×××的带领下，坚持在“学中干，干中学”，大力开展了人人都争当“政策通、业务精、熟练操作计算机的征管能手”活动，充分利用好工余时间刻苦钻研税收专业知识和计算机应用知识，不仅做到税收政策“一口清”，而且对辖区内的×××户一般纳税人的名称、经营项目、经营地址、月纳税额等全部熟记于心，办理纳税手续做到“快、准、细、严”，深受纳税人的好评。在上级局组织的计算机操作技能竞赛和优质服务竞赛中，多次夺得团体和个人第一。

哪家父母不爱自己的儿女，哪一个孩子不孝敬自己的双亲，在事业家庭两难全的情况下，她们毅然选择了前者。每月1到10日为征期，是大厅最为繁忙的时刻，为了不耽误工作，她们中有的常年带病坚持工作，有的不顾医生和同事的劝阻提前出院让丈夫用车子带着按时来上班，有的在亲人生病住院的情况下，只好忍痛割爱，找来亲戚帮助照料，而在忙完一天的工作之后，再利用早晚的休息间隙急匆匆地赶到医院探视病人，每当想起这些，她们心中都有一种说不出的内疚感。公家的事再小也是大事，个人的事再大也是小事。大厅的工作一定要走在最前列。凭着这样一种坚定的信念，她们创造了一个又一个让男税干也为之感叹的奇迹。（××市国税局纪检组长同期声：城区大厅是全市管户最多、任务最高、工作量最大的大厅，×名女税干部平均每年每人经手审核填写各种纳税资料达×万多份，开具的税票近××万张，却没有出现一起差错，这不能不说是一个奇迹。）

洒下多少份情，就代表多少颗心，情为民系，利为民谋——她们在提高服务水平上播下了艰辛，也收获了希望。近年来，她们坚持不断地优化办税环境，完善服务措施，拓宽服务渠道，加大工作力度，将巾帼文明创建活动推向一个更高的层次。她们先后在办税服务厅内推出了“一窗式服务”，征期内设立了“导税员”，实行“限时服务、延时服务”、“微笑服务”，并规定在任何情况下，都要做到对纳税人热情服务，做好耐心细致的解释工作，直到纳税人满意为止，为了确保此项服务措施真正落到实处，她们还专门设立了“委屈奖”；为了支持政府的再就业工程，她们还设立了“下岗职工再就业税收知识咨询台”，及时解答下岗再就业的有关税收优惠政策；征期过后，她们还坚持送税收政策到纳税人中间，对新开办企业的财会人员及时予以纳税辅导，她们还充分利用征期过后相对宽松的时间，为纳税人举办各类专业培训班，使他们能够及时了解到最新的税收和财会政策。（××利群购物广场财务科长同期声：今年“五一”前，我们公司有一批抵扣联必须手工录入，当时马上就要下班了，但是大厅没有一个人离开，一直忙活到晚上，我们很过意不去。我们觉得在这里办税的过程也是共享文明的过程，她们优质的服务使我们深深地体会到作为共和国纳税人的骄傲和自豪。）

情牵失学儿童，爱心奉献社会。她们在出色地完成好自己的本职工作的同时，还积极响应各级妇联组织的号召，投身于“争当社会妈妈”活动中来。她们伸出友爱的双手，集体资助了辖区内一位父母双亡、家境贫寒的失学女童，她们像对待自己的孩子一样关心这位失学女童的生活、学习和成长情况，给这个家庭燃起了新的希望。几年来，办税服务厅的女税干部们先后有××人次报名参加了无偿义务献血活动，共为社会各类公益事业捐款捐物折合人民币累计达两万多元。

榜样的力量是无穷的。近年来，在她们先进事迹的影响带动下，××市国税系统的各项工作都取得了长足进步，先后荣获了“全国税务系统先进集体”、“全国税务系统信息化建设先进单位”和“省级文明单位”等地级以上各类荣誉称号40多项。

长风破浪会有时，直挂云帆济沧海。奋进的战鼓已经擂响，与时俱进，总创一流的城区分局办税服务厅的女税干部们，在干事创业加快发展的巨大洪流中，搏风浪、闯激流，一定会谱写出更加辉煌灿烂的新华章！

第五章 竞聘、就职、述职、调动讲话稿写作

第一节 竞聘、就职讲话稿写作

一、竞聘、就职讲话稿写作概述

（一）竞聘讲话概述

1. 竞聘讲话的含义

竞聘讲话是竞聘者竞聘某一领导职位时，在特定的场合，面对特定的听众所发表的用以阐述竞聘优势及对被任职工作的设想和打算的讲话。

2. 竞聘讲话稿的写作技巧

（1）开头部分直奔“主题”

“开头部分直奔‘主题’”，是指竞聘演说词要开门见山地就把竞聘目标指向某一明确的岗位，告知大家自己竞聘的是哪一个具体的职位。

竞聘讲话稿开头部分由称谓、祈请语或致谢辞两个方面的内容构成。

①称谓。竞聘讲话稿大多用泛指性称谓，如“各位领导、各位同事”等。

②祈请语或致谢辞。在竞聘讲话稿的称谓后面宜用一两句礼节性的致谢辞作为正文的前置，并以引导入正题，以引起招聘者的好感。

（2）主体部分突出“主题”

①自然情况。简洁而翔实地介绍竞聘者的姓名、年龄、政治面貌、学历及专业、职务及职称、简历等情况。

②竞聘条件。这部分内容要阐明竞聘者凭什么理由和资格竞聘该职位，有什么超出其他竞聘者的优势，如经历方面的优势、学识水平方面的优势、综合素质方面的优势等。

③聘后设想。主要写竞聘者所设想的被聘任后的工作目标与措施。即根据所竞聘的职务和个人的具体情况，将就任以后的工作目标、主要设想、打算，包括拟采取的措施、办法以及要达到什么样的效果等集中进行表述。

（3）结尾部分升华“主题”

结尾也是竞聘讲话稿的重要组成部分。由于这部分内容是通篇演说的收束，故一定要写得简明扼要，自然贴切。好的结尾应语尽而意不尽，意近而旨远。用“点睛”之笔，在结尾部分来升华“主题”。

3. 竞聘讲话稿的写作要求

（1）气势要先声夺人

竞选演讲的一个重要特征就是具有竞争性，而竞争的实质，是争取听众，壮大己方支持者的队伍。而做到这一点的有效方法之一，就是在气势上“压倒”对手。作为竞选演讲者，要想获取竞选的成功，首先就应该有渊博的才识、浩然的正气、对党的事业和群众的事业无限热爱的感情。

（2）态度要真诚老实

竞聘讲话其实就是“毛遂自荐”。自荐，当然应该将自己优良的方面展示出来，让他人了解自己的才华。但要注意的是，在“展示”时，态度要真诚老实，有一分能力说一分能力。

（3）语言要简练有力

竞聘讲话虽是宣传自己的好时机，但也决不可为了全面“展示才华”而长篇累牍。应该学会用简练有力的语言把自己的思想表达出来。

（4）内心要充满自信

作为一个竞聘讲话者，自信是你成功的一半。当你充满自信时，你所撰写的竞选演讲稿，就会内容充实；当你充满自信时，你站在演讲台上，面对众人，就会从容不迫，就会以最好的心态来展示你自己。

（二）就职讲话稿概述

1. 就职讲话稿的概念

就职讲话稿是指新就任某种领导职务的干部，向其下属或其他特定对象发表见解，陈述观点，提出任期计划及奋斗目标时使用的文稿。

2. 就职讲话稿的写作要求

（1）态度要坦率真诚

就职讲话稿实际上是新任领导者对其下属的一种表态和承诺，其初衷和目的是要取得下属的信任和支持。因此，在撰写演讲稿时，态度一定要坦率真诚。

（2）内容预置有方，实事求是

所谓“内容预置”，是指讲话材料的内容根据“需要”预先设置好。同时，讲话者还要实事求是地、明确地提出自己任职期间的工作目标。因为当你明确地提出自己任职期间的工作目标之后，听众就会在心中给你记下笔账，并时时拿出来核对一番。

(3) 风格要朴实庄重

就职讲话是就职者极为严肃庄重的事情。因此，就职讲话在风格上一定要朴实庄重，多使用叙述的表达方式，并辅之以说明和议论的表达方式，而不用描写和抒情的表达方法。

二、竞聘、就职讲话稿写作范文

◇办公室主任竞聘演讲稿

【范文】

国税局办公室主任竞职演讲稿

各位领导、各位同事：

首先感谢局领导和各位同仁的信任和支持，给了我这个机会来参加竞职演讲。

采取竞争上岗产生中层领导干部的方式向全体职工传递了这样一个信息，那就是我局领导班子以人为本、锐意改革的创新精神和求发展、谋变革的决心。正是这种精神、这种决心，必将成就国家税务局明天无限的生机和活力。

站在台上，面对这么多的评委，面对这么多真诚而又鼓励的目光，我的心绪难以平静。今天，对于像我一样上台演说的同仁来说，不仅是一次展示自我、认识自己的机遇，更是一次相互学习交流、接受评判的机会。

我竞聘的岗位是办公室主任。我清楚地认识到，要成为一名合格的办公室主任不容易，他不仅是一位部门的负责人，同时又是一个单位的管家；不仅要有实干精神，还要善于谋略；不仅要熟悉税收业务，还需要有广博的知识；不仅要有高超的组织管理水平，而且还需要有良好的人际沟通能力。虽然，我也积累了不少经验，做了一些工作，但离领导的要求和全局职工的希望肯定有不少差距。××××年即将过去，回顾过去的一年，在局党组的正确领导下，我与办公室全体人员一起，紧紧围绕税收中心工作，尽心尽力地做好日常的各项事务工作，努力为业务科室、基层税务所的工作提供优良的服务；围绕全局改革和发展中出现的新情况、新问题，认真进行调查研究，为领导出主意、想办法、制规定，搞好协调，推进工作，积极发挥参谋助手和桥梁纽带作用。按照×××局长提出的新形势下税务系统办公室工作的总体要求，认真履行局领导赋予办公室的工作职责，保证全局各项工作的顺利开展。使办公室在全局工作中真正发挥了参谋助手、协调综合、审核把关、运转保障、督促检查的五大作用。这一年多的时间，办公室的工作实践使我深切地感受到，要做好工作，最重要的是能得到领导和同志们的理解、帮助和支持。在此，请容许我向你们表达我深深的谢意。随着征管改革和信息化建设的不断推进以及经济社会的飞速发展，国税工作面临着极大的发展机遇和更为严峻的考验。办公室作为领导机关的参谋部、信息库和智囊团，客观上要求办公室主任具有良好的素质。

假如本次竞争我能荣幸担任此职务，我的主要目标和工作思路概括为以下四个方面：

一是献计献策，当好“参谋员”。办公室作为联系上下左右、前后内外的桥梁，是各种信息的集散中心。如果我能当选办公室主任，我将积极主动地站在全局的角度思考问题，把握好全局的中心工作，为领导决策提供信息、出谋划策，当好“参谋员”。

二是立足本职，当好“服务员”。为领导服务是办公室主任义不容辞的职责，领导交办的事要不折不扣地完成，但是为领导服务的出发点和落脚点是为科室服务、为全局干部职工服务。因此，如果我能当选办公室主任，我一定会密切联系全体职工，积极倾听大家的呼声，了解和关心大家的需求，多干实实在在的事情，为大家当好“管家”，做一名合格的“服务员”。

三是搞好关系，当好“协调员”。办公室处于我局的枢纽位置，需要处理内部和外部的各种关系。如果我能当选办公室主任，我一定会注重团结，顾全大局，与办公室全体人员一起协调好各种关系，以确保我局工作的正常运转。

四是加强管理，当好“管理员”。办公室工作面宽事杂，只有加强管理才能保证工作宽而不推诿，杂而有序。如果我能当选办公室主任，我一定要努力提高管理水平，完善各项规章制度，切实改进工作方法，努力开拓创新，善于调动全体办公室人员的工作积极性和创造性，使办公室成为一个团结协作能战斗的集体。

当然，除了担当好“参谋员”、“服务员”、“协调员”和“管理员”的角色以外，作为一名合格的办公室主任，还必须具备无私奉献、吃苦耐劳的精神，要善于做一头忠诚的牛、老实的马、受气的羊、忙碌的骆驼；要像蜡烛一样，燃烧自己，照亮别人；像竹子一样，掏空自己，甘为人梯。要成为一名合格的办公室主任，还必须善于学习、勤于思考，除了提高政治理论水平以外，还必须不断学习吸收新的科技知识、宏观经济知识和税收专业知识，以丰富内涵，拓展视野。

我不想发出“给我一个支点，我来撬动整个地球”等一类的豪言壮语，因为我知道，我的能力和水平有限。但是我想表达一个愿望，“给我一个舞台，让我来为国税局的发展尽一份责任。”我深切地感受到，个人的希望已经与全局的命运联系在一起，作为一分子，无论在哪个工作岗位上，理应为它的发展奉献智慧和能力。在我亲眼目睹了它从小到大发展的历程，现在，随着开发区北进步伐的加快，局领导提出要在各项工作已上新台阶的基础上向更高的目标迈进，这一切更激发出我对税务工作的热爱和不断学习创新的热情，同时也将赋予我追求事业发展的执着和责任。

回顾自己的成长历程，我深深感谢各位领导、同志们对我的教育和帮助；感谢局领导教我怎样做人，怎样处事；感谢历任办公室领导为我打下良好的基础；感谢办公室全体成员对我工作的配合；感谢各兄弟科室和税务所的同志对我的大力支持。这些都将是我宝贵的政治财富、精神财富，都将使我终生受益，相伴永远。

我深信在座的每一位同仁也必定迎来更加美好的未来。朋友们，让我们一起风雨同舟，为国税局的美好明天而努力奋斗吧。

◇领导干部就职讲话稿

【范文】

××镇人民政府镇长就职讲话

各位代表、同志们：

今天，我当选为××镇人民政府镇长，这是人民代表和全镇人民对我的信任和重托。在此，向各位代表和全镇人民表示真诚的感谢！

在新的工作岗位上，我深感自己身上的责任与分量。我必将恪尽职守，不辱使命，励精图治，不负众望，认真履行人民赋予的权力，不遗余力地做好各项工作。

镇长的任期是有限的，但责任是无限的，我决心从今天开始，用三句话来书写自己的任职档案：

一是把维护人民群众利益作为一切工作的出发点和立足点。镇长是人民代表选出来的，为人民服务就是镇长的天职，要带着对人民的深厚感情去工作，努力做到权为民所用，情为民所系，利为民所谋，立党为公，执政为民，关注弱势群体，为老百姓办实事，解难题，谋福利，把自己的全部力量和才智献给××人民的事业。

二是以经济建设为中心，千方百计促进经济和社会事业全面发展。镇长和政府的工作说到底就是七个字："落实、落实、再落实"，就是落实镇党委的决策。我决心和镇政府班子一道，在以×××同志为班长的镇党委领导下，在镇人大、政协的监督支持下，紧紧依靠全镇人民群众，围绕"创现代化强镇，建生态型××"的总体目标，坚持以人为本，突出抓好三农问题、工业强镇和城乡一体化等三个方面的工作，为确保本次大会通过的经济发展总体目标而努力奋斗。

三是建设一个服务型的政府领导班子，进一步优化发展环境。我作为镇主要领导之一，将身体力行，率先垂范，努力实践“执政成本经济型、机关办事效率型、政策措施效果型”的执政理念，团结和带领政府班子成员，认真担负起全面建设小康社会的领导责任和历史使命。

当前，××镇政通人和，正面临一个解放思想、干事创业、加快发展的大好机遇，我相信，有镇党委的坚强领导，有镇三套班子、老领导、老同志、全体代表和全镇人民的支持、配合和监督，有历届政府打下的良好的经济发展平台，××人民有能力建设一个更加开放、富裕、美丽的新××！

谢谢大家！

第二节　述职、调动讲话稿写作

一、述职、调动讲话稿写作概述

（一）述职报告概述

1. 述职报告的含义

述职报告是指国家工作人员就一个阶段的任职情况，向有关部门及领导、群众做出全面说明的一种文体形式。

述职报告的撰写和提交，是管理和考核干部的重要方式之一。对于相关工作人员来说，撰写述职报告，可对自己的任职情况加以回顾和反思，有利于自审和提高，也有利于改进工作；对于一个单位或部门来说，要求领导干部提出述职报告，利于考核干部，也便于群众民主监督。

2. 述职报告的应用范围

述职报告可以说是工作报告中的总结性报告。总结性报告多用于提交大会进行讨论，如各级政府向同级人民代表大会所作的“政府工作报告”。正文结构有基本情况、成绩经验、教训不足和今后计划等部分。述职报告要对已经做过的工作进行全面的回顾，包括做过些什么工作，达到了预定的目标没有，达到了目的后有什么样的经验值得以后借鉴，如果没有完成预期的目标那么又是什么原因造成的，今后有什么打算。

3. 述职报告的分类

述职报告的分类，可以从几个不同的角度进行划分，因而存在着交叉现象。

（1）从内容上划分：

①综合性述职报告：是指报告内容对一个时期所做工作的全面、综合的

反映。

②专题性述职报告：是指报告内容对某一方面的工作的专题反映。

③单项工作述职报告：是指报告内容对某项具体工作的汇报。这往往是临时性的工作，又是专项性的工作。

（2）从时间上划分：

①任期述职报告：是指对任现职以来的总体工作进行报告。一般来说，时间较长，涉及面较广，要写出一届任期的情况。

②年度述职报告：是一年一度的述职报告，写本年度的履职情况。

③临时性述职报告：是指担任某一临时性的职务，写出其任职情况。比如，负责了一期的招生工作，或主持了一项科学实验，或组织了一项体育竞赛，写出其履职情况。

（3）从对象上划分：

①向本地区、本单位、本市的群众述职报告：是指需要向本选区选民述职，或向本单位、本部门职工群众述职，用口语化的语言写成的述职报告。

②向上级领导机关述职报告：是指向上级领导机关或人事部门报告的书面述职报告。

4. 述职报告的写作要求

（1）充分反映自己在任期内的工作实绩和问题。述职是民主考评干部的重要一环，也是干部自觉接受组织和群众监督的一种有效形式。干部作述职报告，是为了让组织和群众了解和掌握干部德才状况和履行职责的情况。

（2）实事求是地评价自己。

①处理好成绩和问题的关系。就是理直气壮摆成绩，诚恳大胆讲失误。

②处理好集体与个人的关系。不能把集体之功归于个人，也不要抹杀了个人的作用，分清个人实绩和集体实绩。

（3）要抓住重点，突出个性。抓住带有影响性、全局性的主要工作，对有创造性、开拓性的特色工作重点着笔，力求详尽具体。对日常性、一般性、事务性工作表述要尽量简洁，略作介绍即可。

述职报告通常由标题、署名和正文几个部分构成。

①标题。述职报告的标题有单标题和双标题之分。单标题一般为“述职报告”，也可以在“述职报告”前面加上任职时间和所任职务。双标题是由正标题和副标题组成的，副标题的前面加破折号。正标题是对述职内容的高度概括，副标题与单标题的构成大体相似。

②正文。由导言、主体和结尾三个部分组成。

A. 导言。包括两方面内容：一是任职介绍，说明自己的任职时间、担任职务和主要职责，简要交代述职的内容和范围；二是任职评价，扼要介绍任职以来的工作情况。这一部分应力求简洁明了。

B. 主体。这是述职报告的核心，主要陈述履行职务的情况，包括三个方面的内容：一是任职期间的任务完成情况，取得的主要工作成绩；二是存在的问题及经验教训；三是今后工作的努力方向、目标或打算。

C. 结尾。一般要求用格式化的习惯语来结束全文，采用谦逊式结尾、总结归纳式结尾或表决心式结尾等形式。

③落款。在正文之后，标明述职人所在单位的全称，述职人本人的职务、姓名；写明述职日期。如果在标题之下已说明，此部分可略去。

5. 写作述职报告应注意的问题

（1）要实事求是，切忌华而不实。述职报告一定要讲真话，讲实话，讲心里话。无论称职与否，都要与事实相符，既不要自吹自擂，也不要过分谦虚。述职报告一般要当众宣读，一些同志为了顾面子，获取领导和群众的好感，对自己的工作成绩大肆渲染，夸大其词，只讲自己的优点和所取得的成绩，对工作中存在的问题和不足采取回避态度。其实，任何人无论做什么工作，即使非常尽职尽责，缺点、错误也不可避免。而且，每个人所取得的成绩并非一己之功，是全体同仁密切配合、共同努力的结果。

（2）要突出重点，切忌报流水账。平时的工作材料是琐碎的、分散的、零星的，述职者在动笔之前，要对材料进行筛选和整理，选择主要工作，抓住主要政绩来写，不要事无巨细，一概罗列。

（3）要情理相宜，切忌考虑个人。述职报告在叙事说事过程中，要有适当的感情色彩。但是个人情感不要融入过多，以免造成不良影响。述职者要对自己以往所从事的工作进行归纳、概括、提炼，围绕履行职责的实际情况进行认真、全面的反思，肯定成绩，找出差距。要与群众面对面地交流，以坦诚的胸怀虚心听取各方面的意见。特别是工作中群众反应较大、意见较为突出的问题。另外，述职报告要如实阐述群众的反映，面对事实，将自己的真实想法公之于众，这样群众会感到亲切，而且也加深了群众对自己的理解和信任。

（4）要语言朴实，切忌虚饰浮夸。述职者要有驾驭语言的能力，崇尚朴实，给听众以豁然开朗的感觉。朴实之美历来备受人们推崇。在述职时，用朴实的语言叙事说理，不仅缩短了与群众的距离，也密切了和群众的关系。

6. 述职报告的写作要领

（1）个人性。据实议义，运用画龙点睛式的议论，提出主题，写明层义。摆事实，讲道理；事实是主要的，议论是必要的。一定要说自己做的事和与自己有关的事。

（2）规律性。对汇集的事实、数据、材料等进行认真的归类、整理、分析、研究。通过这一过程，从中总结出带有普遍性的规律，得出公正的评价议论，即主题和层义以及众多小观点（包括对经验和规律的思想认识）。

（3）通俗性。形式应活泼，结构可不拘一格，语言应简明顺畅，内容要为对象所认同、所理解。

（4）艺术性。艺术性，一般表现在口语化、感情化、个性化的语言上。语言应生活化、口语化、大众化。句子应尽量短，并注意长短交叉合理，慎用文语，少用单音词，不可随便用简略语。

7. 述职报告的写作技巧

（1）标准要清楚。围绕岗位职责和任务目标来讲述自己的工作，尤其要体现出个人的作用，不能写成工作总结。

（2）内容要客观。必须实事求是、客观实在、全面准确。

（3）个性要鲜明。不同的岗位，有着不同的职责要求，即使是相同的岗位，因个性差异，其工作方法、工作业绩也不相同。

（4）语言要庄重。行文语言要朴实，评价要中肯，措辞要严谨，语气要谦恭，尽量以陈述为主，也可写一些工作的感想和启示，但不可添加描写、抒情，更不能使用夸张的语言。

（二）离职、调动讲话概述

1. 离职、调动讲话的概念

离职、调动讲话，是指领导干部在工作调动或任职届满、离退休时，在原单位全体同志欢送会上发表的离职告别讲话。

2. 离职、调动讲话稿的写作要求

（1）开头部分。阐明即将离任（调动）的心情，或说明离职的原因，并感谢大家对自己的信任和支持。

（2）正文部分。总结成绩要实事求是，回顾失误要敢于承担；表示谢意要诚挚，提出希望要热切，语言表达要自然、真切，富有感情色彩。

（3）结尾部分。表达对原任职单位的深切希望和美好的祝愿，向大家再次表示感谢。

二、述职、调动讲话稿写作范文

◇乡长述职报告

【范文】

××乡副乡长述职报告

××××年××月，我任××乡党委副书记，并于当月当选为常务副乡长。在新的岗位上工作近两年时间了，现将履行职责和廉洁自律的情况向组织汇报。

一、履行职责的情况

新的工作岗位就面临着新的课题。受命以来，我始终用“谦虚谨慎，加强学习，掌握情况，研究对策，进入角色，不辱使命”要求自己，通过进村入户调查研究，通过向长期从事基层机关工作的领导和同志学习，在同志们的真诚帮助下我很快地适应了本职工作。

（一）协助书记做好机关工作，认真扮演党委副书记角色。

1. 到岗半个月以内，我便在书记带领下深入全乡8个村及乡直各单位，比较全面地了解全乡经济社会发展和干部队伍的基本情况，为确立建设“特色小村”的经济发展思路、“文明小村”的社会发展思路建言献策。

2. 与党委班子成员一道协助书记进一步完善了“以村为主，集中坐班，轮流值班，分片负责，限时解答，责任到人”的村级组织工作规范和管理考核方案，并参与组织拟定《村级工作规范》。

3. 积极建言献策，制定了××乡干部管理办法，协助书记做好干部管理工作。

4. 经常性地与干部、班子成员交心谈心，协助书记做好干部的政治思想工作。

5. 积极参与，与党委班子成员做好先进性教育活动工作。

总之，作为党委副书记，我的原则是一般问题不推向书记，重大问题先请示书记，特大及决策性的问题建议集体讨论决策并由书记拍板。

（二）协助乡长，做好政府日常工作，履行好常务副乡长职责。

1. 在认真调查研究的基础上，与全体班子成员一道，协助乡长拟定政府工作报告，比较科学地安排年度工作及中长期发展规划。

2. 在广泛征求意见的基础上，与全体班子成员一道协助乡长确立了“以特色资源为载体，以工业化理念谋划农业，促进工农良性互动，建设生态工业园乡”的工业经济发展思路。

3. 为了推介小村，在广泛征求意见的基础上确定了“茶乡、药库、竹海、漆林”的××名片语言。

4. 根据××实际，提出了建设和谐××，必须采取“红色（旅游）、绿色（特产资源）、黑色（以路网为重点的基础设施）、白色（以××××为标志的文明新村）”四大措施。

5. 抓节支工作，加强政府日常管理。拟定了××乡财务管理办法，确保了工作正常运转，广辟财源，与乡长一道与各单位联系，争取各单位的大力支持。

6. 抓财政收入。加强税源调查及强化征管，力争做到颗粒归仓。

7. 狠抓结构调整，培植后续财源。

8. 狠抓龙头企业建设，重点扶持×或×个企业，达到规模以上水平。

9. 狠抓基础设施建设及实事办理。目前，任务内水泥路进展顺利，流域治理工程已经完成，集镇街道建设即将完工，其他实事正在紧张办理。

总之，我当常务副乡长的基本思路是：“独立思考，积极建议，绝对服从，果断决策”。全面履行“副”这个字，准确到位“常务”这两个字，在领导全乡经济社会发展这幕大戏中，力争做到自己的角色“不错位，不缺位，不越位”。因此，在全体班子成员的共同努力下，近几年的工作得到各界的肯定。

二、廉洁自律的基本情况

（一）乡里出台了财务管理制度，原则上不在外就餐，不租车。如有特殊情况，由办公室统一处理，从源头上管住了干部，也管住了自己。

（二）明确宣布，无论是谁出差都不搞补助，缩小了干部与领导的待遇差距。

（三）在经费审批中一视同仁，不搞特殊化。

（四）个人不讲排场。

（五）敢于负责。

（六）没有参与各类老板的吃请，也没有受贿行为。

◇镇长述职报告

【范文】

××镇副镇长述职报告

各位领导、各位同志：

在××××年××月份，经中共××乡党委换届和××××年××月××镇政府换届中，本人有幸当选中共××镇党委委员和××镇人民政府副镇长。在县委、县人民政府及镇党委、政府的正确领导下，本人始终坚持马列主义、毛泽东思想、邓小平理论，以“三个代表”重要思想作为自己的行动指南，坚决贯彻执行党和国家的路线、方针、政策，团结班子成员，和班子成员一起认真落实上级党委、政府安排的各项工作。严格要求自己，始终与党委保持高度一致，树立“立党为公、执政为民”的思想，以群众利益作为自己工作的重心，认真为群众排忧解难，解决群众中热点、难点问题，为群众办好事、办实事，保持艰苦奋斗、自力更生的优良传统作风，把改变××镇贫困面貌作为工作的出发点，带领××人民同贫穷作斗争。通过努力，较好地完成各项工作任务，得到全镇人民群众的信任和上级领导的肯定，现将本人主抓的工作汇报如下：

一、加强政治、理论、业务学习，牢固树立全心全意为人民服务的思想

从一般干部到镇党委委员、镇人民政府副镇长，我深感肩上的责任重大和自身知识的贫乏，为了弥补自身的不足，我经常利用业余时间学习党的理论、方针、政策，学习马列主义、毛泽东思想、邓小平理论、“三个代表”重要思想、十六大会议精神，积极参加省、州、县组织的各种学习。先后两次参加省、州两级组织的贫困地区的扶贫开发业务学习，两次参加州组织部组织的乡镇企业学习培训，还参加县委组织部和县有关单位组织开展的各种学习培训和镇班子内部组织的学习活动。

通过学习，使我自己能够把握住正确的政治方向、思想方向，提高自身的政治鉴别力和政治敏锐感，能够辨明是非，政治立场坚定，政治上和思想上始终与党中央、省、州、县委、县政府及镇党委、镇政府保持一致，通过学习，思想认识得到了一定的提高，树立了自己正确的世界观、人生观和价值观，把全心全意为人民服务、甘当人民公仆作为自己的唯一宗旨，牢固树立全心全意为人民服务的思想，为开展各项工作指明了方向和提供了精神动力。

二、正确把握工作思路和工作方法

××镇是一个农业大镇，全镇人口多，面积大，底子薄，贫困面积大，全镇××个行政村中，一类重点扶贫村有×个，二类重点扶贫村有×个，且大部分是深山区、石山区，但××也有很大的发展潜力和发展空间。在工作中，我紧紧围绕以经济建设为中心、农民增收为主题、发展才是硬道理这个思想来开展工作，不断完善工作方法，规范工作作风，在工作中，我始终坚持以下几个原则：

1. 坚持党的路线的原则。我始终认真学习并把握党的路线、方针、政策，坚持“一个中心、两个基本点”的基本路线，用邓小平理论和“三个代表”重要思想来武装自己的头脑，在政治上、思想上和行动上与上级党委、政府保持高度一致。

2. 坚持实事求是的原则。历史证明，坚持实事求是的原则，是兴旺繁荣的根本保证，在制定经济发展和扶贫开发规划、处理问题时，我都遵循实事求是的

原则，从镇情、村情、寨情的实际出发，不唯书、不唯上，只唯实，不吹浮夸风，做到集思广益，综合考虑。

3. 坚持群众路线的原则。在工作中，我虚心听取干部、群众的意见和建议，深入实际，认真调查研究，不断修正和完善自己的工作方法，坚持把群众拥护不拥护、赞成不赞成、高兴不高兴、答应不答应作为我的一切工作的出发点和宗旨。

三、工作开展和完成情况

1. 扶贫开发工作。(略)

2. 农业生产方面。(略)

3. 退耕还林工作。(略)

4. 水利工作。(略)

四、存在的问题和今后努力的方向

经过两年多的工作，自己还存在以下几个方面的不足：一是业务学习不够足，业务能力不够强；二是抓中心工作过多，向上跑项目少，不能为全镇多引进一些好的项目；三是工作方法过于简单，主动性不够，仅局限于完成上级交办的工作任务，没有大胆创新。针对自身的不足，在今后的工作中，我会不断加强学习，学习党的理论、方针、政策，不断提高自己的政治、思想素质，认真学习业务知识，加强自己的业务能力，还要利用一切可以利用的有利因素，积极向上级争取更多适合我镇实际情况的好项目，努力为群众办好事、办实事，不断使全镇群众增钱增粮，逐步提高他们的生活水平。

各位领导，同志们，本届党委任期将满，无论今后我从事何职务，我都坚决服从上级的安排，并竭力把工作开展好，由于本人的能力和经验有限，工作完成情况离上级和组织的要求还有一定的差距。在今后的工作中，我将用共产党员的标准严格要求自己，加强学习，发扬优点，克服自身的缺点，以更加饱满的精神状态和更高昂的工作热情投入到工作中，以报答组织对我的期望。

以上述职，如有不当，请给予批评指正。

◇主任述职报告

【范文】

××县政府办公室副主任述职报告

××××年××月根据组织安排，我任县政府办副主任、××××中心副主任、××××宾馆经理，主要职责是协助主任分管接待服务、后勤管理和综合协调等工作。任职以来，在县政府及办公室领导的正确领导下，在各位同志的密切配合下，爱岗敬业，恪尽职守，作风务实，思想坚定，充分发挥岗位职能，以服务领导、服务群众为目标，开拓创新、埋头苦干，圆满完成了领导交办的各项工作任务，为保持县政府各项工作高效运转做出了应有的贡献。现将任职以来的工作开展情况述职如下：

一、政治学习

本人始终把加强理论学习作为提高自身素质、履行好工作职责的重要途径来抓，除积极参加办公室集体组织的学习外，坚持挤时间，抽空自学，特别是结合去年保持共产党员先进性教育活动，重点学习了“三个代表”重要思想，党的十六大和十六届五中、六中全会精神、关于树立科学发展观，构建和谐社会等方面的理论知识，切实加强对法律法规、市场经济、科技文化等知识的学习。学习中，认真整理学习笔记，撰写心得体会，积极参加各类专题学习活动，坚持理论学习与分管工作相结合，与推动当前工作相结合，努力在学深、学细、学透上下功夫，在掌握理论的科学体系和精神实质上下功夫。通过向领导学、向同事学、向实践学，不仅加深了对党的路线方针政策的理解，增强了政治意识、责任意识和大局意识，更重要的是把理论知识转化成了自己科学的世界观、人生观、价值观，成为了自己观察事物、判断形势、解决问题、推动工作的有利武器，有效地提高了自身的理论素养和领导水平，为更好地开展工作奠定了坚实的基础。

二、德才表现

（一）政治立场坚定，思想素质好。本人能坚持四项基本原则，政治上、思想上、行动上能够时刻同党中央保持一致，贯彻执行党的路线方针政策坚决认真。能够坚持不懈地加强政治理论学习和党性锻炼，有较强的政治敏锐性和政治鉴别力。我作为县宾馆经理，在商品经济的大潮中，能够时时处处用一个共产党员的标准严格要求自己，不断加强思想作风建设，牢固树立为人民服务的思想，自觉抵制各种腐朽思想的侵袭，做到了坚持原则，公道正派，廉洁奉公，不以权谋私，无违法违纪行为，在干部、同事和群众中树立良好的形象。工作中能认认真真履行工作职责，尽心尽力搞好上下服务，不投机取巧、欺上瞒下，不给领导工作添麻烦，不给部门工作设障碍，更不假借政府领导的名义办私事。

（二）勤政务实，有较强的事业心和责任感。根据分工，我以后勤及接待工作为主，在工作中以“勤奋”和“求实”为自己的工作准则，脚踏实地，真抓实干，讲求实效。接待工作是政府的窗口，接待工作出形象、出效益。办公室在全体干部职工中树立了人人代表政府形象，个个都是发展窗口的理念，制定了《接待工作管理办法》，进一步规范了接待工作程序，做到职责分明，事务清晰，急而有序，杂而不乱。我们遵循“热情、周到、安全、高效、廉洁”的原则，对客人，做到既热情又不浪费，既丰盛又不铺张。同时，注重接待服从于经济工作、政治工作，在接待过程中，紧紧围绕经济建设这个中心，接待工作实现了由传统型向现代型、由事务型向综合型、由被动型向主动型三个转变，发挥了桥梁与纽带作用。今年我们共接待来宾×××××人次，其中自治州级大型会议××次，共××人次，县级大型会议××次，接待百人以上大型旅游团队××个，共××××人次，外宾×××人次。接待工作获得客人们的赞许和肯定。

（三）工作思路清晰，有较强的组织协调能力。一是讲究工作方法，有较好群众基础。在班子中，我能自觉摆正位置，当好“班长”的助手，并主动配合其他副职共同搞好工作；在与职工交往中，既重视加强对职工的严格教育管理，又注意发挥下属的作用，帮助办公室其他同志提高分析问题、解决问题的能力，提倡换位思考多理解，交心谈心多了解，互相尊重多谅解，从而与他们形成了平等相处、坦诚相待的关系，有效地促进工作的顺利开展。同时，在日常工作中，无论任务有多重，时间有多紧，我都要分阶段地对自己的工作进行反思，进行理性思考，总结哪些是成功的，哪些是不成功的，哪些应及时改进，这样举一反三，不断提高自己的工作能力和水平。二是思路清晰，有开拓创新精神。我自任副主任以来，先后直接组织或参与了不少的中心工作。对所参与的活动，能主动提出自己的见解，积极配合搞好工作；对牵头组织的活动，能认真研究工作意见和方案，周密安排部署，精心组织实施。工作能够早预早办，雷厉风行，既讲效率，又讲质量，能坚持以改革的精神积极研究解决工作中遇到的新情况、新问题，创造性地开展工作。

（四）自律较高，党性较强。我无论是在工作上还是生活中都十分注重自己的党性修养和情操的陶冶，能自觉用共产党员和领导干部的标准严格要求自己，时刻做到自重、自省、自警、自励，要求别人做到的，自己首先做到，要求别人不做的，自己坚决不做，严格遵守领导干部廉洁自律的有关要求。

三、存在的问题

过去的一年，我做了一些工作，也取得了一些成绩，这是领导重视和办公室全体干部职工共同努力的结果。但是我深知，我进入办公室时间比较短，与上级要求和群众愿望还有一定差距。

一是理论学习的深度、广度不够，参谋助手作用有待加强。

二是深入基层调查研究不够，掌握第一手材料不足，与基层联系有待加强。

三是创造性开展工作欠缺，服务领导、服务基层、服务群众的水平有待提高。在今后的工作中，我决心再接再厉，自我加压，与时俱进，开拓创新，努力把各项工作往深里做，往实里做，为确保县政府各项工作高效运转、推动全县经济社会和谐健康发展做出自己应有的贡献。

◇局长年度述职报告

【范文】

××县工商局长××××年度述职报告

××××年以来，我始终坚持“以人为本、立足本职、求真务实、改革创新”的理念和作风，凝聚和团结分局一班人，以群众满意和社会满意为衡量我们工作的一把尺子，以队伍建设和党风廉政建设为基础，依法行政，切实履行监管职能，服从于县局及当地党委政府的领导，服务于地方经济的建设和发展，较好地完成了各项工作任务，实现了全面发展，稳中求进的目标。现将我一年来的工作、思想情况做如下述职。

一、抓党风廉政建设，提高队伍依法廉洁从政的意识

今年以来，我抓住“机关效能建设”和“保持共产党员先进性学习教育活动”的契机，扎实认真地学习，深刻领会精神实质，并从自己身上找原因，弥补不足，虚心听取群众的意见和建议，与党组织保持一致，从而树立正确的权力观、地位观、利益观和执政为民、廉洁奉公、求真务实的理念。

针对分局人员多，思想复杂，加之现行体制不完善，经费和待遇保障难于到位的情况，如何统一思想，步调一致，稳中求进最为关键，我与班子成员齐心协力，共谋发展，主要从以下几个方面入手。

一是加强机构建设和制度建设，把党廉工作和队伍建设工作当作分局第一要务来抓，成立了党风廉政建设领导小组，制定了党风廉政建设责任制，分局与各管理片、分局与干部职工签订了党风廉政建设责任状，明确了目标及责任。

二是认真开展职务犯罪预防工作，建立长效监督机制，防微杜渐，用身边的事例教育警示大家遵纪守法、禁踏红线。严格落实禁令，加强对各片组明察暗访的力度，发现问题及时督促整改，有效地减少违规违纪行为的发生。

三是认真开展机关效能建设活动。大力开展对分局干部职工的宗旨观和政绩观、改革观和发展观、民主观和法制观以及诚信观的教育，规范了行政办事程序，完善了制度建设，严肃了工作纪律，重点对“政令不畅、作风不实、效率不高、效能不佳、服务不优、行为不端”五个方面的行为进行自查自纠，并进行了整改和提高。

四是结合保持共产党员先进性学习教育活动，促进了分局支部党建工作，强化了分局党员的宗旨观念和服务意识，充分发挥了党员弘扬正气、爱岗敬业的先进模范带头作用。

二、求真务实，开拓创新、确保分局工作全面发展

1. 改革创新，设立“三所（站）一室”的新模式。××分局人员多、管理范围大、目标任务重，为了确实扭转工作目标及责任不明确、管理“死角”多、工作被动、职能重复这一局面，我与分局班子成员在总结近几年来改革经验和做法的基础上，大胆提出“三所一室”的构想，并报请县局通过实施。由县局直接对各所室划分工作范围、业务范围和下达经济指标，各管理所经费实行单独核算，各管理所负责辖区范围内的各项工商行政管理工作，综合办公室负责各项业务工作的指导、汇总、上报工作。分局制定了行政办事程序并与各管理所签订党风廉政建设、计划生育、社会治安综合治理、安全生产责任书，这样就形成了分层管理、层层负责的监管新模式。责、权、利的高度明确和细化极大地调动了广大干部职工的主观能动性的工作积极性，各所之间、各片组之间形成争先赶超的良好局面。

2. 全面推行辖区管理责任制。为促进监管职能到位，提高市场监管的科学化和规范化水平，分局按照县局的要求和部署，认真全面落实了辖区管理责任制。将管辖区域划分片组、责任到人，分局与各片管人员签订了“辖区管理责任书”，严格执行层级负责制，对片管人员的职责、工作措施、工作方法做了明确具体的规定，为片管人员提供了日常监管的标尺和准则。各片管人员与辖区经营户及相关单位签订了“食品安全责任书”、“红盾护农责任书”、“共同治理校园周边环境责任书”。分局还定期不定期对片管人员履行职责情况进行检查、通报和督办。

3. 切实履行市场监管职能。分局整合力量对辖区无照经营行为、校园周边环境、农资农具市场、生猪屠宰市场、水路交通运输市场、黄金周节日市场进行了专项清理；开展了流通领域食品安全监管、红盾护农、红盾护花等专项行动；对非煤矿山、化学危险品、网吧、旅店、娱乐等涉安涉危行业进行了治理；开展了“12315”维权网络“三进”工作。通过这些专项治理，辖区内市场秩序明显好转，人民群众及消费者的切身利益得到了保障，通过这些专项治理，也拓宽了我们的监管领域，发现了新的案源，实现了职能的转变。

4. 配合当地党委政府的中心工作。服从党委政府的中心工作，服务于地方经济建设是我本人及分局的一个主题工作。我与班子成员注重加强与××镇党委政府的联系和沟通，积极参与党委政府组织的专项治理工作，做到大事多请示、工作多汇报，争取党委政府对工商工作的理解和支持。

三、廉洁自律，自我加压，提升自身形象

作为一个单位领导，手中握有一定的权力，如何正确行使这些权利，如何树立良好的威信，这些一直是我认真思考、谨慎行为的问题。“其身正，不令则行”，所以无论在思想和行动上我都对自己高标准、严要求，要求别人做到的，自己先做到，率先垂范，带头执行，努力提升自己的人格魅力。我严格遵守各项

工作纪律和工作制度，带头执行系统禁令，不接受管理对象的吃喝宴请，不收受管理对象的礼物，不以权谋私，严格规范自身的行政行为。注重与班子成员之间的沟通和交流，以诚相待，以心换心，充分发扬民主，不耍权威、不搞特权，增强班子凝聚力和权威性。在内部管理上，严格按制度办事，一个标准、一把尺子到底，一视同仁，不厚此薄彼，不搞特殊。在生活上关心同志疾苦，最大限度地为干部职工谋取正当利益，解决他们生活和工作上的实际困难。在财务管理上，能严肃财经纪律和财务制度，严格遵守“收支两条线”，不私设“小金库”，没有违纪违规开支现象的发生。

◇领导干部离职、调动讲话稿

【范文】

总是夕阳无限红

——在离退休人员座谈会上的讲话

各位尊敬的老同志：

今天，我们把各位请来，在这里举行座谈会，主要是对大家即将离退职休养表示欢送。

记得有人说过：童年是一幅画，少年是一个梦，青年是一首诗，中年是一篇散文，老年是一部哲学。由此，我衷心地祝贺各位老同志步入了哲学家的行列，并表示真诚的敬意！

在过去的岁月中，各位老同志为了我们学校的建设，呕心沥血，任劳任怨，洒下了辛勤的汗水，作出了无私的奉献。从你们身上，我们学到了“不要人夸颜色好，只留清气满乾坤”的高尚品格；学到了“为伊消得人憔悴，衣带渐宽终不悔”的敬业精神；学到了“精诚所至，金石为开”的待人哲学；学到了“契机而运，拙法成巧”的处世艺术。我们为有你们这样的老同志而感到自豪！

各位因为年老而即将光荣地离开自己的工作岗位，其实，年老更意味着经验和智慧、彻悟和超脱；更意味着人情练达和世事洞明。只要老骥志在千里，总是夕阳无限好！我坚信：有全体在职人员的勤奋开拓和努力进取，有各位老同志的支持，我们学校的明天一定更加辉煌！

最后，由衷地祝愿各位老同志身体健康，心情愉快，福如东海，寿比南山；祝愿城居者“心远地自偏”，乡居者“悠然见南山”！

谢谢大家！谢谢！

第三编

办公室会议类文书写作

第一章　会议预备通知、会议方案、会议记录的写作

第一节　会议预备通知

一、会议预备通知概述

1. 会议预备通知的概念

会议预备通知是通知中较为特殊的一种类型。行政机关在召开某些重大会议时，需要在正式会议召开之前让参加会议的所属单位或个人做一些准备工作，而这些准备工作，工作量较大，需要较长时间才能完成时，常使用这一文体。

会议预备通知属于一种"预备通知"，与预备会议的通知不同，后者属于一般性的通知。

2. 会议预备通知的基本构成

会议预备通知由标题、正文和落款三部分构成：

（1）标题

由发文机关、事由和文种类别"预备通知"字样组成，一般不宜省略，特别是"预备"二字要标明，以示与其他类型的通知相区别。

（2）正文

预备通知的正文，开头也是受文单位，顶格列出；其次写发文目的；再接下去写通知事项。通知的具体事项可分条陈述。

会议预备通知的内容是会前受文单位需要准备的事项，会议的程序和内容不应列入，未列入的内容应在正文结束处用"将另行通知"字样交代清楚。如有"登记表"、"名额分配表"之类的附件材料，也应在正文中有所交代，附在通知后面。

（3）落款

落款处签署发文机关和日期。

二、会议预备通知的写作范文

◇会议预备通知

【范文】

关于召开乡镇企业工作会议的预备通知

各县区委、人民政府，市直各单位，军分区：

为使我市乡镇企业在治理整顿中继续稳定健康发展，市委、市政府拟在×月底×月初召开全市乡镇企业工作会议。现将有关事项通知如下：

一、会议目的：这次会议重点研究讨论我市乡镇企业当前面临的新情况、新问题，总结交流经验，统一思想认识，研究部署进一步推动我市乡镇企业持续稳步发展的措施和意见。

二、总结交流的重点着重围绕以下五个方面：

（1）如何按照国家的产业政策和市场需求，合理调整产业、产品结构。

（2）怎样解决好“半拉子”工程问题。

（3）如何解决好目前乡镇企业面临的资金短缺、原材料紧张、能源不足等方面的实际问题。

（4）如何进一步深化企业改革，推进科技进步，强化企业管理，提高经济效益。

（5）如何正确处理农业和乡镇企业的关系，加强乡镇企业的领导，做到互相促进、协调发展。

三、参加人员：各县区（场）党委书记或县区（场）长、乡镇企业局长，每一个县区一名乡（镇）书记或乡（镇）长、一名企业厂长（经理），市直有关部门负责人。

望各地按照上述通知要求，组织力量，认真搞好调查研究，做好会前准备。会议的具体时间、地点另行通知。

中共××市委办公室
××市人民政府办公室
××××年××月××日

第二节　会议方案

一、会议方案概述

1. 会议方案的概念

会议方案是召开大中型会议之前，对会议如何召开所作的预想性方案，是一种书面文字材料。

2. 会议方案的种类

按会议性质分，可分为以下三种：

（1）代表会议方案

代表会议一般参加人数较多，召开时间较长，会议程序严格，而且不同级别的代表会，有不同要求，其方案也比较复杂。

（2）工作会议方案

工作会议虽然不像代表会议在程序和规格上要求那样严格，但在材料的准备工作上有自己突出的特点。

（3）表彰奖励性会议方案

表彰奖励性会议除会议本身之外，因涉及奖旗、奖状、奖品之类，在财务和物资方面需要做好准备，其会议方案比较复杂。

按会议规模分，可分为大型、中型等各种会议方案。

3. 会议方案的特点

（1）预想性

会议方案是在会议召开之前制定的。对为什么召开这次会议，怎样召开这次会议，会议将达到什么效果，都要事先做出设想和安排。这种设想和安排，一方面要根据实际情况进行，另一方面要凭借以往经验。对如何开好会议预想得越周到、越细致越好。

（2）程序性

凡召开会议必有一定程序，有些会议其程序大体都是固定的，因此在制定会议方案时，不能不根据某种会议的特点和要求，确定其基本程序，以保证会议井然有序地召开。

（3）请示性

写会议方案还有一个目的，那就是请示上级领导部门批准召开这次会议，如这次会议的规模、程序、开法、经费使用等是否合适，请示审查批准。

4. 会议方案的基本格式

会议方案一般包括标题、主送机关、正文、落款，有的还有附件。

（1）标题

有两种标题法：一是公文规范标题法，由开会机关名称、会议名称和文种组成。二是会议名称加文种。

（2）主送机关

主送机关即报批的领导机关。有的也可以不写主送机关。

（3）正文

正文一般由开头、主体和结语组成。

①开头，写召开会议的依据（缘由）、单位、名称、时间、地点、会期等，然后用“特制定会议方案如下”，作承上启下的连接语。

②主体写会议宗旨（目的）、会议规模（参加会议人员）、会议议程、会议日程、会议开法、会议的准备工作、经费预算等。有的还把邀请上级主管部门参加会议的名单写上，如果请某位领导讲话或作报告，也要注明。其讲话稿如何准备，必要时也要说明。

③结语，写“以上方案，当否，请批示”。

（4）落款，写上召开会议的单位名称，或写会议领导小组，也有写会议筹备小组的。并写上拟定此方案的时间。

二、会议方案的写作范文

◇一般会议方案

【范文】

××机械厂关于召开职工教育工作会议的方案

××市机械局：

为了贯彻落实中共中央、国务院《关于加强职工教育的决定》，我厂定于×月××日至××日，在厂招待所召开职工教育工作会议，特制定会议方案如下：

一、会议目的。认真学习中共中央、国务院《关于加强职工教育工作的决定》，传达省市教育工作会议精神，结合我厂实际情况，制订加强职工教育的规划，研究落实中青年职工的“双补”教育工作。

二、会议规模。主管教育工作的厂党委书记、厂长；厂部有关科室负责人、工作人员；各分厂主管教育工作的负责人；各车间主管教育工作的主任；工会、共青团各级主管教育工作的负责人，共××人。

三、会议日程。×月××日，传达省市教育工作会议精神，学习中共中央、国务院《关于加强职工教育工作的决定》。大会传达后，分组讨论，吃透上级精神，提高认识，端正态度。×月××日至××日，结合我厂实际情况制订加强职工教育规划，研究落实“双补”教育任务，解决“双补”教育中的各种实际问题。

四、会议采取大小会相结合的方法进行。××日上午举行开幕式，大会传达上级会议精神及中央文件，由党委书记×××作动员报告。××日下午举行闭幕式，宣读我厂加强职工教育规划，部署开展“双补”教育任务和措施。

五、会议准备工作。厂里准备抽调××名熟悉教育工作的同志，用半个月时间通过调查研究、上下结合，写出一份加强我厂职工教育工作特别是开展“双补”教育工作的实施方案，并制订加强职工教育工作五年规划（草案），拿到会议上讨论修改。

六、会议经费。为了集中精力开好会，所有参加会议人员一律在招待所住宿。其各项开支见附表。

七、请局领导参加我们的会议，并请分管教育工作的×××局长在开幕式上讲话。关于讲话稿的撰写，将派专人面谈。

以上方案，当否，请批示。

××机械厂（公章）
××××年××月××日

◇大型会议方案

【范文】

第二届世界××同乡联谊大会方案

我省将于今年底举办第二届世界××同乡联谊大会（以下简称“××联会”），现将大会方案拟订如下。

一、“××联会”的主题和任务

大会以“联谊、合作、发展”为主题，力争开成隆重热烈、团结务实、富有时代特征的世纪盛会。通过大会，宣传我国特别是××经济和社会发展新成就，展示××良好形象，进一步凝聚侨心，增进乡情；宣传党和国家和平统一、“一国两制”方针，增强海外侨胞对祖（籍）国的认同感，壮大反“台独”、促统一的力量。具体做到“四个结合”和“四个注重”：“四个结合”就是与宣传推介××相结合，与促进经贸交流与合作相结合，与引智引才相结合；与对台工作相结合。“四个注重”就是注重宣传××新形象，提升××的国际地位；注重争取侨心，凝聚侨力；注重重点侨商、知名人士的参会工作；注重实效，促进我省的对外开放和外经贸的发展。

二、“××联会”的召开时间、活动内容和规模

第二届“××联会”定于××××年××月×日至×日召开。大会的主要活动内容包括：大会开幕式、闭幕式；党和国家及省领导会见海外华侨华人知名人士代表；××省情况介绍与经贸推介活动；海外侨情交流；参观考察活动等。大会的规模为：海内外代表××××人左右。

三、大会的日程安排

（一）××月×日

下午2：00以后内外代表报到。

下午2：30华侨华人图片展、中华文化五洲书画展在××艺术博物馆举行开幕剪彩。

下午6：00－8：00举行大会欢迎宴会。在××宾馆设主会场，汇聚主要嘉宾、知名侨领和企业家代表（约×××人）。其他代表在所住酒店（××宾馆、××酒店、××大酒店、××大酒店、××国际大酒店、××大酒店、××酒店、××宾馆、××大酒店）参加欢迎宴会。省领导致宴会欢迎词。

（二）××月×日

上午举办×场主题活动。

经贸合作交流会、侨情交流会、观看华侨华人历史图片与美术作品展。时间为上午9：00－11：00。

经贸合作交流会：介绍我省改革开放的巨大成就、良好投资环境和政策；组织我省各重点企业与海外、港澳工商企业家开展洽谈交流；选择有代表性的侨资项目举办签约仪式。由省外贸厅负主责、省侨办协办，人数×××人，地点定在××大酒店。

侨情交流会：组织海外主要社团代表围绕海外侨团建设、经贸交流合作、促进中国统一、弘扬中华文化、融入当地社会等×大专题进行交流。由省侨办主办，人数×××人，地点定在××音乐厅。由省侨办负主责。

观看20世纪华侨华人历史图片展及中华文化五洲美术作品展，其他未参加上述两项活动的代表组织前往观看。华侨华人历史图片展由省侨联负主责，中华文化五洲美术作品展由××市侨办负主责，人数××××人，地点在××艺术博物馆。

下午举行大会开幕式。

开幕式定于15：00－18：00在××纪念堂举行。海内外代表、国家和省领

导等共××××人出席。开幕式前，由国家与省领导人与海外嘉宾代表合影。开幕式内容：(1) 国家领导人致辞；(2) 省领导致辞；(3) 国务院侨办领导讲话；(4) 华侨华人代表讲话；(5) 有××、××地方特色的传统文化体育表演。

(三) ××月×日

组织代表赴××地区考察参观及举行闭幕式。

根据不同国家和地区侨胞情况，分成××条线路，分赴××、××、××等地进行参观考察，推介××良好的投资环境、丰富的商机，让海外侨胞亲身体会××改革开放的巨大变化。由省侨办及各有关市负主责。

参观考察后，各线路将于当日下午5：00汇聚××华侨城中华民俗文化村，举行大会闭幕式，观看体操节目，宣布第三届“××联会”举办单位，进行交旗仪式，宣布第二届大会闭幕。由省侨办负主责，××市协力。

四、关于大会经费问题

大会本着从俭节约，少花钱、多办事的原则进行筹划。筹委会按照国际惯例，确定除收取代表（不含特邀嘉宾）一定数额的会务费、住宿费外，其他会议支出由我省负责。大会预算支出主要项目包括宴会、代表伙食费及住宿费、交通费、文件编印包装费、宣传资料费、纪念品费、文艺表演费、会议场租费、宣传广告费、三场主题活动费、参观考察费、安全保卫等费用，合计×××万元。请省政府从财政款中核拨专款，作会议支出费用。

五、大会的筹办

(一) 主办单位（略）

(二) 工作机构（略）

(三) 各组负责人、组成单位和任务分工

1. 秘书行政组

成员单位：(略)

(1) 统筹安排大会日程。

(2) 领导讲话、相关文件和大会资料的准备。

(3) 负责国家、省、市领导的邀请联络。

(4) 会场的租用、布置及座位的安排。

(5) 大会系列印刷品（请柬、信封、信笺等）的设计与印制，纪念品的制作。

(6) 开幕式以及闭幕式上交旗仪式的策划与安排。

(7) 大会参观考察活动的筹划与安排。

(8) 大会活动期间的医疗保障工作。

(9) 大会的经费预算报告。

（10）大会各项费用的支付及核报。
（11）大会费用的结算报告。
（12）筹委会交办的其他工作。
2. 联络接待组
成员单位：（略）
主要工作任务：
（1）联络海外乡亲社团并提出海外代表名额分配方案。
（2）提出海外特邀嘉宾名单。
（3）向海外代表及嘉宾发送请帖。
（4）落实海外代表及嘉宾与会名单。
（5）接待方案的草拟制订和组织实施。
（6）指定并委托旅行社负责大会代表、工作人员等的食宿行。
（7）大会特邀海外嘉宾和大会代表人、出境礼遇安排。
（8）侨情交流会的策划与落实。
3. 新闻文化组
成员单位：（略）
主要工作任务：
（1）大会的新闻发布。
（2）大会新闻报道与宣传工作的策划与实施。
（3）大会会刊、特刊以及其他宣传资料征集、印制、发送。
（4）开幕式、闭幕式上文体演出的方案及组织实施。
（5）负责大会其他文艺活动的组织实施。
4. 经贸洽谈组
成员单位：（略）
主要工作任务：
（1）负责“经贸合作交流会”的策划实施。
（2）负责推介项目的选定落实。
六、其他（略）

第×届世界××同乡联谊大会筹委会
××××年××月××日

第三节　会议记录

一、会议记录概述

1. 会议记录概念

会议记录是一种配合会议的召开而使用的文书，是记录会议的组织情况、议程、内容等基本情况而形成的书面材料。会议记录是反映会务活动的重要材料，是传达、贯彻、执行会议精神的依据。会议所形成的会议纪要等文件，一般都要依会议记录为蓝本。会议记录一般可分为摘要式记录和详细式记录两种，但这种分法只具有相对的意义。

2. 会议记录写作要求

会议记录通常采用专用记录稿纸记录，一般包括两部分：

（1）会议的基本情况

记录的第一部分一般要包括会议名称、时间、地点、出席人数（人数较少时可直接记下出席人的姓名）、缺席人、列席人、主持人及记录人。

（2）会议内容

会议内容包括会议的议题、讨论过程、会议发言或讲话的内容、传达的问题或作出的决议等。会议记录结束时，一般无特殊规定，习惯上另起一行写“散会”、“完”、“结束”字样，以为标示。

会议记录的基本要求是真实、准确，会后及时整理。

二、会议记录的写作范文

◇摘要式会议记录

【范文】

会议记录

会议名称：××人民政府会议

时间：××××年××月××日

地点：市政府主楼××会议室

出席：×××、×××、×××……

缺席：×××（因病）、××（去省开会）

列席：××（主管教育工作的副市长）、×××（市教委副主任）、××（市财政局长）

主持人：×××

记录：×××

议题：传达省教育工作会议精神，研究我市如何加强、改进教育工作。

发言内容、决定事项：（略）

◇详细式会议记录

【范文】

××单位行政会议记录

时　间：××××年××月××日下午

地　点：本单位办公大楼三楼会议室。

出席人：程××　陈××　赵××　何××　龙××　周××

缺席人：黄××

主持人：程××

议　题：

一、关于福利分房补购的问题

本单位符合有关政策规定、住房面积未达到相应职务或职称标准，可以申请补购房屋的人数共有××人（名单见本次会议材料）。本单位房屋源有城西××套，共计×××平方米；城北××套，共计××××平方米（见会议材料）。

会议研究决定事项如下：

（一）工会主席董××父亲属农村户口，随其居住，需要照顾，按其本人意愿于城西就近分配补购房，但必须是排名在前的人所选余下的最后一个房号。

（二）城北新建大套房两人合选一套。

（三）补购房排名办法按以前标准办理（本单位××××年《关于购买福利房的具体分配实施办法》）。

（四）按国家有关规定标准实施补购分房后，如余城西房，则尚余×套共计×××平方米；如余城北房，则尚余×套共××平方米。会议否决了关于将余房作福利房分配给新参加工作的大学生的提议，原因是刚参加工作的大学毕业生人数不少，考虑到相关政策和房源数量，为避免引起工作的不利影响，决定暂不将此批住房分配给他们（做好相关的思想工作由×部门负责，建议就近召集一次会议）。

二、关于人事调整

（一）同意将×部门×处长调×部门任处长；

（二）同意×处长调×部门任处长；

（三）同意将本市原×局副处长×××调本单位×部门任处长；

（四）同意将××大学讲师×××调入行政部门充实行政办公力量。

以上相关调动工作，由×部门具体负责。

三、关于机构调整

同意将×部门与×部门合并为一个处，由即将调入的×××任处长，原两处副处级干部×××、×××分别到××公司、××××公司任副总经理。

会议于下午5时结束。

第二章　现场会、报告会讲话材料写作

第一节　现场会讲话稿

一、现场会讲话稿概述

1. 现场报告会讲话稿的概念

现场报告会讲话稿是指领导对所开展的工作进行现场参观后，在组织召开的会议上作的汇报总结讲话。

2. 现场会讲话稿的写作要求

（1）对工作现场参观后作出认真深入的总结，得出经验。对需要进行安排部署的工作要全面阐述，明确指导思想和提出要求。

（2）对工作中存在的问题要作出强调与分析，并提出具体的指导意见，对提出的各项政策和措施要认真贯彻落实，使开展的工作能达到预期的目标。

（3）内容上要层次清晰，富有逻辑性。

二、现场会讲话稿的写作范文

◇档案建设工作现场会讲话

【范文】

××市基层党员档案建设工作现场会汇报讲话

非常感谢市委组织部、市档案局对××村的信任，将基层党员档案建设试点工作放在本村。

我们××村党总支共有党员×××名，下设×个支部×个党小组。过去，我对党员的管理只有一份名册，转出的人就从名册是划掉，转入和新发展的就往名册上添加。比较随意，随意的结果导致了许多麻烦，比如前几年落实退职村干部政策，当时调查取证的工作量非常大，要有××人以上的党员签字，我们也按要求认真地做了工作，即便这样，仍然掌握不准确，仍有错、漏等问题，每年都有人是要调标准，或者是补报，每年都在要打报告说明情况，老党员也不满意。因为有这种体验，接到试点工作任务后，我们觉得这是一个为党员办实事，为后人铺路的工作，非常必要。

我们村今年被确定为新农村建设试点村，有一条路正在硬化施工、××公园有5个沙石场搬迁落户到本村，征地、建设协调任务也比较集中，但我们一班人迅速达成了共识，要集中人力、精力和时间搞好这项试点工作。工作开展以来，市委组织部、市档案局和处党委领导多次到村指导，使整个档案整理过程非常顺利，历时10天时间，比较圆满地完成了全村108名党员的档案建设。

根据会议安排，下面，我简要介绍一下党员档案整另工作的流程，仅供大家参考：

第一步，是摸清底数。接到试点工作任务后，我们当天就安排档案员到办事处档案室查寻本村党员档案。办事处档案室安排有专人清点和交接，非常顺利地查到了××份经过规范整理、保管完善的党员档案（只有入党资料），并按规定办理了档案移交手续，将档案转移到村。档案到村后，档案员根据现有的资料，对照党员档案的要求，查漏项，并一一记录分类，初步掌握了我们工作任务。任务明确了，工作步骤和方法也就清晰了。最大的一项任务，就是填写党员履历表，这需要一个专班。

那么，第二步，就是组织专班，填写履行表。党员档案是真实反映党员思想、工作轨迹的资料，即要对党员负责，也要对组织负责，即要对历史负责，也要对现实和未来负责。履行表的填写，必须真实、认真、负责、细致。我们请了×名老党员、×名暑假在家休息的高中、大学学生到村负责填写工作。通过培训，让他们掌握了要求，每人负责××份党员履行表的填写，负责的人，必须对党员履行表的所有情况一管到底。村里的档案员负责综合协调，为填写的人提供相关资料和情况。

第三步，是资料的收集、清理。档案目录要求有的资料，一定要尽量收集、完善。我们将“三讲”、“三教”“先进性教育”“十七大学习”等活动中党员个人学习资料一一清理、复印；向处档案室收集了本村党员或党员家庭奖、惩文件等。

第四步，是与党员本人见面核对，再查找。履行表内容比较繁杂，对于确实不详的情况，比如学历、工作经历等情况，我们以党小组为单位开会，逐人询问情况做好记录，有部分未到会的党员，派专人上门收集。同时，利用开会和上门的机会，为党员照登记照片。做到能收集的资料，不漏一份，不漏一人。

第五步，分类归档。根据档案局业务部门指导，严格按档案整理规程操作，对党员个人收集资料全面进行整理分类，按党员履历表、入党资料等分门别类装入档案盒。

在档案整理过程，有几个环节要重点把握：

任务要清，准备工作要充分。每个地方，工作基础不一样，任务也不一样，重点和难点也不同。但首先是要理清任务，任务清，才能明确工作步骤和安排，先做什么，后做什么，那些工作可以结合起来或同步进行，避免在时间短、人手相对多的情况下打乱仗。党员的基本信息、基本资料等一定要准备充分，这样一班人工作起来，效率才能提高。

分了工的事，要一管到底。某一个党员的履行表或某一类表格的填写，负责的人一定要管到底，不能搞一半丢一半。

综合协调的人非常关键。党员档案要按要求完成任务，不可能由哪一个人来做，必须有一个专班，有专班需要有人综合协调，综合协调的人可以负责一部分具体事务，但不能陷于具体事务，更重要的任务是合理调整分工和任务、收集提供资料，确保一班人的工作效率。

××村的党员档案建设毕竟试点，所以还有许多不完善的地方，现在只能说是起了头，更大的工作任务还是以后。要靠平时扎实的工作来充实党员个人的资料，比如党员学习活动，必须是这项工作做落实了，才可能有资料……所以，我们以后要进一步落实好各项工作任务。要靠平时细心的收集，完善党员档案，做到平时收集，及时归档，一年一回头核对，查漏补缺。

最后，恳请各位领导、各兄弟村（社区）同仁对××村的工作多提宝贵意见，希望各兄弟村（社区）同仁多创造好的经验，供我们学习借鉴，大家一起努力不断完善党员档案建设。

谢谢大家！

第二节　报告会讲话稿

一、报告会讲话稿概述

1. 报告会讲话稿的概念

报告会讲话稿是指领导在会议上就陈述工作情况、提出问题和意见，对工作中的主要做法、取得的成效、评价等进行叙述总结的讲话。

2. 报告会讲话稿的写作要求

（1）如实地反映材料，报告要深入调查研究。

（2）概括材料要具体全面，发现问题，找出本质性、规律性的问题。

（3）善于归纳，突出重点，提出有指导性的工作意见和评价。

二、报告会讲话稿的写作范文

◇建功立业报告会讲话稿

【范文】

在市女职工为全面建设小康社会建功立业报告会上的讲话

同志们、姐妹们：

为了庆祝“三八”国际劳动妇女节94周年，今天，我市各行业女职工代表、市县区及市直工会女职工委员会干部在这里隆重集会，召开庆“三八”女职工为全面建设小康社会建功立业先进事迹报告暨女职工“双文明建功立业”表彰大会。借此机会，我代表市委、市政府，向全市广大女职工致以节日的问候！向受到表彰奖励的先进个人表示衷心的祝贺！

党的十六大明确提出了全面建设小康社会的奋斗目标。近年来，全市上下在市委、市政府的正确领导下，紧密结合××实际，开拓创新，大胆谋划，抢抓机遇，加快发展，围绕“三增一稳”、“五个加快”及全面建设小康社会、加快推进建设××东部经济强市的目标任务，奋发图强，使我市经济社会发展步伐不断加快。特别去年，是我市改革、发展史上具有开创性意义的一年，生产总值达到××亿元，创近7年来的最高水平；规模以上工业增加值增长××%，增幅位居全省前列，工业企业实现了近三年来第一次整体扭亏增盈。特别是大口径财政收入达到×亿元，增长××%，增幅高于全省平均水平。全市“三增一稳”的年度目标全面实现，“五个加快”取得突破性进展，各项社会事业也取得了新的成就。这些成绩的取得，与广大女职工的艰苦创业和努力工作是分不开的。全市经济加速发展，社会稳定、民族团结的大好局面，凝结着广大女职工的辛劳、智慧和力量。对此，我代表市委、市政府向你们并通过你们向全市广大女职工表示崇高的敬意和衷心的感谢！

建强市、奔小康是一项庞大的系统工程，离不开全市各行各业、各族各界人民的共同参与。广大女职工作为工人阶级的一部分，是我市全面建设小康社会一支重要的人力资源，蕴藏着无穷的智慧和力量。刚才××位代表的先进事迹已经充分证明了这一点。×××等一批女科技工作者，刻苦钻研，勇于探索，努力把科技成果转化为我市新的生产力和经济增长点；×××等教育战线的女知识分子，教书育人，甘为人梯，为培养人才辛勤耕耘；×××等一批女医务人员，救死扶伤，为维护人民群众的生命和健康兢兢业业，勤奋工作；公路工程建设局的女职工为××“一线三点”工程及道路的畅通铺路架桥，出力流汗；×××等公安战线的女干警为保地方平安和社会稳定，甘愿奉献；××厂、××厂、××厂、××集团、××水泥厂等企业一线女职工立足本职，积极进取，建功立业，争创一流；×××等一大批下岗不失志的巾帼创业带头人在非公经济领域树作为，谋发展，为全市女职工做了榜样。可以说，广大女职工自觉地投身并参与全市建强市、奔小康建设的行列，是时代赋予大家的光荣使命，也是女职工义不容辞的责任。新形势下，我市提出的工业强市带动战略，深化企业改革，加快非公经济发展，推进城镇化进程等措施，为广大女职工参与全面建设小康社会提供了良好的机遇和施展才华的平台。广大女职工一定要认清形势，努力把思想和行动统一到党的十六大及十六届三中全会精神上来，统一到市委、市政府谋划的建强市、奔小康奋斗目标上来。要紧紧围绕全市经济社会发展的宏伟目标和任务，振奋精神，与时俱进，开拓创新，丰富和深化女职工“双文明建功立业”活动载体，在我市全面建设小康社会的伟大实践中，再创新业绩，再创新岗位，再创新辉煌。建强市，奔小康是一项艰巨的历史任务，离不开大批高素质人才的积极参与。知识经济、信息时代的到来，对劳动力素质有了新的更高要求。

科技的进步与发展，人才是关键。

综合国力的竞争，归根结底，是人才的竞争。全面建设小康社会是一项宏大的工程，需要全民参与，更需要全民素质整体的提高。

当前，我市的经济发展确实很快，迈上了快车道。与周边毗邻地区相比，与经济发达地区相比，我们的差距还很大。对于我市这样一个欠发达地区来讲，加快发展是第一要务，是解决所有问题的关键。然而，从人才总量上看，目前全国每万人拥有大专以上学历人员×××人，全省×××人，我市×××人；全市每万人中拥有专业技术人员×××人，低于全省平均水平，高层次、高技能和复合型人才严重匮乏，人才已成为制约全市经济社会发展的瓶颈。但事物的发展必有两重性，困难与机遇同在，广大女职工一定要坚定信心，增强紧迫感和责任感，以自强不息、顽强拼搏的精神，加强学习，提高素质，提升竞争力。要通过各种有效途径和方式，努力学习科学文化知识，增加知识储备，掌握现代业务技能，不断提高自身的综合素质，增强建强市、奔小康建设的本领，成为适应市场经济社会发展的复合型人才。要积极参加岗位练兵、技术比武、技术革新、创新等活动，不断增强创新意识和创新本领，广大女知识分子、女科技工作者要发挥带头、带动、示范作用，正确处理个体利益与整体发展之间的关系，加快提升科技知识、科技成果转化为生产力的速度，通过创新、创业、创造，实现自身价值与经济小康社会的共同进步与发展。下岗失业妇女要以先进典型为榜样，鼓起迎接挑战、战胜困难的勇气和信心，树立创业光荣、竞争就业的新观念，进一步挖掘潜力，积极投身创新业的实践中，依靠自己的聪明才智，拼搏进取，通过再就业，赢得社会的尊重和承认。

建强市、奔小康是一项事关全局和长远的战略目标，离不开各级组织的坚强领导。工人阶级是我国社会主义现代化建设事业的主力军，是全面建设小康社会的实践者。工会是党领导下的群众组织，是党联系职工群众的桥梁和纽带。各级工会组织一定要立足大局，服务大局，充分发挥职能作用，要用“三个代表”重要思想统揽工会工作，要把工会女职工工作放在全局中来思考，来部署，来推进。要指导女职工委员会加强对女职工的培训教育，不断提高女职工队伍的整体素质和综合素质。要按照《劳动法》、《工会法》、《妇女权益保障法》等，把女职工的权益代表好，维护好，发展好。要把维护权益与办实事相结合，使女职工获得有效的政治民主权利、劳动权利及就业保障和生活保障。要推动和监督男女平等的发展进程，反对性别歧视，推动《中国妇女发展纲要》指标的落实。市委一届四次全会（扩大）会议提出了“认准改革抓企业不动摇”的思路，前不久，又召开了全市“抓项目、抓企业、抓党建”会议，明确了企业改革的重点任务和目标。各级工会和女职工委员会要围绕全市企业改革的深化，重视做好企业女职工工作，做好企业和非公有制企业女职工权益的保护，尽最大努力帮助她们解决实际问题。要关心在企业改革中下岗失业女职工的再就业和生活问题，充分利用工会教育、培训阵地，开展对下岗女职工技能培训、职业介绍和就业指导。同时还要关注女劳模、特困女职工的困难，为她们送去党和政府的关怀与温暖。去年，市总工会组织举办的下岗职工培训班、建立的“再就业帮扶中心”，以及开展的访贫送温暖活动，很及时，发挥了很好的作用，得到了市委、市政府的高度赞扬。在工会女职工工作中，各级各部门女职工委员会是第一责任人。因此，各级工会组织要加强对女职工委员会的领导，重视女职工组织建设，要做到哪里有女职工，就在哪里建女职工委员会。要加大对工会女职工工作人员的培训、教育、培养、选拔力度，把那些政策观念强、理论水平高、综合素质好的女干部选配到工会女职工委员会岗位上来，努力把女职工组织建设成为坚强团结、务实高效、群众信赖的女职工之家。各级女职工组织要自觉接受工会组织的领导，要以十六大精神为指导，不断加强自身建设，紧紧围绕全市改革、发展、稳定的大局开展工作，转变观念，加强学习，加强调研，深入到广大女职工中间，了解她们的呼声和反映，教育引导女职工正确对待改革中的利益调整，处理好个人与集体、局部与整体、眼前与长远利益的关系，组织开展健康有益、寓教于乐的竞赛及争创活动，把女职工的思想和行动统一到建小康、奔强市的奋斗目标上来，努力把全市工会女职工工作提高到一个新水平。

同志们，××××年是深入贯彻党的十六大和十六届三中全会精神的重要一年，也是全面实现“××”计划的关键一年。做好今年的各项工作，对于保持几年来全市经济社会发展的好形势，加快建设××经济强市，全面推进小康建设具有十分重要的意义。让我们在市委、市政府的正确领导下，高举改革发展的旗帜，全面贯彻“三个代表”重要思想，与时俱进，为我市奔小康再做贡献。

最后，祝全市广大女职工节日愉快，工作顺利，身体健康，合家欢乐！

第三章 汇报会、研讨会、交流会讲话材料写作

第一节 汇报会讲话稿

一、汇报会讲话稿概述

汇报会讲话稿是指领导干部向上级或党组织汇报本单位某阶段的各项工作进展情况或对上级政策、法令的执行情况及交办任务的完成情况的讲话。

二、汇报会讲话稿的写作范文

◇县扶贫工作汇报会讲话

【范文】

在××县扶贫工作汇报会上的讲话

市委副书记 ×××

（××××年××月××日）

首先，我代表××市委、市政府和全市×××万各族人民向在百忙中挤时间深入基层、进村入户对我市的扶贫攻坚工作进行调查研究，对下一步扶贫攻坚工作提出明确要求和重要思路的××主任表示衷心的感谢！××主任刚才的讲话令我十分激动，也十分感动，深感我们各级干部今后肩上的担子更重、压力更大，但是我们也觉得有动力。我们深信，有省委、省政府的关心，有××主任的具体帮助指导和支持，我们更加有信心在今后的工作中把××市的脱贫致富奔小康，特别是重点县××县脱贫致富奔小康的工作做好。××主任的讲话，充分体现了“三个代表”重要思想和省扶贫开发工作会议精神，切合××实际，符合××情况。希望××县委、县政府几套班子认真传达贯彻好××主任的讲话精神，扎扎

实实工作，使××的扶贫攻坚工作取得新的突破。回市里以后，我们将召开全市扶贫开发工作领导小组会议，对××主任的讲话精神认真抓好贯彻落实，在全市掀起扶贫攻坚的新高潮。

我到××工作时间还不到两个月，对××的情况不了解，到××也是第一次。我以前听到的关于××、××的信息，一般都是不好的信息。昨天来了以后，感到××并不像过去传的那样，××有它的优势，有×××万勤劳勇敢的人民，有自力更生、艰苦奋斗的精神，有团结协作、能战斗的领导班子。××虽然条件艰苦，但是同志们在这样艰苦的环境中做了力所能及的工作。在此，我代表市委、市政府和×书记、×市长向同志们表示慰问。这样的工作环境能够坚持、能够战斗、能够做出成绩，这就是值得我们弘扬的最伟大的民族精神和创业精神。守住这个阵地就十分不容易，还发展了。希望同志们再接再厉。全县各级干部和各族人民要把思想统一起来，统一到省委、省政府和省扶贫办××主任的指示和市委、市政府的经济社会发展要求上来，心往一处想，劲往一处使，转变思想作风，扎实工作，我想××的明天是会美好的。同时，要树立起必胜的信心，实事求是地看待我们当前面临的困难和问题。一是由于历史的原因，人口过度膨胀。××县××××平方千米的土地，又不是一马平川，老天又不帮忙，气候也不好，那么多人口，已经远远超过了承载能力，这是一个大问题。二是生态环境、生存条件十分脆弱，经济发展水平相当低，人均生产总值才一千冒一点头。按照党中央、国务院提出的2020年奔小康目标的标准，人均生产总值要达到××××美元，基本奔小康也要××××美元。人均生产总值××××美元就是×万多元人民币，而我们人均生产总值才××××多元，要达到×万元还有很大差距。农村经济相当滞后，昨天经过的地方，据说还是比较好的。××主任下次来，我再陪着你来，与××县委、县政府的领导一起，干脆就一竿子插到底，到那些真正无法生存、要易地搬迁的地方，到××房多的地方去调研，真正把情况搞清楚。三是劳动力素质比较低。这一系列的问题，都是制约着我们发展的主要问题，只要把这些问题分析清楚，××的扶贫攻坚问题就好办了。要正视差距，找准努力的方向。不能再安于现状，要有紧迫感、责任感，××困难很大，但也有很多优势。

通过听了××县扶贫攻坚的情况汇报，联系××工作的实际，我再提几点要求。

第一，要理清发展思路。认识问题才能谈得上解决问题，认识是先导。所以我们经常说知难行易，要使×××万多人基本实现小康，我们该怎么做，这个思路一定要再进一步理清。从刚才听到的汇报来看，××扶贫攻坚的思路是清晰的。××的问题怎么解决，在市劳务输出会议上我讲过，××的问题现在不是光说两手抓，两手抓就要两手都硬才行，在扶贫攻坚、脱贫致富奔小康的进程中，我们要多管齐下，具体来说就是××提出的“三个三分之一”，这是市委、市政府都要把它确认下来作为全市扶贫攻坚的一个基本思路，就是要抓好的三项重点工作。全市×××多万贫困农民光靠给他点钱盖点房子，××的问题是解决不了的。

所以，第一个问题是要落实好扶贫攻坚的若干优惠政策。市委、市政府已经反复重申，哪个县动了扶贫资金，首先拿书记、县长试问。刚才××主任说这番道理已是语重心长，我们穷，争取到资金又不去落实，挪用到别处，老鼠拖秤砣连路都堵死了，你让人家领导咋个支持你。讲政治、讲大局、讲团结、讲稳定，我们就要从这些具体工作做起，其他困难你们以后可以逐步汇报。保吃饭的问题是另一个问题，市委、市政府一定会认真考虑，市里解决不了，就向省委、省政府汇报，省委、省政府也会支持的。如果把扶贫资金拿来吃掉，最后还要受处理，那就值不得了。所以在这里，我代表市委、市政府作出承诺：今后决不挤占挪用扶贫资金。这一点要从××做起。至于××的困难和问题，市委、市政府一定会特别关注，也会采取特殊措施，只要大家一起努力，和省里的思路对接起来，问题是会解决的，困难也是能克服的。发展思路清晰了，关键就是抓好落实。一定要树立一个诚信的政府、诚信的县市形象，穷一点不怕，只要整个外界都说××这个地方不错，虽然穷，但干部群众很好、很能干，这样××的问题就好解决了。但现在我们的情况外面不了解，如果大家都说这个地方不真诚就都不敢来，怎么能得到人家的支持和理解。所以，我认为树形象、建立诚信政府这个问题对××很重要。扶贫资金的管理问题不仅仅是××，全市都绝对不能挤占挪用，要把这个钱用好。要让各级干部知道，我们自己的配套资金拿不出来，要向上级汇报，但上级下拨的钱必须用好，老百姓该投工投劳的要投一点，增加点投入，努力把扶贫攻坚工作抓好。有了资金投入，加强农业基础设施建设，围绕增收调结构、依靠科技增效益、突出特色闯市场，解决留在土地上的三分之一人口是没有问题的，甚至解决人口的一半。××搞工业化、城镇化在近期内吸纳三分之一劳动力就业是有困难的，所以一定要抓好扶贫工作，抓好农业农村工作。这是第一项工作。第二项工作要跳出农业抓农业，发挥资源优势进行经济结构大调整，通过推进工业化、城市化来带动转移一批。第三是丰富的矿产资源和电结合起来，做好我们的特色产业。第四就是围绕扶贫攻坚进行生物资源开发和农产品加工，用工业的理念抓农业，带动农民增收。

第二，抓好剩余劳动力的转移。市委、市政府研究决定，在现在输出××万人的基础上实施“百万劳务输出工程”，即输出×××万人，创收××亿元。这个计划是不高的，一个人一年除了他自己吃掉花掉，他只纯净的创收××××

元，这个目标就实现了。我们的劳动力素质都很差，大部分都只是上过小学，没有技术，所以这项工作要认真抓好。××是××劳务输出做得好的县，希望这次要成为全省的典型，要给你们定这个目标，要树立××的劳务输出品牌。在经济工作、扶贫攻坚上，希望你们一个产业一套班子地认真抓好落实。一个产业一套班子，一套政策一笔扶持资金，一个领导负责，干成了就给奖。希望××在几个主要产业上先这样做，请几套班子一起上，成立几个产业领导小组，认真抓好。如果不明确责任、落实职责，这个也管，那个也管，最后一个都不管，都是集体负责，结果一个都不负责。一定要在这方面抓好突破，提高效率，如果这个也管那个也管就麻烦了，决策程序又复杂，好多事情知都不知道人家就干掉了，有问题是这个推那个，最后推给领导，推给市委、市政府。这样就不行，那是对××人民不负责任。所以我觉得××在整个扶贫开发，在抓“三个三分之一”上，思路是很正确的，关键是要抓好落实。

第三，转变作风，深入实际抓好落实。任何正确的思路，如果是在落实过程中间泡了汤，没有落实到最后那一点上，就不起什么作用。要转变作风，在座的干部要带头抓落实，乡镇、村要带头抓落实。阿主任安排的四项工作要抓好落实，安居工程、温饱村、易地转移、劳动力资源开发都要抓得扎扎实实。今年我们在重点村工程实施中必须加进一条就是产业结构调整扶贫。我们今年准备筹集千把万，集中干几个重点工程。我们已经议过了，过几天×主任召开一个扶贫办主任会议，贯彻落实省里面会议精神和市里面的意见。市委、市政府还要专门开一个会。抓落实在基层要讲，“三个代表”重要思想要讲，如果连代表先进生产力都不知道，先进文化前进方向也不知道，代表最广大人民群众的利益也不知道，那是不对的。但是怎么代表？只要发展就代表了。如果穷得什么都拿不出来，你代表谁？所以，要把思想统一到发展上，衡量我们工作的好坏和作风的优劣，就是发展了没有，就是看工作做好了没有。要重视结果，落后地区过多地重视过程，重视提思路，重视开会，重视所谓的调研，而不重视结果，这是一个必须引起各级干部高度重视的问题。如果我们只重视开会、研讨、讨论，发展就是一句空话。实践是检验真理的唯一标准，只有干好，我们再来总结我们的思路，还有什么不完善的地方，通过实践、认识、再实践、再认识，我们的各项工作就能够上一个新的台阶。

……

我们坚信，在省委、省政府的关心支持下，在××主任具体帮助指导下，有我们各级干部、全县人民的自力更生、艰苦奋斗、扎实工作，就能够把××的扶贫攻坚、脱贫致富奔小康工作做好。因为我来这里工作的时间不长，特别是到××的时间很短，所以有些事情不一定看得准，仅供同志们参考，说得不对的，请同志们批评。

第二节　研讨会讲话稿

一、研讨会讲话稿概述

研讨会讲话稿多是在为开展、管理某项工作，在会议上对工作管理的经验和意见进行研究和讨论的讲话。

二、研讨会讲话稿的写作范文

◇学校教育管理工作研讨会讲话

【范文】

×××书记在学院××××年学生培养和管理工作研讨会上的讲话

同志们：

今天的研讨会开得很好。各学生系部交流了一个时期以来学生教育管理的经验和做法，与会的同志对新时期的学生教育管理进行了积极的研究讨论，出席会议的学院领导从不同的侧面就加强新时期学生工作讲了很重要的意见，这些都将会对我院学生的培养教育和学生管理工作产生积极的推动作用。下面，我代表学院党委就当前和今后一个时期的学生工作讲几点意见：

一、统一思想，提高认识，切实加强新时期的学生工作

第一，要提高对学生工作地位和作用的认识。学校的学生工作关系着学生培养目标的实现，是学校人才培养工作的重要组成部分。做好学生工作对于全面贯彻党的教育方针，推进素质教育，培养德、智、体、美全面发展的社会主义建设者和接班人有着不可替代的重要作用。同时，做好学生工作对学生专业素质的培养和业务能力的建设具有重要保证作用。目前，我院的学生工作已渗透到学院人才培养的各个方面、各个部门，这就决定了学生工作与教学工作一样，在学院全局工作中具有重要地位，我们必须高度重视。

第二，要提高对学生工作新特点和新规律的认识。当前，我国正处在改革的攻坚阶段和发展的关键时期，社会情况发生了复杂而深刻的变化，思想领域的矛

盾和斗争错综复杂，有时还表现得相当激烈。面对复杂而深刻的社会变化，面对激烈的人才竞争，影响学生思想观念的方式、渠道越来越多，学生学习及就业压力很大，思想困惑很多，心理问题越来越突出。因此，新时期我们的学生思想工作要不断适应学生思想的变化，提高对学生工作难度系数和挑战性的认识，积极探索学生工作的新特点和新规律。

第三，以学生为本，全面、协调、可持续地推进学生教育管理工作。从我院事业发展的格局来看，学历教育是我院生存发展的基础和支撑。因此，学生是我们的办学主体，育人是学校的中心工作，“育怎样的人”、“怎样育人”和学生质量的优劣，直接关系到祖国的未来，也关系到我院的生存发展，因此我们要牢牢把握这个中心任务。作为学生工作的前沿，学生管理工作部门要以学生为本，积极研究学生工作中的新特点和新规律，不断加强新形势下学生的教育管理工作。全校各部门要进一步树立全局意识，以学生为中心，不断完善科学协调、齐抓共管、保障有力的学生教育培养管理新机制，全面、协调、可持续地推进学生教育管理工作。

二、总结经验，继承传统，不断创造学生工作的新成就

近年来，特别是学院成立以来，在学院党委的领导下，我院的学生工作始终坚持面向企业和社会的需求，培养高素质、创新型、复合型人才的指导思想，在学院各部门的密切配合下，务实创新，开拓进取，取得了可喜的成绩。

学生教育管理部门和各学生系部认真贯彻学院党委的工作部署，服从学院发展的大局，按照培养特色应用人才的目标要求，积极探索新形势下学生管理的新特点和新规律，在学生类别多、规模发展速度快、工作难度大、学生工作管理人员数量少的情况下，我院的学生管理工作务实创新，开拓进取，有高度、有深度、有研究、有创新，研究探索出了一整套行之有效的管理方法，取得了可喜的成绩。

学院各部门，在学院党委的统一领导下，积极发挥综合保障的职能和作用，深入贯彻教书育人、管理育人、服务育人的方针，齐抓共管，分工合作，密切配合，共同做好学生的党建、思想教育、学风建设、日常管理等工作，为培养高素质、创新性人才服务，发挥了很好的作用。

广大学生工作者思想境界高、工作站位高，发扬爱岗敬业、任劳任怨、艰苦奋斗、无私奉献的优良传统和作风，根据学院党委的工作部署和高职高专人才培养的要求，不断创新工作经验，开拓工作思路，卓有成效地开展了学生的教育和管理工作，并根据各系部的特点和新形势的要求，积极开展了党员挂牌、创业创新设计、大学生综合能力考核、优良学风班级创建、大学生就业指导与培训和学生干部理论及工作方法培训等一系列注重塑造学生优秀品质和培养学生实际能力

的活动，为加强新时期学生教育管理工作及人才培养工作做出了积极的贡献。

所有这些，是我院多年来在学生工作中积累的宝贵财富，在新的形势和任务面前，我们要发扬工作中的优良传统，开拓创新，务实进取，不断开创我院学生教育管理工作的新局面。

三、适应形势，创新进取，认真研究和把握学生教育管理的新规律

新时期国际国内政治经济环境，使高校学生思想政治工作面临着新的形势。当前，世界政治经济形势正发生着深刻的变化，由此带来了各种思潮和多种价值观念的冲击。政治多极化、经济全球化来势迅猛。尤其值得注意的是，西方敌对势力亡我之心不死，他们通过各种途径加紧进行思想和文化渗透。社会上拜金主义、享乐主义、个人主义、封建迷信等有所抬头，这些给处在世界观、人生观、价值观形成期的青年学生的思想观念产生了不可低估的冲击。高等院校作为培养青年学生健康成长的主阵地，面对这些新问题、新考验，如何培养和造就大批政治坚定的青年马克思主义者和社会主义事业的建设者、接班人，这对加强高校党建和改进学生思想政治工作提出了紧迫要求。

以就业为导向的人才培养新理念，对新时期学生的教育管理提出了新的要求。以企业和社会的市场需求为目标，以就业为导向，培养企业和社会所需要的高级应用型人才，这是新时期高等职业院校人才培养的根本任务。也就是说，我们培养的人才符合不符合企业和社会需要，是不是受用人单位的欢迎，是检验我们培养人才成效的试金石，同时也对新时期的学生教育管理提出了新挑战和新要求。为此，我们就要自觉主动地了解市场，研究市场，并且按照市场的需求调整我们的专业设置、人才培养目标和培养教育模式。

学院的快速发展，规模的迅速扩大，给学生工作带来了新的压力。××职业技术学院的成立，我们恢复了高等院校的办学资质，我院正面临着教育大发展的良好机遇。根据学院中长期发展规划，学院的各项事业在快速发展，学历教育的办学规模不断攀升历史新高，办学类别和形式也在不断拓展和延伸，这样的发展形势给学生工作带来了新的压力。如何在学生数量多、层次类别多、活动范围广的情况下，在学生工作专职人员精干、兼职人员较多、学生工作量剧增的情况下，实现我们人才培养的高素质，实现我院学生管理工作的高质量、高成效，这是需要我们研究解决的问题。

社会生活的丰富化、复杂化，使学生工作面临着新的挑战。我国正处在改革的攻坚阶段和发展的关键时期，进入了发展社会主义市场经济的新的历史阶段，社会情况发生了复杂而深刻的变化。经济成分和经济利益多样化、生活方式多样化、社会组织形式多样化、就业岗位和就业方式多样化、信息传播手段和渠道的多样化，给高等院校的培养教育管理工作带来大量新情况、新问题。分析我院的

大学生群体，一方面，他们掌握着现代高科技手段、最新知识领域，并且思想空前活跃。另一方面，他们的世界观、人生观、价值观还处于正在形成阶段，思想理念中的薄弱环节很多，较易受复杂社会的环境的影响。因此，我们的思想政治教育和管理工作就要针对学生思想中的薄弱环节有的放矢地进行，使广大青年学生能够在复杂的环境中健康成长。

四、齐抓共管，形成合力，努力造就社会认可的高级应用型人才

长期以来，我院的学生工作各职能部门和广大学生工作队伍团结协作，敬业奉献，奋发进取，工作到位率高，具有良好的钻研精神、开拓精神和强大的凝聚力，在工作中注意总结、提炼，形成了各具特色的学生教育培养管理的新方法、新经验，这些经验和方法值得总结和交流，同时这些经验和方法为下一步做好新时期的学生管理工作奠定了雄厚的基础。在新的形势和任务面前，如何再接再厉进一步发挥学生工作的功能和作用，努力培养和造就企业和社会认可的高级应用型人才，还需继续努力做好以下几个方面的工作。

（一）要进一步增强政治责任感，努力造就政治上合格的建设者和接班人

广大学生工作者要进一步增强政治责任感，胸怀祖国的前途和命运，不断加强学生的思想政治教育工作。要以爱国主义、集体主义和社会主义教育为核心，系统地对学生进行马克思列宁主义、毛泽东思想、邓小平理论和“三个代表”重要思想的教育，党的路线方针政策和形势教育，民主法制教育，人生观教育，道德品质教育，校风学风教育，劳动教育，审美教育，心理健康教育，文化素质教育，国防教育，创新和创业教育。要将对学生的思想政治工作和业务素质培养放到同等重要的地位。通过我们的不懈工作，努力把学生造就为政治上合格、业务上过硬的社会主义建设者和接班人。

（二）要进一步更新人才培养观念，把市场要求作为人才培养的方向盘

一是要树立人才的产品意识。培养合格的人才是学校的根本任务和最终目标，从一定意义上说，学生就是我们的产品。高质量的产品是学院生存发展的关键所在。因此，全校教职员工都要树立人才的产品意识，只有我们的方方面面都对学生悉心的培养，才能培养出优质的产品，培养出精品。

二是要树立人才素质的结构意识。现代社会对人才素质的要求是多方面的，包括思想政治素质、业务素质、文化素质、身心素质等等。单纯业务观点和单纯政治观点都是不正确的。我们的教育培养工作就是要紧紧围绕培养目标的要求和企业、社会对人才的素质的要求，复合型的、多方面的对学生实施有针对性的培养。

三是要树立人才培养的合力意识。学校的教学、科研、学科建设、管理、服务等各项工作都要围绕着“育人”这个中心工作来开展。要完成学校的培养目

标和根本任务，学校各部门、各单位都要把学生工作、育人工作作为一项重点工作常抓不懈，并在全校教职员工中形成一种“人人都有育人的职责，人人都要努力去育人”的浓厚气氛。

（三）要进一步强化系部的学生教育管理职能，努力形成思想教育与专业教育的良性互动实施学生系部对学生的全面培养、教育和管理，是我院目前的学生管理体制，也是今后我们所要坚持的体制。因此，我们要进一步强化系部的学生教育管理的功能和责任，鼓励各系部独当一面、各具特色地担负起学生教育管理的任务。各系部要动员和要求广大教师积极参与学生的培养、教育和管理工作，切实形成以学生工作专职干部为骨干，专兼结合的教育管理新机制，做到思想教育、专业教育和素质培养的有机融合，切实发挥系部“人才加工厂”的功能和作用。积极鼓励各系部因地制宜，鼓励教育管理创新，鼓励更多的老师参与到学生教育工作中来，努力形成思想教育与专业教育的良性互动。

（四）要进一步完善和优化齐抓共管的工作机制，形成以系部为基础，以各相关职能处室为保障的学生教育管理工作的整体合力

要努力完善以系部为基础，各职能部门齐抓共管，分工协作，协调配合的学生工作格局。要充分发挥系部在学生工作中的主体作用，要把对学生工作的重视程度和工作成效，作为考核系部领导班子和领导干部的一个重要指标。学生处、教务处要根据学院的发展和社会对人才的需求，突出做好学生培养、教育、管理的总策划和总协调工作，做好学生的入口和出口工作及就业信息、专业建设信息的采集和学生就业指导工作。各相关处室要充分认识育人这一全局性工作的重要性，不断增强主动性和自觉性，积极创造良好的育人环境和氛围，通过做好本职工作，进一步形成培养优秀人才的整体合力。

（五）要注重研究学生培养、教育和管理工作的新情况，创造性地解决新问题

第一，要深入研究网络给学生思想带来的影响，同时还要学会利用网络为思想政治工作服务。学生思想政治工作干部要学习掌握互联网技术，及时了解学生思想动态。要研究建设突出学生思想教育特点的网站，引导学生开展网页制作、网上信息采集、网上生存等积极健康的竞赛活动，充分发挥网络在影响和教育学生方面的积极作用。

第二，要高度重视学生心理健康问题。要加强对学生的心理健康教育，加强心理咨询中心的建设，要积极开设心理健康选修课和系列讲座，开设网上心理咨询站、心理咨询热线电话，开展心理普测，建立学生心理档案，主动掌握并做好有严重心理障碍学生的工作。

第三，要进一步加强学生的安全教育，防范恶性事件的发生，保证学生的政

治、经济和人身安全，确保学校大局的稳定。要加强对学生的思想教育工作，切实发挥学生骨干的桥梁和纽带作用，做好重点学生的思想政治工作；要深入学生课堂、宿舍，及时了解学生中的热点、难点问题，积极进行正面疏导，将突发事件解决在萌芽状态。

（六）要认真研究和积极推进学生就业指导工作，努力实现首届毕业生的高就业率

多年来学院培养的毕业生一直保持98%以上的高就业率，在企业和社会享有很高的声誉。当前，以就业为导向的高职高专教育和企业、社会用人体制的变化，为学院毕业生的就业工作提出了新挑战。面对新形势，学生工作管理部门要站在学院发展的大局上，认真研究当前的就业政策和形势，根据学生的综合素质、专业技能和创新能力，不断加强毕业生的就业指导工作；同时，要积极加强与企业和社会的沟通和联系，了解需求，广开就业渠道，努力实现首届毕业生的高就业率。

（七）要切实加强学生工作队伍的自身建设，保证学生培养、教育和管理目标的顺利实现

一是要按照编制的要求配足辅导员队伍。各系部要根据自己的具体情况，认真选配人员，提出具体要求，尽快到位。二是要做好岗前培训，提高工作的到位率。广大学生工作者要加强学习，努力提高自身素质和工作能力。三是要加强工作研究，积极倡导结合专业和系部特点的培养模式。四是要制定工作标准，明确工作要求，加强工作考核。五是要强调教学与管理的融合，专业培养与思想教育的融合，形成人才培养的合力。

最后，代表学校党委和学校领导对辛勤工作在学生工作第一线的老师和同志们表示亲切的慰问！同时希望大家在各自的岗位上再创新的佳绩。

第三节　交流会讲话稿

一、交流会讲话稿概述

1. 交流会讲话稿的含义

交流会讲话稿，是指领导干部出席会议或交流活动时所发表的言辞。

2. 会议交流讲话稿的写作要求

（1）起草讲稿时，务必吃透会议精神或专业性知识，了解各方面提出的意见。

（2）务必做到态度明确、中心突出、层次分明、逻辑结构严谨。

（3）语言简洁精练、表达准确、通俗易懂。

二、交流会讲话稿的写作范文

◇政治理论学习交流讲话稿

【范文】

努力学习政治理论知识，不断增强廉洁从政能力

——××县环保局局长、党支部书记×××

胡锦涛同志在中央纪委第七次全会上的重要讲话，强调全面加强领导干部作风建设、大力倡导八个方面的良好风气以来，全党同志紧密结合全面建设小康社会、构建社会主义和谐社会新的实践，进一步加强和改进全党的学习，大兴学习之风。这必将带动全党形成良好的学风，推进建设学习型政党，不断提高党风廉政工作水平，使我们党永葆生机与活力。

学风问题在党风建设中起着基础性的作用。树立良好的学风，对于领导干部增长才干、提高素质，不断改造主观世界切实做到执政为民、廉洁从政、拒腐防变都具有十分重要的意义。

发扬马克思主义学风，首要是要加强学习。作为领导干部，我们必须把学习作为一种政治责任和精神追求，坚持用科学理论武装自己，用人类社会创造的各种知识来充实自己，用实践和群众的丰富创造来提高自己，努力在建设学习型政党和学习型社会中走到前列。那么，作为党的领导干部应学习什么样的内容呢？

其一，要学习政治科学理论和相关知识，不断提高自身素质和各种能力。理论上成熟是政治上成熟的基础和前提。我们必须把掌握科学的理论作为安身立命之本，深入学习马克思列宁主义、毛泽东思想、邓小平理论和“三个代表”重要思想，特别是要把党的十六大以来以胡锦涛同志为总书记的党中央提出的科学发展和谐社会等一系列重大战略思想，作为理论学习的重要内容，真正做到学懂弄通，掌握精神实质。要深刻认识这些重大战略思想的时代背景和指导意义，深刻认识这些重大战略思想的科学内涵和精神实质，深刻认识这些重大战略思想之间的内在联系和有机统一，全面把握贯穿其中的马克思主义立场、观点和方法，还要深刻认识和全面把握这些重大战略思想与邓小平理论和“三个代表”重要思想既一脉相承又与时俱进的关系。在加强理论学习的同时，还要深入学习党的基本理论、基本路线、基本纲领、基本经验，坚持用马克思主义中国化的最新成果武装头脑，指导工作。还要学习中共中央《关于建立健全教育、制度、监督并重的惩治和预防腐败体系实施纲要》、学习中共中央纪委《关于严格禁止利用职务上的便利谋取不正当利益若干规定》以及《中国共产党党内监督条例》、《中国共产党纪律处分条例》等一系列重要文件。同时还要结合行业特点学习自身的环境保护业务理论知识等。加强对经济、科技、法律、哲学、历史、文学等各领域的涉猎，登高望远，洞察规律。从而不断充实自己，加快知识更新，优化知识结构，完善自己，丰厚思想底蕴，切实增强自身的政治素质、战略素质和科学文化素质，努力提高领导科学发展能力，驾驭复杂局面能力、协调利益关系能力、务实创新能力和拒腐防变的能力等。

其二，要向改革开放和现代化建设的实践学习，不断总结工作经验。古人说，“读万卷书，行万里路”。这就是说，除了要向书本学习，还要向实践学习。实践是最生动的课堂，蕴含着丰富的知识，只有坚持向实践学习，才能深化认识、获得真知，才能增强本领、推动工作。通过在改革开放和现代化建设的大课堂中学习来提高自己。要深入了解我国社会主义初级阶段的基本国情，把握当前我国经济社会发展的一系列阶段性特征，熟悉本地区、本部门经济社会发展的历史、现状，明确下一步发展的目标要求，不断深化对党中央提出的一系列重大战略思想和政策措施的认识。要深入实际调查研究，及时总结本地区、本部门在改革发展中创造的新鲜经验和成功做法，及时总结工作中出现的失误和教训，不断深化对经济社会发展规律的认识。要积极投身改革开放和现代化建设的实践，在实践的风浪和考验中砥砺品格，在创造性地贯彻执行党的路线方针政策中深化认识，在破解影响工作的重点难点问题中增强能力，努力使自己的综合素质在实践中不断得到提高。例如，自从我到环保部门任职以来，通过这些年向环境保护的实践学习，总结出环保工作的一些新鲜经验和做法。如在为促进县区域经济发展服务方面，我局提出了开展“四项服务”、抓好“四项工作”、实施“六项制度”等比较科学合理的、适应三个历史性转变的实施意见。“四项服务”即：开展项目咨询服务，清洁生产审核服务，环境质量、绿色产品认证服务和环保技术服务；“四项工作”即：污染源达标排放工作，污染物排放总量削减工作，生态保护工作，县城环境综合整治工作；“六项制度”即：政务公开制、最低收费制、执法责任制、文明办公制、廉政执法制和首问责任制以及限时服务承诺制等。力求为×县经济发展创造一个蓝天、碧水、绿地、静谧、优美的投资环境和人文环境，从而实现栽下梧桐树引得凤凰来的美好愿望。同时也总结出了一套环保工作管理经验。一是在局内部建立了行政执法责任制、公示制和考评制，成立了行政处罚案件审理委员会，对全局环保行政执法工作统一指挥、督促、监督和考评，协调解决环境执法中的重点和难点问题，保证各项执法工作顺利开展。二是理顺工作程序，强化保障机制。制定和完善了《建设项目环保审查审批规程》等15项规程和《廉政制度》、《机关管理制度》等23项制度，全面推行环保目标责任管理，严格考核和奖惩制度，实行工作人员双向选择、竞争上岗和末位淘汰办法。通过规范内部管理，提高了全体职工的职业道德意识、勤政廉政意识和文明服务意识。三是强化执法监督，规范执法行为。制订环保行政执法责任制、公示制和考评制，严格督促落实，实行环境执法人员持证上岗，亮证文明执法，严格按标准、按程序执法，实行查处分离、罚收分离，依法行政，公平、公正、文明执法，为企业营造宽松的法制环境和公平的竞争环境。同时，严格划分依法行政、严格执法和“四乱”的区别，对有法不依、违法不纠、失职渎职等行为坚决查处，树立敢于执法、善于执法、文明执法的环保执法队伍新形象。四是认真落实环保执法人员“十不准”和国家环保总局的“六项禁令”，坚持以内部工作程序化、对外办事公开化、行政行为规范化为内容的“三化”方针，按照廉洁、务实、高效的原则，从制度建设入手，规范办理程序，规范行政行为，公开法律法规和办事依据、执法权限、办理内容、程序、结果、责任等执行公务“六公开”。五是实行承诺限时服务。对建设项目立项前实行预审制，接到建设单位建设项目有关技术资料后，三天内签署预审意见；对接报的环境污染事故，10分钟内出动，县城区30分钟内赶到现场进行调查取证，并对事故的性质及危害作出恰当的认定和处理；对群众来信、来访举报环境污染，实行首问责任制，要求做到态度热情、记录详细，2小时内派员到现场查核处理。六是对建设项目的审批、信访举报、排污收费、排污申报和排污许可证的发放，对企业治理设施停运、闲置和拆除的审批等与企业和群众联系紧密的工作做到统一受理，实行“一站式办公”、“全程式服务”等。

其三，要虚心向人民群众学习，为人民群众排忧解难。人民群众是认识和实践的主体，他们在创造物质财富的同时，也在创造精神财富。只有不断从广大群众中汲取智慧，才能不断丰富自己、提高自己。我们一定要牢固树立马克思主义的群众观点，端正对群众的态度，甘当群众的小学生，虚心向群众学习。要不断增进与群众的感情，真心实意地听取群众意见，了解群众愿望、情绪和呼声，真正做到想人民群众之所想、急人民群众之所急，在为人民群众服务中学习他们的优良品质。同时，随着经济的发展，环境问题日益成为人民群众关注的焦点、热点和难点问题。要解决人民群众投诉环境的热点、难点问题就成了环保部门联系人民群众为其排忧解难的重要抓手。近年来，我局通过环境信访和环保热线电话等渠道，共接到人民群众环境投诉百余件和人大、政协环境提案10余件，我们都一一进行了圆满处理和给人民群众一个满意的答复。要尊重群众的首创精神，及时发现群众创造的新鲜经验，集中群众的智慧，并善于加以总结、提炼和概括，形成正确的工作思路和工作方法，用以更好地推动工作。

学习的目的在于运用。弘扬理论联系实际的马克思主义学风，关键在于学以致用。通过学习，拓宽视野，增长才干，提高本领，着眼于解决改革发展稳定中的重点难点问题，着眼于增强党性修养、提高精神境界，改造主观世界，做廉洁自律的楷模。通过这些年自己坚持不懈地努力学习政治理论和环保业务知识，使自己获益匪浅，不断提高和升华自己的人生境界，从而使自己在各项工作中能够得心应手，如鱼得水，运用自如，取得了较好的工作业绩，年年被评为省市县各类先进或立功受奖。同时，通过全局上下共同努力，我局××××年××月被省委、省政府命名为省级文明单位，自己也被聘为环保专业高级工程师。

领导干部的修养，不仅是政治素质、理论水平、道德情操、工作能力等的综合体现，而且代表着党的形象。学习是修养之道，是提高修养、升华境界，树立正确的世界观、人生观和价值观的重要途径，那么，通过学习要达到什么样的人生境界呢？

一要达到学以增智。（略）

二要达到学以立志。（略）

三要达到学以正德。（略）

五要达到学以促廉。（略）

第四章　会议发言稿、主持词的写作

第一节　会议发言稿

一、会议发言稿概述

1. 会议发言稿的概念

会议发言稿是各级党政机关、人民团体、企事业单位广泛使用的一种会议文体，通俗地讲，就是会议上发言的稿子。它是发言人代表本单位、组织或本人发表的与会议有关的意见、看法或经验与情况。

发言稿与讲话稿是同样性质的公文，但有的地方也有些区别：习惯上称本机关或上级机关领导人会上发表的言辞为“讲话”，而一般与会人员发表的书面或口头言辞为“发言”。

发言稿可以是谈心得体会、介绍经验教训，也可以是汇报情况、陈述建议等。

2. 会议发言稿的写作格式

发言稿的格式一般包括标题、正文和落款三部分：

（1）标题

应由发言者、发言会议名称、发言内容和文种类别（发言）“四要素”组成，也有时仅标明发言者、会议名称和文种类别，不在标题中标出具体内容，还有的用括号注明发言时间。

（2）正文

发言稿的正文写作可分为三大部分。

第一部分，相当于“前言”或“序”，俗称“开场白”。一般写发言的缘由，引入正题，也有的开头有“各位领导、各位代表”之类的称呼；或者在“序”中以东道主身份对来宾表示欢迎，这要看具体情况而定。

第二部分是发言稿的主体部分，写发言的具体内容。

第三部分是结尾，可适当概括、申述一下自己的主要观点，也可写一些要求或者省略这一部分。

（3）落款标明作者、日期

很多时候这项内容标在标题之下、正文之前。

发言稿的内容很丰富，很难有统一的要求。一般来讲，做到有的放矢、中心突出、层次分明、语言通俗易懂、少陈词滥调，即是好的发言稿。

二、会议发言稿的写作范文

◇研讨会会议发言稿

【范文】

×××同志关于××市党政机关开展
民主评议党员情况的发言

（××××年××月××日）

省委在××召开这次会议，交流贯彻中央13号文件精神、开展民主评议党员的情况，探讨如何进一步搞好这项工作，这无疑将对我市的党建工作起到直接的促进作用。借此机会，我代表市委、市政府对中组部的领导同志，省委的领导同志和各兄弟地市领导同志来我市指导，表示欢迎和感谢！

下面，我就我市前段党政机关开展民主评议党员情况作一简要汇报。

我市这次民主评议党员，是在去年试点的基础上，按照中央13号文件精神和省委要求，从今年2月中旬开始的，前后用了两个多月的时间（每个单位实际占用广大党员两周左右时间）。首先抓了市、县（区）党政机关，共有××××个单位，××××个党总支、支部，×万名党员参加了评议。整个民主评议是分学习提高、自讲互评、表扬处理、总结建制四个阶段进行的。考虑到一次民主评议党员活动的时间是有限的，不能期望解决所有的问题，只能突出重点，根据事先我们对机关党员队伍状况进行的调查分析，把贯彻执行党的基本路线、为政清廉和发挥党员先锋模范作用确定为评议重点。在学习文件提高认识的基础上，着重引导党员围绕要解决的重点问题，开展了“五讲五评”：讲党性，评共产主义信念牢不牢；讲路线，评执行党的基本路线的思想坚定不坚定；讲廉洁，评廉洁自律的觉悟高不高；讲奉献，评为人民服务的宗旨丢没丢；讲纪律，评遵纪守法好不好。

通过民主评议，取得了一定收获，主要表现在：（略）

下面我汇报一下这次民主评议党员的基本思路和主要做法：

1. 集中力量首先从党政领导机关抓起……

2. 把查处案件、思想教育、廉政制度建设和处置不合格党员结合进行，对党内存在的问题进行综合治理……

3. 强调行政首长亲自动手，并采取集中领导、集中时间、集中精力的方法精心组织……

4. 从严要求，立足教育，搞好“一人讲，大家评”……

5. 从严把关，做好组织处置工作……

总的看，这次民主评议党员活动，由于下了一些功夫，开了一个好头，也取得一定成效，但还不能估计过高。因为从已经解决的问题和应该解决的问题比较，差距还是很大的，发展也是不平衡的。主要反映在对应该解决的问题，有的解决得好些，有的差些，特别是广大群众十分关注、迫切要求解决的一些腐败问题，还远未得到彻底解决和揭露；对于各级领导必须坚持两手抓的问题虽然列入了评议的任务，但当时没有明确提出反对资产阶级自由化问题，说明我们缺乏应有的政治敏锐性，因此不能满足于已取得的成果。同时按照中央13号文件要求来衡量，有些单位标准不高，评议工作针对性不强，有些问题解决得不透彻。主要原因是这些单位的领导不力，力量下得不够，评议质量较差。也有个别单位走了过场。

从这次民主评议党员的实践中，我们体会到：中央13号文件是完全正确的，是符合实际情况的。如果认真组织实施而不是敷衍应付，是新时期加强党的建设的有效措施。目前我们党内确实存有腐败涣散的消极因素，这是客观存在的，必须高度重视它。但同时也必须看到坚持党的政治路线，维护党章，坚持党的宗旨的积极因素毕竟是占主导地位的，只要我们按照中央的部署积极工作，依靠党内占主导地位的积极力量，千方百计去克服消极因素，是完全可以做得好的。

以上汇报，希望得到与会同志的批评指导。我们将认真学习吸取各兄弟地市的先进经验，在实践中进一步研究和探索，力求把这项工作搞得更好。

第二节　主持词

一、主持词概述

1. 主持词的概念

主持词适合于各种大型纪念活动、庆祝活动、大型集会、各种较为隆重的活动仪式。它的作用是便于主持人工作，使仪式（活动）程序顺利进行。

2. 主持词的写作格式

（1）标题

“主持词”或“议程”或“仪式程序”等。

（2）正文

首先介绍参加活动的出席人员情况，介绍的顺序，在一般情况下，先上级后下级，先介绍来宾，后介绍当地参加活动的主要领导人。在一些特殊情况下，参加活动的人员虽然职务不太高，但他（她）是当年事件的主要参与者，也应先予介绍。

参加活动的人员介绍之后，主持者以东道主的身份对上级机关的关怀、对来宾的支持表示敬意。

最后全面介绍整个活动的主要程序。

3. 主持词的写作要求

①主持词是在整个活动程序中穿插进行的，起一个穿针引线的作用。

②会议程序是预先研究好了的。如果遇有特殊情况调整时，主持词要作相应的变动。

③主持词在实施过程中，文字表述要和当时的现场活动紧密结合。必要的时候，在不违背原意的情况下，可以增加或减少某些内容。

二、主持词的写作范文

◇会议主持词

【范文】

党员先进性教育活动骨干培训会议主持词

同志们：

保持共产党员先进性教育活动是党的十六大作出的重大决策，是当前的一项重要政治任务。×月×日市委召开了保持共产党员先进性教育活动动员大会，对全市教育活动进行了全面动员部署。为扎实有效地开展好教育活动，根据上级要求，经××研究，决定抽调人员组成先进性教育活动领导小组办公室，向教育活动单位派驻督导组，第一批参与教育活动的单位各确定一名联络员。这次参加培训的同志，都是教育活动办公室成员、督导组成员和第一批教育活动单位的联络员。举办这次培训班，主要是进一步学习领会上级关于党员先进性教育活动的有关指示精神，把握教育活动的指导思想、目标要求、基本原则和程序步骤，明确职责任务，为搞好工作指导打牢基础。

这次培训班共一天时间，分两段进行。今天上午，请市委常委、组织部长、市委教育活动领导小组副组长、办公室主任讲话。下午，教育活动办公室的同志到岗到位，进一步学习业务知识；督导组的同志，召集所督导单位党组织负责人和各单位联络员沟通情况，研究开展教育活动的方案和措施。下面，请市委常委、组织部长、市委教育活动领导小组副组长、办公室主任同志讲话。

……

刚才，部长站在全局的高度，深刻阐述了开展先进性教育活动的重大意义，进一步明确了教育活动办公室和督导组的职责任务，提出了注意把握的三个方面问题。同时，就教育活动办公室和督导组的工作提出了四个方面要求。部长的讲话既有对教育活动的总体要求，也有对大家做好工作的具体安排，具有很强的指导性、实践性和操作性。大家要认真学习领会部长的讲话精神，运用到具体的教育活动中去，推动全市先进性教育活动健康深入开展。

一要全面把握上级关于教育活动的指示精神。今天参加会议的同志作为先进性教育活动的中坚和骨干，一定要先学一步，学深一步，把上级的有关文件和领导讲话精神吃准、吃透，灵活地运用到教育活动中去，切实担负起教育活动的组织、协调和调度职责，正确贯彻落实上级关于教育活动的各项目标要求。

二要认真履行职责，扎实推进教育活动开展。这次教育活动，市委是本着“抽硬人、硬抽人、不商量”的原则，抽调各位担任教育活动办公室成员督导组成员和各单位教育活动联络员，市委对大家寄予了很大的期望，希望大家提高思想认识，真正把“心”放在教育活动上，扎实履行工作职责，认真完成教育活动中的各项工作任务。教育活动的各项工作要坚持高标准、严要求，加强督促检查，不能搞形式主义、走过场。

三要积极探索创新，提高教育活动的质量。活动中，大家要在指导各单位搞好“规定动作”的同时，注意选择和运用好“自选动作”，不断创新提高教育活动效果的方式方法，切实把上级精神与本地实际结合起来，把开展先进性教育活动同市委中心工作结合起来，通过这次教育活动，真正使全市各级党组织和广大党员精神得到振奋，作风得到改善，战斗堡垒作用和先锋模范作用得到充分发挥，圆满完成教育活动的各项任务。

今天上午的议程到这里就结束了，下午，请市委先进性教育活动领导小组办公室的同志到市委组织部组织科集合。督导组要召集所督导单位党组织负责人沟通情况、研究开展教育活动的方案和措施，活动地点由各督导组安排。

第五章 会议开幕词、闭幕词的写作

第一节 会议开幕词

一、会议开幕词概述

1. 开幕词概述

开幕式讲话稿属于讲话稿的范畴之一，它也称为“开幕词”、“发言稿”，是在某种特定场合讲话前所拟定的书面稿子。其作用是节省时间，能够集中有效地围绕中心主题把话讲好，避免走题或把话讲错。这种稿件使用的范围很广，多用于各种重要会议、广播录音等口头表达。

2. 开幕式讲话稿的写作格式

（1）标题

标题是指讲话稿的题目。其写作格式如下：

标题位置要左右居中，上下各空一行。短标题的字距可拉开一点。长标题一行不够，可转行，但要注意保持词与词组的完整性，字数搭配匀称合理。

（2）讲话者姓名

姓名是指讲话者的姓名。其写作格式如下：

①有与标题连在一起，列于标题之前的。

②如果讲话者在本地讲话，大家对其不很熟悉时，最好在姓名之前，冠以主要职务，以便与会者增进了解。

③姓名独占一行时，字距应拉大一些；姓名只有两个字的，字距可再拉大一点。

（3）讲话时间

时间是指发表讲话的时间。其写作格式如下：

①讲话时间有的标在讲话者之前，有的标在讲话者之后，还有把讲话者与讲话时间连在一起嵌入副标题中。这三种方式可灵活运用。

②时间单独标出，独占一行时，要外加括号。

③所标时间不能简化，年、月、日中的数要写全。一般标到某日为止。

（4）称谓

称谓是指对与会者的称呼。如何称谓，要视会议性质和与会者的具体情况而定。称谓一般要顶格写，独立成行，较多时并列两行；有时称谓也可与讲话开头并连在一行。

（5）开头

开头是指讲话稿的开始语。开头是讲话思路的起点，它的任务在于提领整个讲话，赢得听众好感和引入正文。为了达到这个目的，在写讲话稿开头时，需要注意以下四点：

①内容要力求有新意，能给人耳目一新之感。

②形式要力求新奇巧趣，要能牢牢地吸引听众。

③要避免用谦逊过度的开头和自我吹嘘的开头。

④注意开头不要兜圈子、绕弯子，入题太缓，离题太远。

讲话的开头很重要，它起着引发、定调的作用。因此，要写得很得体，要体现出讲话者和听众之间的主要关系，要符合讲话场合的需要，要用简要的语言交代出全部讲话的要点，使听众先有所了解，并造成一种气氛，达到控制和掌握听众情绪，吸引其注意力的目的。

写讲话稿开头的总的要求就是：开门见山、切入主题，语言要引人入胜、吸引听众、新颖精巧，内容要紧扣题意、简明扼要。

（6）正文

即讲话稿的主体。一般来说，正文没有一个固定的模式，其内容要视讲话人的身份、会议的背景、讲话的主题以及听众的差异而定。但都必须内容充实、分析透彻，主题鲜明、观点正确，材料充实、详略得当，层次结构分明、条理清晰，言之有序。篇幅较长的讲话稿需要列出若干小标题，或用序号分出几个部分来写。

（7）结尾

即讲话稿的结束语。结尾是讲话思路的终结，它要在一个很短的时间内，抓住听众的注意力，使其全篇的意义完整，因而必须用最有力量的语言，将思想升华，编织完成全篇的讲话。好的结尾具有画龙点睛的功能，可发人深省，耐人回味，鼓舞斗志，振奋精神。写作讲话稿结尾的要求：

①概括整个文稿主题，作出结论，完整准确。

②语言精悍有力，充满热情。

③让听众余音未尽，回味无穷。

结尾的写作方法很多，常见的有：一是总结式，即对讲话的主要内容进行总结，归纳概括。这种结尾方式既是讲话稿的终点又是启发人们思考的起点。二是发出号召、提出希望式，即向与会者或有关人员指明方向，发出号召，提出希望。三是展望未来、鼓舞斗志式，即对未来的前景作展望，拨动听众的心弦。四是感谢式，即向与会者或有关人员表示感谢。这种结尾方式能使听众倍感亲切，有助于缩短讲者和听者之间的心理距离，融合讲者和听者的感情。五是哲理式，即通过总结作出哲理性结论，给听众以启发。六是含蓄式，即通过提出问题，给听众以回味。

二、会议开幕词的写作范文

◇中外合作洽谈会开幕词

【范文】

在中外经贸合作洽谈会上的开幕词

××自治区副主席　×××

（××××年11月7日）

尊敬的×××大使、各位来宾、女士们、先生们：

首先，我谨代表××××自治区人民政府向前来参会的各位嘉宾、各位朋友表示热烈的欢迎。今天，我们在这里召开洽谈会，目的是为了增进彼此间的了解，在互惠互利的基础上，进一步推进我们之间的经济技术合作。

××具有良好的资源、政策和区位优势。水力、矿产、亚热带动植物、海洋等资源蕴藏量居全国前列；××不仅是中国西部地区唯一拥有海港的省份，而且还是连接中国—东盟的桥梁。××××年，××完成国内生产总值2733亿元，比上年增长10.2%，高于全国平均增长速度，对外贸易创历史新高，经济发展势头迅猛，已形成了以有色金属及非金属矿产开采加工、机械及汽车制造、建筑材料、制糖、农业、旅游业为支柱的特色产业。今年11月，第一届中国—东盟博览会将在××××举办，这为进一步加快××的对外开放和经济发展带来了历史性机遇。

×××科技发达，在电信、高科技以及农业科技产业等都极具国际竞争力。×××和××在资源和技术优势上互补性很强，具有良好的合作前景。我们非常欢迎×××朋友惠顾××观光旅游，投资兴业。愿我们以本次洽谈会为契机，精诚合作，共创辉煌！

祝洽谈会取得圆满成功！谢谢各位！

◇交易会开幕词

【范文】

在××××中国××小麦展示暨交易会上的开幕词

×××

各位领导、各位代表，朋友们：

今天，××××中国××小麦展示暨交易会隆重开幕了。我谨代表国家粮食局向这次大会的召开表示热烈的祝贺！

在粮食流通市场化的新形势下，举办全国性的小麦展示和交易会，为产销区、为全国粮食购销企业、为农业和粮食部门牵线搭桥，让大家以市场为纽带走到一起，并建立长期稳定的产销协作关系，这是充分发挥政府部门的组织引导作用，为深化粮食流通体制改革服务的具体体现。本届交易会的举办，必将进一步强化粮食流通市场化和规范化理念，促进生产、流通的相互衔接。

进场交易、上网交易是未来粮食流通发展的主流趋势。实践证明，充分发挥粮食批发市场的作用，引导粮食企业进场交易、上网交易，是深化粮改、规范粮食市场流通秩序的有效途径，也符合我国粮食发展战略的需要。希望广大粮食企业以这次交易会为契机，充分运用期、现货市场提供的有利条件和服务功能，降低交易成本，不断提高企业的市场意识和市场竞争能力。

中国××小麦展示暨交易会是全国性的大型农业成果展示和小麦交易盛会，前两届交易会所取得的成功和效应，为我们培育和发展这一品牌奠定了很好的基础。我们要不断总结经验，丰富内容，强化服务，开拓创新，努力把这一会议办出水平、办出特色、办出品牌来。

××地处中原，是我国主要的粮食产区，粮食产量和商品量占全国第一位，具有明显的区位优势和资源优势。多年来，××省充分发挥自身优势，在深化粮食流通体制改革，探索粮食产销衔接，促进粮食生产和流通等方面做出了突出的贡献，提供了宝贵的经验。××省人民政府高度重视中国××小麦交易会，为大会的成功召开奠定了坚实的基础。最后，我代表参会的代表向××省政府领导表示衷心的感谢！

谢谢！

第二节　会议闭幕词

一、闭幕词概述

1. 闭幕词的写作内容

由标题、称呼和正文三部分组成，标题与称呼的写法与开幕词基本相同，现在着重说明正文部分的开头、主体、结尾的写法。在标题和称谓之后，另起一段首先说明会议已经完成预定任务，现在就要闭幕了；然后概述会议的进行情况，恰当地评价会议的收获、意义及影响。核心部分要写明：会议通过的主要事项和基本精神，会议的重要性和深远意义，向与会人员提出贯彻会议精神的基本要求等。一般说来，这几方面内容都不能少，而且顺序是基本不变的。结尾部分一般先以坚定语气发出号召，提出希望，表示祝愿等；最后郑重宣布会议闭幕。

2. 闭幕词的写作要求

①要掌握会议情况，有针对性地对会议内容予以阐述和评价；或对会议未能充分展开、认识需要进一步提高的重要问题作出适当强调或补充。

②行文要热情洋溢，文章要简洁有力，起到激发斗志，增强信念的作用。

③要与开幕词前后呼应、首尾衔接，为大会画上一个圆满的句号。

二、闭幕词的写作范文

◇旅游节闭幕词

【范文】

在第二届××旅游节闭幕式上的讲话

×××

各位来宾、女士们、先生们、朋友们：

第二届中国××××旅游节在省委、省政府的亲切关怀下，在省、市有关部门和社会各界的大力支持下，经过组委会全体工作人员的共同努力和全市人民的积极参与，圆满完成了各项节庆活动任务，今天胜利闭幕了。在此，我代表中共××市委、××市人民政府，代表本届旅游节组委会和全市300万人民，对关心、支持和参加这次节庆活动的各位领导、各位来宾、各界朋友表示衷心的感谢！向为节庆活动付出艰辛劳动的全体工作人员和全市人民表示诚挚的谢意！

中国××旅游节是关系××经济和社会发展的大事。为了把这件大事办好，市委、市政府本着办节庆、促旅游、调结构、促发展的原则，坚持政府主导、各方参与、市场运作的办法，把节庆活动办出了新意，办出了特色，办出了成效。旅游节前，我们完成了“两路”拓宽、××村拆迁、中国优秀旅游城市雕塑、城市绿化等基础设施建设工程，进一步美化了××，绿化了××，净化了××，亮化了××，焕发了历史文化名城的风采，展示了中国优秀旅游城市的风貌。旅游节期间，我们举办了36项文体、旅游和经贸活动项目。这些项目容量大，层次高，项目新，前景好，因此，取得了很好的节庆效益，真正起到了弘扬文化、促进旅游、优化结构、扩大开放、发展经济、振兴××的作用。我们也高兴地看到，旅游节进一步振奋了××人的精神，起到了统领民心、共谋大业的作用；旅游节进一步增强了广大市民建设美好××的责任感、荣誉感、自豪感；旅游节进一步坚定了全市人民搞好物质文明和精神文明建设的决心和信心！

同志们、朋友们，第二届中国××旅游节的成功举办，为进一步搞好我市各项工作提供了有益的经验，这就是必须按照“三个代表”的要求，解放思想，实事求是，为人民群众办实事；必须相信群众，依靠群众，动员和引导全市人民广泛参与；必须用改革的精神和市场运作的办法解决发展中的问题；必须振奋精神，奋发图强，争先发展。只要我们认真吸取这些有益的经验，就一定能够把××的事情办得更好。今后，我们一定要以邓小平理论为指导，按照“三个代表”的要求，依托我市丰富的旅游资源，立足日益增长的旅游市场需求，深化改革，扩大开放，加强指导，强化管理，加大扶持力度，把旅游业作为新的经济增长点进一步发展壮大。我坚信，只要全市上下共同努力，振奋精神，扎实工作，××的明天一定会更加美好！

谢谢！

◇艺术节闭幕词

【范文】

在学校首届艺术节闭幕式上的讲话

×××

尊敬的各位领导、老师们、同学们：

晚上好！虽然是寒气袭人的严冬季节，这里却涌动着春日的暖流。今日嘉宾远至，师生同聚，其乐融融。首先，请允许我代表学校全体师生向长期关心和支持×县×中艺术教育工作，今晚亲临大会的市、县各级领导表示热烈的欢迎和衷心的感谢！

精彩纷呈的×县×中首届艺术节即将降下帷幕。两周以来，在老师们的精心组织下，广大同学怀着灵智的激情踊跃参与，百米书画长卷现场比赛，气势磅礴，同学们挥毫泼墨，作品风骨毕显；泥塑和纸艺，稚气里露真情，质朴中见精巧；器乐大赛、舞蹈大赛和歌手大赛，风格多样，雅俗共赏，充分展示了我校学生的青春风采和艺术才华；艺术影片鉴赏、艺术专题讲座，让广大师生在感受美、欣赏美的过程中再次得到美学理论层面的指导，对提高同学们的艺术鉴赏能力和创造美的能力都将起到极大的指导作用。特别值得一提的是，艺术节期间，由语文组具体策划，艺术组协助指导的课本剧《××××》，在××市教育局、××市中语会组织的庆祝中国语文独立设科一百周年文艺汇演中取得了极大的成功，荣获“世纪奖”，受到省有关专家的高度评价。全体师生热爱生活、酷爱高雅艺术的充沛激情和奋力拼搏、开拓创新的学校精神将在今晚凝聚成专场文艺晚会，让我们再次感受到作为××省百所艺术教育特色学校之一的×县×中浓厚的艺术氛围。给即将到来的××××年元旦和即将召开的第七次三代会奉献上一份诚挚的祝贺。并且，我们将这一系列的审美活动上升到艺术节的高度来举办，本身就是对校园文化艺术传统的又一次弘扬。它的深远意义更在于让×县×中成为广阔的艺术殿堂。为更多崇尚高雅艺术的同学搭建更加优越的发展平台。为此，学校决定在××××年3-5月，举办“××艺术节”和“合唱节”。

我坚信：在今后的艺术活动中，同学们一定会取得更加令人瞩目的成绩。在此，我代表学校党政，衷心祝贺同学们在首届艺术节中取得的辉煌成绩，并预祝今晚的文艺演出和即将召开的第七次三代会取得圆满成功。预祝全校师生员工元旦快乐！

谢谢大家！

第四编

办公室礼仪类文书写作

第一章　欢迎词、欢送词、答谢词的写作

第一节　欢迎词

一、欢迎词的写作概述

1. 欢迎词的概念

欢迎词是指在接待或招待客人的正式场合中，主人发表的表示欢迎之意的致词。

外宾来访、领导视察、同仁参观、新生入学等都要表示热烈的欢迎和美好的祝愿。欢迎词是社交礼仪活动中主人对宾客表示欢迎或欢送，从中体现主人的社交修养、对外形象的讲话稿。

2. 欢迎词的特点

①要求对对方的到来或离别也应充分体现礼貌、谦和、恭敬的态度，给宾客留下谦和亲切的良好印象。

②真挚性。对宾客的来访或出席会议，不论欢迎还是欢送。谦恭中都蕴含着真挚的感情，推心置腹，以诚相见。

③委婉性。欢迎词、是代表一个国家或地区（单位）发言的，该坚持的原则立场还必须坚持，在表达上应委婉地表达。

④简短性。欢迎词，是社交场合的礼节性发言一般都很简短，绝不允许长篇大论，语言要简练明快。

3. 欢迎词的种类

（1）欢迎词从表达方式上划分

①现场讲演欢迎词。一般由欢迎人在被欢迎人到达时在欢迎现场口头发表的欢迎稿。

②报刊发表欢迎词。是发表在报刊或公开发行刊物之上的欢迎稿。它一般在客人到达前后。

（2）欢迎词从社交的公关性质上划分

①私人交往欢迎词。私人交往欢迎词一般是在个人举行较大型的宴会、聚会、茶会、舞会、讨论会等非官方的场合下使用的欢迎稿。通常要在正式活动开始前时行。私人交往欢迎词通常具有很大的即时性、现场性。

②公事往来欢迎词。这种欢迎词一般在较庄重的公共事务中使用。要有事先准备好的得体的书面稿，文字措辞上的要求较私人交往欢迎词要正式和严格。

4. 欢迎词的写法

（1）标题

第一行正中写标题，字体略大，可写“欢迎词”三个字或写“×××在欢迎×××会上的讲话”。

（2）称呼

第二行顶格写称呼，称呼要讲究礼仪，姓名要写全，要用尊称，可根据主客之间关系的疏密在姓名前面加表示亲切的修饰的词语，如“尊敬的”、“敬爱的”、“亲爱的”等，要因人而异。

（3）正文

正文要表达三层意思：

第一层，开头要对客人表示热烈的欢迎、诚挚的问候和敬意。

第二层，阐述来访的意义，赞颂客人各方面取得的成就，也可回顾双方之间的交往与友谊，赞扬双方之间的友好合作。

第三层，最后表示良好的祝愿或希望。

（4）结尾

再一次对客人表示热烈的欢迎和良好的祝愿。

（5）署名、日期

正文右下方署名，如标题有名称，可不署名，署名下一行标明日期。

5. 欢迎词的写作要求

欢迎词是出于礼仪的需要而使用的，因此要特别注意礼貌。通常要注意以下几点。

①称呼要用尊称，感情要真挚，要比较得体地表达自己的原则立场。

②措辞要慎重，勿信口开河，同时要注意尊重对方的风俗习惯，应避开对方的忌讳，以免发生误会。

③语言要精确、友好、温和、礼貌。

④篇篇短小，言简意赅。

二、欢迎词的写作范文

◇欢迎词

【范文】

欢迎词

各位来宾、各位朋友：

“春来谁做韶华主，总领群英是牡丹”。在春风送暖、百花吐艳的时节，古都××迎来了第九届牡丹花会。热情好客的古都人民，诚挚地欢迎外国朋友、港澳台同胞和来自祖国各地的客人光临××！

花，是社会文明的标志，也是一个地方繁荣昌盛的象征，自古以来，我国人民就有养花、种花的优良传统。……

年年岁岁花相似，岁岁年年“会”不同。愿××牡丹花会在中外友人的关注和全市人民的共同努力下，愈办愈好！

祝各位来宾在××期间精神愉快，身体健康！

××××年××月××日

◇致来宾的欢迎词

【范文】

××镇党委书记×××先生致欢迎词

尊敬的各位领导，各位嘉宾，各位校友老师们：

在这梅吐函香的时节，我们迎来了××中学50华诞。值此可喜可贺之际，我谨代表××镇党委、镇政府向××中学全体师生员工表示热烈的祝贺！向曾在×中工作过的同志们，向在百忙中莅临庆典的各位领导、嘉宾、校友表示热烈的欢迎和诚挚的谢意！

××中学建立于××××年，她是××西南地区第一所公办中学。她从无到有，从小到大，走过一条不平凡的创业之路、发展之路，始终坚持培德育人、报效祖国的正确办学方向，谱写了绚丽的历史篇章。

五十年风雨沧桑，五十年艰苦奋斗。××中学从柳茹迁于钟甲，××中学不论从教学设施、校园面貌上，还是从教学管理，学校规模上都有崭新的变化，取得了一个又一个骄人的业绩。五十年来莘莘学子从×中展翅高飞。

如今，他们或为政界要员，或为军中骄子，或为学术大师，或为商界翘楚；

还有更多的学子，只是普通建设者，但在平凡的岗位上，他们都在默默奉献着自己的聪明才智。

××中学有这样的辉煌是全体×中人共同努力的结果。作为镇党委书记，我要特别感谢你们。感谢你们用辛勤的汗水滋润了学生的心田，感谢你们用诚挚的爱心温暖了学生的希望；感谢你们用渊博的知识放飞了理想的翅膀，感谢你们用有力的双手托起了明天的太阳！感谢你们为党的教育事业默默耕耘，为老区的教育增添光彩。

今天，在这群贤会聚、共展蓝图的喜庆气氛中，××镇党委、镇政府殷切期望，在××工作的老领导、在外工作的×中校友，为××中学乃至××的进一步发展给予更多的关心，更多的支持，××是一个贫困的老区，对教育的投入是有限的，因此希望各级领导和××中学的校友们对××中学多多关注和支持。××中学的全体师生员工，××6万人民是不会忘记你们的！

最后，衷心祝愿××中学以50校庆为新的起点，全面贯彻党的教育方针，全面推进素质教育，不断开创学校各项工作的新局面，为国家为社会培养更多的优秀人才，创造更加辉煌的××教育！

最后祝各位领导、嘉宾、校友 身体健康、万事如意。

祝全体师生，工作顺利，学习进步。

××市××镇党委书记×××

××××年××月××日

◇致党政代表团欢迎词

【范文】

欢迎词

各位领导、各位朋友：

在这×山涌绿，田野叠翠的美好时节，迎来了远道而来的××省××市党政代表团的各位领导、各位朋友。朗水扬波传喜讯，×山点头迎嘉宾，淳朴而好客的××万×山人民热情地问候您，热烈地欢迎您！

×山，历史悠久，源远流长，迄今置县××××余年。远古先民，曾在这里刀耕火种，生生不息，创造了悠久的历史和灿烂的文明；民主斗士，在这里高举义旗，传播真理，留下了宝贵财富；革命前辈，在这里浴血奋战，英勇捐躯，写下了壮丽诗篇。这里是红色热土，薪火相继，这里是川陕革命根据地之一。第二次国内革命战争时期，××××多名营山儿女参加红军，××××多名热血青年为中华民族的解放事业献出了宝贵生命。

×山，在××八年的真诚帮扶下，勤劳、善良的×山人民团坚固干，拼搏奋进，决战贫困，实现了经济社会发展新跨越。而今，城市日臻完善，工业正在崛起，农业布满希望。在×山××××多平方千米的土地上，到处都树起了××对口帮扶的不朽丰碑。

长长帮扶路，绵绵手足情。××对口帮扶的八年，是×山人民得实惠，干部受教育的八年，是××人民真情奉献，×山人民永世不忘的八年，也是×山经济社会发展最快最好的八年。

潮涌两岸阔，风正一帆扬。在深入践行“三个代表”，切实推进“三个转变”，加快建设×山小康社会的征程中，我们一定承关怀而奋起，化帮扶为力量，在金华人民的继续关怀和帮助下，进一步解放思想，抢抓机遇，开拓进取，不懈奋斗，用脚印踏出坦途，用汗水升华果实，用歌声告诉未来！

祝××代表团的各位领导、各位朋友身体健康，工作顺利，万事如意！

××县委

××××年××月××日

第二节　欢送词

一、欢送词的写作概述

1. 欢送词的概念

欢送词是指向客人告别的正式场合中主人发表的表示送别客人的致词。会议闭幕、学生毕业、客人结束访问等，都要表示热烈欢送。

2. 标题的种类

①欢送词从表达方式上可分为现场讲演欢送词和报刊发表欢送词两种。

②欢送词从社交的公关性质上可分为私人交往欢送词和公事往来欢送词两种。

3. 欢送词的格式和写法

欢送词的格式和写法一般同欢迎词，只是正文部分的内容有所区别，应对客人表示热烈的欢送并对客人在这一阶段取得的成绩予以肯定，给予适当的评价。最后结束语要以生动感人的语言对客人表示希望和勉励，并显示出依依惜别的感情。

4. 欢送词的写作要求

①称呼用尊称，注意宾客身份，致辞要恰到好处，感情要真挚、诚恳而且要

健康。

②措辞要慎重，勿信口开河，要尊重对方风俗习惯，以免发生不该发生的误会

③语言精确、热情、友好、温和、礼貌。

④要言简意赅，篇幅不宜过长。欢送词也是一种礼节性的社交公关辞令，要短小精悍，这样更宜于表达主人对客人的尊重和礼貌。

二、欢送词的写作范文

◇欢送词

【范文】

市领导在新兵欢送会上的讲话

同志们：

今天，我们在这里隆重举行仪式，热烈欢送今冬应征入伍的新兵。首先，我谨代表市委、市政府、市人武部向光荣应征入伍的全体新兵表示热烈的祝贺！向积极送子参军、支持国防建设的新兵家长们表示崇高的敬意！向来自祖国四面八方，为我市征兵工作付出辛勤汗水的接兵部队同志们表示亲切的问候！

中国人民解放军是中国共产党领导和缔造的执行政治任务的武装集团，是人民民主专政的坚强柱石，是国家安全、社会稳定和祖国统一的重要保障。向人民军队输送大批优质合格兵员，既是全面完成十六大提出的“加强国防建设，增强国防实力”任务的现实需要，也是提升我军战斗力，加速推进军事斗争准备，打赢未来信息化战争的客观要求。因此，作为祖国新一代青年，保卫祖国、保卫社会主义现代化建设责无旁贷。新兵同志们，在你们即将离开家乡，奔赴军营，加入中国人民解放军的行列之际，我谨代表家乡人民对你们提几点希望和要求：

一是要努力加强政治理论学习。要自觉实践“三个代表”重要思想，认真学习贯彻党的十六届四中全会精神，切实加强自身思想品德修养，不断改造世界观、人生观，提高思想政治素质，确保政治上的清醒和坚定，努力做到政治合格。

二是要切实履行兵役义务。“当兵不习武，不算尽义务；武艺练不精，不算合格兵”。到部队后，要加强军政业务学习，练就过硬的杀敌本领，报效祖国；要服从命令，听从指挥，尊重领导，团结同志，严守纪律，培养和造就优良的品质和作风，切实担负起维护祖国安全统一和社会稳定的神圣使命，圆满完成党和人民交给的各项任务，为人民争光。

三是要自觉献身国防事业。要识大体，顾大局，以部队为家，安心服役，努力把党和国家利益、人民利益置于个人利益之上，自觉献身国防事业。同时，也请你们相信，党和政府会一如既往地关心、照顾军人家属的生活，进一步做好义务兵的优抚安置工作，落实好有关政策，为你们安心服役创造良好条件。

新兵同志们，祖国已经向你们发出召唤，人民军队已敞开胸怀在迎接你们的到来，让我们携起手来，在以胡锦涛为总书记的党中央领导下，按照“政治合格，军事过硬，作风优良，纪律严明，保障有力”的总要求，共同为国防建设添砖加瓦，为保卫祖国，建设祖国贡献自己的青春和力量。最后，祝新兵同志们在新的人生征途上一路平安，一帆风顺，在部队不断取得进步，为国防事业建功立业，家乡的各级领导和父老乡亲在等待着你们的捷报。

第三节　答谢词

一、答谢词的写作概述

1. 答谢词的概念

答谢词是指在公众场合对别人的帮助或招待表示感谢时所说的话。

古人常言“来而不往非礼也”。单位之间、朋友之间有喜事前来祝贺，有困难解囊帮忙，有不幸探问安慰，这些都应及时致谢，此乃人之常情。

2. 答谢词的写作格式与技巧

（1）标题

答谢词的标题有两种：一种是简单地写“答谢词”；另一种是完整的标题，由致词人和欢迎或欢送仪式名称及致词名称组成。

（2）正文

答谢词的正文由称谓、开头、主体、结尾和敬语组成。

称谓是对欢迎或欢送自己的主人的称呼，由主人的姓名、职称及尊词组成。有时这部分内容不放在开头，而穿插在正文行文中，以增强抒情性、亲切感。

正文开头要对主人的热情接待、周到安排表示衷心的感谢。主体部分写致词的中心内容。结尾部分，应对主人的热情款待表示衷心感谢，并写上祝愿主人的敬语和美好的祝愿。

正文内容的撰写可根据感谢的事由及对主人的感激程度来灵活掌握。可运用感谢信的格式。

二、答谢词的写作范文

◇旅游参观答谢词

【范文】

××市委常委、××市委书记×××致答谢词
在促进××资源枯竭城市转型研讨会上的答谢词

尊敬的各位领导、各位专家，同志门、朋友们：

今天，我们聚集在美丽的江城××，把目光投向××这座古老的矿冶之城，共同研究××的城市转型问题。这是××这个城市的不胜荣幸，也是××人民的无限荣光。刚才，各位与会领导和专家学者，围绕××的城市转型工作，发表了许多精辟的见解，提出了许多宝贵的意见和建议。这对我市今后的改革发展一定会产生重大而深远的影响。在此，我代表中共××市委、××市人民政府向出席今天会议的各位领导和专家学者致以崇高的敬意！向长期以来关心、支持××经济社会发展的社会各界人士，以及广大新闻媒体的记者朋友们表示衷心的感谢！

××是座典型的资源型城市。古老的××，孕育了光辉灿烂的青铜文化；近代的××，为国家和地方建设作出了巨大贡献；如今的××，资源日益枯竭，可持续发展面临严峻形势。在这种背景下，我们从××××年起，提出经济转型发展战略，进行了自发式的经济转型探索。今年3月被国务院批准为全国首批资源枯竭转型城市后，我们从此开启了在国家政策支持下的城市转型征程。获批以后，我们在国家发改委、省委省政府、××市委市政府的领导下，积极与省直相关部门开展了各项对接活动，得到了各方面的大力支持和无私帮助，目前转型前期工作进展顺利。特别是不久前通过评审的《××转型规划》的出台，更为我市下步深入推进城市转型提供了保证，从进入全国首批资源枯竭城市名录，到今天转型研讨会的召开，我们深深体会到各级各部门对资源型城市的关爱和对××转型工作的关心，我们取得的每一点成绩和进步，是国家发改委高度关注的结果，是省委省政府、××市委市政府关心支持的结果，是省委省政府、市相关部门鼎力帮助的结果。在这里，我代表××万人民，对你们的关心、支持和帮助表示衷心的感谢！

在座的各位领导和专家学者都是××城市转型的重要参与者和推动者，在政策方面的权威的研究，在理论方面有前沿的成果，在实践方面有丰富的经验。刚才，××办领导和财政部领导对我市的转型提出了明显要求，我们一定认真领会，严格执行；各位专家学者通过大会发言和书面发言，发表了很多真知灼见，我们深受启发，受益匪浅。通过今天的研讨，我们对资源型城市可持续发展的认识更加明确，对国家相关政策的理解更加透彻，对今后发展的思路更加清晰，同时对转型工作的信心也更加坚定。在下步工作中，我们将认真接受各级领导的指导，认真听取各位专家学者的意见和建议，进一步解放思想，创新思路，按照转型规划的统一部署，科学、扎实、高效、有序地推进城市转型各项工作，争取早日实现全国资源枯竭城市转型的示范县市、××“两型”社会建设的示范县市和全国综合经济实力百强县市的奋斗目标。

城市转型是一项长期而复杂的系统工程。进入国家转型城市行列，只是在转型道路上迈出了一小步；要真正实现全面转型，以后要做的工作还很多，可能面临的困难也很多。我们真诚地期望各级领导和各位专家学者一如既往的关心××、支持××、帮助××，多来××走走、多到××检查指导，多为××的发展出锦囊妙计。××人民将会以满腔的热情欢迎你们！

各位领导、各位专家、各位朋友，相聚虽然短暂，情谊地久天长；转型任重道远，希望再次相会。我们坚信，在上级党委政府的坚强领导下，在上级部门单位的大力支持和帮助下，勤劳智慧的××人民一定会不断开拓创新，顽强拼搏，以优异的成绩为××“两型社会”建设作出更大的贡献，为地方经济社会发展的作出更大贡献，不辜负国家、省、××对××的关心和厚爱！

最后，再次感谢各位领导、各位专家学者对××的关心和支持！祝各位领导、各位专家学者身体健康、工作顺利、万事如意！

谢谢大家！

◇抢险救灾答谢词

【范文】

抢险救灾答谢词

中共××县委、县人民政府：

××交通工程建设集团有限公司作为援川工程建设的一员，值此抗洪救灾危急时刻，拜读贵县党、政领导核心代表全县××万人民寄上的一片爱心，深深感动着××公路项目部的每一个员工。

在××市援建指挥部的正确领导下，××交工集团承建的×（×）——×（×）公路工程，在“7·16”洪灾中蒙受重大创伤。全线工程6处断道，尤以K5+350路段受损最为严重。

“7·16”大暴雨引发的山洪翻卷阵阵涌浪，冲毁K5+350路段挡墙，直扑路面；大暴雨同时引发泥石流，从山腰上直接飞泻 K5 +350 路段；大暴雨又引发半幅山体滑坡。长约 200 多米的路段，同时遭受山洪冲击、泥石流飞泻、山体滑坡挤压，最终导致 K5 +350 路段整体挡墙、路基、路面滑落汹涌的洪流，顷刻间消失得无影无踪……

无情的自然灾害，冲垮、冲毁了公路建设工程，却无法冲垮黄茶公路项目部全体员工抢险、保通、重建的信心和决心。

暂可告慰县领导的是，针对严重被毁的 K5 +350 路段，项目部于 7 月 19 日采取编织袋装填卵石，填筑坍塌路段，为作临时便道；紧急调度挖机、装载机各一辆，挖掉半幅山体滑坡路段约 7000 立方的塌方泥石。项目部员工克服艰难险阻，夜以继日苦战，7 月 20 日下午 3 点，K5 +350 以及其他断道路段终于被全线打通、连接！小型车辆、摩托、行人得以通行，方便了瓦砾、茶坝乡群众出行采购生活必需品，稳定了人心。

灾情就是命令，× ×公路抢险、保通，是× ×交工集团援川人员的职责。

为此，× ×公路项目部员工，决心在× ×市援建指挥部领导下，在× ×县党、政领导核心和× ×县人民的大力支持下，抓紧时间，将洪灾造成的损失和工期的延误抢回来，优质、高效建好× ×公路，宁可骨埋× ×，誓为× ×人民献上一份爱心，献上一份同胞血肉之情，献上一份× ×人民满意的答卷！

× ×——× ×人民心连心，并肩奋战，继续发扬伟大的抗震救灾精神，共同绘就美好× ×的新蓝图。

× × ×

× × × ×年× ×月× ×日

第二章 贺信、贺电、请柬、喜报、捷报的写作

第一节 贺信、贺电、请柬

一、贺信、贺电、请柬的写作概述

（一）贺信概述

1. 贺信概念

贺信是对某一单位或个人所取得的成就表示祝贺的信件。常用于隆重的会议或喜庆的仪式上。上下级之间、同级单位之间，都可以发出贺信。

2. 贺信的基本格式和写作要求

（1）贺信的基本格式

①标题。在第一行正中写上“贺信”二字。也可以在“贺信”前写上谁给谁的贺信以及被祝贺的事由。

②称谓。顶格写接受贺信的单位或个人及称谓，后加冒号。

③正文。另起一行，空两格写贺信的内容。一般包括：简述当前的形势和工作发展情况；说明对方取得的成绩及原因；表示热烈的祝贺和殷切的希望。

④结尾。先署名，另起一行，在信的右下侧写明发信单位或个人名称。最后注明年、月、日。

（2）写贺信的要求

①感情真挚、浓烈，给人以鼓舞。

②文字简练，语言朴素。不堆砌华丽辞藻，不言过其实，不空喊口号。

③评价要妥当，有新意，避免陈词滥调。行文规范，称谓得体。

（二）贺电概述

1. 贺电概念

贺电，又叫庆贺电，它是领导机关、单位或领导人个人名义发给有关单位、

集体、个人、以表示祝贺、赞颂的电报。

2. 贺电的格式与写作

①标题。在第一行正中写“贺电”二字，有的贺电也可以不写标题。

②称谓。在第二行顶格写收电单位或个人的称呼。

③正文。正文部分直接写明祝贺的内容、成就、意义。

④结语。写表示热烈的祝贺和寄予希望的话语。可以紧接正文写，也可另起一行。

⑤署名和日期。在右下方写发文单位名称或个人姓名；下边写年、月、日。

（三）请柬概述

1. 请柬的含义

请柬是邀请客人时发出的专用信件，又叫请帖。

请柬应用广泛，召开庆祝会、纪念会、联欢会、招待会、宴会、订货会等许多会议和许多活动都可以发请柬；单位、团体、个人均可以发请柬。

2. 请柬的基本格式

请柬一般由标题、称谓、正文、敬语和落款几部分构成。

（1）标题

标题即写“请柬”、“邀请书”。如果请柬是折页纸，封面写“请柬”二字，封面还要做些艺术加工，如图案装饰，文字用美术体，并可套红或烫金。如果请柬是单页纸，第一行正中写“请柬”二字。

（2）称谓

称谓写被邀请者（单位和个人）的名称。如“××研究所”、“××先生”、“××教授”等。称谓有时写在正文之上抬头顶格处，有时将请柬再放入信封，称谓写在信封上，请柬上就不再写称谓。

（3）正文

正文要写清被邀请人何时、何地、参加什么活动或会议等。

（4）敬语

敬语可写“敬请光临指导”、“敬请届时出席”或“此致、敬礼”等。

（5）落款

落款处注明发请柬的单位或个人，并写明发请柬的日期（年、月、日），若单位所发请柬有时还需加盖公章。

3. 请柬写作的要求

①请柬主要是表明对被邀请者的尊敬，同时也表明邀请者对此事的郑重态度，所以邀请双方即便近在咫尺，也必须送请柬。凡属比较隆重的喜庆活动邀请客人均以请柬为准，切忌随便回头招呼，顾此失彼。

②请柬是邀请宾客用的，所以在款式设计上，要注重其艺术性，一帧精美的请柬会使人感到愉快和亲切。

③选用市场上的各种专用请柬时，要根据实际需要选取购合适的类别和色彩、图案。

④请柬要在合适的场合发送。一般说来，举行重大的活动，对方又是作为宾客参加，才发送请柬。寻常聚会，或活动性质极其严肃，郑重，对方不作为客人参加时，不应发请柬。

⑤措辞要简洁明确、文雅庄重、热情得体。

二、贺信、贺电、请柬的写作范文

◇贺信

【范文】

××省会计核算中心成立贺信

××省财政厅：

欣悉××省会计核算中心成立，谨表示热烈祝贺！

随着经济体制改革的深入和社会主义市场经济的发展，改革会计管理体制，健全会计监督制约机制，发挥会计职能作用，被提到重要议事日程，并进行了积极探索和有益尝试，对行政事业单位实行会计集中核算就是这方面改革的重要形式之一。从试点的情况看，实行会计集中核算，不仅有利于规范资金管理和提高会计信息质量，也为国库集中支付制度、政府采购制度、实行财政性资金“收支两条线”管理和部门预算等财政改革的顺利实施奠定了可靠基础。××省会计核算中心的成立，必将对推动××省会计管理体制改革，促进会计工作更好地为社会经济发展和廉政建设服务，起到重要作用。希望××省会计核算中心在当地党政部门的领导下，积极探索，勇于开拓，完善各种内部管理制度，不断提高员工的业务素质和工作水平，增强服务意识，提高服务质量，为推动会计改革的深化和地方经济的发展作出应有的贡献！

财政部会计司

××××年××月××日

◇贺电

【范文】

县委、县政府向中国女排发去贺电

国家排管中心转中国女排：

欣闻中国女排于 8 月 23 日力挫古巴女排，勇夺奥运会铜牌，为中华民族增添了新的殊荣和光彩。在此，谨向你们表示最热烈的祝贺。

我们全县人民为中国体育健儿在北京 2008 年第 29 届奥运会上取得的突出成绩而骄傲，为××籍运动员×××在赛场上的出色表现而自豪。我们将以中国体育健儿为榜样，发扬顽强拼搏的精神，开拓进取，为建设山水园林型的现代化新兴城市、全面实现小康社会目标而奋斗，为我国社会主义现代化建设事业作出更大贡献。

中共××县委
××县人民政府
××××年××月××日

第二节　喜报、捷报

一、喜报、捷报的写作概述

1. 喜报的概念

喜报是报告喜讯的专用书信。它有两种类型：一是某个单位在工作中取得了显著成绩或重大创造发明，向上级单位或重要会议报喜的；一种是个人或集体在学习、工作中取得优异成绩，获得某种光荣称号，上级机关向有关方面或家属报喜用的。

2. 喜报的写法

①完成了什么任务，取得了什么成绩或批准了什么要求。

②概括说明取得成绩的原因。

③今后如何更进一步完成更艰巨的任务或取得更大的成绩。

④写喜报一定要实事求是，简明扼要。喜报的格式和一般书信相同。

3. 捷报的概念

捷报是一种下级向上级或个人向组织报告所取得的成绩、成就或战绩时使用的上行式特殊书信。“捷”包括胜利与快速两层意思。捷报，意为把胜利的消息尽快传播出去，因此又叫“快报”。

4. 捷报的作用

①能及时反映战斗、生产成绩，使上级组织和部门能尽快了解情况，掌握全局，提出指导性的意见。

②能鼓舞士气、激励有关人员的工作斗志。

③能密切上、下级之间、组织和个人之间的关系。

5. 捷报的特点

①捷报要以最快的速度，把最新完成重大任务的情况报给上级机关或领导。写捷报的人要随时了解任务完成的每个细节、情况，要及时地写，快速地报。

②捷报用来传递胜利、成功的消息，捷报不是要传递任何一种消息，而只是用来传递胜利进展都会关系到整个任务、重大困难时，一些关键性的步骤的完成或顺利进展都会关系到整个工程、任务、战役全局能否顺利进行或完成。如果能及时地传递胜利的喜悦，不仅可以使上级领导机关坚定自己的既定决策，鼓舞士气，同时，也可以使上级领导机关更好地统筹安排下一步工作，为取得全局性的胜利打下基础。

6. 捷报的写作要求

①首先应注重快捷、及时地反映工作中所取得的重大成就，使有关上级部门或领导能尽早了解情况、掌握全局，作出下一步的决策。

②应注意内容的选择，不滥用捷报。当下级部门、集体或个人取得突出成就，具有较大较普遍的影响时才使用捷报。这样，才能更好地发挥捷报的社会作用。

③捷报的内容应真实、具体，有数据的应写明确切数据。对所取得的成就要实事求是，不夸大、不缩小。这样才能使人信服，从而产生影响。

④语言应简洁明晰，通俗易懂。不要使用怪僻的字眼或堆砌辞藻，应高度凝练，篇幅短小精悍。

7. 捷报的写作方法

捷报主要由信件名称、受信者称谓、正文、结语、署名和日期五部分构成。

①信件名称。在第一行正中用较大字体写“捷报”字样。

②受信者称谓。另起一行，顶格书写受信者单位名称或个人职务、姓名。在个人姓名后加上“同志”、“先生”等恰当称呼。在称谓后加冒号。

③正文。另起一行，空两格书写捷报内容，包括成就（成绩）的情况、主要内容及取得成绩或胜利完成任务的原因、今后的设想打算等。

④结语。另起一行，空两格写“特此报捷”或“特此捷闻”，后面不用标点

符号。

⑤名和日期。在信件的右下方写上发信人的单位名称、集体总称或个人职务、姓名。在署名下写出发信的准确日期。

8. 捷报的写作要求

①捷报通常用大红纸写成，以示喜庆。标题字体要醒目。

②捷报不可滥用，应把握好分寸。只有那些重大任务完成了或者取得了显著的成绩，在某一艰巨的任务中取得突破的进展时方可使用。

③捷报内容一定要真实、不夸大、不缩小、切实做到实事求是。

二、喜报、捷报的写作范文

◇喜报

【范文】

喜　报

××× 同志：

由于你在工作中创造了四年税收无差错的优异成绩，荣获市税务局颁发的“三八红旗手”光荣称号。

特此报喜

××省××市税务局

××××年××月××日

◇捷报

【范文】

捷　报

××市市政建设指挥部：

为迎接建国××周年和党的××大胜利召开，我部各级人员积极努力，克服困难，胜利完成了××××路改造工程。××路将于本月 28 日正式通车，比预定期限提早整整一个月。

特此报捷

××路工程指挥所

××××年××月××日

第三章 推荐信、公开信、表扬信、批评信

第一节 推荐信、公开信

一、推荐信、公开信概述

1. 推荐信概念和种类

（1）推荐信的含义

推荐信是向单位或个人介绍某人担任某项职务或工作的信件。推荐信的收信者可以是单位或单位负责人，也有向私人推荐的，收信者是个人。

（2）推荐信的种类

推荐信的种类按推荐对象分，有推荐人和推荐物两种类型；按作者分，有自我推荐和推荐他人两种类型。

2. 推荐信的适用范围

①写推荐信的人是有地位、有身份的人，因为受人之托或其他原因而遇到了适合于某项工作的人才，故而向某用人单位进行推荐。写信人同该用人单位可以有某些联系，比如是该单位的上层领导，也可以同该单位毫无关系。

②向熟人或朋友推荐人才。由于受人之托或者别的原因，而向自己的熟人或友人推荐某人前往工作或做某事情。写信人往往靠自己同某单位或个人的良好关系而出面为别人牵线搭桥。

③推荐信也适用于个人直接向自己希望前往谋职的单位介绍自己的情况，这种推荐称之为自荐信。自荐信的写作者同该单位可以毫无联系，也可以是该单位的职员。

3. 公开信的概念

公开信是将信的内容公布于众，公开让人们周知和参与讨论的信件。

4. 推荐信的写作格式

（1）推荐信主要是写明被推荐者的身份及基本状况。

（2）表明推荐者的推荐目的和愿望。

（3）被推荐者一旦被任用将会产生的作用或好处。此项内容用语可模糊些。

（4）格式同一般书信，也有的以“推荐信”为题。

5. 公开信的写作格式

（1）开头

公开信的开头，即称呼部分，要顶格写。

（2）正文

正文写要公开表明的事项。

（3）结尾

结尾部分写上署名和日期。日期写在署名的下面。

二、推荐信、公开信的写作范文

◇党小组（团组织）推荐信

【范文】

党小组（团组织）推荐意见

____________党支部：

我单位×××同志，政治思想好，学习认真，有较强的纪律观念和工作业务水平。经过讨论研究，同意推荐该同志为入党积极分子。

××党小组组长______（共青团××委员会）

××××年××月××日

◇致农民朋友的一封信

【范文】

致农民朋友的一封信

农民朋友们：

你们好！冬去春来。值此春耕繁忙时节，省委、省政府向你们致以亲切的问候！

党中央高度重视农业和农村工作，十分关心农民群众。改革开放以来，通过实行以家庭承包经营为基础、统分结合的双层经营体制，调整农产品价格和购销政策，改善农村分配关系，采取一系列减轻农民负担的政策措施，调动了农民的积极性，农村发生了深刻的变化，经济社会蓬勃发展。

当前，农业和农村经济社会发展进入了一个新的阶段，出现了许多新情况，新问题。为了进一步保护和调动广大农民的积极性，巩固和发展农村大好形势，党中央、国务院作出了在农村实行税费改革的重大决策。农村税费改革的主要内容是：取消乡统筹费、农村教育集资等专门面向农民征收的行政事业性收费和政府性基金、集资；取消屠宰税；逐步取消统一规定的劳动积累工和义务工；调整农业税费改革顺利实施，达到农民减负的目的，还要进行配套改革。农村税费改革以后，农民承担的税费项目有，农业税及其附加、农业特产税及其附加，有的还要缴纳一定的公益事业金。村内兴办集体生产公益事业所需资金，采取“一事一议”的办法解决。考虑到目前劳动积累工和义务工仍是农村进行农田水利建设等公益事业的重要手段，对“两工”将采取逐步取消的办法。

这次税费改革的意义十分深远，是继农村实行家庭承包经营之后的又一重大改革，事关农村经济社会发展的大局，事关广大农民群众的切身利益。通过税费改革，规范农村分配制度，有效遏制向农民的乱收费、乱集资、乱罚款和各种摊派，体现农民应尽的义务，从根本上减轻农民负担。同时，又能够促进干部转变作风，密切干群关系。广大农民群众要充分认识税费改革的重要性和必要性，理解和支持税费改革，齐心协力把这项利国利民的好事办好。在税费改革中，将根据农民的承受能力，从轻确定农民负担水平并保持长期稳定，保护农民的合法权益。在保证农民负担明显减轻的前提下，注意兼顾其他方面的承受能力，使地方政府特别是乡镇政府和基层组织正常运转。实行符合农民意愿、能够为农民所接受的税收征收方法，便于依法征收和群众监督。税费改革将同精简乡镇机构、调整农村中小学布局、完善县乡财政体制和健全农民负担监督机制等项配套改革结合进行，压缩人员，量入为出。

建设社会主义新农村，使广大农民逐步实现共同富裕，归根到底要靠发展。要适应发展社会主义市场经济的要求，大力调整优化农业结构，深化农村改革，采用先进科学技术，增加农业投入，改善农业生产条件。积极发展二、三产业，开辟新的生产门路，千方百计增加农民收入。进一步加强社会主义精神文明建设，实行依法治国同以德治国相结合，推进民主选举、民主管理、民主决策、民主监督和政务公开、村务公开。切实加强以党支部为核心的村级组织建设，充分发挥广大党员和基层干部的骨干带头作用。通过广大农民群众的共同努力和辛勤劳动，把农村建设得更加美好。

我省广大农民具有爱党、爱社会主义、爱国家、爱集体的光荣传统。改革开放以来，我省农村改革与发展有声有色，农民群众创造了许多好经验、好做法，谱写了绚丽篇章。在农村税费改革中，广大农民群众一定能继续发扬光荣传统，正确对待国家、集体、个人三者利益，增强公民意识，维护合法权益，自觉履行纳税义务，在各级党委、政府的领导下，圆满完成农村税费改革任务，进一步促进我省农村改革、发展、稳定。

让我们更加紧密地团结在以江泽民同志为核心的党中央周围，解放思想，实事求是，艰苦创业，乘势前进，为建设更加富裕的小康生活，实现农业现代化而努力奋斗！

中共××省委
××省人民政府
××××年××月××日

◇公开信

【范文】

致全县广大共产党员的公开信

全县广大党员同志们：

为了认真贯彻落实党的十七届四中精神，按照市委学习实践活动领导小组办公室的安排，在第三批学习实践活动中，县委学习实践活动领导小组办公室在全县深入开展“我为民勤党建献一策”活动，广泛倾听民声、了解民情、汇聚民意、集中民智，更好地贯彻落实市委实施“三大战略”、构建“三大支撑”的总体要求，积极开展好县委提出的“节水增收谋发展、改善民生促和谐、强化基层保稳定”主题实践活动，教育和引导广大党员干部群众算好水权账、增收账、民生账、矛盾纠纷账“四笔账”，加快推进××河流域重点治理。请全县广大党员围绕××河重点治理，实施农村党员致富能力培养工程，加强基层党组织和抓好党员队伍建设，构建城乡党建新格局，推动民勤党建工作上台阶、上水平建言献策。对于您的意见和建议，我们将积极吸纳，应用到具体实践中，进一步创新全县党建工作，切实发挥党组织的战斗堡垒作用和党员的先锋模范作用，为打赢××河流域重点治理攻坚战，推动全县经济社会又好又快发展，再立新功，再创佳绩！

意见建议请以书信、电话、传真和电子邮件形式寄送××县委学习实践活动办公室。联系电话：×××××××。电子信箱：××××@163.com。或登录

××政府信息网、××党建网，点击“我为××党建献一策”栏目。

祝全县广大党员国庆、中秋快乐，身体健康，万事如意！

中共××县委办公室

××××年××月××日

第二节　表扬信、批评信

一、表扬信、批评信概述

1. 表扬信的概念

人们在表彰好人好事、先进思想、先进事迹时都用表扬信。表扬信可以以组织的名义写，也可以以个人的名义写。

2. 批评信的概念

批评信是对个人或单位的错误言行提出批评的信件。

3. 表扬信的写作格式

（1）标题

居中写“表扬信”三个字。

（2）称谓

顶格写被表扬的单位、个人的称呼。如果是写给个人的，应在姓名之后加上“同志”、“先生”等字样，后边并加冒号。

（3）正文

表扬信的正文，即交代表扬的缘由。本部分须另起一行，空两格写。

（4）结尾

如果是写给被表扬者的所在单位或领导者的，可提出建议：“在×××中加以表扬”，“×××同志的优秀品德值得大家学习，建议予以表扬”等。如果是直接写给本人的，则要适当谈些“深受感动”，“值得我学习”等方面的内容。

（5）致敬语

如“此致敬礼”、“祝好”、“谨表谢意”、“向你学习”等等。但“此致”、“祝”、“谨表”、“向你”等字写在末尾，其余的字，要另起一行，顶格写。

（6）署名

注明单位名称或个人姓名。如果以个人名义写的表扬信，应在后边详细写明发信人的地址，签上自己的姓名，并在下方注明年月日。

4. 批评信的写作格式

（1）标题

批评信的标题一般不居中写“批评信”三个字，而是以批评事项作标题。

（2）称谓

顶格写被批评的单位或个人名称。如果是批评个人的，应在姓名之后加上“同志”、“先生”等字样，后边并加冒号。

（3）正文

写所批评的缘由。本部分须另起一行，空两格写。

（4）结尾

如果是批评单位或领导者的，可对被批评的错误事项提出正确建议；如果是批评个人的，则要谈些鼓励话语。

（5）署名

签上批评者或单位的姓名，并在下方注明年、月、日。

二、表扬信、批评信的写作范文

◇表扬信

【范文】

表扬信

××大学党委：

贵校老干部、老党员、老红军×××老人是××省××县××乡××村人。这个村面临黄河，背靠石头山，沟深坡陡，梁峁起伏，没有公路，尽是蛇盘羊肠小道，河滩泥泞，乱石便道，一切来往运输全是步行、肩挑、驴驮，有不少老人至今未到过县城，未见过汽车。文化落后，至今村长、书记都是文盲。它是秦、晋两省四县的交界处。是××县最边远、最偏僻的一个穷山沟村。但我们村有着光荣的革命传统。××××年至××××年我村就建立了党支部苏维埃政府。全村只有30来户人家，就有20多人参加了红军闹革命远离家乡，×××就是其中的一个。

我村只有几孔旧窑洞作为学校教室，因多年失修已成危房。顶上掉土，到处裂缝，少桌无凳。孩子们坐在石头上或自己带个小凳来上课。出了教室个个学生都变成了土娃娃。学校只设1－4年级，5－6年级的学生要到外村去上学。每日往返要走二十多里山路，总是起早摸黑。家长、教师、孩子们时常提心吊胆，不少娃娃就此停学。学校几乎办不下去了。村委会、党支部向外边工作的同志发出了求助信。

×××老人得知此情况后与我村至今还健在的六位老红军和在外工作的人员取得联系。他将自己省吃俭用省下的钱给村里寄了3000元。而每个老红军和在外工作的人员他们特别热情，个个捐资献爱心。××村小学得到挽救，××××年××月动工，先将七孔旧窑洞全部维修，粉刷，铺了水泥地，做了新黑板、新课桌、新凳子，安了电棒，水泥铺了院子，打了围墙，盖了大门、厕所，又新建了两孔教室，从此开设了1－6年级的完全小学，是我们全乡的第一个好学校。全村老少高兴的无法形容，对×××老红军感激不尽。乡政府、县委的领导亲自视察了学校，表扬这些老红军永远是人民最尊敬最受爱戴的人。

我村××多户×××多人至今仍然吃的是从大石山石崖缝里流出的一股泉水，这水含氟大大超标，人们长期饮用它，牙齿必黄、断牙，不到40岁就有腰腿痛，还得很多怪病。全村老少盼望找水源打井，解决人畜饮水问题，但资金短缺办不到，又是×××和在外工作的人员再次捐资扶贫献爱心，他老人家又拿出3000元资助家乡，给我村××滩打了三口井。今年四月十日动工，七月三日竣工。现在全村人口喝上了清澈甘甜的好水，人人满意，个个高兴。为了纪念老红军的功德，把中滩一口井命名为“老红军井”并在井房的碑上刻上了他们的名字。让全村老少永远不忘老红军，学习他们的美德，让他们的好传统，高尚的美名流芳千古。

×××老人为了解放全中国，虽然离家六十多年，但他时时不忘家乡的父老乡亲，在他年老体弱多病的情况下，将节约的6000元帮助家乡，扶贫献爱心，一个老党员、老革命的传统本色没有丢，我们在他身上看到了江总书记“三个代表”的真实体现，我们全村老少尊敬他，爱戴他，想念他，遥祝他老人家健康长寿，诚望他和他的家人们回家看看。

我们乡里人没有什么好东西感谢他，只好把我们的感激之情，把他的好思想，好作风，好传统向党组织汇报。我们村党支部、村委会代表全村父老乡亲希望贵校组织对这样的好人好事，好典范给予表扬，鼓励本人，教育大家，把江总书记提出的“三个代表”的学习深入下去，到处开花，发扬光大，推动中国繁荣富强。

此致

崇高敬礼

××村党支部、村委会

××××年××月

◇批评信

【范文】

批评信

尊敬的××党委：

我单位的×××同志，系共产党员，于××××年党组织关系转入我单位。在我单位工作期间，表现不合格，经常上班迟到、缺勤，工作不认真，缺乏吃苦精神，拈轻怕重，与同事相处关系紧张，给员工们和单位造成极为不好的影响，谨请党委予以其批评，望其认真改正，认真改造。

××党委会

××××年××月××日

第四章　感谢信、慰问信、介绍信、证明信

第一节　感谢信、慰问信

一、感谢信、慰问信概述

1. 感谢信的概念

感谢信是为了感谢某个单位或个人对自己曾给过的某种关怀、支援、祝贺或勉励，表示回谢的一种信件。

2. 慰问信的概念

慰问信是以组织或个人名义向某一集体或个人表示关怀和问候的信件。它多在节日或遇有重大事件或特殊情况时使用。慰问信可寄给本人及本人所在的单位，也可以登报或广播。

3. 感谢信的写作格式

感谢信一般由标题、称谓、正文、致敬语、署名和日期等五部分构成。

（1）标题

第一行正中写“感谢信”或“致×××的感谢信”等字样，字体应大些。

（2）称谓

第二行顶格写被感谢方的单位名称或个人姓名。个人姓名应加上“同志”、“先生”或职务等，称谓后加冒号。

（3）正文

第三行空两格起，写感谢的内容，一般有以下两个方面。

①简述事迹，说明效果。应交代清楚人物、事件、时间、地点、原因和结果，并扼要叙述在关键时刻得到对方帮助所产生的客观影响和社会效果。

②颂扬品德，表示决心。既表感激之情，也谈今后如何用实际行动向对方学习。

（4）致敬语

最后写上诸如“此致——敬礼”、“致以——最诚挚的敬礼”等表示感激和敬意的话。致敬语前半截一般连接正文，或另起一行空两格写；后半截另起一行顶格写，以表尊敬。

（5）署名、日期

在右下方写上单位名称或个人姓名，后一行写发信年月日。

4. 慰问信的写作格式

慰问信一般由标题、称谓、正文、署名和日期构成。

（1）标题

第一行正中写“慰问信”或“×××致×××的慰问信”等字样。

（2）称谓

第二行顶格写单位、个人名称。

（3）正文

第三行空两格起，写慰问的主要内容，包括有几个方面。

①原因背景。用一般简要文字陈述目前形势，写明慰问的背景和原因，以提起下文。

②叙述事实。应比较全面、具体地叙述对方的模范事迹或遇到的困难，要实事求是肯定其功绩，然后向对方表示慰问和学习。

③结语部分。先结合形势与任务提出殷切的希望，接着表示共同的愿望和决心，最后用一句慰勉与祝愿的话作结。

（4）署名、日期

署名下一行写年月日。

二、感谢信、慰问信的写作范文

◇颂扬品德的感谢信

【范文】

致全区共产党员的感谢信

全区共产党员：

灾害无情人有情，心手相连渡难关。

“5·12”汶川特大地震灾害发生后，我区广大党员心系灾区，发扬“一方有难、八方支援”的精神，积极响应中组部在全党发起交纳“特殊党费”支援抗震救灾的号召，各党费交纳处咨询电话接连不断，前来自愿交纳特殊党费的党员络绎不绝。不论是领导干部、机关党员、离退休人员，还是下岗职工、农民、流动党员、自由职业者，一听说可以交纳特殊党费支援抗震救灾，都在第一时间向党组织交上了一份厚重的情意。截至6月17日，全区已有××××名党员交纳了×××万元“特殊党费”，其中，×××名党员一次交纳××××元以上，××名党员一次交纳×万元以上，一名基层党支部书记一次交纳××万元。在党组织和党员的带动下，许多入党积极分子和普通群众纷纷自发加入到奉献爱心的行列，全区共收到党外捐款×万元。

爱心在党员和群众中传递，责任在实际行动中体现，党性在灾难考验中坚定。在党和国家面临困难的关键时刻，在抗震救灾的紧要关头，全区广大党员以交纳特殊党费的方式支援灾区，充分体现了共产党员的宗旨意识，再一次检验了党组织的号召力、凝聚力和战斗力。我们为你们的真情大爱而感动，为你们的慷慨义举而自豪。按照中组部《关于做好部分党员交纳“特殊党费”用于支援抗震救灾工作的通知》要求，我们将代收的“特殊党费”汇总后全额上缴市委组织部，由市委组织部按照中组部的规定统一安排使用，确保每一分钱都用于抗震救灾工作。我们已向每一位交纳了“特殊党费”的党员开具了代收收费，其中，党员自愿一次交纳1000元以上“特殊党费”的，中组部将向本人出具“中共中央组织部《党费收据》”。

我们坚信，有党中央、国务院和各级党委、政府的坚强领导，有广大党员群众的大力支持，我们一定能夺取抗震救灾、恢复重建的最后胜利！明天一定会更加美好、灿烂！

此致

敬礼

中共××市××区委

××××年××月××日

◇表彰感谢信

【范文】

致全市党员的感谢信

全市共产党员：

2008年5月12日14时28分，四川汶川发生8.0级大地震，这一突如其来的灾难，给灾区同胞造成了巨大的创伤和痛苦，也震撼着每个人的心灵。在党中央国务院的坚强领导下，全国人民同心同德、顽强奋战，众志成城、抗震救灾，涌现出一大批英雄人物和可歌可泣的动人事迹。

灾难无情人有情，抗震救灾再一次凝聚了全中国人民的心。危难时刻，全国人民和灾区人民心相通、情相存、血相融，在短短时间里，全国各地已然形成捐助热潮，全力支援四川。在市委、市政府的号召下，全市广大党员干部群众高度关注四川抗震救灾工作，迅速投入到支援抗震救灾工作中，充分体现了“一方有难、八方支援”的中华传统美德和万众一心、众志成城的中华民族凝聚力。

特别是市委组织全市党员开展“缴纳特殊党费援助灾区”活动以来，全市广大党员积极伸出援助之手，截至7月1日，全市党员自愿交纳“特殊党费”达××万元，为灾区人民送出了我们真心的关怀和祝福。这些“特殊党费”承载着××人民的深情厚谊，已分四批全部及时汇往上级组织部门，用于抗震救灾。

四川汶川8.0级大地震，是对各级党组织和广大党员信念、勇气和力量的一场严峻考验。血浓于水，人间真情在灾难面前再一次显示了它的力量；生死关头，党员先锋模范作用在群众最需要的时候得到了充分体现。“这一刻，我们都是汶川人；这一刻，我们大家心在一起。”在灾区群众最需要的关键时刻，我们××市广大党员干部，积极投身抗震救灾工作，尽最大努力伸出援助之手，充分展现了共产党员的本色和精神风貌，也充分弘扬了××越是艰险越向前的“子荣精神”。

在此，市委向全市广大党员表示衷心的感谢，感谢你们对灾区的无私奉献，感谢你们为全市人民做出了表率。

地震可以摧毁我们的家园，但不能摧毁我们坚定的理想信念。市委号召全市广大共产党员，精诚团结，万众一心，用推进××振兴崛起的实际行动支援灾区；以跨越发展的实际成果，展示共产党员的时代风采！

中共××市委组织部

××××年××月××日

◇节日慰问信

【范文】

致××区全体党员的慰问信

全区中共党员同志们：

戊子呈祥，金鼠纳福。正当全区乘着十七大的东风，满怀豪情，加快建设富民小康、和谐×市之际，我们即将迎来××××年的新春佳节。值此一元复始、万象更新之际，中共××区委组织部谨向你们表示节日的慰问，致以新春的祝福。

征程似诗，欢歌如潮。××××年，××大地涌动发展大潮，沐浴和谐春风，各项事业蓬勃发展，经济建设、政治建设、文化建设和社会建设硕果累累。在过去的一年里，你们牢记党的宗旨，发扬党的光荣传统，在全区各条战线上充分发挥先锋模范作用，为全区经济稳步发展，社会和谐稳定作出了积极的贡献。

风雨送春归，飞雪迎春到。在银装素裹中我们迎来了更加充满希望的××××年。××××年是贯彻落实党的十七大精神开局之年，也是着力推进“××”规划实施的关键之年。希望你们在区委的正确领导下，时刻牢记党的宗旨，认真践行“三个代表”重要思想，始终保持共产党员先进性，在各自的工作岗位上，带头学习讲政治、带头干事谋发展、带头创新建佳绩、带头服务比奉献、带头自律树形象。充分发挥共产党员的先锋模范作用，克服困难，扎实工作，以崭新的风貌和昂扬的斗志，为全面建设“实力××、和谐××、创新××、活力××”作出自己应有的贡献！

恭祝全区共产党员新春愉快、万事如意、阖家幸福！

中共××市××区委组织部
××××年××月××日

第二节　介绍信、证明信

一、介绍信、证明信概述

1. 介绍信的概念

介绍信是机关、单位的人员外出办事所持有的介绍性的书信。介绍信一般采用现成的印制好的表格样式，使用时须填上外出人员的姓名（有时需要填写职务）、联系事由、日期并加盖公章。它是一种专用书信，具有公开的性质。

此外，还有一种用于非正式场合的私人介绍信。私人介绍信同于一般书信，写作目的也是为了联系或办理具体事宜。它只在熟悉的人中间使用，随意性较强，内容也可写得更为具体详细。

2. 证明信的概念

证明信是以机关、团体、单位或个人证明一个人的身份或一件事情，供接收单位作为处理和解决某人某事根据的书信。它是一种专用书信。

3. 介绍信的写作格式

介绍信由标题、称呼、正文、落款组成。

（1）标题

可在首行印（或写）明“介绍信”三字。

（2）称呼

可在信件开端处，顶格书写受文单位或受文人的名称，也可将受文单位名称写于信件的最后一行（顶格），但需在其上一行写“此致”二字。

（3）正文

空两格起写被介绍人的姓名、身份，以及前往接洽的事项和向接洽单位提出的希望和要求。正文写完，另起一行，空两格写“此致”，下一行顶格写“敬礼”，表示对对方的感谢。如使用受文单位在文尾的格式，则此致的下一行顶格要写受文单位的名称。

（4）落款

另起一行，写出介绍信的单位名称、加盖公章。署名下面写清年、月、日。

4. 证明信的写作格式

证明信由标题、称谓、正文、落款等部分组成：

（1）标题

“证明信”，写在第一行正中位置。字体要大一些，以区别于下文。

（2）称谓

和一般书信一样，包括单位（或姓名）。称谓要顶格写，以示尊重。

（3）正文

一般按其固定格式填写所证明的人的姓名及所联系或办理的事项。此项内容要根据实际情况填写清楚。

（4）结束语

一般用“特此证明”。有的开头没写送达机关名称的，可用“此致××单位”。

（5）落款

证明制发机关，日期，加盖公章（注：有存根的证明信须在两联中间加盖公章）。

二、介绍信、证明信的写作范文

◇介绍信

【范文】

中国共产党党员组织关系介绍信

____________：

现介绍____________同志系中共党员，由________去________，请转接组织关系。

中国共产党×××委员

党费交到　　月份

有效期　　天

××××年××月××日

◇证明信

【范文】

中国共产党党员临时组织关系证明信

____________：

兹证明____________同志系中共党员，由________去________。

特此证明。

中国共产党×××委员会

××××年××月××日

注明：1. 此证明信只限于党员临时外出工作或参加会议等使用。

2. 请接受此证明信的党组织，在该党员的工作结束时，与签章处签章，交本人带回原党组织。

签章处

××××年××月××日

第五章　倡议书、建议书、决心书、保证书

第一节　倡议书、建议书

一、倡议书、建议书概述

1. 倡议书的概念

倡议书是首先公开提出某种建议，希望别人能够响应，以共同完成某种任务或开展某种公益活动的信件。

2. 建议书的概念

建议书，也叫意见书，是个人、单位和有关方面，为了开展工作、完成任务、进行某种活动而提出有见解主张的一种书面材料。

建议和提案不同，尽管二者都是用来提意见和建议的。提案必须由具有提案权的机构或个人提出；而建议则没有使用资格的限制，任何机构或个人都可以使用。提案一经提出，有关方面必须予以审理、答复，并转交有关部门处理落实，在有关会议上报告处理落实情况；而建议则不一定件件都必须进行专门研究，也不必都在会议上作出答复。对切实可行、确实合理的建议，应立即采纳，研究落实，其余则可作为工作中的参考。

建议书和倡议书也不同。倡议书虽然有所建议，但它一般要面对群众，提出号召性的主张；建议书主要是向有关领导或部门提出建议，是否发动群众，要由领导和有关方面考虑。

3. 倡议书的写作格式

倡议书一般由标题、称呼、正文、结尾、落款五个部分组成。

（1）标题

在倡议书开端的中间，标明“倡议书”三字，也可在“倡议书”三字前概括倡议的内容。

（2）称呼

根据受倡议对象选用不同的称谓。也有的倡议书不另起行写受倡议对象，而是在正文中指明。

（3）正文

另起一行，空两格，先总述倡议的根据、原因、目的和意义。然后，分条开列倡议的具体内容。

（4）结尾

表明决心和希望。

（5）落款

写发出倡议的单位或个人的姓名，下面签署年、月、日。

4. 倡议书的写作要求

①倡议书有个人发起与集体发起的两种，要合乎身份地写明在什么情况下、为了什么目的、发出什么倡议、希望别人怎么做、自己打算怎么做等等。

②倡议的内容应是于国于民有利而又可以做到的好事。因此，所提条件应当具有先进性与可行性，虽然很好但一时做不到的，就不要提出来，以免成为一纸空文。

③语言要简练，条理要清楚，有一定的鼓动性。

5. 建议书的写作格式

建议书一般由标题、抬头称呼、正文、落款四部分组成。

（1）标题

建议的标题可以直接用“建议”或“建议书”，也可以由建议的内容和文种构成，写成“关于××××的建议”，如《关于我校节约用电的建议》。

（2）抬头称呼

写上接受建议的单位名称或领导的姓名和职务。也可以用“抄送”的形式代替抬头称呼。

（3）正文

是建议书的主要部分。先写明提出建议的出发点或原因，说明为什么要提出这个建议，以及与此建议有关的想法，以便使接受建议书的单位或领导联系实际情况，考虑其必要性和合理性。接着写建议的具体内容，这一部分可以分条开列，也可以分段叙述。所提建议内容必须具体，改进办法及采取的措施也应实在，以便接受建议单位、领导考虑建议的可行性。最后，可以表达一下期望建议被采纳的愿望。

（4）落款

在正文的右下方要写上建议者的单位名称或姓名，签署年、月、日。

6. 建议书的写作要求

①提建议是在行使国家主人翁的权利，要严肃对待，采取认真负责的态度。

②提建议要从实际出发，考虑具体情况、实际需要和客观条件，不能空想瞎想、不着边际。只有这样，才会有利于促进生产和改进工作。

③提建议要考虑建议的合理性和可行性，即考虑在现实条件下能否用得上、行得通。不应在建议中提过高的要求，说过激的言词，要掌握好分寸。

④要求言简意赅地进行叙述，具体、准确地写明解决问题的办法，无需过多地分析和论证，更不能讲空话、套话、过头话，防止抽象、笼统。

二、倡议书、建议书的写作范文

◇活动倡议书

【范文】

响应号召积极参与全市“共产党员献爱心”活动倡议书

全区党政机关的共产党员：

×月××日，由××市委办公厅值班室党支部、××市人民政府办公厅综合处党支部、××市民政局救灾救济处党支部、××市劳动和社会保障局养老保险处党支部向全市党政机关的共产党员联合发出了“共产党员献爱心”活动倡议书。倡议书要求党政机关共产党员要时刻保持共产党员先进性，树立和落实以人为本、全面、协调、可持续的科学发展观和正确的政绩观，保持同人民群众的血肉联系，心系低收入群体，切实做到权为民所用，情为民所系，利为民所谋，努力为构建社会主义和谐社会首善之区做出新贡献。

作为党政机关的共产党员，在立足岗位、创造佳绩，努力为全区改革发展稳定贡献自己力量的同时，还有一份义不容辞的责任——带头关心帮助那些生活不便的残疾人、贫困家庭儿童、生活处于最低保障线以下的家庭成员，也许你的一点点资助，就能够帮助他们圆了一生的梦想。为此，我们谨向全区党政机关的共产党员发出倡议——请伸出你的双手，献上你的爱心，立即行动起来，积极参与到“共产党员献爱心”活动中来，帮助他们创造幸福的生活，帮助他们把心中的希望化为现实。

我们同是龙乡儿女，共享一片蓝天，同爱一方热土。让我们行动起来，伸出温暖之手，献上一份爱心，托起一份希望，用真情挚爱温暖每一颗需要帮助的心灵，用热情的双手托起一片灿烂晴空，让每个社会成员都生活在文明、幸福、和谐、温馨的大家庭里。让我们献上一份真挚的爱心，共同创造龙乡美好的家园！

捐助地址：××区×××路××号（社区服务中心大楼四层××××房间）
户 名：××区社会捐助接收工作中心
账 号：（略）
联系电话：×××××××××　联系人：×××
捐助日期：××××年××月××日——××××年××月××日

××区委办公室党支部
××区政府办公室党支部
××区民政局党总支
××区劳动和社会保障局党总支
××××年××月××日

◇救灾倡议书

【范文】

关于号召全区共产党员救助地震灾区的倡议书

全区各级党组织和广大共产党员：

四川汶川强烈地震是一场波及大半个中国、影响数亿人的灾难，给灾区的同胞造成了巨大的创伤和痛苦，让整个中国乃至世界为之伤恸。灾情震撼、牵动着每个人的心灵，广大党员在危急时刻心系灾区，部分党员希望通过交纳大额党费的形式捐款，请中央组织部转交地震灾区，用于抗震救灾。根据中央领导同志的指示精神，中央组织部决定，尊重和鼓励党员通过党组织表达支援灾区的心愿，接受党员以党费捐款，作为“特殊党费”转送地震灾区。为积极响应中组部的号召，帮助灾区群众渡过难关、恢复生产、重建家园，按照市委组织部要求，区委组织部向全区各级党组织和广大共产党员发出倡议：

在天灾危难面前，全区各级党组织要充分发挥战斗堡垒作用，广大党员更应该发挥先锋模范作用，在赈灾救助活动中走在前头、当好表率，以实际行动践行党的宗旨，以实际行动体现共产党员的先进性。全区各级党组织和广大共产党员要发扬“一方有难，八方支援”的中华民族传统美德，伸出援助之手，奉献一份爱心，送上一份温暖，与灾区人民同心协力，携手并肩，早日赢得抗震救灾的胜利！

各级党委要本着自愿原则，数额不限，交纳“特殊党费”。党员自愿一次交纳1000元以上“特殊党费”用于支援抗震救灾工作的，由区委组织部代收后直接交市委组织部代转，同时注明党员姓名、工作单位、联系方式等基本情况，由市委组织部向党员本人出具党费收据；党员自愿一次交纳1000元以下“特殊党费”的，由所在党组织代收并出具党费收据，逐级上交至区委组织部。

中共×××区委组织部
××××年××月××日

◇建议书

【范文】

××乡千名党员致富培训基地建设项目建议书

一、项目建设背景

××乡地处××城区西南郊，三面环城，×××国道横穿全境，全乡辖××个行政村，××个村民小组，总农户××××户，总人口×万人，其中常住人口×万人，暂住流动人口×万人；全乡现有耕地×万亩，人均耕地×亩。××××年以来，××市新城开发区及××油田生活基地在我乡范围内全面建设，先后征用土地××××亩，涉及×个村，××个村民小组，××××户，×××××人。全乡现有党员和入党积极分子共×××人，其中党员×××人，入党积极分子和申请入党人员××人，流动党员×××人，农民党员×××人；党员和入党积极分子中，45岁以下×××人，占总数的70.3%，外出务工经商的×××人，占总数的32.5%；具有大中专以上学历仅××人，占总数的9.6%；受过专业技术培训的仅有××人，占6.9%。在对我乡×××户农民党员家庭的问卷调查显示，95%以上的党员认为参加培训很有必要。这表明，我乡广大农民党员对技能培训的思想认识普遍比较到位，加快自身发展、带领群众共同致富的愿望十分强烈。

二、项目建设的必要性

1. 我乡地处城郊，交通便利，多年来一直是××城区重要的鲜活农副产品供应基地，与×山乡镇相比，我乡人均耕地面积仅有×亩左右，经过多年发展，目前全乡农业结构调整的空间已经十分有限，因此只有依靠科技，通过对农业生产新技术、新成果的推广普及，提高现有土地的单位产出效益，才能提高全乡农业综合效益，确保农民增收。农村党员作为植根于农民群众中的先进分子，可以通过培训基地率先掌握技术和信息，在群众中间积极推广良种良法，在农业产业化发展中积极发挥先锋模范作用。

2. 受经济发展、城市化推进等多种因素的影响，城郊结合部党员队伍构成具有明显的多样性，党员思想比较活跃，发展意识较强，特别是随着征地拆迁，过去的纯农户党员向其他产业的流动呈加快趋势，外出务工经商的党员逐年增多，非常需要乡村两级组织以培训基地为平台，为广大党员提供信息、技术等多方面的服务。

3. 我乡失地农民多，劳动力资源比较丰富，如何把人力资源优势变成现实的经济效益，最行之有效的办法就是依托城市经济圈，大力发展二三产业，特别是在餐饮娱乐、商贸流通、客货运输、城市服务业等方面的发展空间十分广阔，这首先需要党员带头去闯、去开拓，带领群众走出农门，大力发展劳务输出。建立党员培训基地，可以让失地党员通过培训在较短的时间内具备从事2－3种非农产业的基本条件，尽快实现二次就业，从而带动其他失地群众树立信心，克服“等靠要”思想，参与市场竞争，解决长远生活安置问题，有利于维护社会大局的稳定。

三、项目建设的依据

近年来，中央多次提出：“农村基层党组织建设要以创建‘五个好’村党组织、‘五个好’乡镇党委和农村基层组织先进县（市）为载体，建立干部经常受教育、农民长期得实惠的有效机制；‘探索党员教育管理工作的新机制，促进广大党员发挥先锋模范作用’；全面开展农民职业技能培训工作。要结合农业结构调整，发展特色农业和生产实际的需要，开展针对性强、务实有效、通俗易懂的农业科技培训。适应产业结构升级和提高竞争的需要，进一步搞好农民转业转岗培训工作，扩大农村劳动力转移培训阳光工程实施规模，加快农村劳动力转移。”

四、项目建设的可行性

我乡地处城郊，劳动力资源丰富，输转劳动力任务繁重，交通、信息条件发达，水电设施完备，具备项目建设的基础条件。

五、项目建设规模

（一）项目名称：××区××乡千名党员致富培训基地建设项目。

1. 项目性质：新建。

2. 项目实施时间：××××年。

3. 项目实施单位：××区××乡政府。

4. 项目责任人：×××。

5. 项目地址：××区××乡。

（二）项目建设内容

1. 新建培训专用教室×××平方米，其中管理用房××平方米，配套设施用房××平方米，专用教室×××平方米。

2. 配备计算机××台及相应设备，多媒体教学设备×套。

3. 配备课桌×××张，凳子×××个。

4. 配备其他相应的教学设备。

（三）培训规模

项目建成后，每年办培训班××期，每期培训×××人，全年共可培训××××人。

六、投资估算及融资方案

（一）投资估算

项目总投资：×××万元

1. 基本建设投资：××万元；

2. 设备投资：××万元。

（二）融资方案

1. 申请项目投资：×××万元；

2. 地方自筹：××万元。

七、经济效益

本项目是非盈利的公益性社会事业项目，项目建成投入使用后，将始终坚持非盈利的方针。

八、社会效益

本项目的建成，将填补我乡党员培训基地建设的空白，广大的农村党员将会分批得到较高水平的培训和更新知识的培训，由此将对农村经济社会的持续、健康发展和农村社会稳定产生积极而深远的影响。

九、结论

本项目是非盈利的社会事业发展项目，具有极其深远和广阔的社会效益，项目建设条件具备，符合政策依据，值得建设，且建设越早，收益面越大。

××乡党委

××××年××月××日

第二节　决心书、保证书

一、决心书、保证书概述

1. 决心书的概念

决心书是个人、单位、集体为了响应组织或上级部门的号召而提出的保证做好工作，完成任务的决心的一种信件。

2. 保证书的概念

保证书性质同决心书一样，是个人、单位、集体为了响应组织或上级部门的号召而提出的保证做好工作，完成任务的决心的一种信件。

3. 决心书的写作格式

（1）标题

在第一行正中用稍大的字体写上“决心书”字样。一般情况下不写明事情的主题，要写当然也可以，像“参加防洪抢险决心书”等。

（2）称呼

在标题下空两行顶格写明接受决心书的领导、单位、组织、机关、团体的名称，有时可冠以“亲爱的”、“敬爱的”等修饰词。称呼后加冒号。

（3）正文

称呼后下一行空两格起写正文。正文是决心书的主体。保证有几条，决心有几点，最好分行写开，以使目的清楚。

（4）结语

可以写“请予批准”、“此致敬礼”等，也可以不写。

（5）署名和日期

结语之后下一行靠右写署名，如是众多的人，最好是各人都签名；如果是单位、集体，写上名称后最好盖上公章。在署名下一行的下方写上书写决心书的日期。

4. 保证书的写作格式

（1）标题

在第一行正中用稍大的字体写上“保证书”的字样。一般情况下不写明事情的主题，要写当然也可以，像“完成植树造林保证书”等。

（2）称呼

在标题下空两行顶格写明接受保证书的领导、单位、组织、机关、团体的名称。

（3）正文

称呼后下一行空二格起写正文。正文是保证书的主体。保证有几条，最好分行写开，以使目的清楚。

（4）结语

可以写“请予批准”、“此致敬礼”等，也可以不写。

（5）署名和日期

结语之后下一行靠右写署名，如是众多的人，最好是各人都签名；如果是单位、集体，写上名称后最好盖上公章。在署名下一行的下方写上书写保证书的日期。

二、决心书、保证书的写作范文

◇个人向单位表示决心

【范文】

决　心　书

敬爱的校党委：

学生生活快要结束，毕业分配即将来临。我向党庄严表示：坚决听从党的召唤，祖国的需要就是我的志愿。

三年来，我感受到党对我的关怀，老师对我的教育，使我思想上有了进步，知识上有了专长，我决心把所学知识用到建设有中国特色的社会主义宏伟事业中去！

我知道，我国目前还是一个发展中国家，要改变这种面貌，光靠蹲在城市办不到，现在乡村急需有专门知识的商业人才，因此，我决心无条件地服从党的分配，到乡村去，以振兴中华为己任，努力为迅速改变乡村面貌带领农民奔小康作出自己的贡献。

考验我的时候到了，我将用行动来实践自己的诺言。

此致

敬礼！

××校××级×班

××××年××月××日

◇单位向上级表示决心

【范文】

决　心　书

×××工程总指挥部党委：

×××工程是万里长江干流上第一座规模巨大的水利枢纽工程，大江截流是第一期工程的关键项目之一。我们×××的全体同志，要在这场战斗中贡献自己的力量，决心做到：

一、发扬艰苦奋斗的革命精神，哪里任务最艰巨，就到哪里去，要以河、滩、峡为家，让长江早日放出光和热！

二、团结一致，互相配合，挖掘潜力，多拉快跑，争取提前半个月超额完成运载、装卸石料的任务。

三、听从调度，服从指挥。严格遵守操作规程，安全行驶，全勤出车，保证不出重大事故。

我们说到做到，决不放空炮，请领导和同志们看我们的行动。

×××全体同志

××××年××月××日

◇集体保证书

【范文】

保 证 书

××办事处党委：

为响应市委提出的组织城市待业青年，发展商业和服务业，方便群众，扩大就业的号召，我们十名待业青年在广大群众热情支持下，成立了“×××街道青年综合服务部”。为了实现街道党委向我们提出的“巩固发展”服务部的殷切希望，我们保证做到以下几点：

一、安心服务工作，钻研业务，努力提高服务质量，根据群众需要增加服务项目。

二、端正经营作风，对顾客负责，替顾客着想，不偷工减料，不以次充好，收费合理，薄利多销。

三、讲文明礼貌，抵制歪风邪气。

四、民主管理，账目公开，分配合理，合法开支，不滥发奖金。

×××青年综合服务部全体职工

××××年××月××日

第六章　讣告、唁电、生平、悼词的写作

第一节　讣告、唁电

一、讣告、唁电的写作概述

（一）讣告概述

1. 讣告的含义

讣告又称“讣闻”、“讣文”。“讣”原指报丧的意思，就是将人死了的消息报告给大家。讣告是机关、单位、个人，把某人去世的不幸消息向死者的亲戚、朋友、家属发出的通告性文书。

2. 讣告的写作要求

①在开头一行中间写“讣告”二字，或在“讣告”前冠上死者姓名，如“×××讣告”。字体要大于正文的字体。

②写明死者的姓名、身份、因何逝世，逝世的日期、地点，终（享）年岁数。

③简介死者生平，着重简略介绍死者生前具有代表性的经历。

④通知吊唁、开追悼会的时间、地点。

⑤署明发讣告的团体或个人的名称以及发讣告的年月日。

（二）唁电概述

1. 唁电的含义

唁电是向死者的组织和家属表示慰问的电报。因为彼此不在一个地方，不能亲自吊唁，所以用唁电的方式来表示对死者的哀思。它既是对死者的哀悼，又是向其家属的问候和安慰。

2. 唁电的基本格式和写作要求

（1）唁电的基本格式

①以集体名义发的唁电。机关或团体向死者原在单位发的唁电。致哀对象一般都是原机关、团体的重要领导人或是机关、团体的上级领导人物，或者是在革

命和建设中曾经作出过杰出贡献的英雄、先进人物、科学家、艺术家等。

这种唁电的基本格式如下。

标题：首行居中写“唁电”或“至×××唁电”等，字体稍大。

开头：另起一行，顶格写接收唁电单位的名称，后加冒号。

正文：另起一行，空两格。直言得悉噩耗后的悲痛心情，简述死者生前的品德、功绩；表示发电人对死者的缅怀、思念，表达继承死者遗志的决心和行动；最后向死者的家属致以亲切的慰问。

落款：在右下方写发唁电的单位名称，署名下注明年、月、日。

②以个人名义发的唁电。发唁电者同死者生前往往是志同道合、有密切交往的朋友、或受死者教诲、关怀、帮助等，在知悉噩耗后，无法或来不及前往悼念而以唁电表示哀悼。

这种唁电的基本格式如下。

在第一行顶写接收唁电单位的名称或死者家属的姓名。姓名后加上相应的称呼，如“同志”、“先生”、“夫人”等。

正文：先写得知噩耗后的悲痛心情；最后向死者家属表示亲切的问候和希望节哀之类的话。

署名和发唁电的日期。

（2）唁电的写作要求

①要以诚挚的情感来表示对死者的深切哀悼。用词要庄重、严肃，不可滥用修饰语。

②对死者的功绩、情操要给予恰当的评价，这是对死者家属最好的安慰，并劝慰其家属要节哀。

③语言要概括、简短、朴实，要准确反映发电人与逝世者的实际关系。

二、讣告、唁电的写作范文

◇一般讣告

【范文】

讣　告

中共党员，原第×届、第×届全国人大代表，国家一级演员，享受国务院特殊津贴优秀专家，××市文化艺术研究中心名誉主任×××同志，因病医治无效，不幸于××××年××月××日××时××分在××逝世。终年××岁。定于××月××日上午××时在××公墓举行遗体告别仪式。

联系电话：×××××××××（×××）

×××同志治丧委员会
××××年××月××日

◇公告式讣告

【范文】

×××同志不幸病逝

×××厂老工人×××同志，因长期患肝硬化，经多方医治无效，于××××年××月××日上午×时××分逝世，终年××岁。

×××同志自参加工作以来，工作一贯负责，积极肯干，多次被评选为先进生产者，深受全厂职工的尊敬和好评。他的病逝，使我们失去了一个好同志。为了寄托我们的哀思，兹定于×月×日上午×时在本厂礼堂开追悼会，希×××同志生前好友届时参加。

×××同志治丧委员会
×××年××月××日

第二节　生　平

一、生平的写作概述

1. 生平的概念

生平，是用于悼念逝者，评价其一生经历、功绩及品德，昭示活着的人向逝者学习的纪念性的文书。

2. 生平的特点

①一般不当众宣读，只是发给参加向遗体告别的人员或随讣告发出。

②根据有关规定，有的人的生平可在报纸上发表。

③除特殊情况外，生平一经组织审定，一般不作改变。

④生平不同于悼词，通常最后不写向逝者学习的有关内容。

3. 生平的写作格式

①标题。标题居中写“×××同志生平”。

②正文。正文开头介绍逝者姓名，出生年月、籍贯、出身，逝者生前职务，逝世原因、地点、时间及终年岁数，然后按照时间顺序介绍逝者生平历史，对其

一生进行正面评述，突出其美好品质和主要功绩。最后对其逝世表示惋惜和哀悼，号召学习其高尚情操以实际行动表示对逝者的怀念。常以“×××同志永垂不朽”或“×××同志安息吧”结尾。

③落款。落款处签署发文单位全称和年、月、日。

4. 生平的写作要求

①对逝者的介绍要准确无误，客观公正。

②语言要得体、公允，经得起推敲。

③篇幅要适中，不宜过长，也不宜太短。

5. 生平的写作内容

①逝者生前所任职务，逝世时间、地点。

②生卒年月及一生的主要经历，可按年代顺序写，也可按历史时期集中写。

③逝者在不同历史时期或年代的功绩和成就。

④综述逝者的品德和贡献。

二、生平的写作范文

◇个人生平

【范文】

×××同志生平

中国共产党的优秀党员、忠诚的共产主义战士，原××县纪检委正科级党风监督员×××同志，因病医治无效，于××××年××月×日××时××分不幸辞世，享年××岁。

×××同志，××××年××月××日出生于××乡××村一个普通的农民家庭，××××年参加革命工作，××××年××月加入中国共产党。幼年时期，他饱尝了旧社会的苦难和压迫，英勇顽强，毫不畏缩；求学期间，他热爱祖国，追求进步，边读书边随父耕作，经受住了艰苦生活的磨砺，思想上不断成熟。

××××年，×××同志从××毕业后，被分配到××县教学；××××年从××县调回××镇××小任教导主任；××××年调入县文教局师导室工作。这十余年来，×××同志始终躬耕于小学教育园地，孜孜不倦、始志不渝，培养了大批优秀人才，用自己的实践为基础教育事业的发展奉献着光与热。

××××年至××××年，×××同志先后在县办事组、军管组工作；××××年调入县农业局工作；××××年任××乡公社党委委员；××××年任×

×公社党委委员；××××年后一直在县纪检委工作，先后任办公室主任，正科级党风监督员。长期的基层领导岗位上，他勤政廉洁，工作务实，生活简朴，始终保持了一名共产党员应有的政治本色和崇高品德。××××年，从纪检岗位上光荣离职退休。

×××同志五十多年的革命生涯中，始终坚定不移的忠诚于党的事业，把毕生的精力和全部智慧奉献给了人民，他襟怀坦荡、顾全大局，不论职位高低，均服从组织上的安排，工作中他原则性强，始终坚持共产主义理想和信念，立场坚定，百折不挠，始终保持了人民公仆的本色。××××年退休后，依然用共产党员的标准严格要求自己，积极参加组织生活和政治学习，关心党的事业，关心我市的建设和发展，热情支持和参加廉政建设和各项党风监督活动，充分体现了一名老党员的高尚革命情操。

×××同志作风正派，平易近人，团结同志，密切联系群众，赢得了广大干部群众的尊敬和爱戴。×××同志生活俭朴，家教严慈，膝下×子、×女，为人正派，事业有成，孙辈××人，×男×女，品学兼优，健康成长。

×××同志的一生是鞠躬尽瘁为党的事业奋斗的一生，是全心全意为人民的利益奉献的一生。他的高尚品德和崇高精神永远值得我们学习。

×××同志永垂不朽！

第三节　悼　词

一、悼词的写作概述

1. 悼词概念

悼词是对死者表示哀悼的话或文章。它有广义和狭义之分。广义的悼词指向死者表示哀悼、缅怀与敬意的一切形式的悼念性文章，狭义的悼词专指在追悼大会上对死者表示敬意与哀思的宣读式的专用哀悼文体。

2. 悼词的特征

①总结死者生平业绩并充分肯定其社会意义和社会价值。它是从哀悼的角度来总结死者生平事迹，它的字里行间饱含深情，言简意赅。

②化悲痛为力量的积极的基调和内容。现代悼词已经排除了感伤、悲观、虚无的消极内容。它回首死者的往事，是为了面向现在，展望将来。因此，现代的悼词，除了要感情深切沉痛之外，还须一字一句都充满力量，激奋人心。

③多种多样的表现手法。现代的悼词，按表现手法不同，可分为三大类：即

记叙式、议论式、抒情式。

记叙式：就是以记叙死者的生平业绩为主，并适当地结合抒情或议论。

议论式：就是以议论死者对社会的贡献为主，并适当地结合抒情或叙事。

抒情式：是指以抒发对死者悼念之情为主，并适当穿插叙事或议论。

3. 写悼词要注意的问题

①明确写悼词的目的是介绍死者的生平事迹，歌颂死者生前在革命和建设中的功绩，让人们从中学习死者好的思想作风，继承死者的遗志。这种歌颂是严肃的，不夸大，不粉饰，要根据事实，作出恰当的评价。

②要化悲痛为力量。有的死者生前为党为人民做了很多好事，他们的美德会时时触动人们的心灵，所以有的人去世，有的人会痛哭流涕。

③语言要简朴、严肃、概括性强。

4. 悼词的写作

①记叙死者表示对死者十分沉痛的心情；概括地对死者进行评价；交代何年何月何日因何原因，与世长辞，享年多少岁。

②介绍死者生平事迹，主要介绍死者的籍贯、身份、家庭情况，参加工作时间，一生中所做的工作和对人民的贡献。要写得具体、概括，突出重点。

③对死者的评价：对死者一生的为人，对国家、对社会、对人的高贵品质、思想作风进行综合评论。

④说明×××的死去，是一损失，现在悼念他，是勉励到会同志学习他那些高贵品质，为国家、为社会多作贡献。

二、悼词的写作范文

◇宣读体悼词

【范文】

悼　词

今天，我们怀着十分沉痛的心情，悼念我们的好经理×××同志！

×××同志系中国共产党党员，××公司经理，因病多方治疗无效，于××××年××月××日下午××时××分在县人民医院不幸逝世，终年54岁。

×××同志××××年××月参加革命，××××年××月参加中国共产党，历任××公司营业员、采购员、会计、财务股副股长、××公司经理等职。在长期的革命工作中，她大公无私，热爱集体，工作积极，勤勤恳恳，认真负责，任劳任怨，作风平易近人，谦虚谨慎，是党的好干部。她三十多年如一日地忠于党和人民的事业，为党的财贸事业做了大量的工作，作出了一定的贡献！

现在，×××同志与世长辞了，使我们党失去了一个好党员，使我们财贸战线失去了一个好干部，我们感到无限悲痛！

我们沉痛地悼念×××同志，我们要化悲痛为力量，学习她勇往直前的革命精神和大公无私的高贵品质，在党的领导下，为建设我们伟大的祖国，为实现四个现代化而努力奋斗！

×××同志安息吧！

××商业局

××××年××月××日

◇书面体悼词

【范文】

沉痛悼念××副教授

××××年××月××日

今天，我们怀着极其沉痛的心情，深切悼念中国共产党的优秀党员、××大学×××学院的好同志、好教师××副教授。

××同志因病医治无效，不幸于××××年××月××日凌晨×时××分在××逝世，终年××岁。

××同志于××××年××月出生在××××的一个农村家庭，少小聪慧好学，刻苦努力，××××年××月以优异的成绩考取××××大学，攻读法学学士学位。本科学习四年间，××同志砥节砺行，见贤思齐，养成了温厚谦良，志洁行廉的高尚品行，其为人为学深得师长和同学称誉，是同届同学中第一批加入中国共产党的优秀××学子。××××年××月，××同志以优异的成绩取得法学学士学位，并考取××××大学经济法学硕士研究生。攻读硕士学位期间，××同志沉潜于专业学习，寝馈于律法之道，师从×××，×××等一代名师，积累了丰厚的法律知识，筑就了坚固的法学专业根基，××××年顺利通过硕士论文答辩，取得法学硕士学位，成为国家法制建设队伍中的高级专门人才。

××××年，××同志作为××大学专门引进的法学专才，投身××大学法学院的教育事业，成为一名光荣的人民教师。在××大学法学院工作期间，××同志严谨踏实，刻苦钻研，教书育人，身体力行。他认真的教学态度，灵活多样的教学方法和渊博的学识赢得一批批年轻学子的推崇。在学生心目中，××老师是严师，是良师，是益友；他的施教，是言教，是身教，是终身受益之教。在××大学法学院二十余载的教学生涯中，××同志热情真诚，宽厚仁义，坦荡无私，他以清风朗月般的为人和田园诗般的质朴赢得了同事们的普遍敬重。在同事眼里，××同志是好同事，是好朋友，是一位值得终身信任的好兄弟！××大学×××学院的全体师生及校友，无不为失去××同志这样一位好老师，好同事，好朋友，好兄弟而感到心痛，感到惋惜。

××同志热爱法学专业，热爱教育事业。在××同志从教期间，由其本人指导培养了百余名法学和法律专业硕士研究生，先后有数千名学子在他的课堂里接受过教导，为××大学，为××乃至为中国法学人才的培养作出了应有的贡献。××同志在教书育人之余，还积极投身于科学研究，先后在《法商研究》、《××法学》等著名刊物发表法学学术论文近三十篇，近十部学术著作，以自己的奋斗成果提升了××大学法学专业的声望，丰富了中国法学研究的百花之园。

××同志热爱党、热爱祖国，有极强的公益心，在担任学院×××党支部委员和支部书记期间，工作勤勤恳恳、兢兢业业、尽职尽责，为学院的党建工作倾注了大量的精力。在患病期间，××同志坚强豁达，理性冷静，在与病魔进行顽强抗争的同时，仍然坚守教书育人之岗位，直到生命的最后一刻。××同志一生是奋斗的一生，是光荣的一生。他的逝世使我们党失去了一位好党员、学院失去一位好教师、好同志，也使人间失去了一位好父亲、好丈夫、好儿子。让我们化悲痛为力量，努力学习××同志的好思想、好品德、好作风，勤奋工作，乐观向前。

××同志您安息吧！

××同志治丧小组

××××年××月××日

第七章　涉外事务公文写作

第一节　邀请信

一、邀请信概述

邀请信，即邀请函，顾名思义，就是国际交往中，邀请他国领导人、代表团或个人到本国进行各种不同访问的外交函件。邀请信不但是一份正式的或官方邀请对方来访的信件，亦代表一种礼仪，一份办理护照和签证手续的凭证。

作为地方一级的邀请函件，它除了没有国家一级的邀请函需带标题外，应包括上款、正文、下款三部分。

（1）上款

写收函人的地址、职务、姓名、尊称。在邀请国外的客人来访时，常常要将函件翻译成外文发出。英文邀请函件的上款写法与中文邀请函的写法略有不同，通常是先写日期，然后按姓名、职务、地址顺序写，最后在正文前还需写上尊称，如“尊敬的×××省长（主席）”。

（2）正文

一般写邀请原因、被邀请人，于何时进行何种活动。文中亦可酌情写双方的交往、传统友谊以增强访问的重要性。措辞应得体、委婉、礼貌，给对方一种热情好客、受欢迎的感觉。

（3）下款

写发函人的签署及职务。中文邀请函还需注明发函时间、地点。

被邀请方收到邀请函后，如能应邀出访，则皆大欢喜。如因某种原因不能成行或推迟访问的，可致函向邀请方表示歉意。

二、邀请信的写作范文

◇论坛邀请信

【范文】

××××首届财务管理高层论坛邀请函

尊敬的______先生/女士：

您好！由××××金融研究所举办，××××××财务顾问有限公司&CFO俱乐部承办的“××××首届财务管理高层论坛”将于6月24日在××召开，本次论坛旨在营造财务领域的高层管理创新的环境和氛围，为高层财务管理人员们搭建一个交流沟通、互相学习的平台，共同推动财务高层管理的发展！

在这里你将有机会：

了解知名企业的财务经典案例；

解决企业在融资等金融道路上遭遇的问题和困惑；

结交更多具有创新思想的财务领域的朋友，获得更多的商机和资源；

领略财务高层领袖的睿智，共同分享财务管理思想的盛宴。

“激情碰撞、智慧交流、明辨善思、决胜千里”——“××××首届财务管理高层论坛”竭诚欢迎您的到来！

××财务顾问有限公司

××××年××月××日

附：日程安排（拟），参会回执，共三页。（略）

◇招标邀请信

【范文】

隧道股份信息管理集成系统——财务管理与项目管理招标邀请函

贵公司：

根据××隧道工程股份有限公司的需要，招标单位向贵单位发出招标邀请，拟邀请贵单位参加隧道股份信息管理集成系统——财务管理与项目管理的投标。如贵公司接受邀请，请贵单位于××××年××月××日至××××年××月××日按如下要求前来领取招标文件且缴纳相关费用，如未按照要求前来办理有关投标手续的单位将被视为放弃投标的权利。

1. 法人代表授权委托书（一份）、企业营业执照复印件（一份）、受托人的居民身份证复印件（一份）。

2. 招标文件每份收取工本费人民币贰佰元整。

办理地点：××市××路××号×××室

联系人：×××　电话：×××××××××

招标方：××隧道工程股份有限公司

××××年××月××日

附件（略）

第二节　感谢函电、祝贺函电

一、感谢函电、祝贺函电概述

1. 感谢函电的概念

感谢函电是表达感激之情的常用的方式之一。

自古至今，受人恩惠和获人帮助之后送上一片感激之心，既是对对方劳动的尊重，又是礼尚往来的礼仪活动方式。

当我们得到一些人的祝贺、慰问、馈赠、款待、援助等恩惠以后，向对方寄发的表示谢意的函电就是感谢函电。有代表国家、政府、单位的感谢函电，也有代表个人的感谢函电。在目前对外交往日趋频繁，通信手段越来越现代化的时代，懂得如何起草感谢函电是衡量一个人涉外交往能力的重要因素。

2. 祝贺函电的概述

在外事工作中，我们常遇到所熟悉的外国友人适逢某一喜事或面临某一重大节日的情况，及时发出一封情真意切的贺函，不仅可以传达友谊之情意和表现礼仪之风范，还可以给友人平添一种意外的、来自异国他乡的节日气氛。

3. 无论是通常所说的“公对公”还是“私对私”的感谢函电，两者均具有表达“谢意”这一共同点，只不过“公对公”的函电更显其庄重，措辞和格式更讲究、严格而已。但万变不离其宗，起草这类函电时，中心内容便是一个谢字，并围绕它做文章。囿于感谢函电一般较简短，措辞就需精推细敲，尽可能做到“短”而不“空”，“谢”而不“冷”。

像祝贺函电一样，感谢函电另一特征就是其及时性。如代表团出访结束归来，应立即写好感谢函电发出。现在通信手段发达，亦可先传真发出，原件后寄。总之，要及时送上一片感谢之情。

4. 祝贺函电的写作必须掌握时效性，要充分考虑对方收到的时间。贺信的喜庆色彩是浓烈的，须防止写得呆板，给人以不够热情的感觉，但同时也要防止说过头话，给人以虚伪的感觉。其内容只要包含有祝贺的原因并表示祝贺这两个基本要素即可。

祝贺函电的写作，一般篇幅都比较短小，文字亦相对简练，即用最短的篇幅，最少的文字，表达最诚挚的祝贺及最良好的祝愿。

二、感谢函电、祝贺函电的写作范文

◇对代表团来访感谢函电

【范文】

对代表团来访感谢函电

尊敬的×××先生：

我很高兴昨天见到你和你们代表团的先生们。这样的会面对于以后不同文化的理解和合作是重要的，并可以为有关方面提供更多的使用机会。

非常感谢你送我的那幅漂亮的刺绣。你们国家的技艺总是这么美和令人叹服。

我希望你在密苏里州过得愉快和旅途平安，再次感谢你到我办公室来与我见面。

你非常真诚的
（美国）密苏里州州长
××（签字）

◇感谢节日礼品函电

【范文】

感谢圣诞节礼品函电

亲爱的刘先生：

我和我的丈夫衷心感谢你们送给我们的圣诞节礼物。我们不仅十分欣赏你们的礼物，而且十分欣赏你们的盛情。

请允许我们向你们表示最良好的祝愿，祝你们在新的一年中幸福愉快，也祝你们在彼此都十分关切的合作项目中取得新成就。

◇贺国庆函

【范文】

贺国庆函

××国外交部长××阁下：

在××国庆的时候，我（代表大使馆全体人员并以我个人的名义）谨向……致以衷心的祝贺和最良好的祝愿。

顺致最崇高的敬意。

×××（签字）

××××年××月××日于××

第三节　外事总结、外事函电、出访请示

一、外事总结、外事函电概述

外事总结是外事部门就其所从事的工作，分一定时限或单就某项工作作一番全面检查和回顾，系统地分析、总结得出规律性的结论或成功的经验和失败的教训，为今后工作作指导。这一类的书面文字材料通称为外事总结。

外事函电指参与外事工作的国家机关、企事业单位为相互商洽业务、询问和答复问题，请求上级主管部门批准的公文。它具有在外事工作领域起指导、记载及凭证的作用。

外事总结的写作格式包括标题、正文、结语和落款四个部分。

1. 标题。写总结的事项、时限。

2. 正文。写基本情况、经验体会、工作得失。

3. 结语。写今后的设想、计划和打算。

4. 落款。注明总结的单位和时间，上报的外事总结还应加盖公章。

外事函电与常用公文中的函电一样，写作时要言简意赅，措辞要质朴，并与本单位职权、身份相符；忌下笔离题万里，应开门见山，让人一读便得要领；要把握好写函分寸，严格区别公函与便函、公函与请示，不可混同使用。

出访请示是国家企事业单位或中外经营企业的中方人员办理因公出访任务审批的文书，是下级机关向上级机关请求指示的公文。

出访请示的主要内容包括：

1. 出访目的和任务。
2. 前往国家与地区，以及途经国家或地区。
3. 出访时间及在外停留时间。
4. 出访人员名单，包括姓名、性别、年龄、工作单位、职务或职称。
5. 外国或境外邀请单位名称。
6. 费用来源。

理由要充分。出访请示是必须由有权审批的上级机关批准的事项，出访理由必须充分，目的必须明确，体现出出访的必要性、重要性和迫切性。

坚持逐级请示。因公出访人员的审批权限有明确的规定，对必须逐级审批的出访应按隶属关系逐级进行，不能越级。

行文语气应谦恭。

二、外事总结、外事函电、出访请示的写作范文

◇外事总结

【范文】

新加坡招商会总结

今年××月××日至××日，×××招商会在新加坡隆重举行。这是进入21世纪我省首次在东南亚国家举办的大规模招商活动，亦是实施我省进一步对外开放、扩大利用外资的大动作。这些项目分布在我省14个地市，涉及交通、能源、原材料加工、机械、电子和轻纺工业以及农业综合开发等各个行业。招商会由××省人民政府主办，新加坡贸易发展局、中国驻新加坡大使馆、新加坡中华总商会、中国商会及厂商名誉赞助。

在短短的5天时间里，我省招商会取得了丰硕的成果：（略）。在这次招商会上所签项目中，呈现出与我省去年两次××招商会不同的特点：一是项目涉及面广。二是中小型、加工型项目较多，占总项目的××%，有利于“短平快”迅速见效。三是合同项目占总项目的××%，多于占总项目××%的协议项目，而协议项目又多于占总项目××%的意向项目，表明了此次招商会洽谈双方的务实态度。四是招商会上签订了一批重大项目的合同或协议，显现了从东南亚国家

引进外资的良好前景。

对于我省招商会所取得的成果，×××各界人士和新闻传媒给予了高度的评价和较广泛的报道。××××××资政在会见我省招商团时说，从他去年11月访问××省至今才9个月，××省便做了很多工作，组织项目前来招商，很不容易。×××厂商工会主席×××先生认为招商会很成功。中国驻×××大使说，今年以来，国内已有××个招商团到×××招商，××省团是举办很成功的几个招商团之一。×××的《联合早报》、《联合晚报》、电视台等新闻单位每天都对招商进展予以报道。

招商会取得成功，原因是多方面的，主要因素有：首先，前期工作做得较好，准备较细。其次，×××各方面给予了很好的配合和协调。最后，我省招商团到达××城后集中精力、全力以赴搞招商，各地市领导亲临会场“督战”。此外，去年×××内阁资政率领×××工商代表团访问考察我省，我省政府领导向×××资政一行介绍了我省改革开放和经济建设方面的进展情况，新加坡媒介竞相报道，新加坡工商界开始对我省予以关注，也是重要因素。

×××招商团的很多成员认为，招商会的成果远不止表现在签订了一批项目上，还有更具深远影响的方面：

×××招商会的成功，表明以“背靠大西南，面向东南亚”为发展战略的我省，在走向东南亚又迈出了有实质内容的可喜一步。

×××领导人和政府对××这次赴×××招商活动给予了高度的重视，内阁资政×××、×××总统×××、贸工部长×××、前副总理×××等，分别会见了招商会团长。

在招商会的几天里，前来洽谈并留下名片的来宾就达××××人，其中80%是新交，许多人都希望到×××实地考察。今后我们要加强对外宣传×××，要“走出去，请进来”，借助别人的“嘴”来宣传自己，加强对外宣传力度。省领导认为，这次招商会产生很好的影响，我们要好好利用这个“涟漪”效应，巩固和扩大与×××的经济合作，并通过×××客商带进各国资金，加速我省经济发展。

××省招商会代表团

××××年××月××日

◇外事函电

【范文】

××省教育委员会
关于同意××大学××延长护照的函

中华人民共和国驻××大使馆：

××大学××是××××年××月由我委派到××××大学攻读学位的××自筹经费留学生，现已获得博士学位并转到通商产业省四国工业技术研究所做博士后工作。最近，该同志向我委申请，由于其所持的因公普通护照将到期，要求延长护照以继续完成研究。经研究，我委同意××同志延长护照5年，即从××××年××月至××××年××月止。请按规定予以办理有关护照延长手续。

××省教育委员会

××××年××月××日

◇出访请示

【范文】

出访请示

×××省教育委员会：

关于××省中医学院代表团赴泰国××大学，商谈两校在内科学、神经学等方面的学术交流事宜，并续签两校××××年以后的交流协议一事，经研究，我委同意×××省中医学院派出以×××副院长（男，××岁，副教授）为团长的一行×人代表团（名单附后）赴泰国××大学访问，时间从××××年××月××日至××日，在外停留××天。我中医学院代表团往返国际旅费、公杂费及个人零用费等由学院负担，在泰期间的食宿、交通等费用由邀请方支付。现将有关材料报上，请审批。

附件（抄送单位无附件）：

一、××省中医学院报告

二、邀请信（中、英文各一份）

三、访问日程安排
四、政审批件及《因公出国（境）人员备案表》

××市教育委员会
××××年××月××日

附录一

党政机关公文处理工作条例

（中办发〔2012〕14号）
（2012年4月16日由中共中央办公厅和国务院办公厅联合印发）

第一章　总　　则

第一条　为了适应中国共产党机关和国家行政机关（以下简称“党政机关”）工作需要，推进党政机关公文处理工作科学化、制度化、规范化，制定本条例。

第二条　本条例适用于各级党政机关公文处理工作。

第三条　党政机关公文是党政机关实施领导、履行职能、处理公务的具有特定效力和规范体式的文书，是传达贯彻党和国家的方针政策，公布法规和规章，指导、布置和商洽工作，请示和答复问题，报告和交流情况等的重要工具。

第四条　公文处理工作是指公文拟制、办理、管理等一系列相互关联、衔接有序的工作。

第五条　公文处理工作应当坚持实事求是、准确规范、精简高效、安全保密的原则。

第六条　各级党政机关应当高度重视公文处理工作，加强组织领导，强化队伍建设，设立文秘部门或者由专人负责公文处理工作。

第七条　各级党政机关办公厅（室）主管本机关的公文处理工作，对下级机关的公文处理工作进行业务指导和督促检查。

第二章　公文种类

第八条　公文种类主要有：

（一）决议。适用于会议讨论通过的重大决策事项。

（二）决定。适用于对重要事项做出决策和部署、奖惩有关单位和人员、变更或者撤销下级机关不适当的决定事项。

（三）命令（令）。适用于公布行政法规和规章、宣布施行重大强制性措施、批准授予和晋升衔级、嘉奖有关单位和人员。

（四）公报。适用于公布重要决定或者重大事项。

（五）公告。适用于向国内外宣布重要事项或者法定事项。

（六）通告。适用于在一定范围内公布应当遵守或者周知的事项。

（七）意见。适用于对重要问题提出见解和处理办法。

（八）通知。适用于发布、传达要求下级机关执行和有关单位周知或者执行的事项，批转、转发公文。

（九）通报。适用于表彰先进、批评错误、传达重要精神和告知重要情况。

（十）报告。适用于向上级机关汇报工作，反映情况，回复上级机关的询问。

（十一）请示。适用于向上级机关请求指示、批准事项。

（十二）批复。适用于答复下级机关请示事项。

（十三）议案。适用于各级人民政府按照法律程序向同级人民代表大会或者人民代表大会常务委员会提请审议事项。

（十四）函。适用于不相隶属机关之间商洽工作、询问和答复问题、请求批准和答复审批事项。

（十五）纪要。适用于记载会议主要情况和议定事项。

第三章　公文格式

第九条　公文一般由份号、密级和保密期限、紧急程度、发文机关标志、发文字号、签发人、标题、主送机关、正文、附件说明、发文机关署名、成文日期、印章、附注、附件、抄送机关、印发机关和印发日期、页码等组成。

（一）份号。公文印制份数的顺序号。涉密公文应当标注份号。

（二）密级和保密期限。公文的秘密等级和保密的期限。涉密公文应当根据涉密程度分别标注“绝密”“机密”“秘密”和保密期限。

（三）紧急程度。公文送达和办理的时限要求。根据紧急程度，紧急公文应当分别标注“特急”“加急”，电报应当分别标注“特提”“特急”“加急”“平急”。

（四）发文机关标志。由发文机关全称或者规范化简称加“文件”二字组成，也可以使用发文机关全称或者规范化简称。联合行文时，发文机关标志可以并用联合发文机关名称，也可以单独用主办机关名称。

（五）发文字号。由发文机关代字、年份、发文顺序号组成。联合行文时，使用主办机关的发文字号。

（六）签发人。上行文应当标注签发人姓名。

（七）标题。由发文机关名称、事由和文种组成。

（八）主送机关。公文的主要受理机关，应当使用机关全称、规范化简称或者同类型机关统称。

（九）正文。公文的主体，用来表述公文的内容。

（十）附件说明。公文附件的顺序号和名称。

（十一）发文机关署名。署发文机关全称或者规范化简称。

（十二）成文日期。署会议通过或者发文机关负责人签发的日期。联合行文时，署最后签发机关负责人签发的日期。

（十三）印章。公文中有发文机关署名的，应当加盖发文机关印章，并与署名机关相符。有特定发文机关标志的普发性公文和电报可以不加盖印章。

（十四）附注。公文印发传达范围等需要说明的事项。

（十五）附件。公文正文的说明、补充或者参考资料。

（十六）抄送机关。除主送机关外需要执行或者知晓公文内容的其他机关，应当使用机关全称、规范化简称或者同类型机关统称。

（十七）印发机关和印发日期。公文的送印机关和送印日期。

（十八）页码。公文页数顺序号。

第十条　公文的版式按照《党政机关公文格式》国家标准执行。

第十一条　公文使用的汉字、数字、外文字符、计量单位和标点符号，按照有关国家标准和规定执行。民族自治地方的公文，可以并用汉字和当地通用的少数民族文字。

第十二条　公文用纸幅面采用国际标准 A4 型。特殊形式的公文用纸幅面，根据实际需要确定。

第四章　行文规则

第十三条　行文应当确有必要，讲求实效，注重针对性和可操作性。

第十四条　行文关系根据隶属关系和职权范围确定。一般不得越级行文，特殊情况需要越级行文的，应当同时抄送被越过的机关。

第十五条　向上级机关行文，应当遵循以下规则：

（一）原则上主送一个上级机关，根据需要同时抄送其他相关上级机关和同级机关，不抄送下级机关。

（二）党委、政府的部门向上级主管部门请示、报告重大事项，应当经本级党委、政府同意或者授权，属于部门职权范围内的事项应直接报送上级主管部门。

（三）下级机关的请示事项，如需以本机关名义向上级机关请示，应当提出倾向性意见后上报。不得原文转报上级机关。

（四）请示应当一文一事，不得在报告等非请示性公文中夹带请示事项。

（五）除上级机关负责人直接交办事项外，不得以本机关名义向上级机关负责人报送公文，也不得以本机关负责人名义向上级机关报送公文。

（六）受双重领导的机关向一个上级机关行文，必要时应当抄送另一个上级机关。

（七）不符合行文规则的上报公文，上级机关的文秘部门可退回下级呈报机关。

第十六条　向下级机关行文，应当遵循以下规则：

（一）主送受理机关，根据需要抄送相关机关。重要行文应当同时抄送发文机关的直接上级机关。

（二）党委、政府的办公厅（室）根据本级党委、政府授权，可以向下级党委、政府行文，其他部门和单位不得向下级党委、政府发布指令性公文或者在公文中向下级党委、政府提出指令性要求。需经政府审批的具体事项，经政府同意可由政府职能部门行文，文中需注明已经政府同意。

（三）党委、政府的部门在各自职权范围内可以向下级党委、政府的相关部门行文。

（四）涉及多个部门职权范围内的事务，部门之间未协商一致的，不得向下行文；擅自行文的，上级机关应当责令其纠正或者撤销。

（五）上级机关向受双重领导的下级机关行文，必要时抄送该下级机关的另一个上级机关。

第十七条　同级党政机关、党政机关与其他同级机关必要时可以联合行文。属于党委、政府各自职权范围内的工作，不得联合行文。党委、政府的部门依据职权可以相互行文。部门内设机构除办公厅（室）外不得对外正式行文。

第五章　公文拟制

第十八条　公文拟制包括公文的起草、审核、签发等程序。

第十九条　公文起草应当做到：

（一）符合国家的法律法规和党的路线方针政策，完整准确体现发文机关意图，并同现行有关公文相衔接。

（二）一切从实际出发，分析问题实事求是，所提政策措施和办法切实可行。

（三）内容简洁，主题突出，观点鲜明，结构严谨，表述准确，文字精练。

（四）文种正确，格式规范。

（五）公文涉及其他部门职权范围事项的，起草单位必须征求相关部门意见，力求达成一致。

（六）深入调查研究，充分进行论证，广泛听取意见。

（七）机关负责人应当主持、指导重要公文起草工作。

第二十条　公文文稿签发前，应当由发文机关办公厅（室）进行审核。审核的重点是：

（一）行文理由是否充分，行文依据是否准确。

（二）内容是否符合国家法律法规和党的路线方针政策，是否完整准确体现发文机关意图，是否同现行有关公文相衔接，所提政策措施和办法是否切实可行。

（三）涉及有关地区或者部门职权范围的事项是否经过充分协商并达成一致意见。

（四）文种是否正确，格式是否规范；人名、地名、时间、数字、段落顺序、引文等是否准确；文字、数字、计量单位和标点符号等用法是否符合规定。

（五）其他内容是否符合公文起草的有关要求。

需要发文机关审议的重要公文文稿，审议前由发文机关办公厅（室）进行初核。

第二十一条　经审核不宜发文的公文文稿，应当退回起草单位并说明理由；符合发文条件但内容需做进一步研究和修改的，由起草单位修改后重新报送。

第二十二条　公文应当经本机关负责人审批签发。重要公文和上行文由机关主要负责人签发。党委、政府的办公厅（室）根据党委、政府授权制发的公文，由受权机关主要负责人签发或者按照有关规定签发。签发人签发公文，应当签署意见、姓名和完整日期；圈阅或者签名的，视为同意。联合行文由所有联署机关的负责人会签。

第六章　公文办理

第二十三条　公文办理包括收文办理、发文办理和整理归档。

第二十四条　收文办理主要程序是：

（一）签收。对收到的公文应当逐件清点，核对无误后签字或者盖章，并注明签收时间。

（二）登记。对公文的主要信息和办理情况应当详细记载。

（三）初审。对收到的公文应当进行初审。初审的重点是：是否应当由本机关办理，是否符合行文规则，文种、格式是否符合要求，涉及其他地区或者部门职权范围的事项是否已经协商、会签，是否符合公文起草的其他要求。经初审不符合规定的公文，应当及时退回来文单位并说明理由。

（四）承办。阅知性公文应当根据公文内容、要求和工作需要确定范围后分送。批办性公文应当提出拟办意见报本机关负责人批示或者转有关部门办理；需要两个以上部门办理的，应当明确主办部门。紧急公文应当明确办理时限。承办部门对交办的公文应当及时办理，有明确办理时限要求的应当在规定时限内办理完毕。

（五）传阅。根据领导批示和工作需要将公文及时送传阅对象阅知或者批示。办理公文传阅应当随时掌握公文去向，不得漏传、误传、延误。

（六）催办。及时了解掌握公文的办理进展情况，督促承办部门按期办结。紧急公文或者重要公文应当由专人负责催办。

（七）答复。公文的办理结果应当及时答复来文单位，并根据需要告知相关单位。

第二十五条　发文办理主要程序是：

（一）复核。已经发文机关负责人签批的公文，印发前应当对公文的审批手续、内容、文种、格式等进行复核；需做实质性修改的，应当报原签批人复审。

（二）登记。对复核后的公文，应当确定发文字号、分送范围和印制份数并详细记载。

（三）印制。公文印制必须确保质量和时效。涉密公文应当在符合保密要求的场所印制。

（四）核发。公文印制完毕，应当对公文的文字、格式和印刷质量进行检查后分发。

第二十六条　涉密公文应当通过机要交通、邮政机要通信、城市机要文件交换站或者收发件机关机要收发人员进行传递，通过密码电报或者符合国家保密规定的计算机信息系统进行传输。

第二十七条　需要归档的公文及有关材料，应当根据有关档案法律法规及机关档案管理规定，及时收集齐全、整理归档。两个以上机关联合办理的公文，原件由主办机关归档，相关机关保存复制件。机关负责人兼任其他机关职务的，在履行所兼职务过程中形成的公文，由其兼职机关归档。

第七章　公文管理

第二十八条　各级党政机关应当建立健全本机关公文管理制度，确保管理严格规范，充分发挥公文效用。

第二十九条　党政机关公文由文秘部门或者专人统一管理。设立党委（党组）的县级以上单位应建立机要保密室和机要阅文室，并按有关保密规定配备工作人员和必要的安全保密设施。

第三十条　公文确定密级前，应当按照拟定的密级先行采取保密措施。确定密级后，应当按照所定密级严格管理。绝密级公文应当由专人管理。公文的密级需要变更或者解除的，由原确定密级的机关或者其上级机关决定。

第三十一条　公文的印发传达范围应当按照发文机关的要求执行；需要变更的，应当经发文机关批准。涉密公文公开发布前应当履行解密程序。公开发布的时间、形式和渠道，由发文机关确定。经批准公开发布的公文，同发文机关正式制发的公文具有同等效力。

第三十二条　复制、汇编机密级、秘密级公文，应当符合有关规定并经本机关负责人批准。绝密级公文一般不得复制、汇编，确有工作需要的，应当经发文机关或者其上级机关批准。复制、汇编的公文视同原件管理。

复制件应当加盖复制机关戳记。翻印件应当注明翻印的机关名称、日期。汇编本的密级按照编入公文的最高密级标注。

第三十三条　公文的撤销和废止，由发文机关、上级机关或者权力机关根据职权范围和有关法律法规决定。公文被撤销的，视为自始无效；公文被废止的，视为自废止之日起失效。

第三十四条　涉密公文应当按照发文机关的要求和有关规定进行清退或者销毁。

第三十五条　不具备归档和保存价值的公文，经批准后可以销毁。销毁涉密公文必须严格按照有关规定履行审批登记手续，确保不丢失、不漏销。个人不得私自销毁、留存涉密公文。

第三十六条　机关合并时，全部公文应当随之合并管理；机关撤销时，需要归档的公文整理后按照有关规定移交档案管理部门。

工作人员调离岗位时，所在机关应当督促其将暂存、借用的公文按照有关规定移交、清退。

第三十七条　新设立的机关应当向党委、政府的办公厅（室）提出发文立户申请。经审查符合条件的，列为发文单位，机关合并或者撤销时，相应进行调整。

第八章　附　　则

第三十八条　党政机关公文含电子公文。电子公文处理工作的具体办法另行制定。

第三十九条　法规、规章方面的公文，依照有关规定处理。外事方面的公文，依照外事主管部门的有关规定处理。

第四十条　其他机关和单位的公文处理工作，可以参照本条例执行。

第四十一条　本条例由中共中央办公厅、国务院办公厅负责解释。

第四十二条　本条例自 2012 年 7 月 1 日起施行。1996 年 5 月 3 日中共中央办公厅印发的《中国共产党机关公文处理条例》和2000 年 8 月 24 日国务院发布的《国家行政机关公文处理办法》停止执行。

附录二

党政机关公文格式（GB/T 9704—2012）

1 范围

本标准规定了党政机关公文通用的纸张要求、排版和印制装订要求、公文格式各要素的编排规则，并给出了公文的式样。

本标准适用于各级党政机关制发的公文。其他机关和单位的公文可以参照执行。

使用少数民族文字印制的公文，其用纸、幅面尺寸及版面、印制等要求按照本标准执行，其余可以参照本标准并按照有关规定执行。

2 规范性引用文件

下列文件对于本标准的应用是必不可少的。凡是注日期的引用文件，仅所注日期的版本适用于本标准。凡是不注日期的引用文件，其最新版本（包括所有的修改单）适用于本标准。

GB/T 148　印刷、书写和绘图纸幅面尺寸。

GB 3100　国际单位制及其应用。

GB 3101　有关量、单位和符号的一般原则。

GB 3102（所有部分）量和单位。

GB/T 15834　标点符号用法。

GB/T 15835　出版物上数字用法。

3 术语和定义

下列术语和定义适用于本标准。

3.1

字 word

标示公文中横向距离的长度单位。在本标准中，一字指一个汉字宽度的距离。

3.2

行 line

标示公文中纵向距离的长度单位。在本标准中，一行指一个汉字的高度加3号汉字高度的7/8的距离。

4 公文用纸主要技术指标

公文用纸一般使用纸张定量为60 g/m^2 –80 g/m^2 的胶版印刷纸或复印纸。纸张白度80%–90%，横向耐折度≥15次，不透明度≥85%，pH值为7.5–9.5。

5 公文用纸幅面尺寸及版面要求

5.1 幅面尺寸

公文用纸采用GB/T 148中规定的A4型纸,其成品幅面尺寸为:210mm×297mm。

5.2 版面

5.2.1 页边与版心尺寸

公文用纸天头（上白边）为37mm±1mm，公文用纸订口（左白边）为28mm±1mm，版心尺寸为156mm×225mm。

5.2.2 字体和字号

如无特殊说明，公文格式各要素一般用3号仿宋体字。特定情况可以做适当调整。

5.2.3 行数和字数

一般每面排22行，每行排28个字，并撑满版心。特定情况可以做适当调整。

5.2.4 文字的颜色

如无特殊说明，公文中文字的颜色均为黑色。

6 印制装订要求

6.1 制版要求

版面干净无底灰，字迹清楚无断划，尺寸标准，版心不斜，误差不超过1mm。

6.2 印刷要求

双面印刷；页码套正，两面误差不超过2mm。黑色油墨应当达到色谱所标BL100%，红色油墨应当达到色谱所标Y80%、M80%。印品着墨实、均匀，字面不花、不白、无断划。

6.3 装订要求

公文应当左侧装订，不掉页，两页页码之间误差不超过4mm，裁切后的成

品尺寸允许误差 ±2mm，四角成 90°，无毛茬或缺损。

骑马订或平订的公文应当：

（1）订位为两钉外订眼距版面上下边缘各 70mm 处，允许误差 ±4mm；

（2）无坏钉、漏钉、重钉，钉脚平伏牢固；

（3）骑马订钉锯均订在折缝线上，平订钉锯与书脊间的距离为 3 –5mm。

包本装订公文的封皮（封面、书脊、封底）与书芯应吻合、包紧、包平、不脱落。

7　公文格式各要素编排规则

7.1　公文格式各要素的划分

本标准将版心内的公文格式各要素划分为版头、主体、版记三部分。公文首页红色分隔线以上的部分称为版头，公文首页红色分隔线（不含）以下、公文末页首条分隔线（不含）以上的部分称为主体，公文末页首条分隔线以下、末条分隔线以上的部分称为版记。

页码位于版心外。

7.2　版头

7.2.1　份号

如需标注份号，一般用 6 位 3 号阿拉伯数字，顶格编排在版心左上角第一行。

7.2.2　密级和保密期限

如需标注密级和保密期限，一般用 3 号黑体字，顶格编排在版心左上角第二行；保密期限中的数字用阿拉伯数字标注。

7.2.3　紧急程度

如需标注紧急程度，一般用 3 号黑体字，顶格编排在版心左上角；如需同时标注份号、密级和保密期限、紧急程度，按照份号、密级和保密期限、紧急程度的顺序自上而下分行排列。

7.2.4　发文机关标志

由发文机关全称或者规范化简称加“文件”二字组成，也可以使用发文机关全称或者规范化简称。

发文机关标志居中排布，上边缘至版心上边缘为 35mm，推荐使用小标宋体字，颜色为红色，以醒目、美观、庄重为原则。

联合行文时，如需同时标注联署发文机关名称，一般应当将主办机关名称排列在前；如有“文件”二字，应当置于发文机关名称右侧，以联署发文机关名称为准上下居中排布。

7.2.5 发文字号

编排在发文机关标志下空两行位置，居中排布。年份、发文顺序号用阿拉伯数字标注；年份应标全称，用六角括号“〔 〕”括入；发文顺序号不加“第”字，不编虚位（即1不编为01），在阿拉伯数字后加“号”字。

上行文的发文字号居左空一字编排，与最后一个签发人姓名处在同一行。

7.2.6 签发人

由“签发人”三字加全角冒号和签发人姓名组成，居右空一字，编排在发文机关标志下空两行位置。“签发人”三字用3号仿宋体字，签发人姓名用3号楷体字。

如有多个签发人，签发人姓名按照发文机关的排列顺序从左到右、自上而下依次均匀编排，一般每行排两个姓名，回行时与上一行第一个签发人姓名对齐。

7.2.7 版头中的分隔线

发文字号之下4mm处居中印一条与版心等宽的红色分隔线。

7.3 主体

7.3.1 标题

一般用2号小标宋体字，编排于红色分隔线下空两行位置，分一行或多行居中排布；回行时，要做到词意完整，排列对称，长短适宜，间距恰当，标题排列应当使用梯形或菱形。

7.3.2 主送机关

编排于标题下空一行位置，居左顶格，回行时仍顶格，最后一个机关名称后标全角冒号。如主送机关名称过多导致公文首页不能显示正文时，应当将主送机关名称移至版记，标注方法见7.4.2。

7.3.3 正文

公文首页必须显示正文。一般用3号仿宋体字，编排于主送机关名称下一行，每个自然段左空两字，回行顶格。文中结构层次序数依次可以用“一、”“（一）”“1.”“（1）”标注，一般第一层用黑体字、第二层用楷体字、第三层和第四层用仿宋体字标注。

7.3.4 附件说明

如有附件，在正文下空一行左空两字编排“附件”二字，后标全角冒号和附件名称。如有多个附件，使用阿拉伯数字标注附件顺序号（如“附件：1. ×××××”），附件名称后不加标点符号。附件名称较长需回行时，应当与上一行附件名称的首字对齐。

7.3.5 发文机关署名、成文日期和印章

7.3.5.1 加盖印章的公文

成文日期一般右空四字编排，印章用红色，不得出现空白印章。

单一机关行文时，一般在成文日期之上、以成文日期为准居中编排发文机关署名，印章端正、居中下压发文机关署名和成文日期，使发文机关署名和成文日期居印章中心偏下位置，印章顶端应当上距正文（附件说明）一行之内。

联合行文时，一般将各发文机关署名按照发文机关顺序整齐排列在相应位置，并将印章一一对应、端正、居中下压发文机关署名，最后一个印章端正、居中下压发文机关署名和成文日期，印章之间排列整齐、互不相交或相切，每排印章两端不得超出版心，首排印章顶端应当上距正文（附件说明）一行之内。

7.3.5.2　不加盖印章的公文

单一机关行文时，在正文（附件说明）下空一行右空两字编排发文机关署名，在发文机关署名下一行编排成文日期，首字比发文机关署名首字右移二字，如成文日期长于发文机关署名，应当使成文日期右空两字编排，并相应增加发文机关署名右空字数。

联合行文时，应当先编排主办机关署名，其余发文机关署名依次向下编排。

7.3.5.3　加盖签发人签名章的公文

单一机关制发的公文加盖签发人签名章时，在正文（附件说明）下空两行右空四字加盖签发人签名章，签名章左空两字标注签发人职务，以签名章为准上下居中排布。在签发人签名章下空一行右空四字编排成文日期。

联合行文时，应当先编排主办机关签发人职务、签名章，其余机关签发人职务、签名章依次向下编排，与主办机关签发人职务、签名章上下对齐；每行只编排一个机关的签发人职务、签名章；签发人职务应当标注全称。

签名章一般用红色。

7.3.5.4　成文日期中的数字

用阿拉伯数字将年、月、日标全，年份应标全称，月、日不编虚位（即1不编为01）。

7.3.5.5　特殊情况说明

当公文排版后所剩空白处不能容下印章或签发人签名章、成文日期时，可以采取调整行距、字距的措施解决。

7.3.6　附注

如有附注，居左空两字加圆括号编排在成文日期下一行。

7.3.7　附件

附件应当另面编排，并在版记之前，与公文正文一起装订。“附件”二字及附件顺序号用3号黑体字顶格编排在版心左上角第一行。附件标题居中编排在版心第三行。附件顺序号和附件标题应当与附件说明的表述一致。附件格式要求同正文。

如附件与正文不能一起装订，应当在附件左上角第一行顶格编排公文的发文字号并在其后标注“附件”二字及附件顺序号。

7.4 版记

7.4.1 版记中的分隔线

版记中的分隔线与版心等宽，首条分隔线和末条分隔线用粗线（推荐高度为0.35mm），中间的分隔线用细线（推荐高度为0.25mm）。首条分隔线位于版记中第一个要素之上，末条分隔线与公文最后一面的版心下边缘重合。

7.4.2 抄送机关

如有抄送机关，一般用4号仿宋体字，在印发机关和印发日期之上一行、左右各空一字编排。“抄送”二字后加全角冒号和抄送机关名称，回行时与冒号后的首字对齐，最后一个抄送机关名称后标句号。

如需把主送机关移至版记，除将“抄送”二字改为“主送”外，编排方法同抄送机关。既有主送机关又有抄送机关时，应当将主送机关置于抄送机关之上一行，之间不加分隔线。

7.4.3 印发机关和印发日期

印发机关和印发日期一般用4号仿宋体字，编排在末条分隔线之上，印发机关左空一字，印发日期右空一字，用阿拉伯数字将年、月、日标全，年份应标全称，月、日不编虚位（即1不编为01），后加“印发”二字。

版记中如有其他要素，应当将其与印发机关和印发日期用一条细分隔线隔开。

7.5 页码

一般用4号半角宋体阿拉伯数字，编排在公文版心下边缘之下，数字左右各放一条一字线；一字线上距版心下边缘7mm。单页码居右空一字，双页码居左空一字。公文的版记页前有空白页的，空白页和版记页均不编排页码。公文的附件与正文一起装订时，页码应当连续编排。

8 公文中的横排表格

A4纸型的表格横排时，页码位置与公文其他页码保持一致，单页码表头在订口一边，双页码表头在切口一边。

9 公文中计量单位、标点符号和数字的用法

公文中计量单位的用法应当符合GB 3100、GB 3101和GB 3102（所有部分），标点符号的用法应当符合GB/T 15834，数字用法应当符合GB/T 15835。

10 公文的特定格式

10.1 信函格式

发文机关标志使用发文机关全称或者规范化简称，居中排布，上边缘至上页边为30mm，推荐使用红色小标宋体字。联合行文时，使用主办机关标志。

发文机关标志下4mm处印一条红色双线（上粗下细），距下页边20mm处印一条红色双线（上细下粗），线长均为170mm，居中排布。

如需标注份号、密级和保密期限、紧急程度，应当顶格居版心左边缘编排在第一条红色双线下，按照份号、密级和保密期限、紧急程度的顺序自上而下分行排列，第一个要素与该线的距离为3号汉字高度的7/8。

发文字号顶格居版心右边缘编排在第一条红色双线下，与该线的距离为3号汉字高度的7/8。

标题居中编排，与其上最后一个要素相距二行。

第二条红色双线上一行如有文字，与该线的距离为3号汉字高度的7/8。

首页不显示页码。

版记不加印发机关和印发日期、分隔线，位于公文最后一面版心内最下方。

10.2 命令（令）格式

发文机关标志由发文机关全称加“命令”或“令”字组成，居中排布，上边缘至版心上边缘为20mm，推荐使用红色小标宋体字。

发文机关标志下空两行居中编排令号，令号下空两行编排正文。

签发人职务、签名章和成文日期的编排见7.3.5.3。

10.3 纪要格式

纪要标志由“×××××纪要”组成，居中排布，上边缘至版心上边缘为35mm，推荐使用红色小标宋体字。

标注出席人员名单，一般用3号黑体字，在正文或附件说明下空一行左空两字编排“出席”二字，后标全角冒号，冒号后用3号仿宋体字标注出席人单位、姓名，回行时与冒号后的首字对齐。

标注请假和列席人员名单，除依次另起一行并将“出席”二字改为“请假”或“列席”外，编排方法同出席人员名单。

纪要格式可以根据实际制定。

11 式样

A4型公文用纸页边及版心尺寸见图1，公文首页版式见图2，联合行文公文首页版式1见图3，联合行文公文首页版式2见图4，公文末页版式1见图5，公文末页版式2见图6，联合行文公文末页版式1见图7，联合行文公文末页版式2见图8，附件说明页版式见图9，带附件公文末页版式见图10，信函格式首页版式见图11，命令（令）格式首页版式见图12。

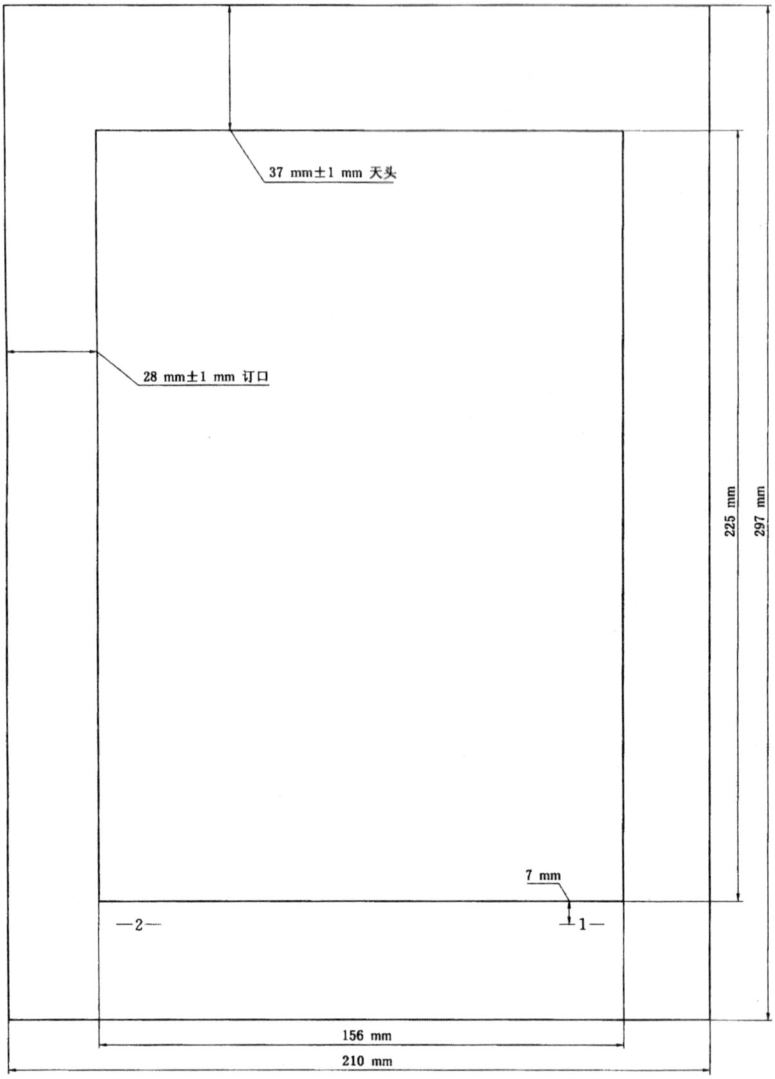

图 1 A4型公文用纸页边及版心尺寸

000001
机密★1年
特急

×××××文件

×××〔2012〕10号

×××××关于××××××的通知

××××××××：

××××××××××××××××××××××××××
××××××××××××××××××××××××××××
××××××××××××××××××××××××××××
××××。

××××××××××××××××××××××××××
×××××××××××。

××××××××××××。

×××××××。××××××××××××××××××
××××××××××××××××××××××××××××
××××××××××××××××××××××××××××

— 1 —

图2 公文首页版式

注：版心实线框仅为示意，在印制公文时并不印出。

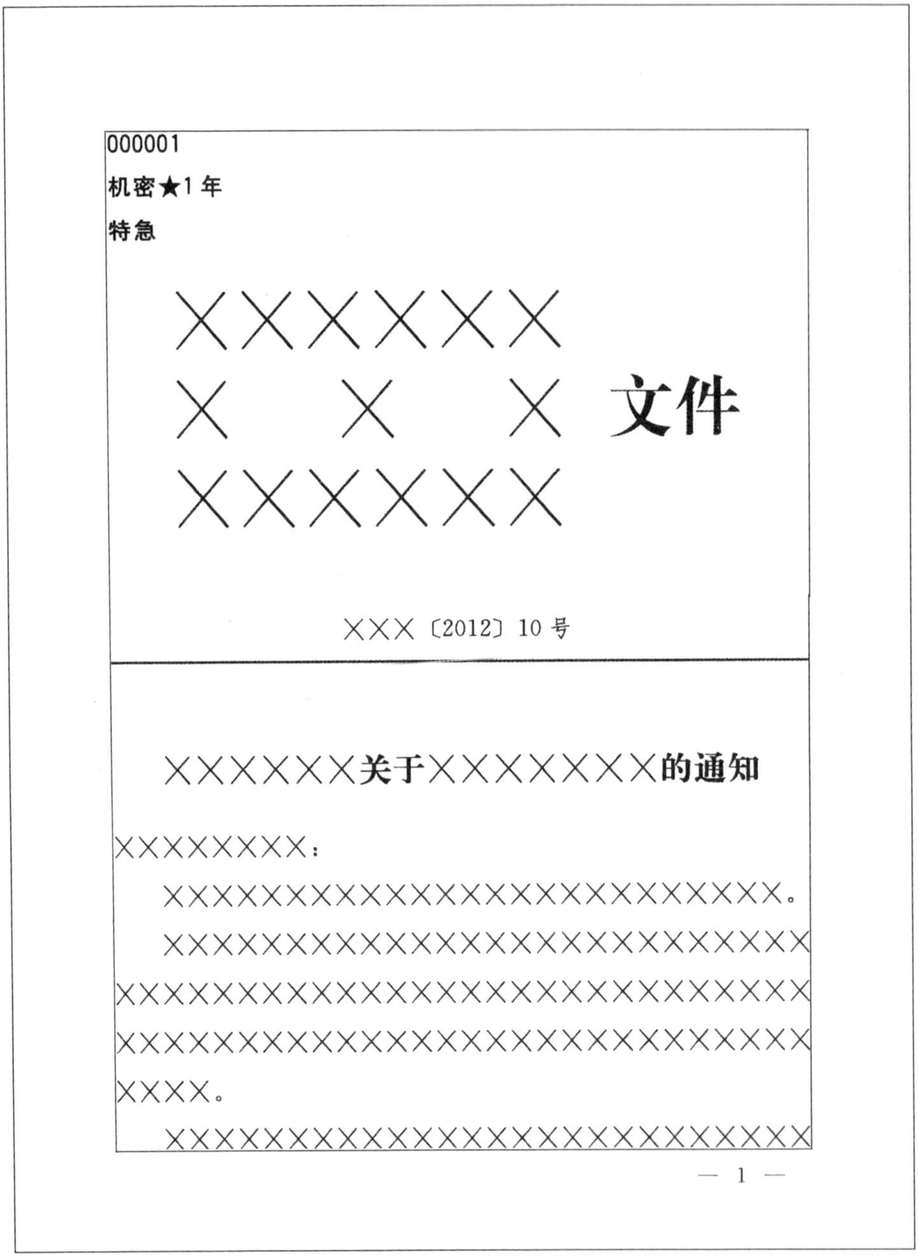
000001

机密★1年

特急

××××××
×　×　×　文件
××××××

×××〔2012〕10号

××××××关于×××××××的通知

××××××××：

　　×××××××××××××××××××××××××。

　　××××××××××××××××××××××××××
××××××××××××××××××××××××××××
××××××××××××××××××××××××××××
××××。

　　××××××××××××××××××××××××××

— 1 —

图3　联合行文公文首页版式1

注：版心实线框仅为示意，在印制公文时并不印出。

000001
机　密
特　急

XXXXXX
X　X　X
XXXXXX

签发人：XXX　XXX
XXX〔2012〕10 号　　　　　　XXX

XXXXXX关于XXXXXXX的请示

XXXXXXXX：

XXXXXXXXXXXXXXXXXXXXXXXXXX
XXXXXXXXXXXXXXXXXXXXXXXXXXXX
XXXXXXXXXXXXXXXXXXXXXXXXXXXX
XXXX。

XXXXXXXXXXXXXXXXXXXXXXXXXX

— 1 —

图 4　联合行文公文首页版式 2

注：版心实线框仅为示意，在印制公文时并不印出。

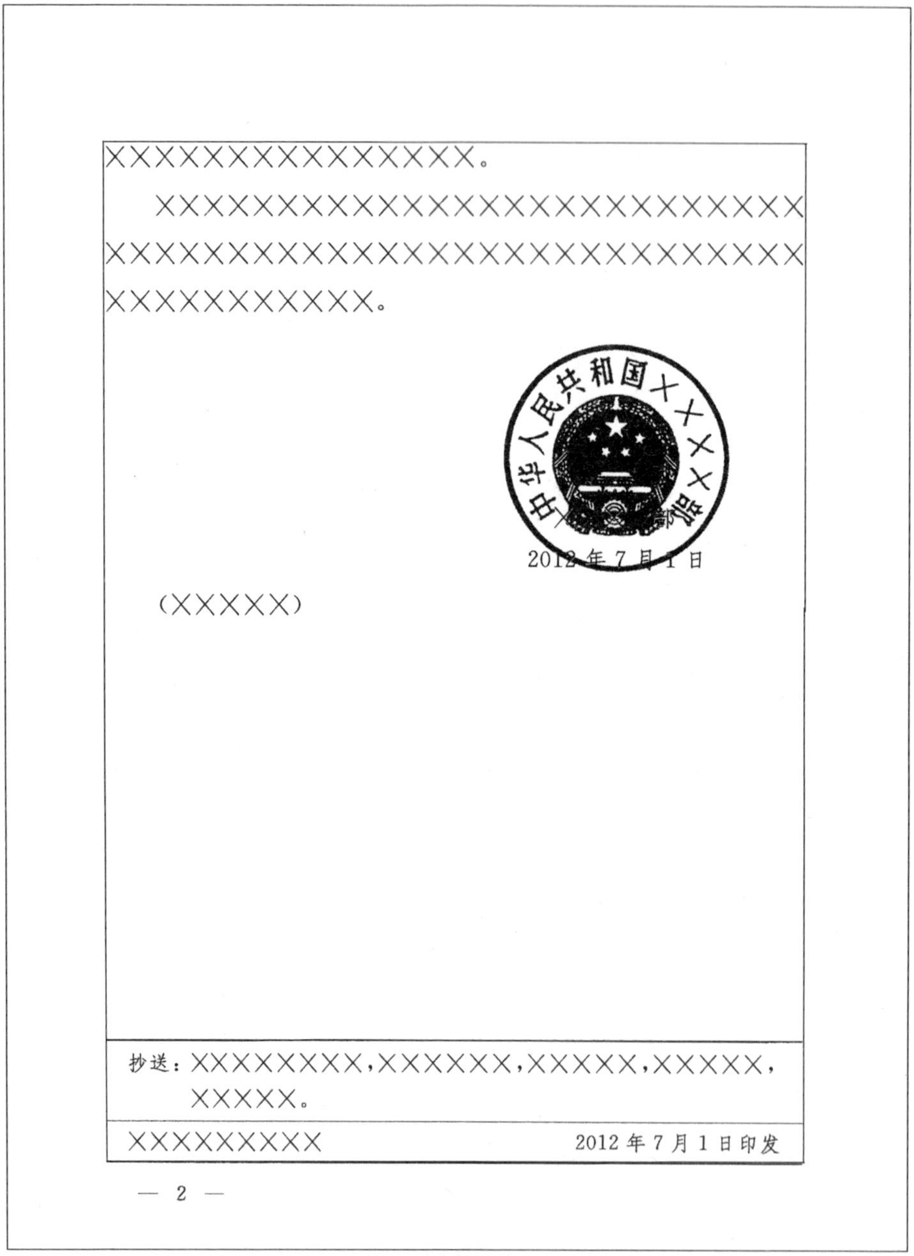

××××××××××××××××。

××。

中华人民共和国××××部

2012年7月1日

（×××××）

抄送：××××××××，××××××，×××××，×××××，×××××。

×××××××××　2012年7月1日印发

— 2 —

图5　公文末页版式1

注：版心实线框仅为示意，在印制公文时并不印出。

XXXXXXXXXXXXXXX。

　　XXXXXXXXXXXXXXXXXXXXXXXXXX
XXXXXXXXXXXXXXXXXXXXXXXXXXXX
XXXXXXXX。

XXXXXXXXXXX

2012年7月1日

（XXXXX）

抄送：XXXXXXXX，XXXXXX，XXXXX，XXXXX，
XXXXX。

XXXXXXXXXX　　2012年7月1日印发

— 2 —

图6　公文末页版式2

注：版心实线框仅为示意，在印制公文时并不印出。

××××××××××××××××。

　　××。

2012年7月1日

（×××××）

抄送：×××××××××，×××××××，××××××，××××××，××××××。

×××××××××　　2012年7月1日印发

— 2 —

图7　联合行文公文末页版式1

注：版心实线框仅为示意，在印制公文时并不印出。

××××××××××××××××。

××。

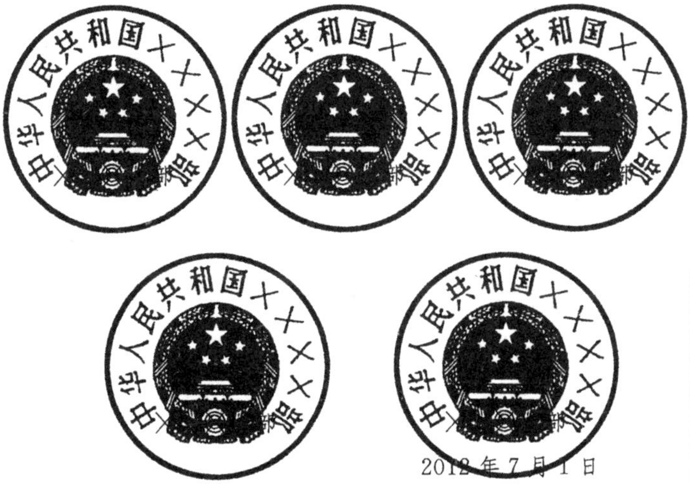

2012年7月1日

（×××××）

抄送：××××××××，××××××，×××××，×××××，×××××。

×××××××××　　2012年7月1日印发

— 2 —

图 8　联合行文公文末页版式 2

注：版心实线框仅为示意，在印制公文时并不印出。

XXXXXXXXXXXXXXX。

XXXXXXXXXXXXXXXXXXXXXXXXXXXXXXXXXXXXXXXXXXXXXXXXXXXXXXXXXXXXXXXXX。

附件：1. XXXXXXXXXXXXXXXXXXXXXX
XXXXX

2. XXXXXXXXXXXXX

XXXXXXX

X X X X

2012 年 7 月 1 日

（XXXXX）

— 2 —

图 9　附件说明页版式

注：版心实线框仅为示意，在印制公文时并不印出。

附件 2

××××××××××××××

　　××××××××××××××××××××××××××
××××××××××××××××××××××××××××
×××。

　　××××××××××××××××××××××××××
××××××××××××××××××××××××××××
××××××××××××××××××××××××××××
××××××××××××××××××××××××××××
××××××××××××××××××××××××××××
×××××××××××××××。

抄送：××××××××，××××××，×××××，×××××，
　　　×××××。

×××××××××　　　　　　　　2012 年 7 月 1 日印发

— 2 —

图 10　带附件公文末页版式

注：版心实线框仅为示意，在印制公文时并不印出。

中华人民共和国×××××部

000001　　　　　　　　　　　　　　×××〔2012〕10号

机　密

特　急

×××××关于×××××××的通知

××××××××：

　　××××××××××××××××××××××××××
××××××××××××××××××××××××××××
××××××××××××××××××××××××××××
×××××××××××××××××××××××××。

　　××××××××××××××××××××××××××
××××××××××××××××××××××××××××
××××××××××××××××××××××××××××
××××××××××××××××××××××××。

　　××××××××××××××××××××××××××
××××××××××××××××××××××××××××
××××××××××××××××××××××××××××
××××××××××××××××××××××××××××
××××××××××××××××××××××××××××
××××××××××××××××××××××××××××
×××××××××××××××××××××××××。

图 11　信函格式首页版式

注：版心实线框仅为示意，在印制公文时并不印出。

××××××令

第×××号

××××××××××××××××××××××××××
×××××××××××××××××××××××××××。
××××××××××××××××××××××××××××
×××××××××××××××××××××××××。

部　长　×××

2012年7月1日

— 1 —

图 12　命令(令)格式首页版式

注：版心实线框仅为示意，在印制公文时并不印出。